Visuelles Wörterbuch

JAPANISCH – DEUTSCH

TOP-FLITE
XL
Titleist

Visuelles Wörterbuch

JAPANISCH – DEUTSCH

coventgarden

coventgarden

bei DORLING KINDERSLEY
London, New York, Melbourne, München und Delhi

Lektorat Angela Wilkes
Bildredaktion Lee Griffiths, Katie Eke
Herstellung Luca Frassinetti, Linda Dare
Cheflektorat Stephanie Farrow

Design für Dorling Kindersley
WaltonCreative.com
Bildredaktion Colin Walton, Tracy Musson
Gestaltung Peter Radcliffe, Earl Neish, Ann Cannings
Bildrecherche Marissa Keating

Sprachenteil für Dorling Kindersley
g-and-w PUBLISHING
Leitung Jane Wightwick
Übersetzung Kazumi Honda
Herstellung Mark Wightwick
Lektorat Cheryl Hutty

Für die deutsche Ausgabe:
Programmleitung Monika Schlitzer
Projektbetreuung Florian Bucher
Herstellungsleitung Dorothee Whittaker
Herstellung Anna Ponton

Bibliografische Information der Deutschen Bibliothek
Die Deutsche Bibliothek verzeichnet diese Publikation in der Deutschen Nationalbibliografie;
detaillierte bibliografische Daten sind im Internet über http://dnb.ddb.de abrufbar.

Redaktion Martin Waller, Werkstatt München – Buchproduktion

ISBN 978-3-8310-9096-9

Colour reproduction by Colourscan, Singapore
Printed and bound at Tlaciarne BB, Slovakia

Besuchen Sie uns im Internet
www.dorlingkindersley.de

目次 mokuji
Inhalt

42
健康
kenkō
die Gesundheit

146
外食
gaishoku
auswärts essen

252
娯楽
goraku
die Freizeit

この辞典について
kono jiten nitsuite
über das Wörterbuch

この辞典の使い方
kono jiten no tsukaikata
die Benutzung des Buchs

人
hito
die Menschen

外観
gaikan
die äußere Erscheinung

家庭
katei
das Haus

職務
shokumu
die Dienstleistungen

買い物
kaimono
der Einkauf

食べ物
tabemono
die Nahrungsmittel

学習
gakushū
das Lernen

仕事
shigoto
die Arbeit

交通
kōtsū
der Verkehr

スポーツ
supōtsu
der Sport

環境
kankyō
die Umwelt

参考資料
sankō shiryō
die Information

索引
sakuin
Register

謝辞
shaji
Dank

人 hito • die Menschen

身体 karada | der Körper 12
顔 kao | das Gesicht 14
手 te | die Hand 15
足 ashi | der Fuß 15
筋肉 kinniku | die Muskeln 16
骨格 kokkaku | das Skelett 17
内臓 naizō | die inneren Organe 18
生殖器 seishokuki die Fortpflanzungsorgane 20
家族 kazoku | die Familie 22
人間関係 ningen kankei die Beziehungen 24
感情 kanjō | die Gefühle 25
人生 jinsei die Ereignisse des Lebens 26

外観 gaikan • die äußere Erscheinung

子供服 kodomo fuku die Kinderkleidung 30
男性服 dansei fuku die Herrenkleidung 32
女性服 josei fuku die Damenkleidung 34
装身具 sōshingu | die Accessoires 36
髪 kami | das Haar 38
美容 biyō | die Schönheit 40

健康 kenkō • die Gesundheit

病気 byōki | die Krankheit 44
医者 isha | der Arzt 45
怪我 kega | die Verletzung 46
応急手当 ōkyū teate die Erste Hilfe 47
病院 byōin | das Krankenhaus 48
歯医者 haisha | der Zahnarzt 50
眼鏡店 megane-ten der Augenoptiker 51
妊娠 ninshin die Schwangerschaft 52
出産 shussan | die Geburt 53
代替療法 daitai ryōhō die Alternativtherapien 54

家庭 katei • das Haus

住宅 jūtaku | das Haus 58
住宅内設備 jūtaku-nai setsubi die Hausanschlüsse 60
居間 ima | das Wohnzimmer 62
ダイニングルーム dainingu rūmu das Esszimmer 64
台所 daidokoro | die Küche 66
調理用具 chōri yōgu die Küchengeräte 68
寝室 shinshitsu das Schlafzimmer 70
浴室 yokushitsu | das Badezimmer 72
子供部屋 kodomobeya das Kinderzimmer 74
ユティリティルーム yutiriti rūmu der Haushaltsraum 76
作業場 sagyōba die Heimwerkstatt 78
道具箱 dōgubako der Werkzeugkasten 80
内装工事 naisō kōji das Renovieren 82
庭 niwa | der Garten 84
庭の植物 niwa no shokubutsu die Gartenpflanzen 86
園芸用品 engei yōhin die Gartengeräte 88
園芸 engei | die Gartenarbeit 90

職務 shokumu • die Dienstleistungen

緊急サービス kinkyū sābisu die Notdienste 94
銀行 ginkō | die Bank 96
コミュニケーション komyunikēshon die Kommunikation 98
ホテル hoteru | das Hotel 100

買い物 kaimono • der Einkauf

ショッピングセンター shoppingu sentā | das Einkaufszentrum 104
デパート depāto | das Kaufhaus 105
スーパーマーケット sūpāmāketto der Supermarkt 106
薬局 yakkyoku | die Apotheke 108
花屋 hanaya das Blumengeschäft 110
新聞販売店 shimbun hambaiten der Zeitungshändler 112
菓子屋 kashiya | der Konditor 113
その他の店 sonota no mise andere Geschäfte 114

食べ物 tabemono • die Nahrungsmittel

肉 niku | das Fleisch 118
魚 sakana | der Fisch 120
野菜 yasai | das Gemüse 122
果物 kudamono | das Obst 126
穀類と豆類 kokurui to mamerui die Getreidearten und die Hülsenfrüchte 130
ハーブと香辛料 hābu to kōshinryō | die Kräuter und die Gewürze 132
瓶詰め食品 binzume shokuhin die Nahrungsmittel in Flaschen und in Gläsern 134
乳製品 nyūseihin die Milchprodukte 136
パンと小麦粉 pan to komugiko das Brot und das Mehl 138
ケーキとデザート kēki to dezāto Kuchen und Nachspeisen 140
デリカテッセン derikatessen die Feinkost 142
飲物 nomimono | die Getränke 144

外食 gaishoku • auswärts essen

カフェ kafe | das Café 148
バー bā | die Bar 150

レストラン resutoran das Restaurant 152
ファーストフード fāsuto fūdo der Schnellimbiss 154
朝食 chōshoku | das Frühstück 156
食事 shokuji | das Mittagessen 158

学習 gakushū • das Lernen

学校 gakkō | die Schule 162
数学 sūgaku | die Mathematik 164
科学 kagaku die Naturwissenschaft 166
大学 daigaku | die Hochschule 168

仕事 shigoto • die Arbeit

事務所 jimusho | das Büro 172
コンピュータ kompyūta der Computer 176
報道 hōdō | die Medien 178
法律 hōritsu | das Recht 180
農場 nōjō | der Bauernhof 182
建設 kensetsu | der Bau 186
職業 shokugyō | die Berufe 188

交通 kōtsū • der Verkehr

道路 dōro | die Straßen 194
バス basu | der Bus 196
自動車 jidōsha | das Auto 198
オートバイ ōtobai das Motorrad 204
自転車 jitensha | das Fahrrad 206
列車 ressha | der Zug 208
航空機 kōkūki | das Flugzeug 210
空港 kūkō | der Flughafen 212
船 fune | das Schiff 214
港湾 kōwan | der Hafen 216

スポーツ supōtsu • der Sport

アメリカンフットボール amerikan futtobōru | der Football 220
ラグビー ragubī | das Rugby 221
サッカー sakkā | der Fußball 222
ホッケー hokkē | das Hockey 224
クリケット kuriketto | das Kricket 225
バスケットボール basukettobōru der Basketball 226
野球 yakyū | der Baseball 228
テニス tenisu | das Tennis 230
ゴルフ gorufu | das Golf 232
陸上競技 rikujō kyōgi die Leichtathletik 234
格闘技 kakutōgi | der Kampfsport 236
水泳 suiei | das Schwimmen 238
セーリング sēringu der Segelsport 240
乗馬 jōba | der Reitsport 242
釣り tsuri | der Angelsport 244
スキー sukī | der Skisport 246
他のスポーツ ta no supōtsu die anderen Sportarten 248
フィットネス fittonesu die Fitness 250

娯楽 goraku • die Freizeit

劇場 gekijō | das Theater 254
オーケストラ ōkesutora das Orchester 256
コンサート konsāto das Konzert 258
観光 kankō die Besichtigungstour 260
野外活動 yagai katsudō die Aktivitäten im Freien 262
海辺 umibe | der Strand 264
キャンプ kyampu | das Camping 266
娯楽家電 goraku kaden die Unterhaltungselektronik 268
写真 shashin | die Fotografie 270
ゲーム gēmu | die Spiele 272
美術と工芸 bijutsu to kōgei das Kunsthandwerk 274

環境 kankyō • die Umwelt

宇宙空間 uchūkūkan der Weltraum 280
地球 chikyū | die Erde 282

地勢 chisei | die Landschaft 284
気象 kishō | das Wetter 286
岩石 ganseki | das Gestein 288
鉱石 kōseki | die Mineralien 289
動物 dōbutsu | die Tiere 290
植物 shokubutsu | die Pflanzen 296
市街 shigai | die Stadt 298
建築 kenchiku | die Architektur 300

参考資料 sankō shiryō • die Information

時間 jikan | die Uhrzeit 304
カレンダー karendā der Kalender 306
数字 sūji | die Zahlen 308
計量 keiryō die Maße und Gewichte 310
世界地図 sekai chizu die Weltkarte 312
不変化詞と反義語 fuhenkashi to hangigo | Partikeln und Antonyme 320
便利な表現 benri na hyōgen praktische Redewendungen 322

この辞典について

情報の理解と記憶に視覚的資料が効果的なことは、既に実証されています。その原理に従って図版を主体に作成された本和独ビジュアル辞典は、広範な分野の実用的現代用語を収録しています。

　内容はテーマ別に分けられ、レストラン、ジム、家庭や職場から、動物界や宇宙に至るまで、日常社会のほとんどの分野が詳細に網羅されています。さらに会話と語彙の拡大に役立てられるよう、関連用語や便利な言い回しも付け加えられています。

　実用的で使いやすく、見ておもしろい本辞典は、日本語に関心のある方に欠かせない参考資料です。

表記法について
本辞典には、日本で一般に使われている漢字仮名まじり表記が使用されています。魚の名前など、漢字でも仮名でも表記できる言葉は、発音ガイドとして載せたローマ字から仮名の綴りが分かるため、漢字の方を使うようにしました。

　発音ガイドには、日本語の学習者なら大抵知っているローマ字が使われています。ローマ字の表記法にはいくつかありますが、本書ではもっとも発音しやすいと思われる方法を選びました。なお、長音は母音の上に長音記号をつけて表記しています。

　単語はすべて、次のように漢字・仮名、ローマ字、ドイシ語の順で掲載されています。

昼食 chūshoku **das Mittagessen**	旅券 ryoken **der Pass**

　辞典の後ろには和独別の索引があり、ローマ字またはドイツ語で引きたい言葉を調べ、該当する図が載っているページを探すことができます。漢字・仮名の書き方を調べる場合は、先ずローマ字またはドイツ語の索引を調べ、該当するページをご覧ください。

über das Wörterbuch

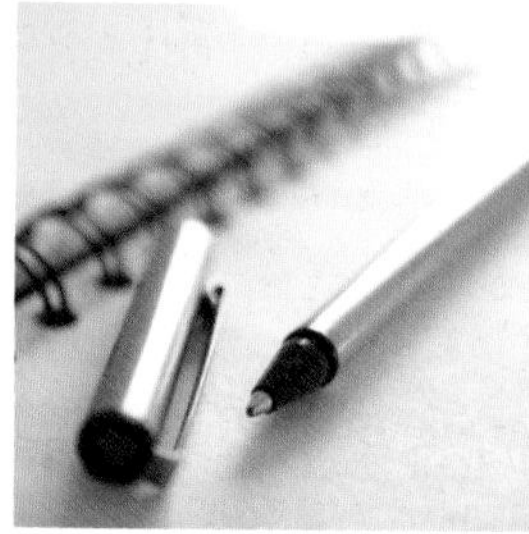

Bilder helfen erwiesenermaßen, Informationen zu verstehen und zu behalten. Dieses zweisprachige Wörterbuch enthält eine Fülle von Illustrationen und präsentiert gleichzeitig ein umfangreiches aktuelles Vokabular in zwei Sprachen.

Das Wörterbuch ist thematisch gegliedert und behandelt eingehend die meisten Bereiche des heutigen Alltags, vom Restaurant und Fitnesscenter, Heim und Arbeitsplatz bis zum Tierreich und Weltraum. Es enthält außerdem Wörter und Redewendungen, die für die Unterhaltung nützlich sind und das Vokabular erweitern.

Dies ist ein wichtiges Nachschlagewerk für jeden, der sich für Sprachen interessiert – es ist praktisch, anregend und leicht zu benutzen.

Einige Anmerkungen

Die zwei Sprachen werden immer in der gleichen Weise aufgeführt – Japanisch, Umschrift und Deutsch. Für die Umschrift wird das Hepburn-System verwendet, in dem Vokale in etwa wie im Deutschen, Konsonanten wie im Englischen ausgesprochen werden (j = dsch, sh = sch, ch = tsch, z = stimmhaftes s, s ist immer stimmlos). Ein langer Vokal ist durch einen darübergesetzen Strich gekennzeichnet.

Deutsche Substantive werden mit den bestimmten Artikeln, die das Geschlecht (Maskulinum, Femininum oder Neutrum) und den Numerus (Singular oder Plural) ausdrücken, angegeben, zum Beispiel:

昼食 chūshoku **das Mittagessen**	旅券 ryoken **der Pass**

Am Ende des Buchs befinden sich Register für jede Sprache. Sie können dort ein Wort in einer der zwei Sprachen und die jeweilige Seitenzahl nachsehen. Die Geschlechtsangabe erfolgt mit folgenden Abkürzungen:

m = Maskulinum; f = Femininum
n = Neutrum

この辞典の使い方

仕事や趣味、海外旅行の準備で初めて日本語を習う方でも、あるいは既に日本語を知っていて語彙を伸ばしたい方でも、本書は大切な学習ツールとして様々な方法で使うことができます。

初心者の方は、同語源語（外来語など異なる言語で語源が共通する言葉）や派生語（同一言語で語源が共通する言葉）に注目すると語彙の習得に便利です。また、こうした学習によって、異なる言語が互いに影響しあっていることも分かってくるでしょう。たとえば日本語には英語圏から流入した食物関連の言葉が多くありますが、一方、日本から英語圏へ流出した技術や大衆文化に関する言葉も多くあります。

実用的な学習方法

- 自宅、職場、学校や大学の構内を歩いているとき、辞典の該当するページを見てみましょう。そして辞典を閉じ、周りを見回して、名前をいえるものがいくつあるか見てみましょう。
- 単語カードを作り、表にドイツ語、裏に漢字や仮名、ローマ字で日本語を書きましょう。単語カードは常に持ち歩き、頻繁に自分でテストしてみましょう。一回テストが終わったら、次のテストの前にカードを入れ替えましょう。
- 特定のページに載っている単語をできるだけたくさん使い、短い物語、手紙、会話文などを書いてみましょう。これは語彙を記憶し、書き方を覚えるのに役立ちます。長い文章を書いてみたい場合は、一つの文に単語を2～3語使ってみましょう。
- 視覚的記憶に強い方は、紙に図を描くか写し、辞典を閉じて、図の下に単語を書いてみましょう。
- 自信がついてきたら、ローマ字索引から単語を選択し、該当ページの図を見る前に、その意味を覚えているかどうかチェックしましょう。

die Benutzung des Buchs

Ganz gleich, ob Sie eine Sprache aus Geschäftsgründen, zum Vergnügen oder als Vorbereitung für einen Auslandsurlaub lernen, oder Ihr Vokabular in einer Ihnen bereits vertrauten Sprache erweitern möchten, dieses Wörterbuch ist ein wertvolles Lernmittel, das Sie auf vielfältige Art und Weise benutzen können.

Wenn Sie eine neue Sprache lernen, achten Sie auf Wörter, die in verschiedenen Sprachen ähnlich sind sowie auf falsche Freunde (Wörter, die ähnlich aussehen aber wesentlich andere Bedeutungen haben). Sie können ebenfalls feststellen, wie die Sprachen einander beeinflusst haben.

Praktische Übungen

- Versuchen Sie sich zu Hause, am Arbeits- oder Studienplatz den Inhalt der Seiten einzuprägen, die Ihre Umgebung behandeln. Schließen Sie dann das Buch und prüfen Sie, wie viele Gegenstände Sie in der anderen Sprache sagen können.
- Schreiben Sie eine Geschichte, einen Brief oder Dialog und benutzen Sie dabei möglichst viele Ausdrücke von einer bestimmten Seite des Wörterbuchs. Dies ist eine gute Methode, sich das Vokabular und die Schreibweise einzuprägen. Sie können mit kurzen Sätzen von zwei bis drei Worten anfangen und dann nach und nach längere Texte schreiben.
- Wenn Sie ein visuelles Gedächtnis haben, können Sie Gegenstände aus dem Buch abzeichnen oder abpausen. Schließen Sie dann das Buch und schreiben Sie die passenden Wörter unter die Bilder.
- Wenn Sie mehr Sicherheit haben, können Sie Wörter aus dem Fremdsprachenregister aussuchen und deren Bedeutung aufschreiben, bevor Sie auf der entsprechenden Seite nachsehen.

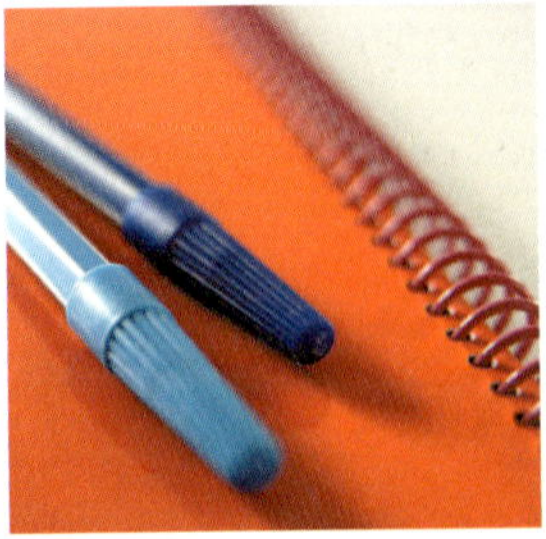

人 hito
die Menschen

身体 karada • der Körper

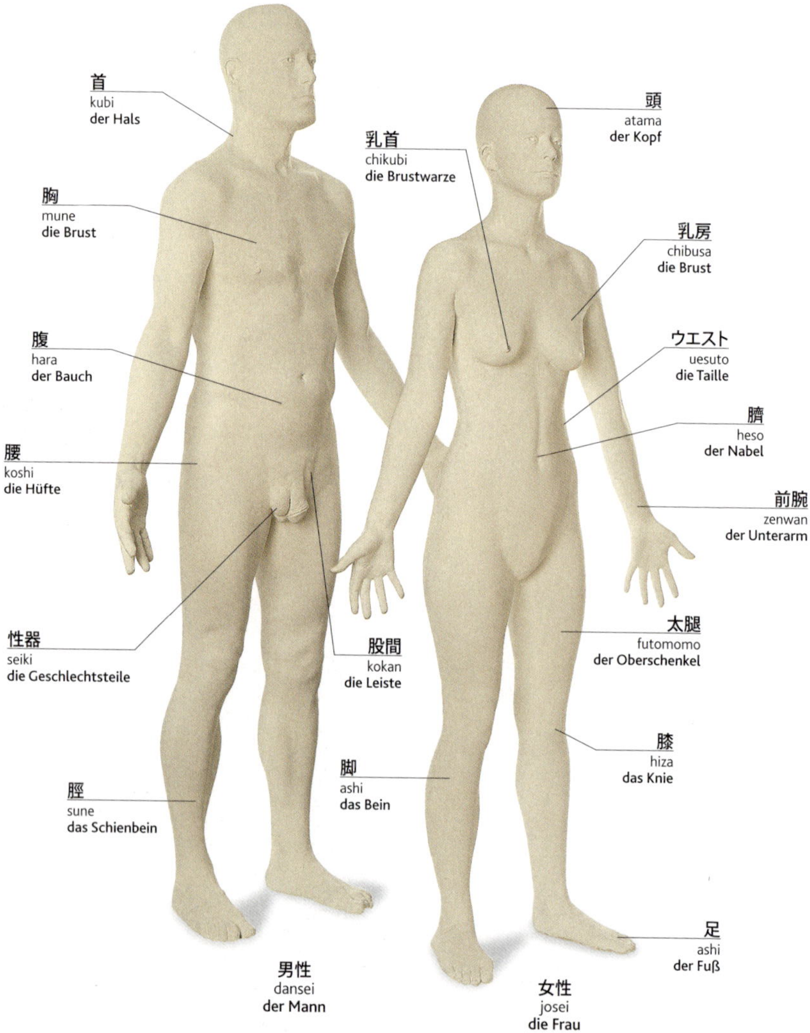

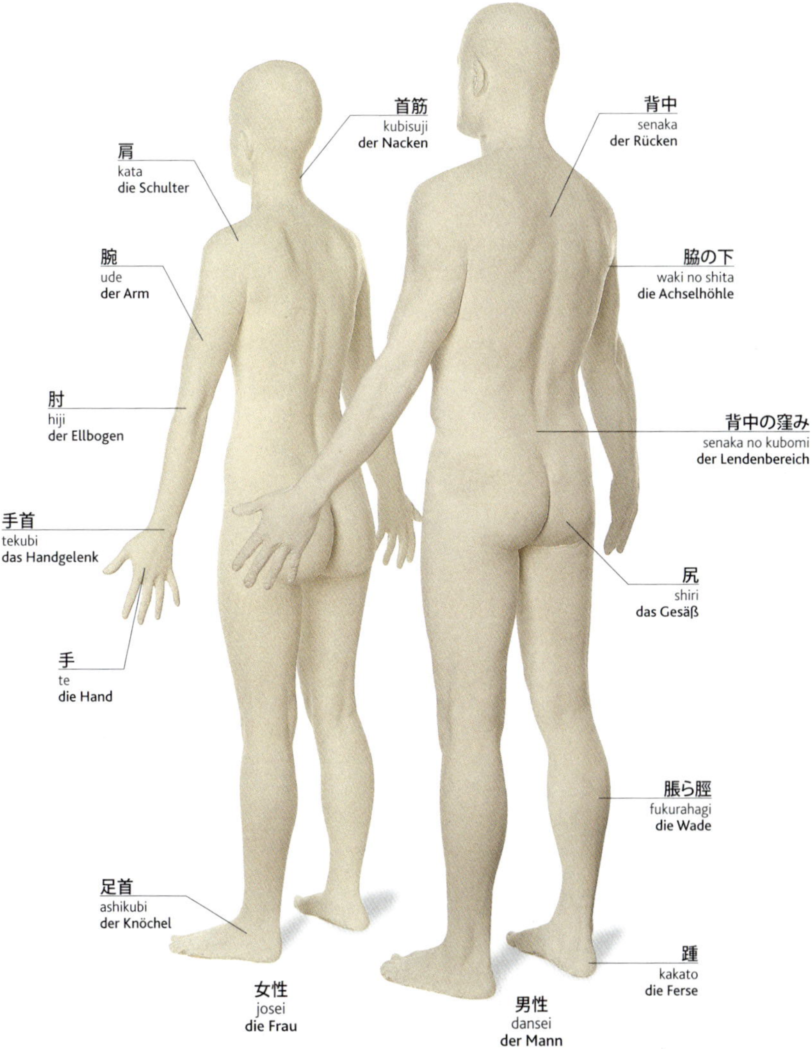
首筋
kubisuji
der Nacken
背中
senaka
der Rücken
肩
kata
die Schulter
腕
ude
der Arm
脇の下
waki no shita
die Achselhöhle
肘
hiji
der Ellbogen
背中の窪み
senaka no kubomi
der Lendenbereich
手首
tekubi
das Handgelenk
尻
shiri
das Gesäß
手
te
die Hand
膨ら脛
fukurahagi
die Wade
足首
ashikubi
der Knöchel
踵
kakato
die Ferse
女性
josei
die Frau
男性
dansei
der Mann

顔 kao • das Gesicht

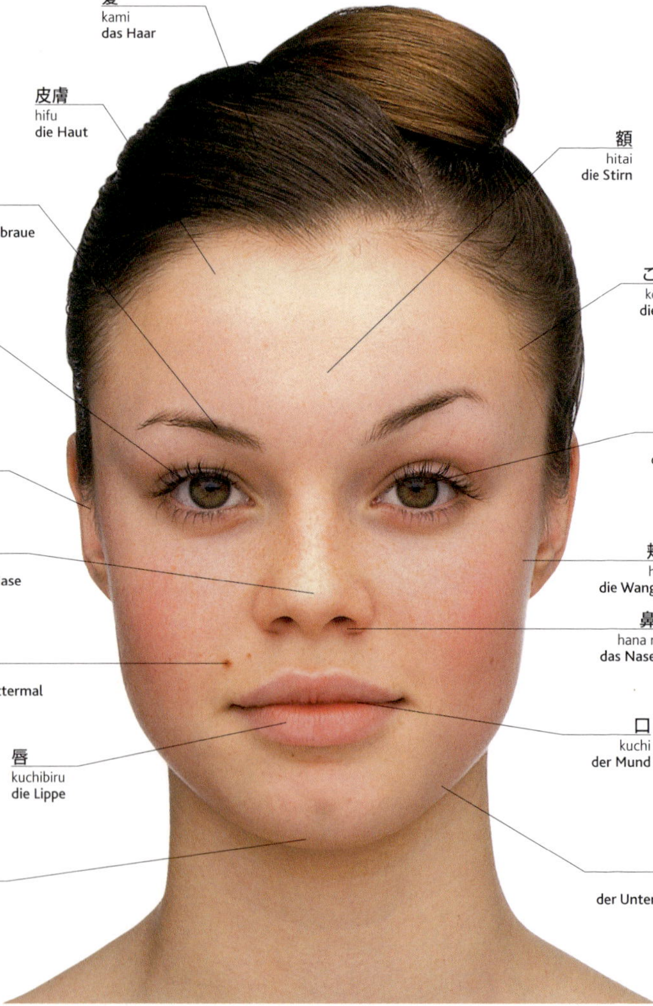

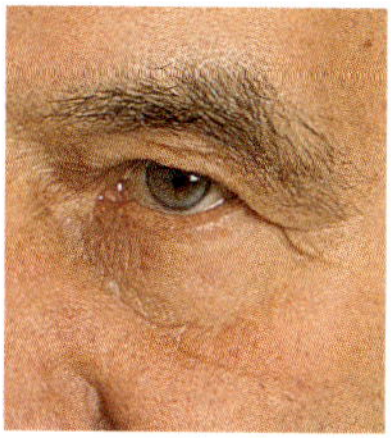

皺
shiwa
die Falte

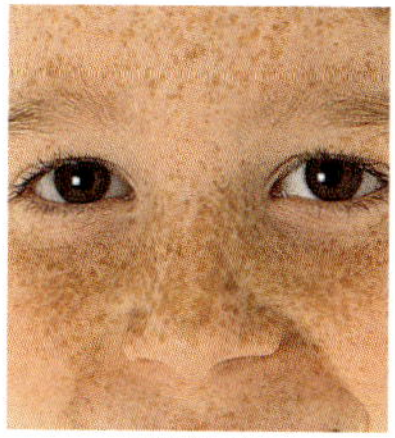

そばかす
sobakasu
die Sommersprosse

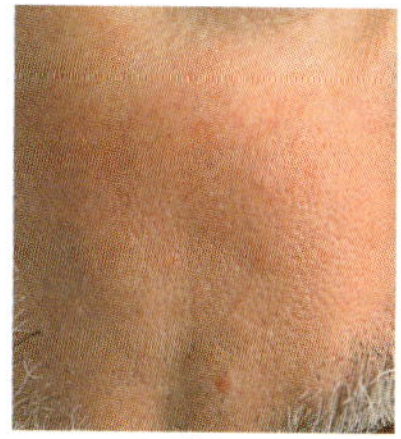

毛穴
keana
die Pore

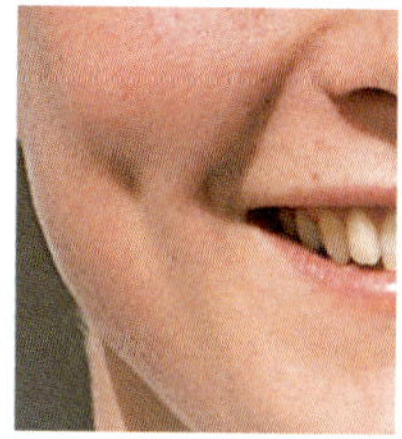

えくぼ
ekubo
das Grübchen

手 te • die Hand

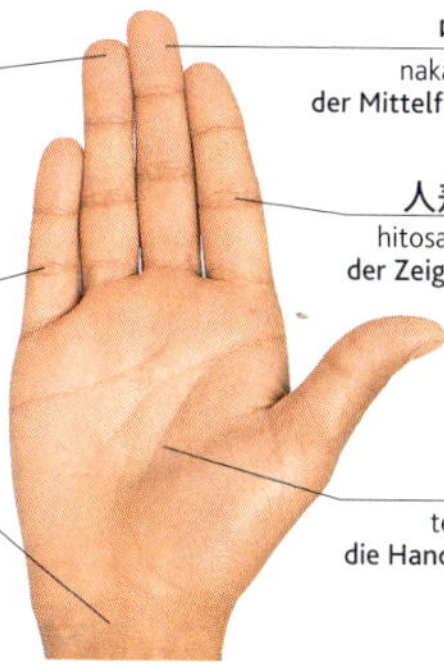

薬指
kusuriyubi
der Ringfinger

中指
nakayubi
der Mittelfinger

人差し指
hitosashiyubi
der Zeigefinger

小指
koyubi
der kleine Finger

手首
tekubi
das Handgelenk

掌
tenohira
die Handfläche

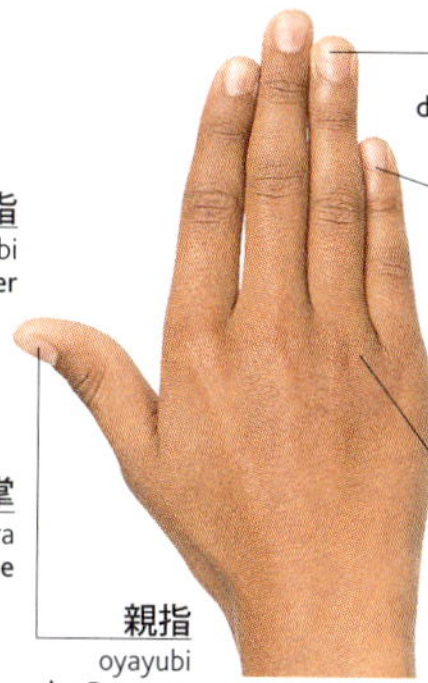

爪
tsume
der Fingernagel

甘皮
amakawa
die Nagelhaut

指の関節
yubi no kansetsu
der Handknöchel

親指
oyayubi
der Daumen

拳
kobushi
die Faust

足 ashi • der Fuß

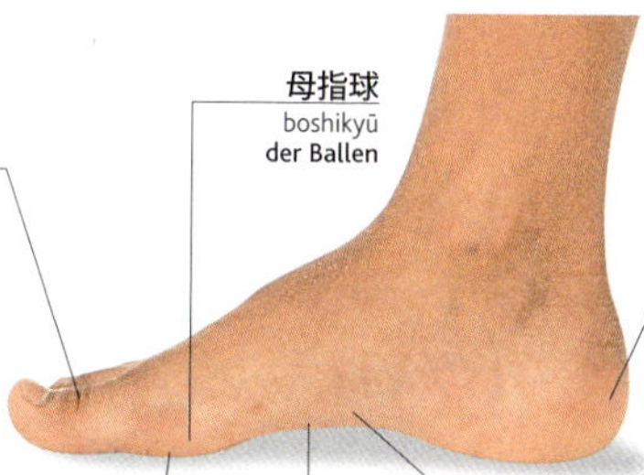

足指
ashiyubi
der Zeh

母指球
boshikyū
der Ballen

踵
kakato
die Ferse

足裏
ashiura
die Fußsohle

足の甲の内側
ashi no kō no uchigawa
der Innenrist

土踏まず
tsuchifumazu
das Gewölbe

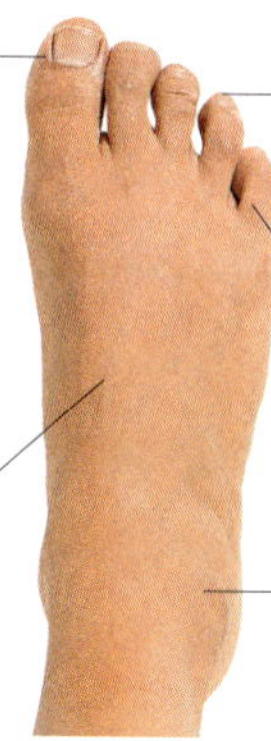

足の親指
ashi no oyayubi
der große Zeh

足の爪
ashi no tsume
der Zehennagel

足の小指
ashi no koyubi
der kleine Zeh

足の甲
ashi no kō
der Fußrücken

足首
ashikubi
der Knöchel

筋肉 kinniku • die Muskeln

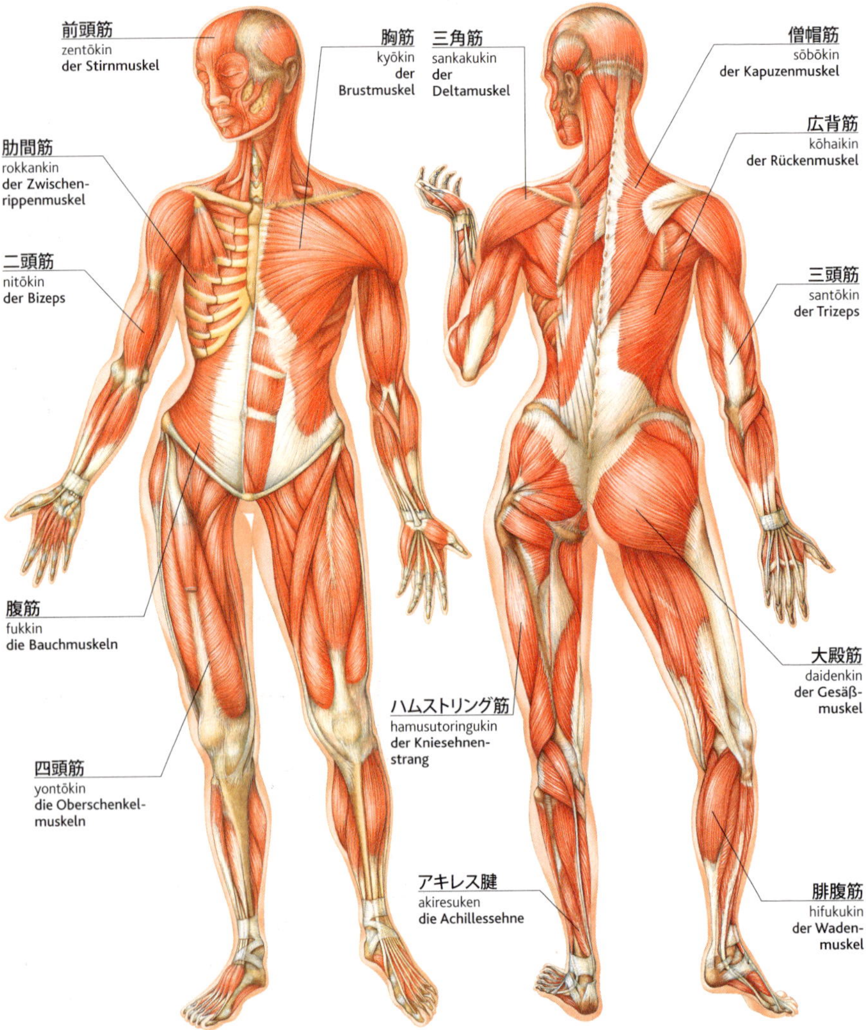

骨格 kokkaku • das Skelett

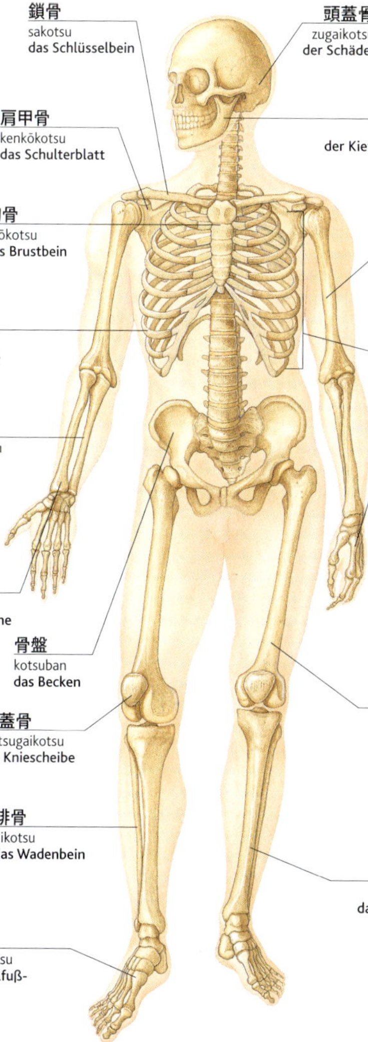

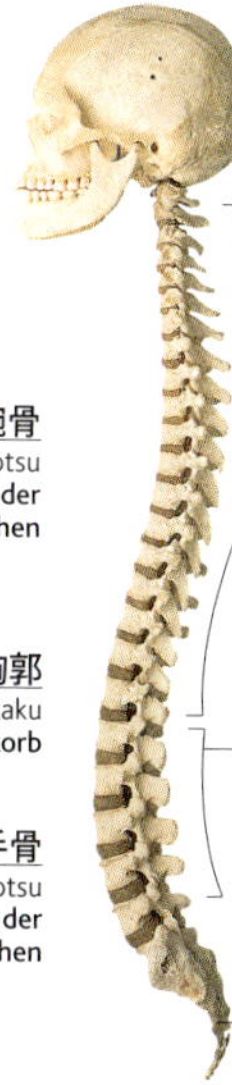

背骨
sebone
die Wirbelsäule

関節 kansetsu • das Gelenk

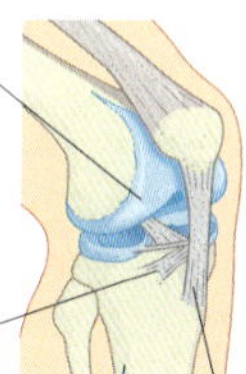

内臓 naizō • die inneren Organe

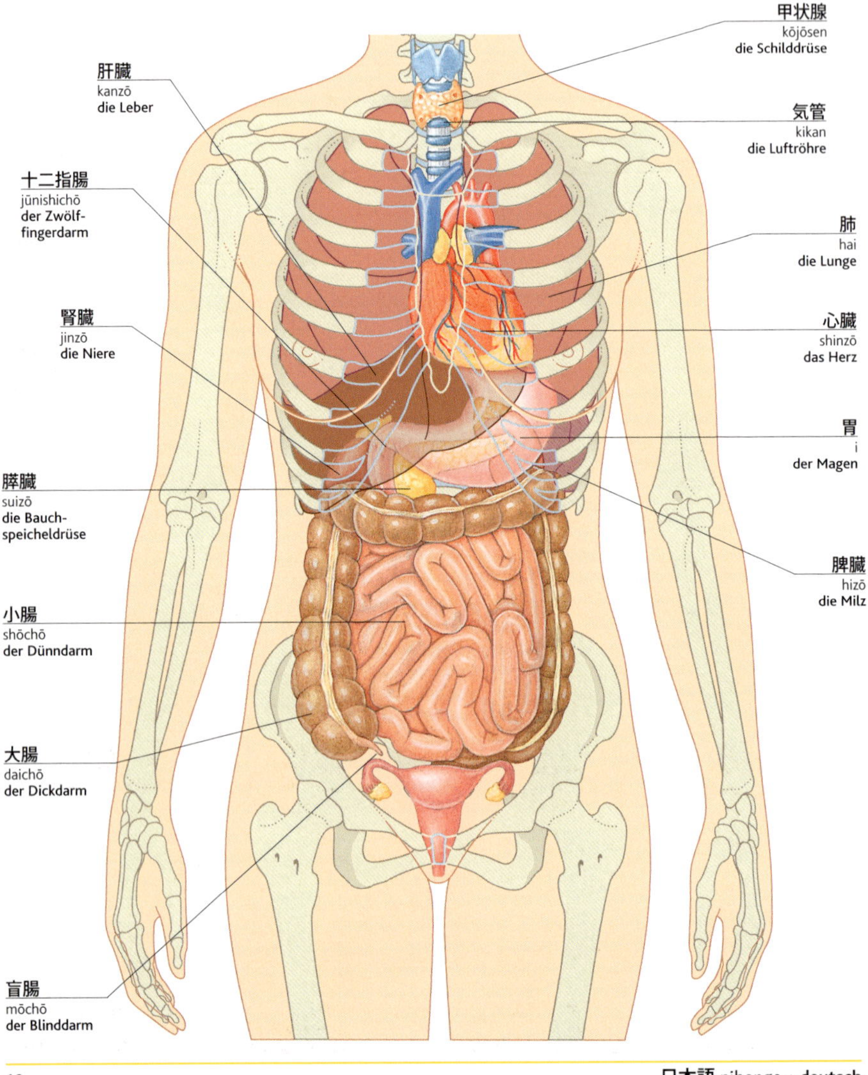

頭 atama • **der Kopf**

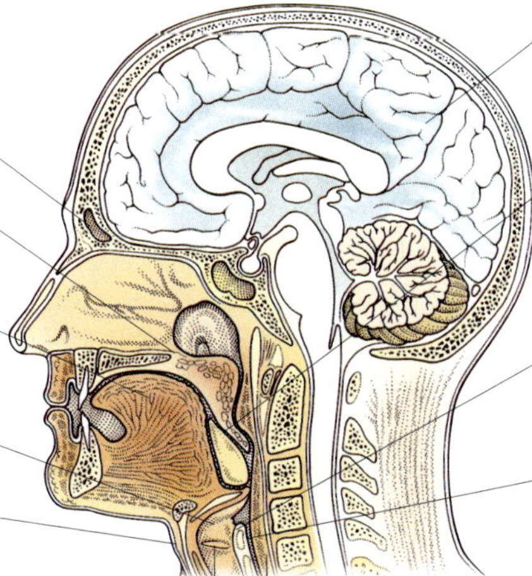

人体系統 jintai keitō • **die Körpersysteme**

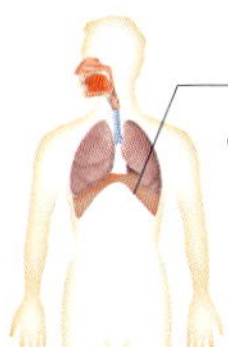

呼吸器系
kokyūki kei
das Atmungssystem

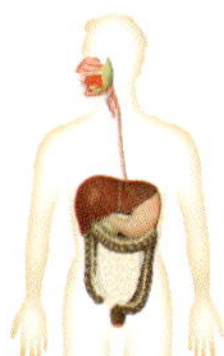

消化器系
shōkaki kei
das Verdauungssystem

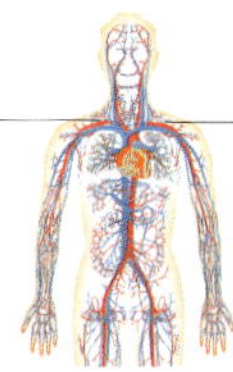

循環系
junkan kei
das Herz- und Gefäßsystem

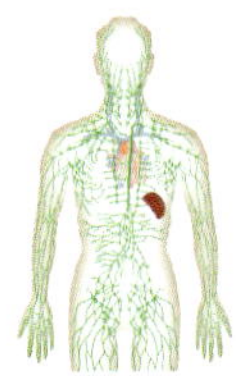

リンパ系
rimpa kei
das lymphatische System

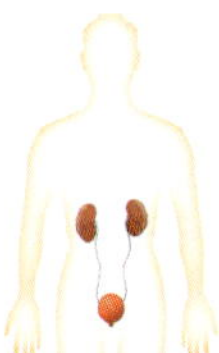

泌尿器系
hinyōki kei
das Harnsystem

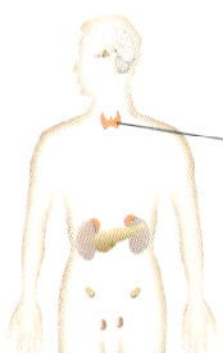

内分泌系
naibumpi kei
das endokrine System

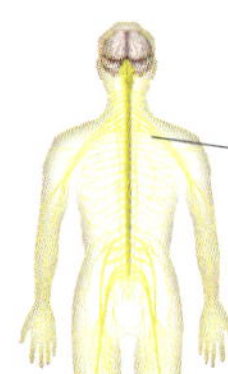

神経系
shinkei kei
das Nervensystem

生殖器系
seishokuki kei
das Fortpflanzungssystem

生殖器 seishokuki • die Fortpflanzungsorgane

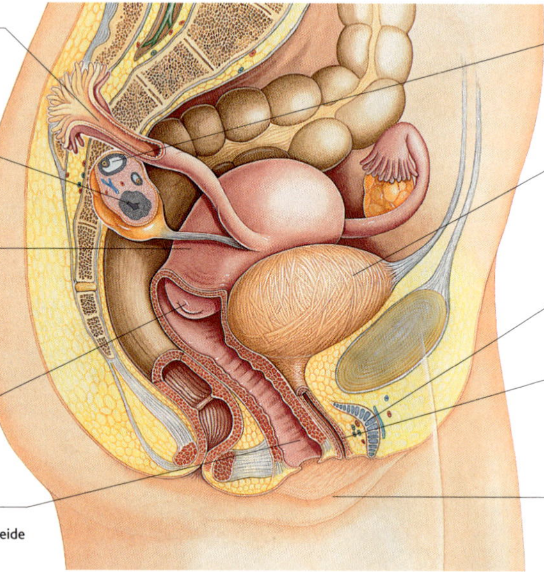

女性 josei | **weiblich**

生殖 seishoku • die Fortpflanzung

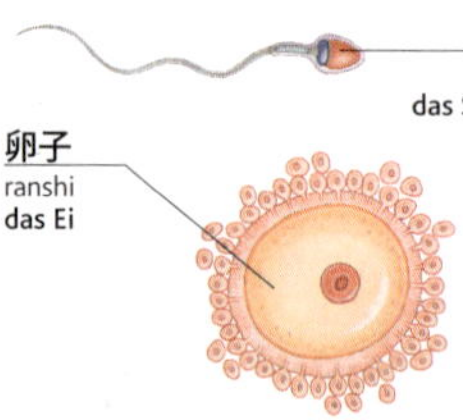

受精 jusei | **die Befruchtung**

関連用語 kanrenyōgo • Vokabular

ホルモン horumon **das Hormon**	不能症 funōshō **impotent**	妊娠できる ninshin dekiru **fruchtbar sein**
排卵 hairan **der Eisprung**	妊娠する ninshin suru **empfangen**	月経 gekkei **die Menstruation**
不妊症 funinshō **steril**	性交 seikō **der Geschlechtsverkehr**	性感染症 sei kansenshō **die Geschlechtskrankheit**

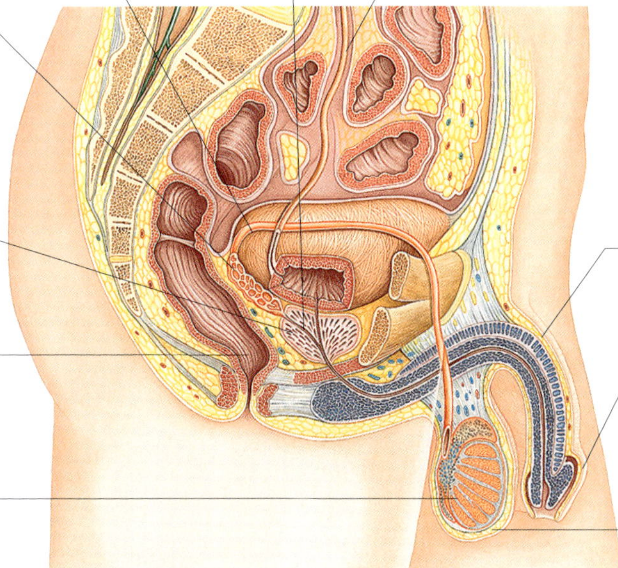

男性 dansei | **männlich**

避妊 hinin • **die Empfängnisverhütung**

キャップ
kyappu
das Pessar

ペッサリー
pessarī
das Diaphragma

コンドーム
kondōmu
das Kondom

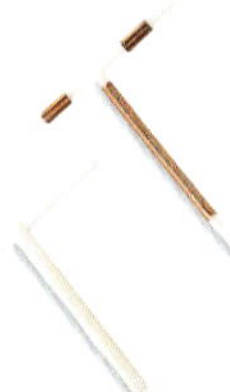

IUD
ai yū dī
die Spirale

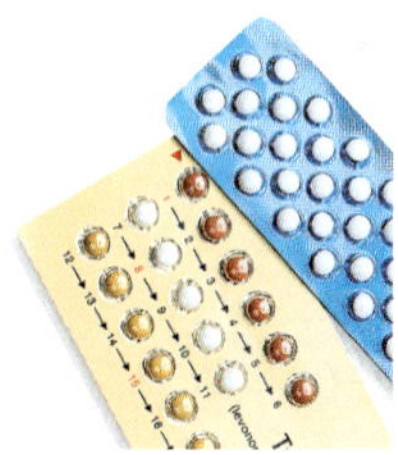

ピル
piru
die Pille

家族 kazoku • die Familie

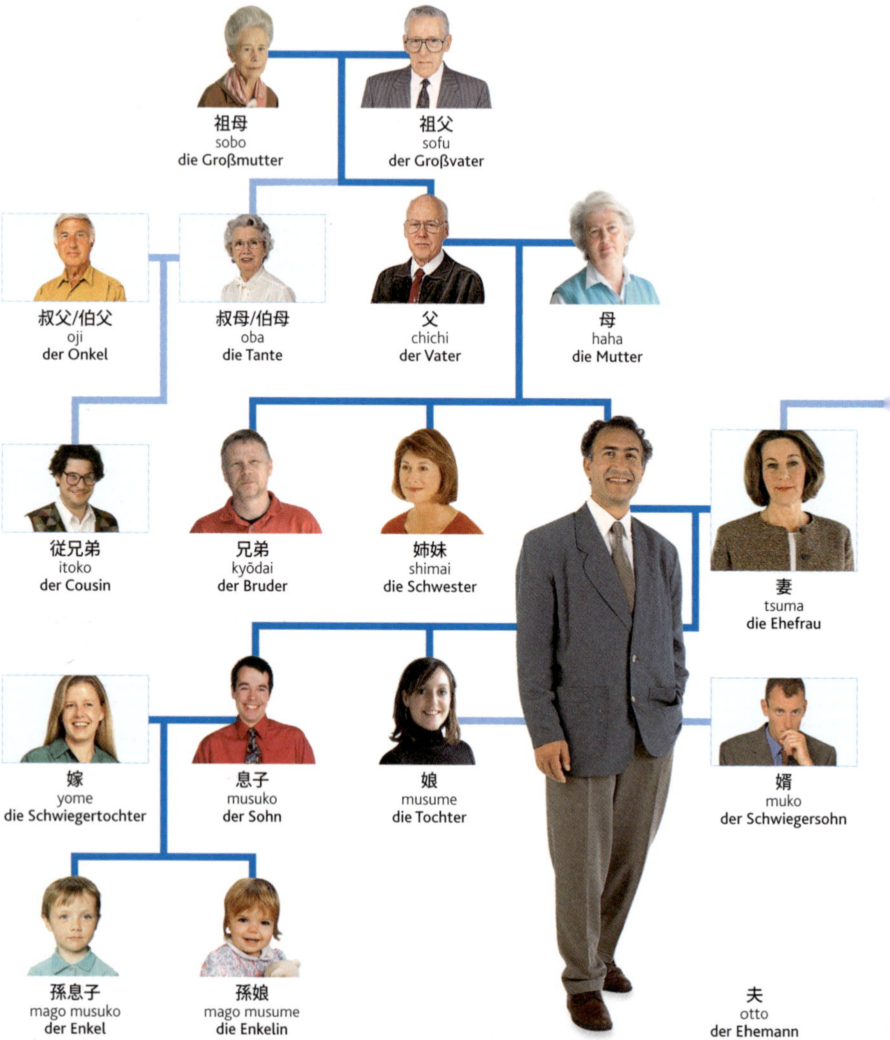

関連用語 kanrenyōgo • Vokabular

親類
shinrui
die Verwandten

世代
sedai
die Generation

両親
ryōshin
die Eltern

子供
kodomo
die Kinder

孫
mago
die Enkelkinder

祖父母
sofubo
die Großeltern

継母
mama haha
die Stiefmutter

継父
mama chichi
der Stiefvater

継息子
mama musuko
der Stiefsohn

継娘
mama musume
die Stieftochter

配偶者
haigūsha
der Partner/ die Partnerin

双子
futago
die Zwillinge

義母
gibo
die Schwiegermutter

義父
gifu
der Schwiegervater

義兄弟
gikyōdai
der Schwager

義理の姉妹
giri no shimai
die Schwägerin

姪
mei
die Nichte

甥
oi
der Neffe

成長段階 seichō dankai • die Stadien

乳児
nyūji
das Baby

子供
kodomo
das Kind

男の子
otoko no ko
der Junge

女の子
onna no ko
das Mädchen

ティーンエージャー
tīn'ējā
der/die Jugendliche

大人
otona
der Erwachsene

男性
dansei
der Mann

女性
josei
die Frau

敬称 keishō • die Anreden

さん
san
Frau

さん
san
Herr

ちゃん
chan
Fräulein

人間関係 ningen kankei • die Beziehungen

マネージャー
manējā
der Chef

アシスタント
ashisutanto
die Assistentin

ビジネス・パートナー
bijinesu pātonā
die Geschäftspartnerin

雇用主
koyōnushi
die Arbeitgeberin

従業員
jūgyōin
der Arbeitnehmer

同僚
dōryō
der Kollege

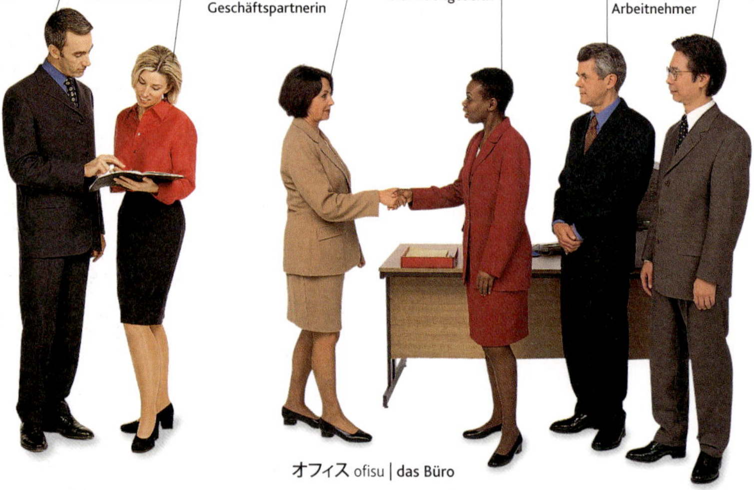

オフィス ofisu | das Büro

隣人
rinjin
der Nachbar

友人
yūjin
der Freund

知人
chijin
der Bekannte

ペンパル
pemparu
der Brieffreund

ボーイフレンド
bōifurendo
der Freund

ガールフレンド
gārufurendo
die Freundin

カップル kappuru | das Paar

婚約者
kon'yakusha
der Verlobte

婚約者
kon'yakusha
die Verlobte

婚約中のカップル kon'yaku-chū no kappuru | die Verlobten

感情 kanjō • die Gefühle

嬉しい
ureshī
glücklich

悲しい
kanashī
traurig

興奮する
kōfun suru
aufgeregt sein

飽きる
akiru
gelangweilt sein

驚く
odoroku
überrascht sein

怖がる
kowagaru
erschrocken sein

怒る
okoru
verärgert sein

混乱する
konran suru
verwirrt sein

心配する
shimpai suru
besorgt sein

不安
fuan
nervös

誇る
hokoru
stolz sein

自信
jishin
selbstsicher

恥ずかしい
hazukashī
verlegen

はにかむ
hanikamu
schüchtern

関連用語 kanrenyōgo • Vokabular

狼狽する
rōbai suru
bestürzt sein

笑う
warau
lachen

溜息をつく
tameiki o tsuku
seufzen

怒鳴る
donaru
schreien

衝撃を受ける
shōgeki o ukeru
schockiert sein

泣く
naku
weinen

気絶する
kizetsu suru
in Ohnmacht fallen

欠伸する
akubi suru
gähnen

人生 jinsei • die Ereignisse des Lebens

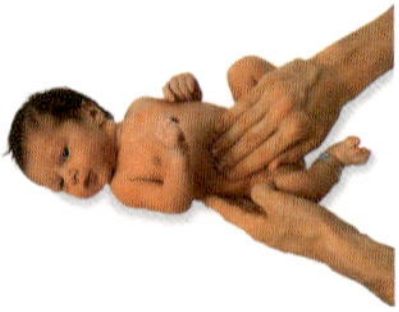

生まれる
umareru
geboren werden

入学する
nyūgaku suru
zur Schule kommen

友達になる
tomodachi ni naru
sich anfreunden

卒業する
sotsugyō suru
graduieren

就職する
shūshoku suru
eine Stelle bekommen

恋愛する
ren'ai suru
sich verlieben

結婚する
kekkon suru
heiraten

出産する
shussan suru
ein Baby bekommen

結婚式 kekkonshiki | **die Hochzeit**

離婚
rikon
die Scheidung

葬式
sōshiki
das Begräbnis

関連用語 kanrenyōgo • Vokabular

洗礼
senrei
die Taufe

記念日
kinembi
der Jahrestag

移民する
imin suru
emigrieren

退職する
taishoku suru
in den Ruhestand treten

死ぬ
shinu
sterben

遺言状を書く
yuigonjō o kaku
sein Testament machen

出生証明書
shussei shōmeisho
die Geburtsurkunde

結婚披露宴
kekkon hirōen
die Hochzeitsfeier

ハネムーン
hanemūn
die Flitterwochen

バルミツバー
barumitsubā
die Bar-Mizwa

お祝い oiwai • die Feste

誕生パーティー
tanjō pātī
die Geburtstagsfeier

カード
kādo
die Karte

誕生日
tanjōbi
der Geburtstag

プレゼント
purezento
das Geschenk

クリスマス
kurisumasu
das Weihnachten

正月
shōgatsu
das Neujahr

カーニバル
kānibaru
der Karneval

行列
gyōretsu
der Umzug

リボン
ribon
das Band

感謝祭
kanshasai
das Erntedankfest

復活祭
fukkatsusai
das Ostern

ハロウィーン
harowīn
das Halloween

祭り matsuri • die Feste

過越祭
sugikoshimatsuri
das Passah

ラマダーン
ramadān
der Ramadan

ディワーリ
diwāri
das Diwali

外観 gaikan
die äußere Erscheinung

子供服 kodomo fuku • die Kinderkleidung

赤ちゃん akachan • das Baby

スノースーツ
sunōsūtsu
der Schneeanzug

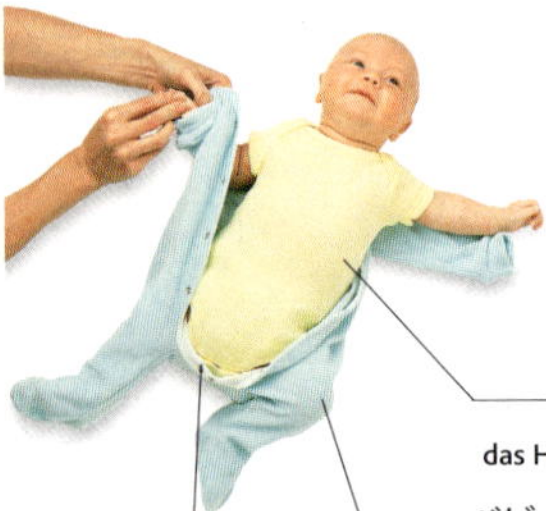

肌着
hadagi
das Hemdchen

ベビーグロー
bebīgurō
der Strampelanzug

スナップ
sunappu
der Druckknopf

スリープスーツ
surīpusūtsu
der Schlafanzug

ロンパース
rompāsu
der Body

よだれ掛け
yodarekake
das Lätzchen

ミトン
miton
die Babyhandschuhe

ブーティ
būti
die Babyschuhe

おむつ
omutsu
die Stoffwindel

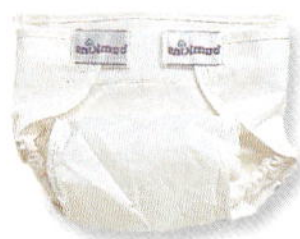

紙おむつ
kami omutsu
die Wegwerfwindel

おむつカバー
omutsu kabā
das Gummihöschen

幼児 yōji • das Kleinkind

日よけ帽
hiyokebō
der Sonnenhut

エプロン
epuron
die Schürze

半ズボン
hanzubon
die Shorts

オーバーオール
ōbāōru
die Latzhose

Tシャツ
tīshatsu
das T-Shirt

スカート
sukāto
der Rock

子供 kodomo • das Kind

ワンピース
wampīsu
das Kleid

サンダル
sandaru
die Sandalen

夏
natsu
der Sommer

フード
fūdo
die Kapuze

レインコート
reinkōto
der Regenmantel

ジーパン
jīpan
die Jeans

リュックサック
ryukkusakku
der Rucksack

秋
aki
der Herbst

トグルボタン
togurubotan
der Knebelknopf

ダッフルコート
daffurukōto
der Dufflecoat

マフラー
mafurā
der Schal

アノラック
anorakku
der Anorak

長靴
nagagutsu
die Gummistiefel

冬
fuyu
der Winter

ナイトガウン
naitogaun
der Morgenmantel

ネグリジェ
negurije
das Nachthemd

スリッパ
surippa
die Hausschuhe

寝間着
nemaki
die Nachtwäsche

ロゴ
rogo
das Logo

スニーカー
sunīkā
die Sportschuhe

サッカー着
sakkā-gi
der Fußballdress

トラックスーツ
torakkusūtsu
der Trainingsanzug

レギンス
reginsu
die Leggings

関連用語 kanrenyōgo • Vokabular

天然繊維
tennen sen'i
die Naturfaser

合成繊維
gōsei sen'i
synthetisch

洗濯機で洗えますか。
sentakki de araemasuka?
Ist es waschmaschinenfest?

2歳児に着れますか。
nisai-ji ni kiremasuka?
Passt das einem Zweijährigen?

男性服 dansei fuku • die Herrenkleidung

スーツ
sūtsu
der Straßenanzug

コート
kōto
der Mantel

関連用語 kanrenyōgo • Vokabular

ワイシャツ waishatsu **das Hemd**	ナイトガウン naitogaun **der Morgenmantel**	トラックスーツ torakkusūtsu **der Trainingsanzug**	長い nagai **lang**
カーディガン kādigan **die Strickjacke**	下着 shitagi **die Unterwäsche**	レインコート reinkōto **der Regenmantel**	短い mijikai **kurz**

もっと大きい／小さいサイズはありますか。
motto ōkī/chīsai saizu wa arimasuka?
Haben Sie das eine Nummer größer/kleiner?

試着できますか。
shichaku dekimasuka?
Kann ich das anprobieren?

ブレザー
burezā
der Blazer

スポーツジャケット
supōtsu jaketto
das Sportjackett

ベスト
besuto
die Weste

Vネック
buinekku
der V-Ausschnitt

丸首
marukubi
der runde Ausschnitt

Tシャツ
tīshatsu
das T-Shirt

スエットパンツ
suettopantsu
die Trainingshose

カジュアルウェア
kajuaruwea
die Freizeitkleidung

アノラック
anorakku
der Anorak

トレーナー
torēnā
das Sweatshirt

ウインドブレーカー
uindoburēkā
die Windjacke

セーター
sētā
der Pullover

パジャマ
pajama
der Schlafanzug

肌着
hadagi
das Unterhemd

短パン
tampan
die Shorts

ブリーフ
burīfu
der Slip

ボクサーショーツ
bokusāshōtsu
die Boxershorts

靴下
kutsushita
die Socken

女性服 josei fuku • die Damenkleidung

正装
seisō
formell

イブニングドレス
ibuningudoresu
das Abendkleid

ワンピース
wampīsu
das Kleid

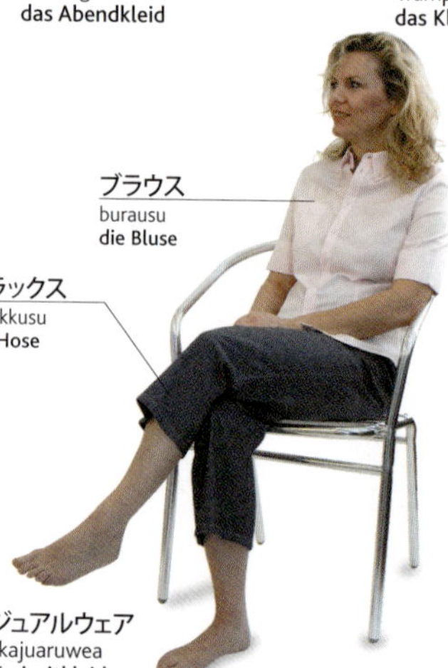

カジュアルウェア
kajuaruwea
die Freizeitkleidung

ランジェリー ranjerī • die Unterwäsche

ナイトガウン
naitogaun
das Negligé

スリップ
surippu
der Unterrock

キャミソール
kyamisōru
das Mieder

バスク
basuku
das Bustier

ストッキング
sutokkingu
die Strümpfe

パンスト
pansuto
die Strumpfhose

ブラジャー
burajā
der Büstenhalter

パンティ
panti
der Slip

ネグリジェ
negurije
das Nachthemd

結婚式 kekkonshiki • die Hochzeit

ウェディングドレス
wedingudoresu
das Hochzeitskleid

関連用語 kanrenyōgo • Vokabular

コルセット
korusetto
das Korsett

ガーター
gātā
das Strumpfband

ショルダーパッド
shorudāpaddo
das Schulterpolster

ウエストバンド
uesutobando
der Rockbund

着物
kimono
der Kimono

テーラード
tērādo
gut geschnitten

ホールターネック
hōrutā nekku
rückenfrei

ワイヤーカップ
waiyā kappu
mit Formbügeln

スポーツ用ブラジャー
supōtsu-yō burajā
der Sport-BH

装身具 sōshingu • die Accessoires

野球帽
yakyūbō
die Mütze

帽子
bōshi
der Hut

スカーフ
sukāfu
das Halstuch

バックル
bakkuru
die Gürtelschnalle

ベルト
beruto
der Gürtel

柄
e
der Griff

先端
sentan
die Spitze

傘
kasa
der Regenschirm

ハンカチ
hankachi
das Taschentuch

蝶ネクタイ
chōnekutai
die Fliege

ネクタイピン
nekutaipin
die Krawattennadel

手袋
tebukuro
die Handschuhe

アクセサリー akusesarī • der Schmuck

ペンダント
pendanto
der Anhänger

ブローチ
burōchi
die Brosche

カフスボタン
kafusubotan
der Manschettenknopf

リンク
rinku
das Glied

ブレスレット
buresuretto
das Armband

クラスプ
kurasupu
der Verschluss

宝石
hōseki
der Edelstein

チェーン
chēn
die Kette

真珠の首飾り
shinju no kubikazari
die Perlenkette

イヤリング
iyaringu
der Ohrring

指輪
yubiwa
der Ring

ネックレス
nekkuresu
die Halskette

腕時計
udedokei
die Armbanduhr

宝石箱 hōseki-bako | **der Schmuckkasten**

バッグ baggu • die Taschen

札入れ
satsuire
die Brieftasche

財布
saifu
das Portmonee

留め金
tomegane
der Verschluss

ショルダーバッグ
shorudābaggu
die Umhängetasche

取っ手
totte
die Griffe

ハンドバッグ
handobaggu
die Handtasche

ストラップ
sutorappu
der Schulterriemen

リュックサック
ryukkusakku
der Rucksack

旅行鞄
ryokōkaban
die Reisetasche

ブリーフケース
burīfukēsu
die Aktentasche

靴 kutsu • die Schuhe

靴紐穴
kutsuhimo ana
die Öse

靴紐
kutsuhimo
der Schnürsenkel

ベロ
bero
die Zunge

靴底
kutsuzoko
die Sohle

踵
kakato
der Absatz

編上靴
amiagegutsu
der Schnürschuh

ハイキングブーツ
haikingu būtsu
der Wanderschuh

スニーカー
sunīkā
der Sportschuh

革靴
kawagutsu
der Lederschuh

ゴム草履
gomuzōri
die Strandsandale

ハイヒール
haihīru
der Pumps

プラットフォームシューズ
purattofōmu shūzu
der Plateauschuh

サンダル
sandaru
die Sandale

スリッポン
surippon
der Slipper

短靴
tangutsu
der Herrenhalbschuh

髪 kami • das Haar

櫛
kushi
der Kamm

櫛で梳く
kushi de suku
kämmen

ヘアブラシ
heaburashi
die Haarbürste

ブラシをかける
burashi o kakeru | **bürsten**

髪結い
kamiyui
der Friseur

シャンプー台
shampū dai
das Waschbecken

客
kyaku
die Kundin

洗う arau | **waschen**

濯ぐ
yusugu
ausspülen

ガウン
gaun
der Frisierumhang

カットする
katto suru
schneiden

ブローする
burō suru
föhnen

セットする
setto suru
legen

備品 bihin • die Frisierartikel

ヘアドライヤー
headoraiyā
der Föhn

シャンプー
shampū
das Shampoo

コンディショナー
kondishonā
die Haarspülung

ジェル
jeru
das Haargel

ヘアスプレー
heasupurē
das Haarspray

カールアイロン
kāru airon
der Lockenstab

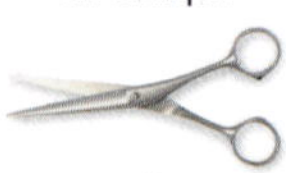

鋏
hasami
die Schere

ヘアバンド
heabando
der Haarreif

カーラー
kārā
der Lockenwickler

ヘアピン
heapin
die Haarklammer

髪型 kamigata • die Frisuren

ポニーテール
ponītēru
der Pferdeschwanz

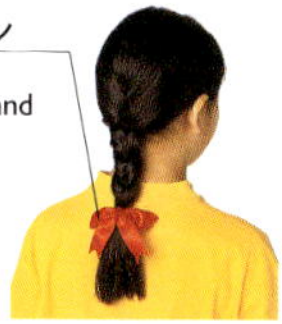
リボン
ribon
das Band

三つ編み
mitsuami
der geflochtene Zopf

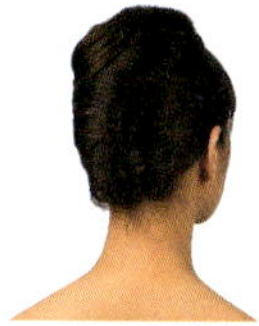
フレンチプリーツ
furenchi purītsu
die Hochsteckfrisur

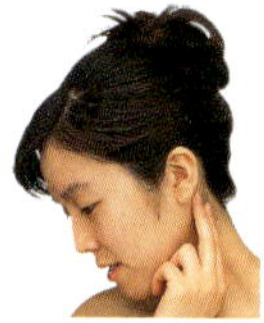
お団子
odango
der Haarknoten

お下げ
osage
die Zöpfe

ボブ
bobu
der Pagenkopf

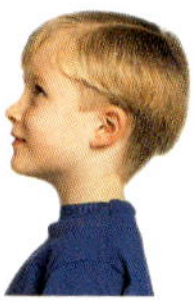
坊ちゃん刈り
botchangari
der Kurzhaarschnitt

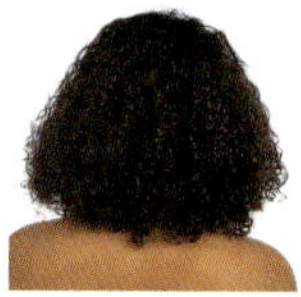
カール
kāru
lockig

パーマ
pāma
die Dauerwelle

ストレート
sutorēto
glatt

毛根
mōkon
die Wurzeln

ハイライト
hairaito
die Strähnchen

はげ頭
hageatama
kahl

鬘
katsura
die Perücke

ヘアカラー hea karā • die Haarfarben

ブロンド
burondo
blond

ブルネット
burunetto
brünett

赤茶色
akachairo
rotbraun

赤毛
akage
rot

黒髪
kurokami
schwarz

グレー
gurē
grau

ホワイト
howaito
weiß

染髪
sempatsu
gefärbt

関連用語 kanrenyōgo • Vokabular

整髪する
seihatsu suru
nachschneiden

ストレートにする
sutorēto ni suru
glätten

床屋
tokoya
der Herrenfriseur

フケ
fuke
die Schuppen

枝毛
edage
der Haarspliss

脂質
abura shitsu
fettig

乾燥質
kansō shitsu
trocken

普通
futsū
normal

頭皮
tōhi
die Kopfhaut

ヘアタイ
heatai
das Haarband

美容 biyō • die Schönheit

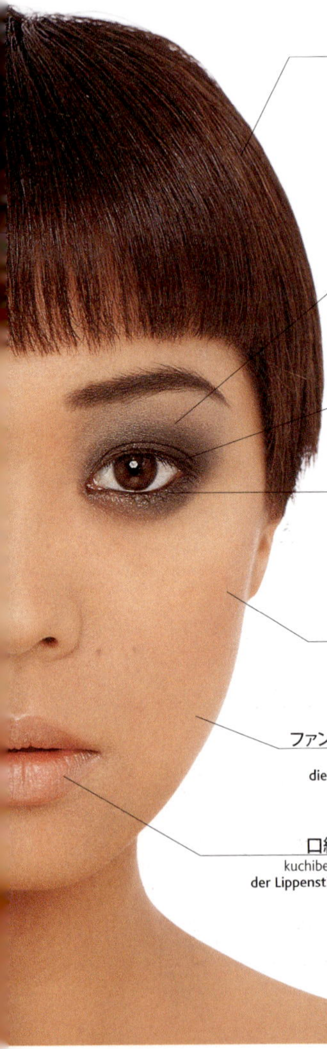

ヘアカラー
heakarā
das Haarfärbemittel

アイシャドー
aishadō
der Lidschatten

マスカラ
masukara
die Wimperntusche

アイライナー
airainā
der Eyeliner

頬紅
hōbeni
das Rouge

ファンデーション
fandēshon
die Grundierung

口紅
kuchibeni
der Lippenstift

メーキャップ mēkyappu • das Make-up

アイブロウペンシル
aiburow penshiru
der Augenbrauenstift

アイブロウブラシ
aiburow burashi
das Brauenbürstchen

毛抜き
kenuki
die Pinzette

リップグロス
rippu gurosu
das Lipgloss

リップブラシ
rippu burashi
der Lippenpinsel

リップライナー
rippu rainā
der Lippenkonturenstift

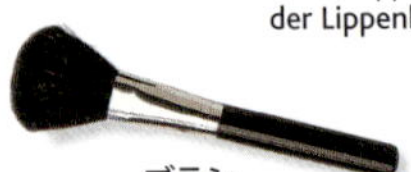

ブラシ
burashi
der Puderpinsel

コンシーラー
konshīrā
der Korrekturstift

コンパクトミラー
kompakuto mirā
der Spiegel

白粉
oshiroi
der Gesichtspuder

パフ
pafu
die Puderquaste

コンパクト kompakuto | die Puderdose

エステ esute • die Schönheitsbehandlungen

フェースパック
fēsu pakku
die Gesichtsmaske

フェーシャル
fēsharu
die Gesichtsbehandlung

サンベッド
sambeddo
die Sonnenbank

角質除去する
kakushitsu jokyo suru
das Peeling

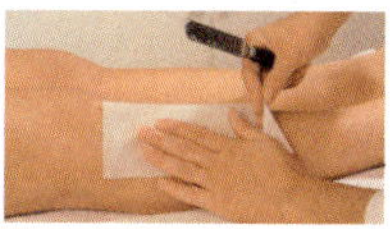

ワックス
wakkusu
das Wachs

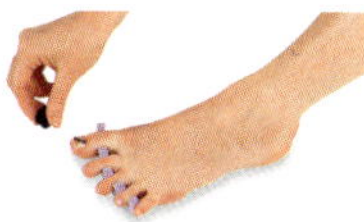

ペディキュア
pedikyua
die Pediküre

マニキュア manikyua • die Maniküre

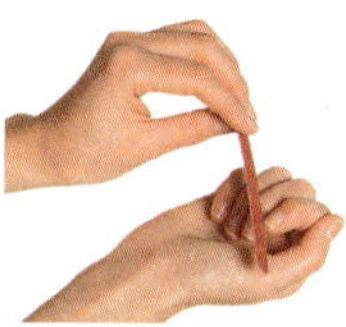

爪やすり
tsume yasuri
die Nagelfeile

除光液
jokō eki
der Nagellackentferner

マニキュア
manikyua
der Nagellack

爪切り鋏
tsumekiri-basami
die Nagelschere

爪切り
tsumekiri
der Nagelknipser

化粧品 keshōhin • die Toilettenartikel

クレンザー
kurenzā
der Gesichtsreiniger

化粧水
keshōsui
das Gesichtswasser

乳液
nyūeki
die Feuchtigkeitscreme

セルフタンニング・クリーム
serufu tanningu kurīmu
die Selbstbräunungscreme

香水
kōsui
das Parfum

オードトワレ
ōdotoware
das Eau de Toilette

関連用語 kanrenyōgo • Vokabular

肌の色
hada no iro
der Teint

色白
irojiro
hell

色黒
iroguro
dunkel

乾燥肌
kansō hada
die trockene Haut

脂肌
abura hada
die fettige Haut

敏感肌
binkan hada
die empfindliche Haut

低刺激性
tei-shigeki sei
hypoallergen

色合い
iroai
der Farbton

日焼け
hiyake
die Sonnenbräune

入れ墨
irezumi
die Tätowierung

皺取り
shiwa tori
Antifalten-

コットンボール
kotton bōru
die Wattebällchen

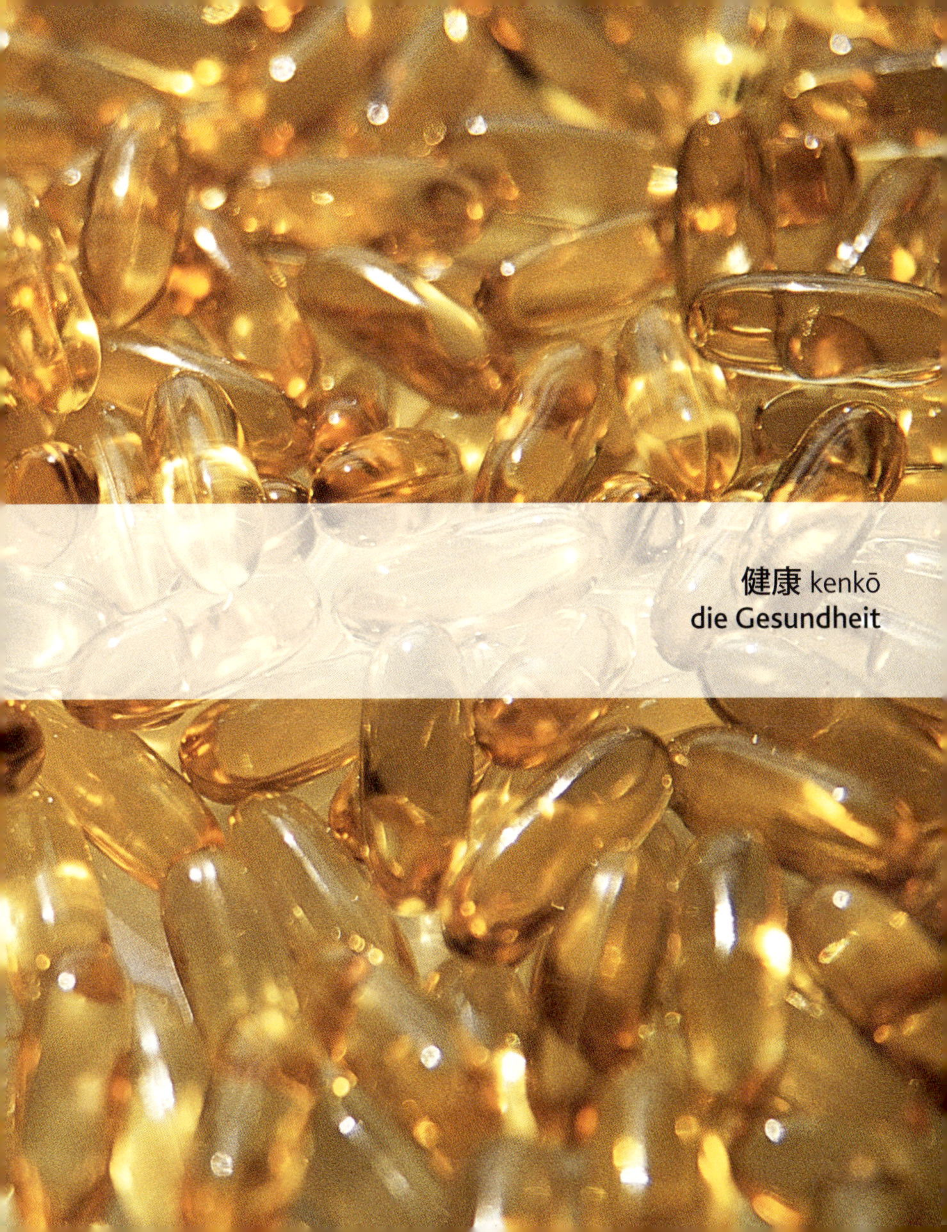

健康 kenkō
die Gesundheit

病気 byōki • die Krankheit

熱 netsu | das Fieber

頭痛
zutsū
die Kopfschmerzen

鼻血
hanaji
das Nasenbluten

咳
seki
der Husten

くしゃみ
kushami
das Niesen

風邪
kaze
die Erkältung

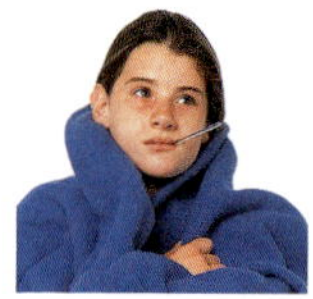

インフルエンザ
infuruenza
die Grippe

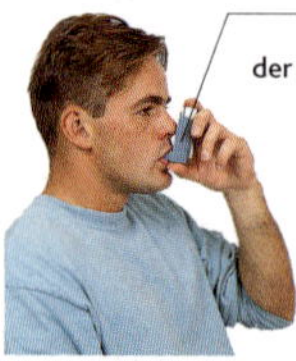

吸入器
kyūnyūki
der Inhalationsapparat

喘息
zensoku
das Asthma

腹痛
fukutsū
die Krämpfe

吐き気
hakike
die Übelkeit

水痘
suitō
die Windpocken

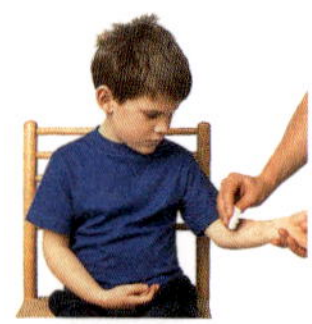

発疹
hosshin
der Hautausschlag

関連用語 kanrenyōgo • Vokabular

脳卒中
nōsotchū
der Schlaganfall

血圧
ketsuatsu
der Blutdruck

心臓発作
shinzōhossa
der Herzinfarkt

糖尿病
tōnyōbyō
die Zuckerkrankheit

アレルギー
arerugī
die Allergie

花粉症
kafunshō
der Heuschnupfen

アトピー性皮膚炎
atopīsei hifuen
das Ekzem

感染
kansen
die Infektion

ウイルス
uirusu
der Virus

悪寒
okan
die Verkühlung

胃痛
itsū
die Magenschmerzen

失神する
shisshin suru
in Ohnmacht fallen

吐く
haku
sich übergeben

癲癇
tenkan
die Epilepsie

片頭痛
henzutsū
die Migräne

下痢
geri
der Durchfall

麻疹
hashika
die Masern

おたふく風邪
otafukukaze
der Mumps

医者 isha • der Arzt

診察 shinsatsu • die Konsultation

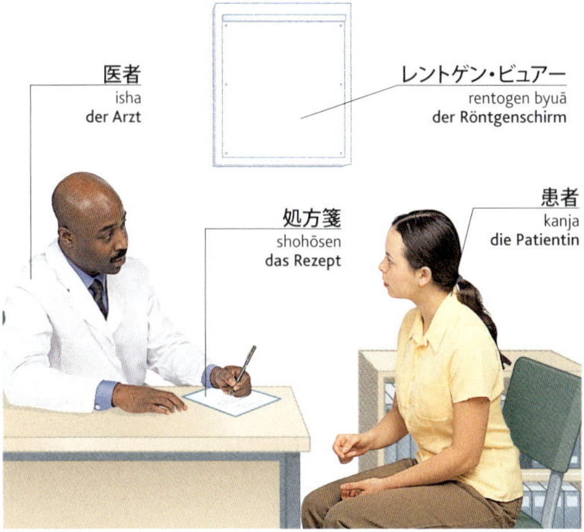

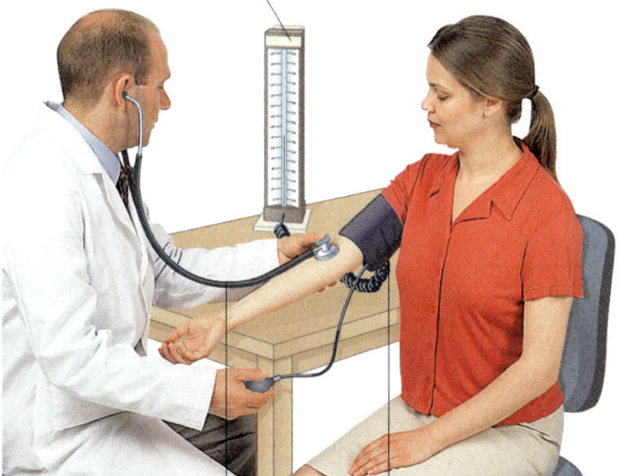

関連用語 kanrenyōgo • Vokabular

予約
yoyaku
der Termin

予防接種
yobō-sesshu
die Impfung

診療室
shinryō-shitsu
das Sprechzimmer

体温計
taionkei
das Thermometer

待合室
machiai-shitsu
das Wartezimmer

診察
shinsatsu
die Untersuchung

医者に行かなければなりません。
isha ni ikanakereba narimasen.
Ich muss einen Arzt sprechen.

ここが痛い。
koko ga itai.
Es tut hier weh.

怪我 kega • die Verletzung

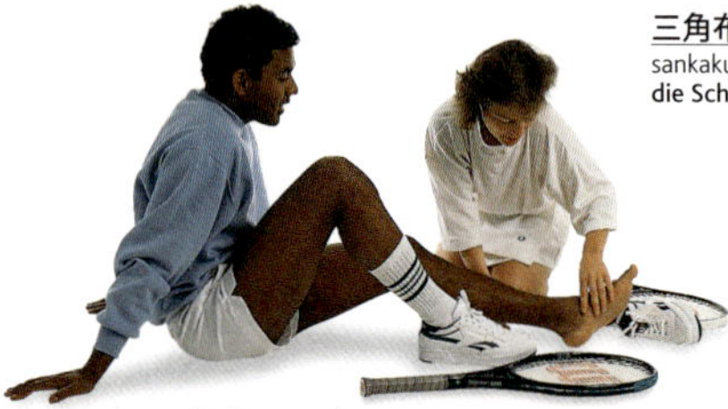

捻挫 nenza | die Verstauchung

三角布
sankakufu
die Schlinge

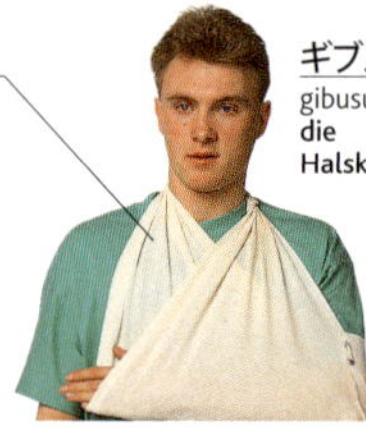

骨折
kossetsu
die Fraktur

ギプス
gibusu
die Halskrawatte

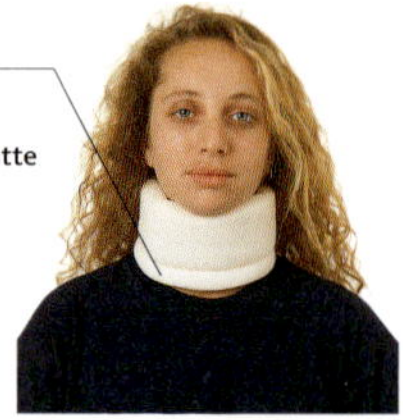

鞭打ち症
muchiuchishō
das Schleudertrauma

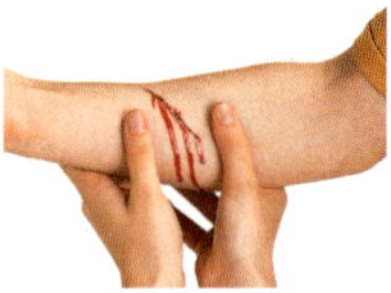

切り傷
kirikizu
der Schnitt

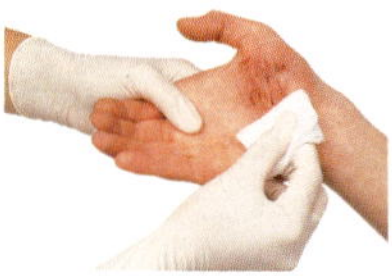

擦り傷
surikizu
die Abschürfung

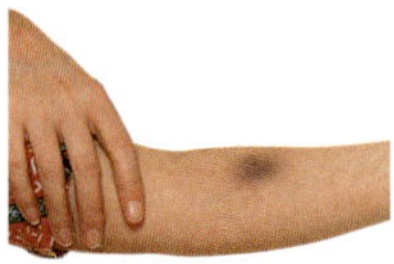

痣
aza
der blaue Fleck

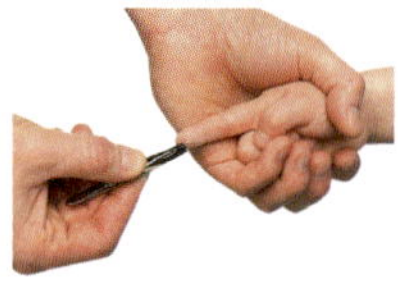

刺
toge
der Splitter

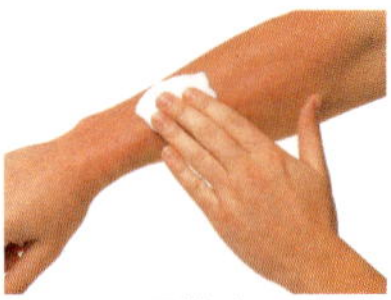

日焼け
hiyake
der Sonnenbrand

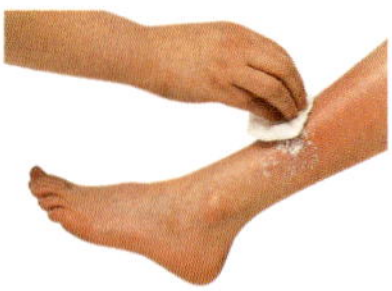

火傷
yakedo
die Brandwunde

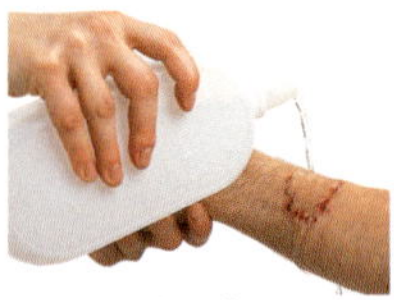

かみ傷
kamikizu
der Biss

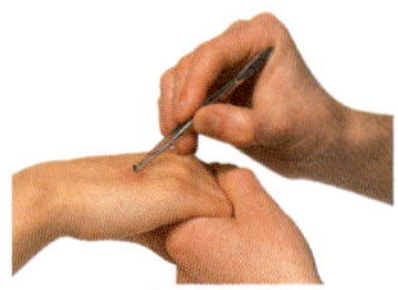

虫刺され
mushi-sasare
der Stich

関連用語 kanrenyōgo • Vokabular

事故
jiko
der Unfall

緊急事態
kinkyūjitai
der Notfall

傷
kizu
die Wunde

出血
shukketsu
die Blutung

水ぶくれ
mizubukure
die Blase

脳しんとう
nōshintō
die Gehirnerschütterung

中毒
chūdoku
die Vergiftung

感電
kanden
der elektrische Schlag

頭部外傷
tōbu gaishō
die Kopfverletzung

大丈夫でしょうか。
daijōbu deshōka?
Wird er/sie es gut überstehen?

どこが痛みますか。
doko ga itamimasuka?
Wo haben Sie Schmerzen?

救急車を呼んでください。
kyūkyūsha o yonde kudasai.
Rufen Sie bitte einen Krankenwagen.

応急手当 ōkyū teate • die Erste Hilfe

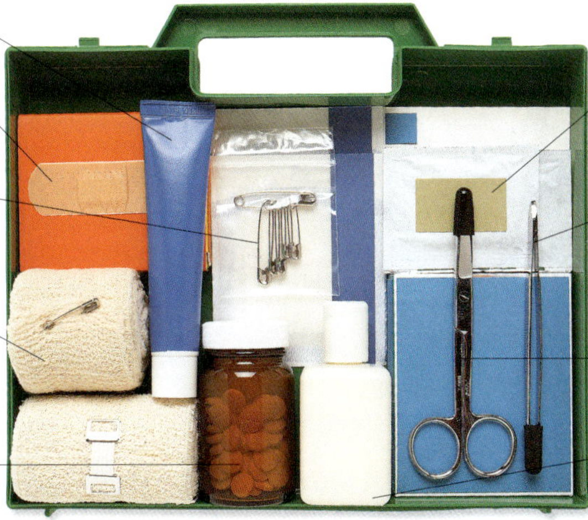

救急箱 kyūkyūbako | der Erste-Hilfe-Kasten

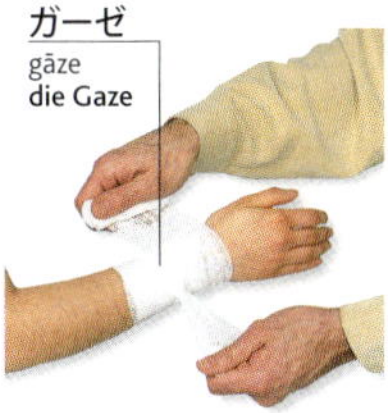

包帯を巻く
hōtai o maku
das Verbinden

副木 fukuboku | die Schiene

絆創膏
bansōkō
das Leukoplast

救急蘇生
kyūkyū sosei
die Wiederbelebung

関連用語 kanrenyōgo • Vokabular

ショック shokku **der Schock**	脈拍 myakuhaku **der Puls**	窒息する chissoku suru **ersticken**	助けてください。 tasukete kudasai. **Können Sie mir helfen?**
意識不明 ishikifumei **bewusstlos**	呼吸 kokyū **die Atmung**	殺菌 sakkin **steril**	応急手当のやり方を知っていますか。 ōkyū teate no yarikata o shitte imasuka? **Beherrschen Sie die Erste Hilfe?**

病院 byōin • das Krankenhaus

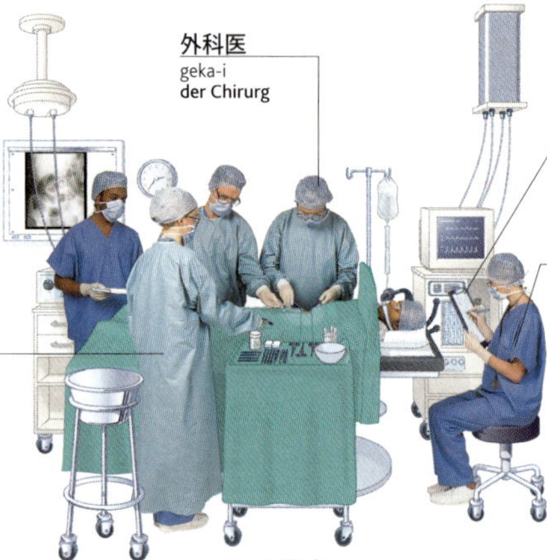

外科医
geka-i
der Chirurg

カルテ
karute
die Patientenkarte

麻酔士
masui-shi
der Anästhesist

看護婦
kangofu
die Krankenschwester

手術室
shujutsu-shitsu
der Operationssaal

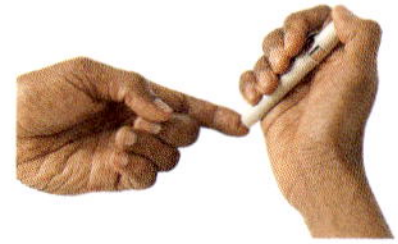

血液検査
ketsueki kensa
die Blutuntersuchung

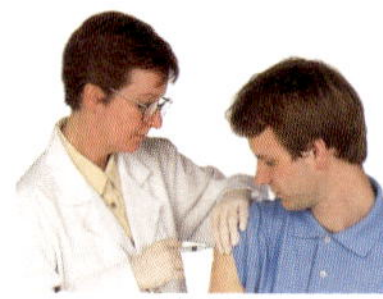

注射
chūsha
die Spritze

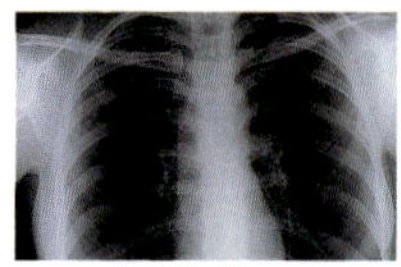

レントゲン
rentogen
die Röntgenaufnahme

車輪付き担架
sharin-tsuki tanka
die fahrbare Liege

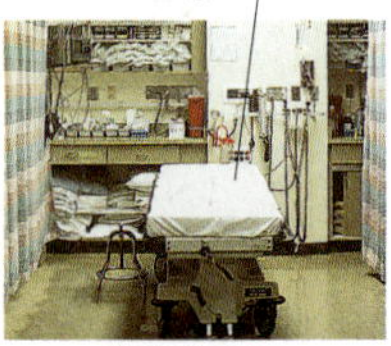

緊急治療室
kinkyū chiryō-shitsu
die Notaufnahme

呼び出しボタン
yobidashi botan
der Rufknopf

病室
byōshitsu
das Patientenzimmer

車椅子
kurumaisu
der Rollstuhl

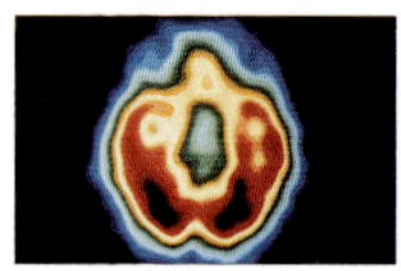

スキャン
sukyan
das CT-Bild

関連用語 kanrenyōgo • Vokabular

手術
shujutsu
die Operation

入院
nyūin
aufgenommen

退院
tai'in
entlassen

診療所
shinryōjo
die Klinik

面会時間
menkai jikan
die Besuchszeiten

産科病棟
sanka byōtō
die Entbindungsstation

小児病棟
shōni byōtō
die Kinderstation

個室
koshitsu
das Privatzimmer

集中治療室
shūchū chiryō-shitsu
die Intensivstation

外来患者
gairaikanja
der ambulante Patient

医療部門 iryō bumon • die Abteilungen

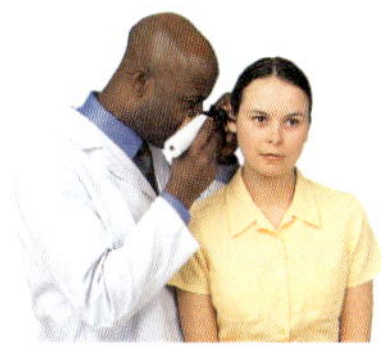

耳鼻咽喉科
jibi'inkō-ka
die HNO-Abteilung

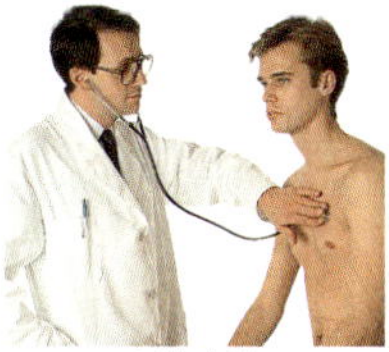

心臓病科
shinzōbyō-ka
die Kardiologie

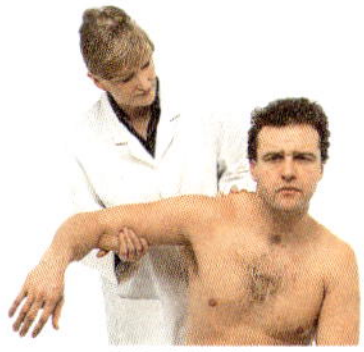

整形外科
seikeige-ka
die Orthopädie

婦人科
fujin-ka
die Gynäkologie

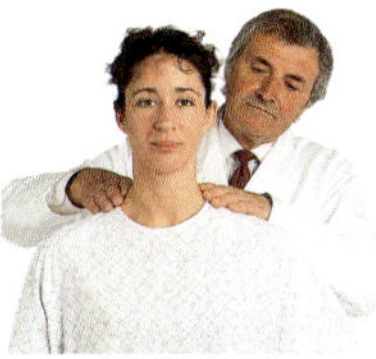

理学療法科
rigakuryōhō-ka
die Physiotherapie

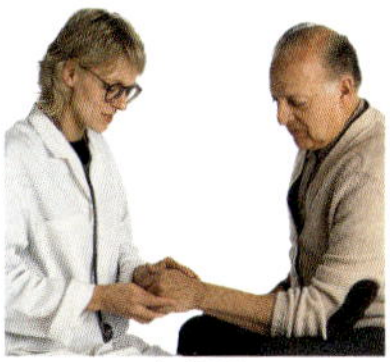

皮膚科
hifu-ka
die Dermatologie

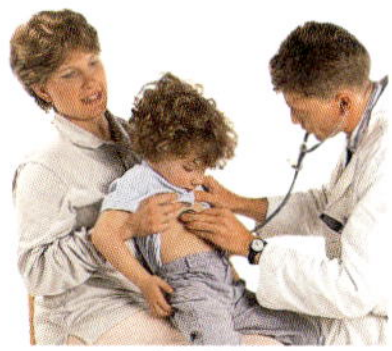

小児科
shōni-ka
die Kinderheilkunde

放射線科
hōshasen-ka
die Radiologie

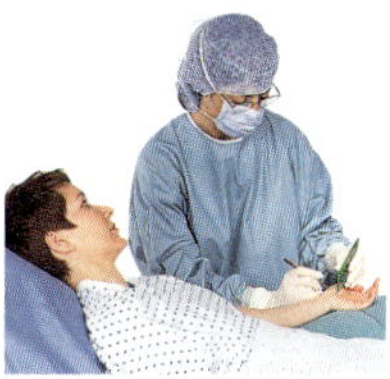

外科
geka
die Chirurgie

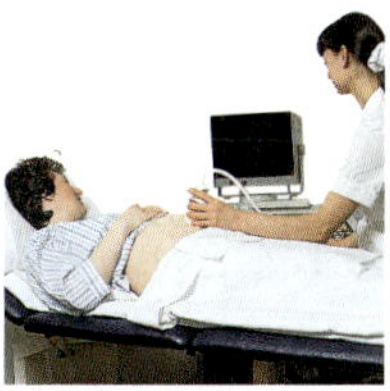

産科
sanka
die Entbindungsstation

精神科
seishin-ka
die Psychiatrie

眼科
ganka
die Augenheilkunde

関連用語 kanrenyōgo • Vokabular

神経科
shinkei-ka
die Neurologie

泌尿器科
hinyōki-ka
die Urologie

内分泌科
naibumpi-ka
die Endokrinologie

病理科
byōri-ka
die Pathologie

結果
kekka
das Ergebnis

癌科
gan-ka
die Onkologie

形成外科
keisei-geka
die plastische Chirurgie

照会
shōkai
die Überweisung

検査
kensa
die Untersuchung

専門医
senmon'i
der Facharzt

歯医者 haisha • der Zahnarzt

歯 ha • der Zahn

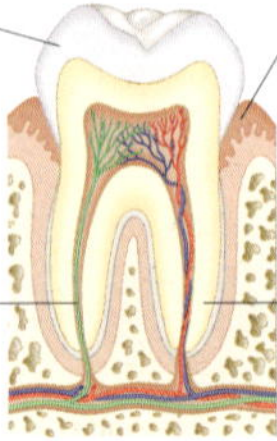

エナメル質
enamerushitsu
der Zahnschmelz

歯茎
haguki
das Zahnfleisch

神経
shinkei
der Nerv

根
ne
die Zahnwurzel

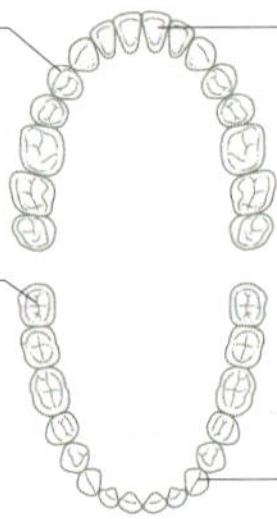

小臼歯
shōkyūshi
der vordere Backenzahn

切歯
sesshi
der Schneidezahn

臼歯
kyūshi
der Backenzahn

犬歯
kenshi
der Eckzahn

関連用語 kanrenyōgo • Vokabular

歯痛
haita
die Zahnschmerzen

歯垢
shikō
der Zahnbelag

虫歯
mushiba
die Karies

詰め物
tsumemono
die Zahnfüllung

ドリル
doriru
der Bohrer

デンタルフロス
dentaru furosu
die Zahnseide

抜歯
basshi
die Extraktion

歯冠
shikan
die Krone

歯科検診 shika kenshin • der Check-up

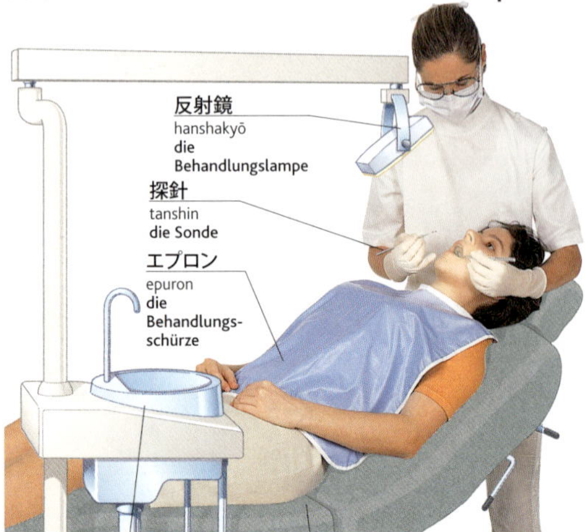

反射鏡
hanshakyō
die Behandlungslampe

探針
tanshin
die Sonde

エプロン
epuron
die Behandlungsschürze

うがい台
ugai dai
das Spuckbecken

歯科ユニット
shika yunitto
der Patientenstuhl

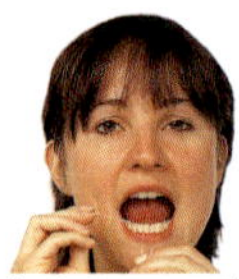

デンタルフロスで掃除する
dentaru furosu de sōji suru
mit Zahnseide reinigen

歯磨きする
hamigaki suru
bürsten

歯列矯正ブリッジ
shiretsu kyōsei burijji
die Zahnspange

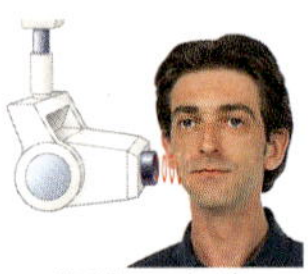

歯科レントゲン
shika rentogen
die Röntgenaufnahme

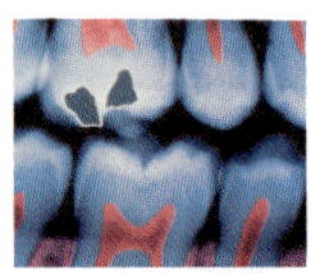

レントゲン写真
rentogen shashin
das Röntgenbild

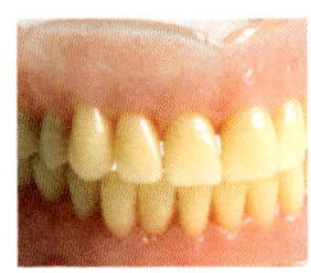

入れ歯
ireba
die Zahnprothese

眼鏡店 megane-ten • der Augenoptiker

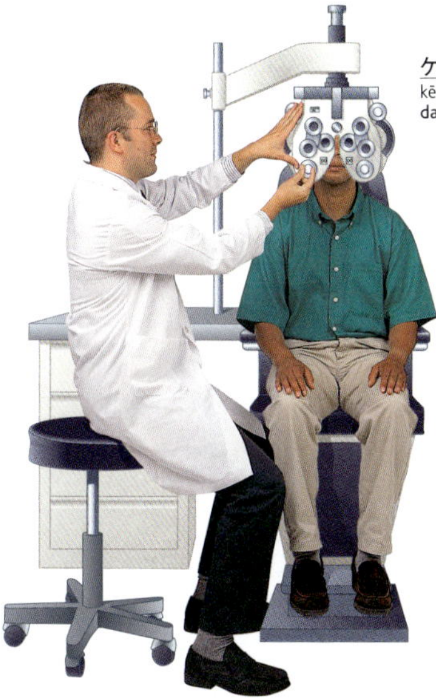

視力検査 shiryoku kensa | der Sehtest

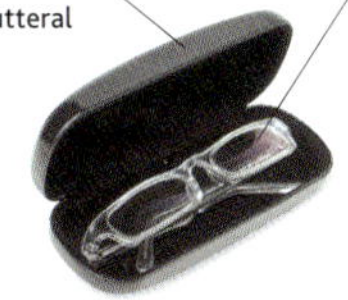

ケース
kēsu
das Futteral

レンズ
renzu
das Glas

眼鏡
megane
die Brille

フレーム
furēmu
das Brillengestell

サングラス
sangurasu
die Sonnenbrille

洗浄液
senjō eki
das Reinigungsmittel

消毒液
shōdoku eki
das Desinfektionsmittel

レンズケース
renzu kēsu
der Kontaktlinsenbehälter

コンタクトレンズ kontakutorenzu | die Kontaktlinsen

目 me • das Auge

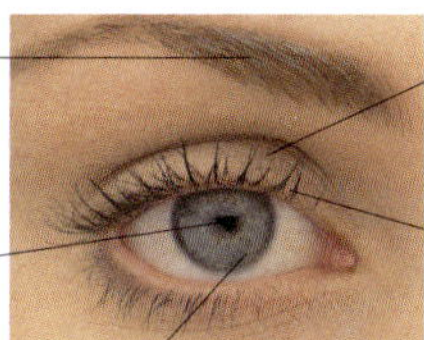

眉毛
mayuge
die Augenbraue

瞼
mabuta
das Lid

瞳孔
dōkō
die Pupille

まつげ
matsuge
die Wimper

虹彩
kōsai
die Iris

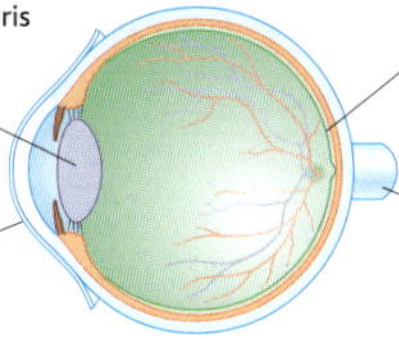

水晶体
suishōtai
die Linse

網膜
mōmaku
die Netzhaut

視神経
shishinkei
der Sehnerv

角膜
kakumaku
die Hornhaut

関連用語 kanrenyōgo • Vokabular

視力
shiryoku
die Sehkraft

乱視
ranshi
der Astigmatismus

ジオプター
jioputā
die Dioptrie

遠視
enshi
die Weitsichtigkeit

涙
namida
die Träne

近視
kinshi
die Kurzsichtigkeit

白内障
hakunaishō
der graue Star

遠近両用
enkin ryōyō
Bifokal-

妊娠 ninshin • die Schwangerschaft

妊娠テスト
ninshin tesuto
der Schwangerschaftstest

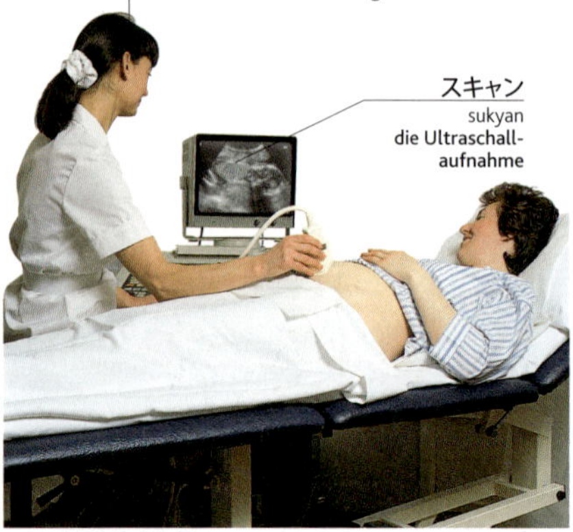

超音波(検査) chōompa (kensa) | der Ultraschall

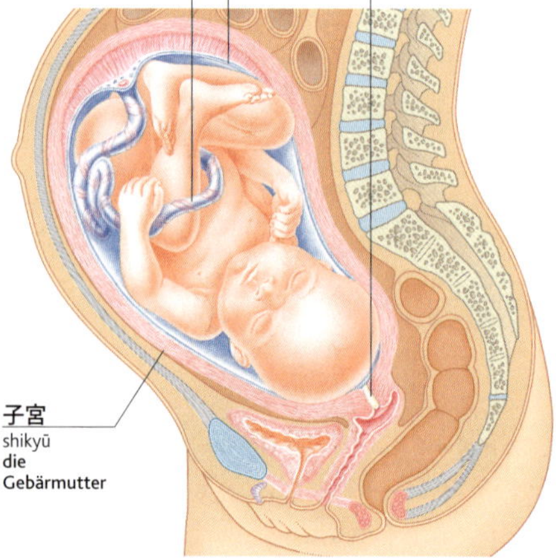

胎児 taiji | der Fötus

関連用語 kanrenyōgo • Vokabular

排卵
hairan
der Eisprung

受胎
jutai
die Empfängnis

妊娠
ninshin
die Schwangerschaft

妊娠している
ninshin shiteiru
schwanger

出産前
shussan mae
die Pränataldiagnostik

胚
hai
der Embryo

子宮
shikyū
die Gebärmutter

三半期
sanhanki
das Trimester

陣痛
jintsū
die Wehe

破水する
hasui suru
das Fruchtwasser geht ab

羊水
yōsui
das Fruchtwasser

羊水穿刺
yōsui senshi
die Fruchtwasseruntersuchung

子宮頸部拡張
shikyū keibu kakuchō
die Muttermundöffnung

硬膜外麻酔
kōmaku-gai masui
die Epiduralanästhesie

会陰切開
kai'in sekkai
der Dammschnitt

帝王切開
teiō sekkai
der Kaiserschnitt

分娩
bumben
die Entbindung

誕生
tanjō
die Geburt

流産
ryūzan
die Fehlgeburt

縫合
hōgō
die Naht

逆子
sakago
Steiß-

未熟児
mijukuji
das Frühgeborene

婦人科医
fujinka-i
der Gynäkologe

産科医
sanka-i
der Geburtshelfer

出産 shussan • die Geburt

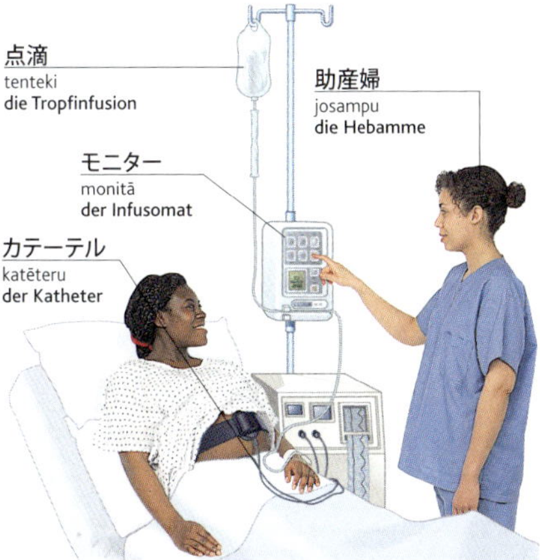

陣痛促進する jintsū sokushin suru | die Geburt einleiten

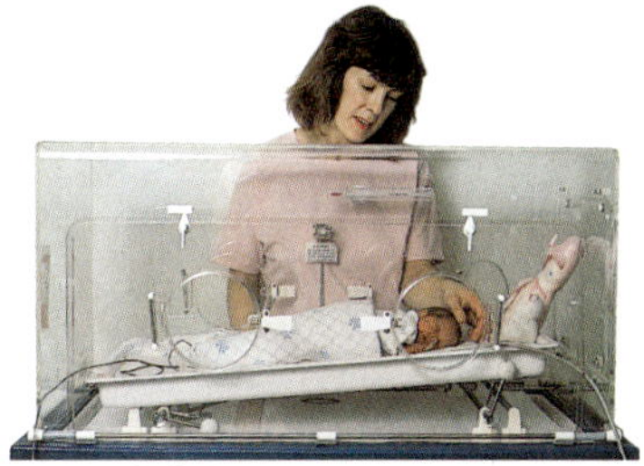

保育器 hoikuki | der Brutkasten

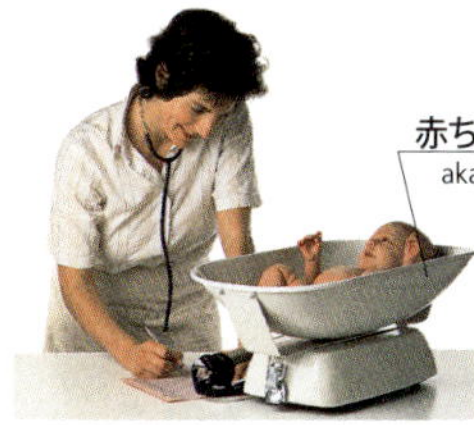

出生時体重 shussei-ji taijū | das Geburtsgewicht

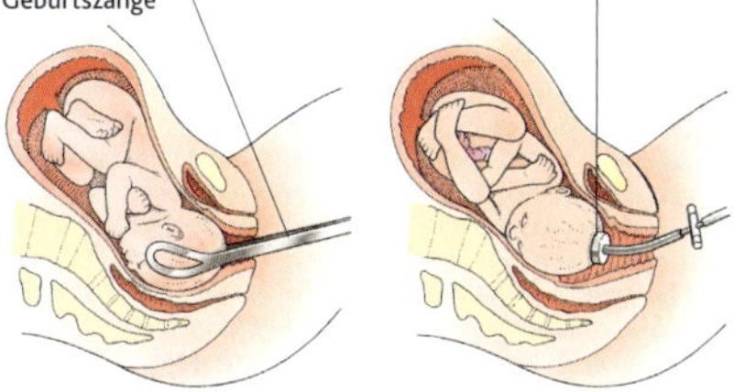

介助分娩
kaijo bumben
die assistierte Entbindung

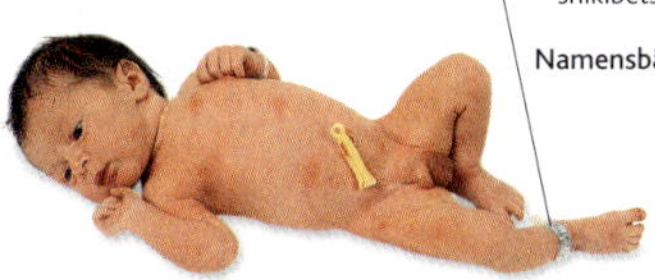

新生児 shinseiji | das Neugeborene

授乳 junyū • das Stillen

搾乳機
sakunyū-ki
die Milchpumpe

授乳ブラジャー
junyū burajā
der Stillbüstenhalter

授乳する
junyū suru
stillen

パッド
paddo
die Einlagen

代替療法 daitai ryōhō • die Alternativtherapien

先生
sensei
der Lehrer

マット
matto
die Matte

ヨガ yoga | **das Yoga**

マッサージ
massāji
die Massage

指圧
shiatsu
das Shiatsu

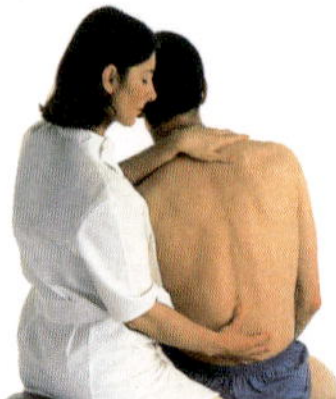

カイロプラクティック
kairopurakutikku
die Chiropraktik

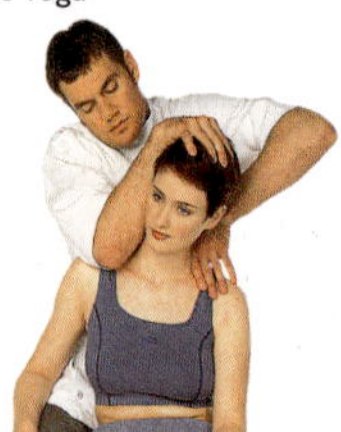

整骨療法
seikotsu ryōhō
die Osteopathie

リフレクソロジー
rifurekusorojī
die Reflexzonenmassage

瞑想
meisō
die Meditation

カウンセラー
kaunserā
der Therapeut

グループ療法
gurūpu ryōhō
die Gruppentherapie

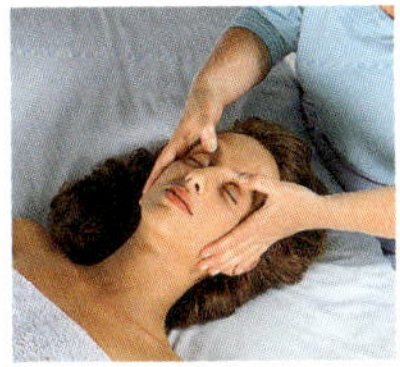

レイキ療法
reiki ryōhō
das Reiki

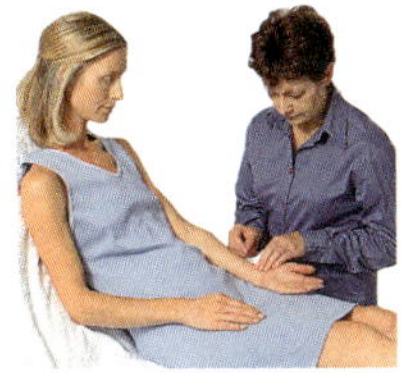

鍼療法
hari ryōhō
die Akupunktur

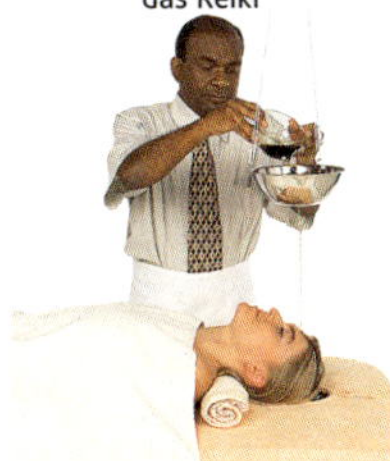

アユルヴェーダ
ayuruvēda
das Ayurveda

催眠療法
saimin ryōhō
die Hypnotherapie

本草学
honsō-gaku
die Kräuterheilkunde

精油
seiyu
die ätherischen Öle

アロマテラピー
aromaterapī
die Aromatherapie

ホメオパシー
homeopashī
die Homöopathie

指圧療法
shiatsu ryōhō
die Akupressur

療法士
ryōhōshi
die Therapeutin

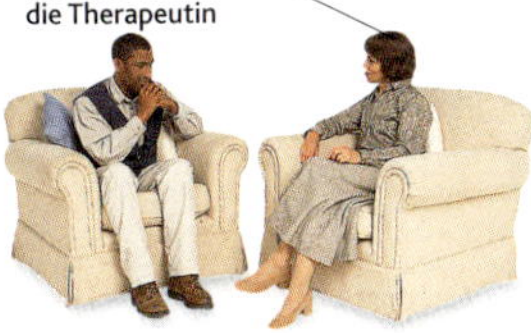

心理療法
shinri ryōhō
die Psychotherapie

関連用語 kanrenyōgo • Vokabular

サプリメント
sapurimento
die Ergänzung

水治療法
suichi ryōhō
die Wasserbehandlung

自然療法
shizen ryōhō
die Naturheilkunde

風水
fūsui
das Feng Shui

リラクセーション
rirakusēshon
die Entspannung

ストレス
sutoresu
der Stress

薬草
yakusō
die Heilkräuter

水晶療法
suishō ryōhō
die Kristalltherapie

家庭 katei
das Haus

住宅 jūtaku • das Haus

関連用語 kanrenyōgo • Vokabular

一戸建て
ikkodate
das freistehende Haus

セミデタッチ
semidetatchi
das Doppelhaus

タウンハウス
taunhausu
das Stadtreihenhaus

借家人
shakuyanin
der Mieter

平屋
hiraya
der Bungalow

地下室
chikashitsu
das Kellergeschoss

車庫
shako
die Garage

屋根裏部屋
yaneura-beya
der Dachboden

部屋
heya
das Zimmer

郵便受け
yūbin'uke
der Briefkasten

玄関灯
genkan-tō
die Haustürlampe

大家
ōya
der Vermieter

防犯ベル
bōhan beru
die Alarmanlage

中庭
nakaniwa
der Hof

床
yuka
das Stockwerk

貸す
kasu
mieten

家賃
yachin
die Miete

テラス
terasu
das Reihenhaus

入口 iriguchi • der Eingang

玄関
genkan
die Diele

呼び鈴
yobirin
die Türklingel

玄関マット
genkan matto
der Fußabtreter

ドアノッカー
doanokkā
der Türklopfer

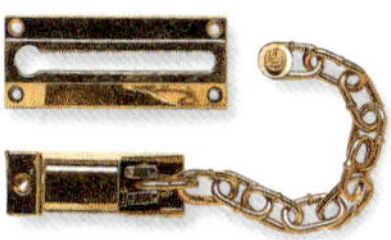

ドアチェーン
doachēn
die Türkette

鍵
kagi
der Schlüssel

錠
jō
das Schloss

閂
kannuki
der Türriegel

マンション manshon • die Wohnung

マンション棟
manshon-tō
der Wohnblock

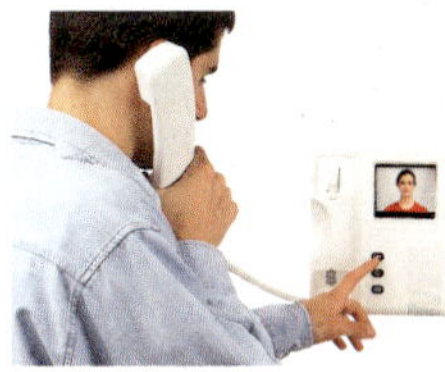

インターホン
intāhon
die Sprechanlage

エレベーター
erebētā
der Fahrstuhl

住宅内設備 jūtaku-nai setsubi • die Hausanschlüsse

ラジエーター
rajiētā
der Heizkörper

ヒーター
hītā
der Heizofen

扇風機
sempūki
der Ventilator

ファンヒーター
fanhītā
der Heizlüfter

電気設備 denki setsubi • die Elektrizität

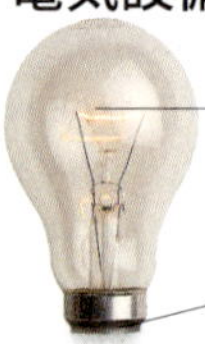

電球 denkyū | **die Glühlampe**

プラグ puragu | **der Stecker**

電線 densen | **die Leitung**

関連用語 kanrenyōgo • Vokabular

電圧
den'atsu
die Spannung

アンペア
ampea
das Ampère

電力
denryoku
der Strom

ヒューズ
hyūzu
die Sicherung

ヒューズボックス
hyūzu bokkusu
der Sicherungskasten

発電機
hatsudenki
der Generator

コンセント
konsento
die Steckdose

スイッチ
suitchi
der Schalter

交流電流
kōryū denryū
der Wechselstrom

直流電流
chokuryū denryū
der Gleichstrom

変圧器
hen'atsuki
der Transformator

電力量計
denryokuryō-kei
der Stromzähler

停電
teiden
der Stromausfall

電源
dengen
das Stromnetz

配管設備 haikan setsubi • die Installation

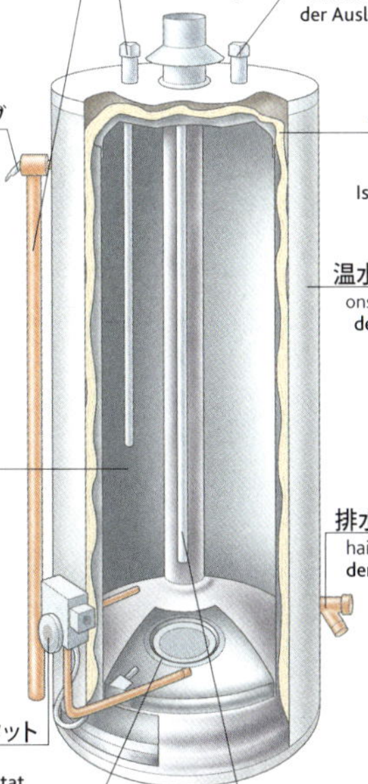

ボイラー
boirā
der Boiler

流し台 nagashidai • die Spüle

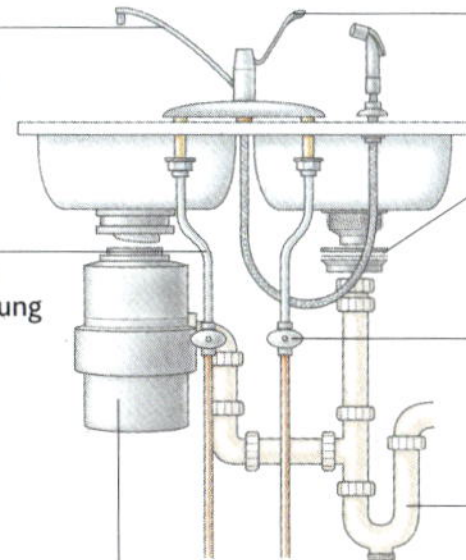

トイレ toire • das WC

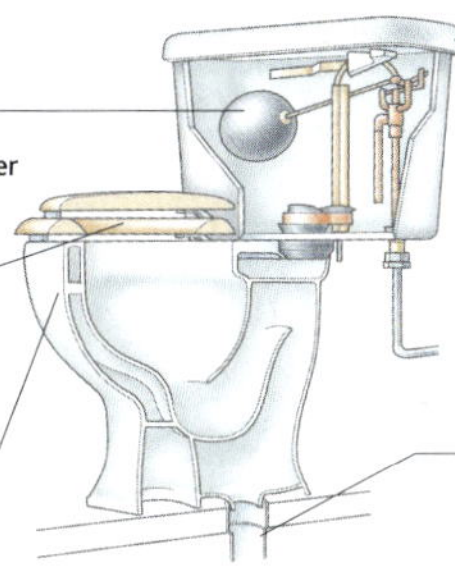

ゴミ処理 gomishori • die Abfallentsorgung

リサイクルボックス
risaikuru bokkusu
der Recyclingbehälter

ゴミ箱
gomibako
der Abfalleimer

分別ユニット
bumbetsu yunitto
die Abfallsortiereinheit

有機ゴミ
yūki gomi
der Bio-Abfall

居間 ima • das Wohnzimmer

鏡
kagami
der Spiegel

花瓶
kabin
die Vase

マントルピース
mantorupīsu
der Kaminsims

暖炉
danro
der Kamin

ファイヤースクリーン
faiyā sukurīn
das Kamingitter

蝋燭
rōsoku
die Kerze

本棚
hondana
das Bücherregal

ソファベッド
sofa beddo
die Bettcouch

絨毯
jūtan
der Teppich

カーテン
kāten
der Vorhang

メッシュカーテン
messhu kāten
die Gardine

ベネシャンブラインド
beneshan buraindo
die Jalousie

ロールスクリーン
rōru sukurīn
das Rollo

モールディング
mōrudingu
der Stuckrahmen

アームチェア
āmuchea
der Sessel

書斎 shosai | das Arbeitszimmer

ダイニングルーム dainingu rūmu • das Esszimmer

関連用語 kanrenyōgo • Vokabular

給仕する
kyūji suru
servieren

食べる
taberu
essen

空腹
kūfuku
hungrig

満腹
mampuku
satt

朝食
chōshoku
das Frühstück

昼食
chūshoku
das Mittagessen

夕食
yūshoku
das Abendessen

一人分
hitoribun
die Portion

食事
shokuji
die Mahlzeit

テーブルクロス
tēburukurosu
die Tischdecke

ランチョンマット
ranchon matto
das Set

箸
hashi
die Essstäbchen

ご飯茶碗
gohan-jawan
die Reisschale

茶碗
chawan
die Tasse

座布団
zabuton
das (japanische) Sitzkissen

客
kyaku
der Gast

おかわりできますか。
okawari dekimasuka?
Könnte ich bitte noch ein bisschen haben?

もう結構です。
mō kekkō desu.
Ich bin satt, danke.

美味しかったです。
oishikatta desu.
Das war lecker.

食器類 shokki rui • das Geschirr und das Besteck

マグカップ
magu kappu
der Becher

コーヒーカップ
kōhīkappu
die Kaffeetasse

ティースプーン
tīsupūn
der Teelöffel

ティーカップ
tīkappu
die Teetasse

皿
sara
der Teller

ボウル
bōru
die Schüssel

カフェプレス
kafe puresu
die Cafetière

ティーポット
tīpotto
die Teekanne

水差し
mizusashi
der Krug

エッグカップ
eggu kappu
der Eierbecher

ワイングラス
waingurasu
das Weinglas

タンブラー
tamburā
das Wasserglas

コップ類
koppu rui
die Glaswaren

ナプキンリング
napukin ringu
der Serviettenring

小皿
kozara
der Beilagenteller

大皿
ōzara
der Essteller

スープ皿
sūpuzara
der Suppenteller

スープスプーン
sūpusupūn
der Suppenlöffel

ナプキン
napukin
die Serviette

フォーク
fōku
die Gabel

テーブル・セッティング
tēburu settingu
das Gedeck

スプーン
supūn
der Löffel

ナイフ
naifu
das Messer

台所 daidokoro • die Küche

棚
tana
das Küchenregal

水はね防止板
mizuhane bōshi-ban
der Spritzschutz

蛇口
nagashi
der Wasserhahn

流し
nagashi
das Spülbecken

引き出し
hikidashi
die Schublade

換気扇
kankisen
der Dunstabzug

セラミックコンロ
seramikku konro
das Glaskeramikkochfeld

調理台
chōridai
die Arbeitsfläche

オーブン
ōbun
der Backofen

戸棚
todana
der Küchenschrank

電気器具 denki kigu • die Küchengeräte

電子レンジ
denshirenji
die Mikrowelle

電気やかん
denki yakan
der Wasserkocher

トースター
tōsutā
der Toaster

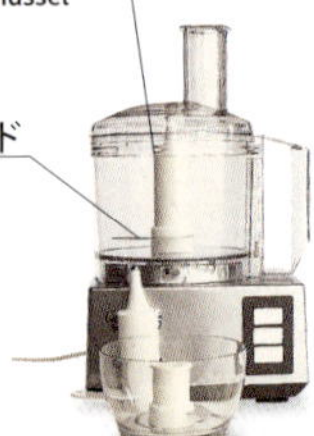

ミキシングボウル
mikishingubōru
die Mixerschüssel

ブレード
burēdo
das Messer

フードプロセッサー
fūdopurosessā
die Küchenmaschine

蓋
futa
der Deckel

ミキサー
mikisā
der Mixer

皿洗い機
sara'arai-ki
die Spülmaschine

製氷室
seihyōshitsu
das Eisfach

冷凍庫
reitōko
das Gefrierfach

冷蔵庫
reizōko
der Kühlschrank

棚
tana
der Rost

野菜室
yasai-shitsu
das Gemüsefach

冷凍冷蔵庫 reitōreizōko | der Gefrier-Kühlschrank

関連用語 kanrenyōgo • Vokabular

水切り台
mizukiridai
das Abtropfbrett

ガスレンジ
gasurenji
der Brenner

コンロ
konro
das Kochfeld

ゴミ箱
gomibako
der Mülleimer

冷凍する
reitō suru
einfrieren

解凍する
kaitō suru
auftauen

蒸す
musu
dämpfen

炒める
itameru
anbraten

調理 chōri • das Kochen

皮を剥く
kawa o muku
schälen

切る
kiru
schneiden

すり下ろす
suriorosu
reiben

注ぐ
sosogu
gießen

混ぜる
mazeru
verrühren

泡立てる
awadateru
schlagen

茹でる
yuderu
kochen

揚げる
ageru
braten

巻く
maku
ausrollen

かき回す
kakimawasu
rühren

煮込む
nikomu
köcheln lassen

(沸騰前の温度で)茹でる
(futtō mae no ondo de)
yuderu
pochieren

(オーブンで)焼く
(ōbun de) yaku
backen

ローストする
rōsuto suru
braten

焼く
yaku
grillen

調理用具 chōri yōgu • die Küchengeräte

まな板
manaita
das Hackbrett

ブレッドナイフ
bureddo naifu
das Brotmesser

包丁
hōchō
das Küchenmesser

肉切り包丁
nikukiribōchō
das Hackmesser

包丁研ぎ器
hōchō togi-ki
der Messerschärfer

肉たたき
nikutataki
der Fleischklopfer

串
kushi
der Spieß

皮むき器
kawamuki-ki
der Schäler

リンゴの芯抜き器
ringo no shin nuki-ki
der Apfelstecher

卸し金
oroshigane
die Reibe

すり粉木
surikogi
der Stößel

すり鉢
suribachi
der Mörser

ポテトマッシャー
poteto masshā
der Kartoffelstampfer

缶切り
kankiri
der Dosenöffner

栓抜き
sennuki
der Flaschenöffner

ガーリックプレス
gārikku puresu
die Knoblauchpresse

給仕用スプーン
kyūji-yō supūn
der Servierlöffel

フライ返し
furaigaeshi
der Pfannenwender

水切りざる
mizukiri zaru
das Sieb

へら
hera
der Teigschaber

木製スプーン
mokusei supūn
der Holzlöffel

穴あきスプーン
ana'aki supūn
der Schaumlöffel

おたま
otama
der Schöpflöffel

カービングフォーク
kābingu fōku
die Tranchiergabel

アイスクリーム・スクープ
aisukurīmu sukūpu
der Portionierer

泡立て器
awadaketi
der Schneebesen

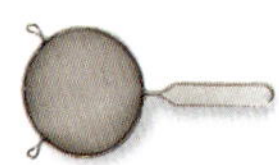

ストレーナー
sutorēnā
das Sieb

蓋
futa
der Deckel

テフロン加工
tefuron kakō
antihaftbeschichtet

フライパン
furaipan
die Bratpfanne

片手鍋
katate nabe
der Kochtopf

グリルパン
gurirupan
die Grillpfanne

中華鍋
chūka nabe
der Wok

土鍋
donabe
der Schmortopf

ガラス製
garasusei
aus Glas

耐熱性
tainetsusei
feuerfest

ミキシングボウル
mikishingu bōru
die Rührschüssel

ココット
kokotto
die Souffléform

グラタン皿
guratan-zara
die Auflaufform

ラミキン
ramikin
das Auflaufförmchen

キャセロール鍋
kyaserōru nabe
die Kasserolle

ケーキ作り kēki-zukuri • das Kuchenbacken

秤
hakari
die Haushaltswaage

計量ジャグ
keiryō jagu
der Messbecher

ケーキ焼き型
kēki yaki-gata
die Kuchenform

パイ焼き皿
pai yaki-zara
die Pastetenform

タルト型
taruto-gata
die Obstkuchenform

刷毛 hake
der Backpinsel

のし棒 noshibō
das Nudelholz

絞り袋 shibori bukuro
der Spritzbeutel

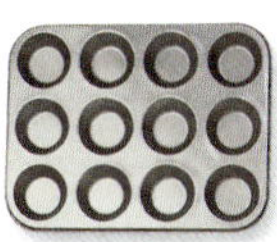

マフィン型
mafin-gata
die Muffinform

ベーキングトレイ
bēkingu torei
das Kuchenblech

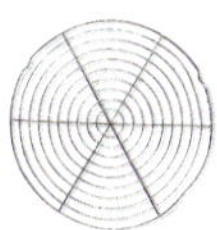

クーリングラック
kūringu rakku
das Abkühlgitter

オーブンミット
ōbunmitto
der Topfhandschuh

エプロン
epuron
die Schürze

寝室 shinshitsu • das Schlafzimmer

洋服ダンス
yōfukudansu
der Kleiderschrank

ベッドサイドランプ
beddosaido rampu
die Nachttischlampe

ヘッドボード
heddobōdo
das Kopfende

ベッドサイドテーブル
beddosaido tēburu
der Nachttisch

タンス
tansu
die Kommode

引き出し
hikidashi
die Schublade

ベッド
beddo
das Bett

マットレス
mattoresu
die Matratze

ベッドカバー
beddokabā
die Tagesdecke

枕
makura
das Kopfkissen

湯たんぽ
yutampo
die Wärmflasche

時計付きラジオ
tokei-tsuki rajio
der Radiowecker

目覚まし時計
mezamashi-dokei
der Wecker

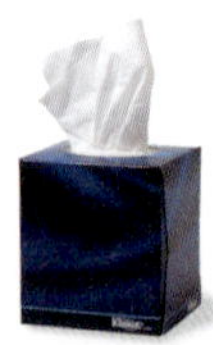

ティッシュの箱
tisshu no hako
die Papiertücherbox

ハンガー
hangâ
der Kleiderbügel

ベッド beddo • das Bett

鏡
kagami
der Spiegel

化粧台
keshōdai
der Frisiertisch

床
yuka
der Fußboden

枕カバー
makurakabā
der Kissenbezug

シーツ
shītsu
das Bettlaken

ベッドスカート
beddo sukāto
der Volant

羽布団
hanebuton
die Bettdecke

キルト
kiruto
die Steppdecke

毛布
mōfu
die Decke

関連用語 kanrenyōgo • Vokabular

シングルベッド
shinguru beddo
das Einzelbett

ダブルベッド
daburu beddo
das Doppelbett

布団
futon
der Futon

フットボード
futtobōdo
das Fußende

スプリング
supuringu
die Sprungfeder

カーペット
kāpetto
der Teppich

不眠症
fuminshō
die Schlaflosigkeit

床につく
toko ni tsuku
ins Bett gehen

寝る
neru
schlafen gehen

目覚める
mezameru
aufwachen

起きる
okiru
aufstehen

ベッドメーキングする
beddomēkingu suru
das Bett machen

目覚ましをかける
mezamashi o kakeru
den Wecker stellen

鼾をかく
ibiki o kaku
schnarchen

電気毛布
denkimōfu
die Heizdecke

浴室 yokushitsu • das Badezimmer

浴槽
yokusō
die Badewanne

ビデ bide | **das Bidet**

関連用語 kanrenyōgo • Vokabular

浴室用キャビネット yokushitsu-yō kyabinetto **die Hausapotheke**	バスマット basu matto **die Bademattte**
トイレットペーパー toiretto pēpā **das Toilettenpapier**	シャワーカーテン shawā kāten **der Duschvorhang**
シャワーを浴びる shawā o abiru **duschen**	風呂に入る furo ni hairu **baden**

歯の手入れ ha no teire • die Zahnpflege

歯ブラシ
haburashi
die Zahnbürste

歯磨き粉
hamigakiko
die Zahnpasta

マウスウォッシュ
mausu wosshu
das Mundwasser

デンタルフロス
dentaru furosu
die Zahnseide

ヘチマ
hechima
der Luffaschwamm

スポンジ
suponji
der Schwamm

軽石
karuishi
der Bimsstein

背中洗いブラシ
senaka arai burashi
die Rückenbürste

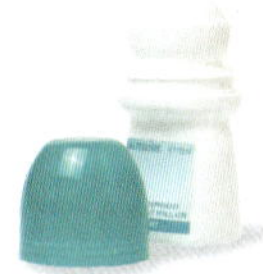

デオドラント
deodoranto
das Deo

石鹸皿
sekken-zara
die Seifenschale

石鹸
sekken
die Seife

シャワージェル
shawā jeru
das Duschgel

フェースクリーム
fēsu kurīmu
die Gesichtscreme

バブルバス
baburu basu
das Schaumbad

ハンドタオル
hando taoru
das Handtuch

バスタオル
basu taoru
das Badetuch

タオル
taoru
die Handtücher

ボディローション
bodi rōshon
die Körperlotion

タルカムパウダー
tarukamu paudā
der Körperpuder

バスローブ
basurōbu
der Bademantel

髭剃り higesori • das Rasieren

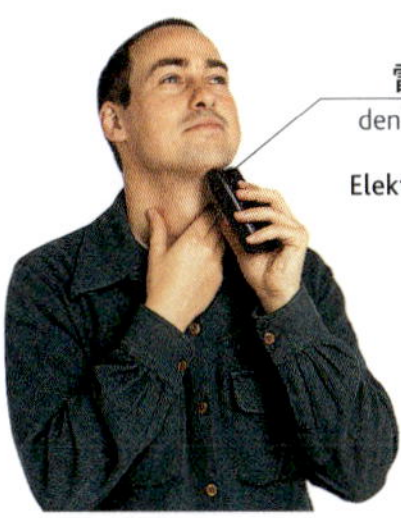

電気剃刀
denki kamisori
der Elektrorasierer

髭剃りクリーム
higesori kurīmu
der Rasierschaum

カミソリの刃
kamisori no ha
die Rasierklinge

使い捨てカミソリ
tsukaisute kamisori
der Einwegrasierer

アフターシェーブ
afutāshēbu
das Rasierwasser

子供部屋 kodomobeya • das Kinderzimmer

ベビーケア bebī kea • die Säuglingspflege

スポンジ
suponji
der Schwamm

オムツかぶれクリーム
omutsu kabure kurīmu
die Wundsalbe

おしり拭き
oshiri fuki
das Pflegetuch

ベビーバス
bebī basu
das Babybaden

おまる
omaru
das Töpfchen

おむつ替えシート
omutsu kae shīto
die Wickelmatte

睡眠 suimin • das Schlafen

モビール
mobīru
das Mobile

柵
saku
die Gitterstäbe

ベッドバンパー
beddo bampā
der Kopfschutz

マットレス
mattoresu
die Matratze

ベビーベッド bebībeddo | das Kinderbett

シーツ
shītsu
das Laken

毛布
mōfu
die Decke

フリース
furīsu
das Lammfell

寝具
shingu | das Bettzeug

ガラガラ
garagara
die Rassel

新生児用かご型ベッド
shinseiji-yō kago-gata beddo
das Körbchen

遊び asobi • das Spielen

人形
ningyō
die Puppe

縫いぐるみ
nuigurumi
das Kuscheltier

ドールハウス
dōru hausu
das Puppenhaus

子供の家
kodomo no ie
das Spielhaus

テディベア
tedibea
der Teddy

おもちゃ
omocha
das Spielzeug

おもちゃ籠
omocha kago
der Spielzeugkorb

ボール
bōru
der Ball

ベビーサークル
bebīsākuru
der Laufstall

安全用品 anzen yōhin • die Sicherheit

戸棚ロック
todana rokku
die Kindersicherung

ベビーモニター
bebī monitā
die Babysprechanlage

ベビーゲート
bebī gēto
das Treppengitter

食事 shokuji • das Essen

ハイチェア
haichea
der Kinderstuhl

乳首
chikubi
der Sauger

ベビー用マグカップ
bebī-yō magu kappu
der Schnabelbecher

哺乳瓶
honyūbin
die Babyflasche

外出 gaishutsu • das Ausgehen

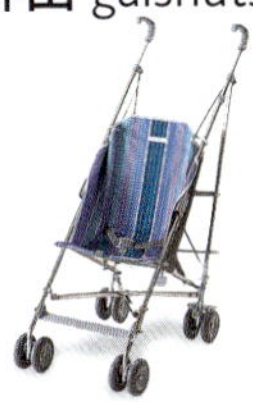

ベビーカー
bebīkā
der Sportwagen

フード
fūdo
das Verdeck

乳母車
ubaguruma
der Kinderwagen

キャリーコット
kyarīkotto
das Tragebettchen

おむつ
omutsu
die Windel

おむつ替えバッグ
omutsu kae baggu
die Babytasche

ベビースリング
bebī suringu
die Babytrageschlinge

ユティリティルーム yutiriti rūmu • der Haushaltsraum

洗濯 sentaku • die Wäsche

汚れ物
yogoremono
die schmutzige Wäsche

洗濯物
sentakumono
die saubere Wäsche

洗濯物入れ
sentakumono ire
der Wäschekorb

洗濯機
sentakki
die Waschmaschine

洗濯乾燥機
sentaku kansōki
der Waschtrockner

乾燥機
kansōki
der Trockner

洗濯かご
sentakukago
der Wäschekorb

物干用ロープ
monohoshi-yō rōpu
die Wäscheleine

洗濯バサミ
sentaku-basami
die Wäscheklammer

乾かす
kawakasu
trocknen

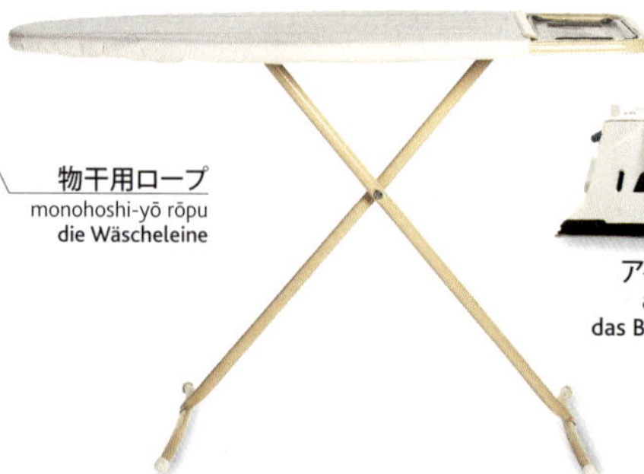

アイロン台 airondai | **das Bügelbrett**

アイロン
airon
das Bügeleisen

関連用語 kanrenyōgo • Vokabular

(汚れ物を洗濯機に) 入れる
(yogoremono o sentakki ni) ireru
(Wäsche in die Waschmaschine) füllen

濯ぐ
susugu
spülen

脱水する
dassui suru
schleudern

脱水機
dassuiki
die Wäscheschleuder

アイロンをかける
airon o kakeru
bügeln

柔軟仕上げ剤
jūnan shiagezai
der Weichspüler

この洗濯機は、どうやって使うのですか。
kono sentakki wa dōyatte tsukaunodesuka?
Wie benutze ich die Waschmaschine?

色物／白系の設定は何ですか。
iromono/shirokei no settei wa nandesuka?
Welches Programm nehme ich für farbige/weiße Wäsche?

掃除道具 sōji dōgu • die Reinigungsartikel

吸い込みホース
suikomi hōsu
der Saugschlauch

掃除機
sōjiki
der Staubsauger

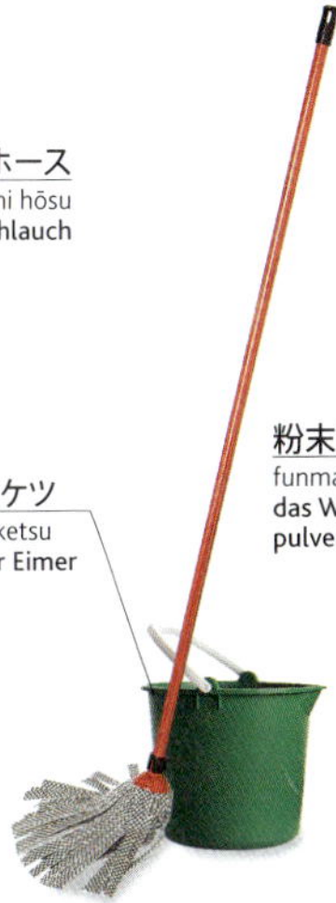

バケツ
baketsu
der Eimer

モップ
moppu
der Mopp

ブラシ
burashi
der Handfeger

ちりとり
chiritori
das Kehrblech

漂白剤
hyōhakuzai
das Bleichmittel

粉末洗剤
funmatsu senzai
das Waschpulver

液体洗剤
ekitai senzai
das Flüssigwaschmittel

洗剤
senzai
das Reinigungsmittel

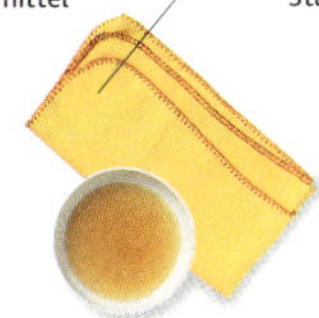

ダスター
dasutā
das Staubtuch

艶出し剤
tsuyadashizai
die Politur

掃除 sōji • die Putztätigkeiten

擦る
kosuru
putzen

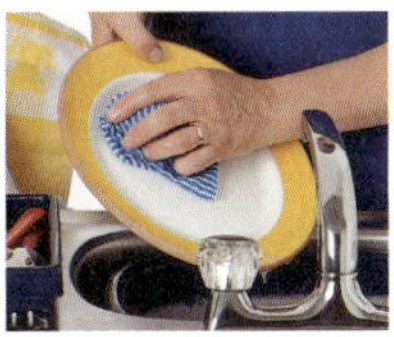

洗う
arau
spülen

拭く
fuku
wischen

ゴシゴシ洗う
goshigoshi arau
schrubben

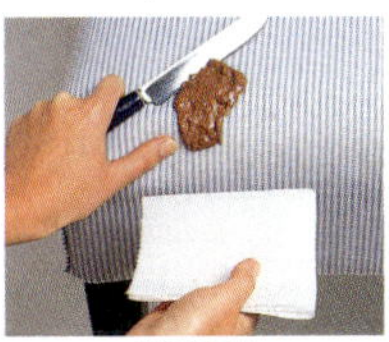

擦り取る
kosuritoru
kratzen

箒
hōki
der Besen

掃く
haku
fegen

埃を払う
hokori o harau
Staub wischen

磨く
migaku
polieren

作業場 sagyōba • die Heimwerkstatt

チャック
chakku
das Bohrfutter

ドリルビット
doriru bitto
der Bohrer

電池パック
denchi pakku
der Akku

ジグソー
jigusō
die Stichsäge

充電式ドリル
jūden-shiki doriru
der Akkuschrauber

電気ドリル
denki doriru
die elektrische Bohrmaschine

グルーガン
gurū gan
die Klebepistole

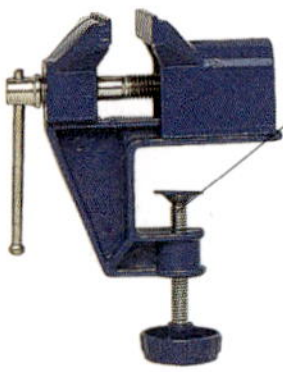

クランプ
kurampu
die Zwinge

鋸刃
nokogiri-ba
das Sägeblatt

万力
manriki
der Schraubstock

サンダー
sandā
die Schleifmaschine

丸鋸
marunoko
die Kreissäge

作業台
sagyōdai
die Werkbank

木工用接着剤
mokkō-yō setchakuzai
der Holzleim

工具棚
kōgu-dana
das Werkzeuggestell

ルーター
rūtā
die Oberfräse

ハンドドリル
hando doriru
die Bohrwinde

鉋屑
kannakuzu
die Holzspäne

延長コード
enchō kōdo
das Verlängerungskabel

テクニック tekunikku • die Fertigkeiten

切る
kiru
schneiden

（鋸で）切る
(nokogiri de) kiru
sägen

穴をあける
ana o akeru
bohren

（金槌で）打つ
(kanazuchi de) utsu
hämmern

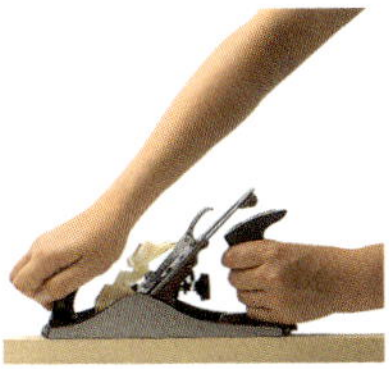

鉋をかける
kanna o kakeru | **hobeln**

旋盤加工する
sembankakō suru | **drechseln**

削る
kezuru | **schnitzen**

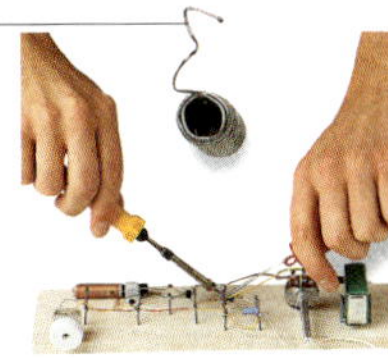

半田付けする
handazuke suru | **löten**

材料 zairyō • die Materialien

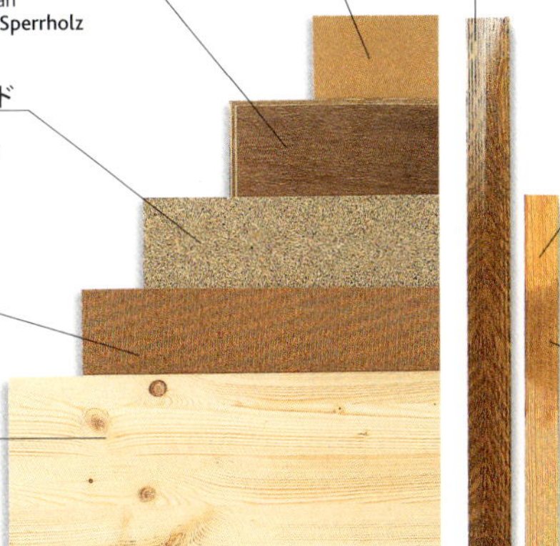

木材 mokuzai | **das Holz**

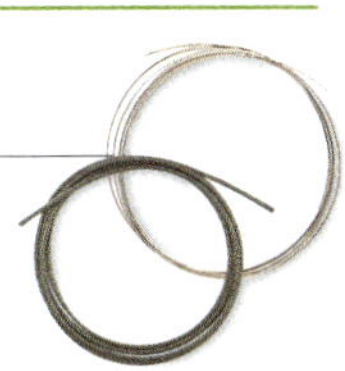

金属 kinzoku | **das Metall**

道具箱 dōgubako • der Werkzeugkasten

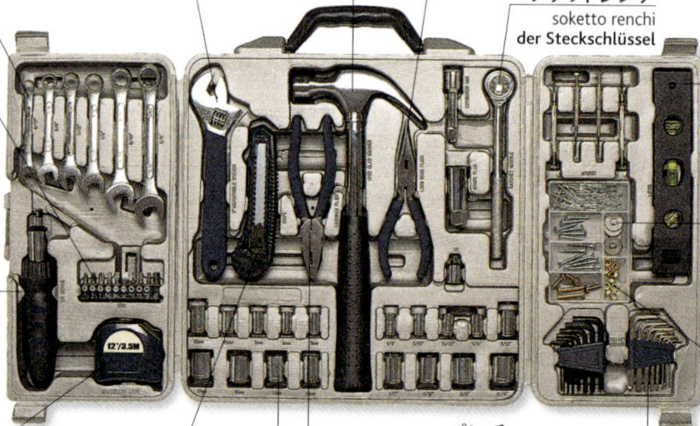

ドリルビット doriru bitto • die Bohrer

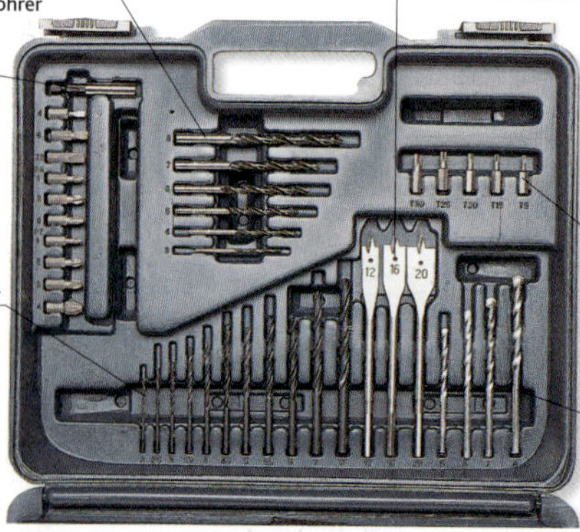

プラスドライバー
purasu doraibā
der Kreuzschlitzschraubendreher

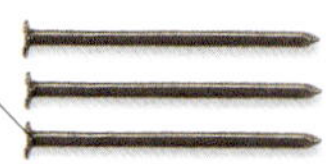

釘
kugi
der Nagel

ねじ
neji
die Schraube

ワイヤーストリッパー
waiyā sutorippā
die Entisolierzange

ワイヤーカッター
waiyā kattā
der Drahtschneider

半田ごて
handagote
der Lötkolben

絶縁テープ
zetsuen tēpu
das Isolierband

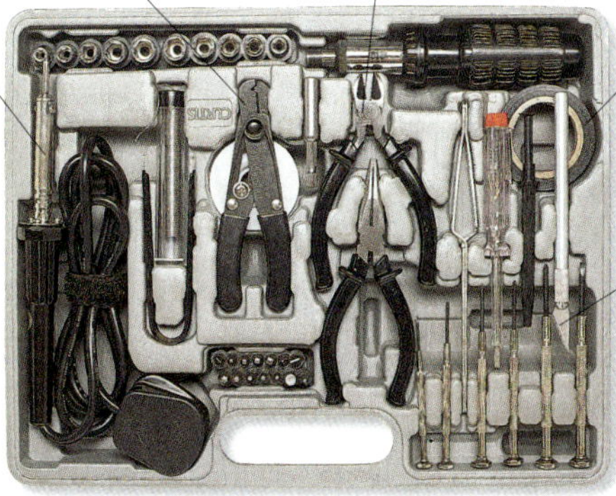

カッターナイフ
kattā naifu
das Präzisionsmesser

糸鋸
itonoko
die Laubsäge

半田
handa
das Lötzinn

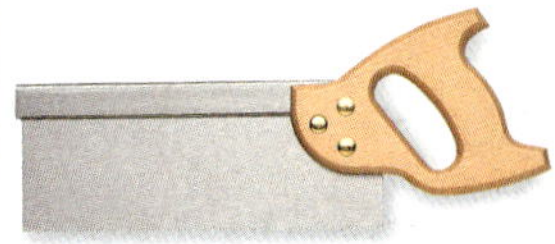

胴付き鋸 dōtsuki noko | **die Profilsäge**

保護めがね
hogo megane
die Schutzbrille

鉋
kanna
der Hobel

手引き鋸
tebiki noko
der Fuchsschwanz

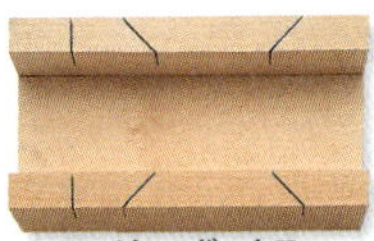

マイターボックス
maitā bokkusu
die Gehrungslade

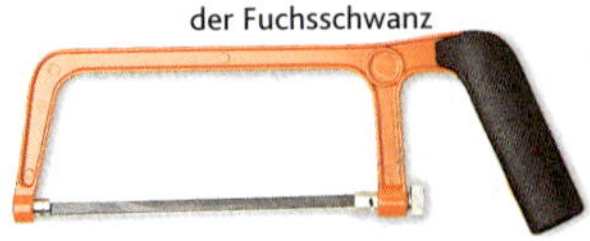

弓鋸
yuminoko
die Metallsäge

ハンドドリル
hand odoriru
der Handbohrer

スチールウール
suchīru'ūru
die Stahlwolle

紙やすり
kami yasuri
das Schmirgelpapier

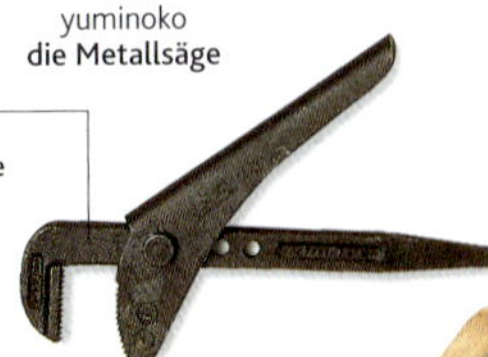

レンチ
renchi
die Rohrzange

鑿
nomi
der Meißel

砥石
toishi
der Wetzstein

やすり
yasuri
die Feile

パイプカッター paipu kattā
der Rohrabschneider

吸引カップ
kyūin kappu
der Sauger

内装工事 naisō kōji • das Renovieren

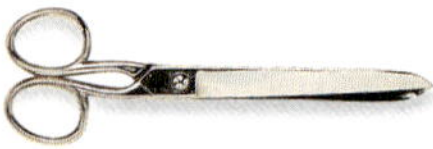

鋏
hasami
die Tapezierschere

クラフトナイフ
kurafuto naifu
das Tapeziermesser

下げ振り
sagefuri
das Senkblei

スクレーパー
sukurēpā
der Spachtel

内装工事職人
naisō kōji shokunin
der Tapezierer

壁紙
kabegami
die Tapete

脚立
kyatatsu
die Trittleiter

壁紙刷毛
kabegami-bake
die Tapezierbürste

糊付け台
nori-zuke dai
der Tapeziertisch

糊刷毛
noribake
die Kleisterbürste

壁紙用糊
kabegami-yō nori
der Tapetenkleister

バケツ
baketsu
der Eimer

壁紙を張り替える kabegami o harikaeru | **tapezieren**

剥がす hagasu | **abziehen**

埋める umeru | **spachteln**

研磨する kenma suru | **schmirgeln**

漆喰を塗る shikkui o nuru | **verputzen**

壁紙を貼る kabegami o haru | **anbringen**

タイルを貼る tairu o haru | **kacheln**

ローラー
rōrā
der Farbroller

刷毛
hake
die Streichbürste

塗料バケツ
toryō baketsu
der Farbtopf

つなぎ
tsunagi
der Overall

養生シート
yōjō shīto
das Abdecktuch

塗装する tosō suru | **anstreichen**

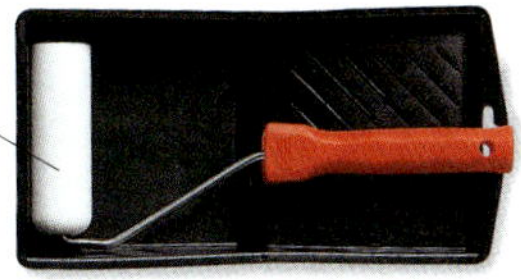

ローラー受け皿
rōrā ukezara
die Wanne

ペンキ
penki
die Farbe

スポンジ
suponji
der Schwamm

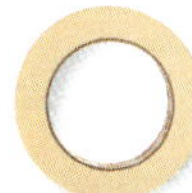

マスキングテープ
masukingu tēpu
das Abdeckband

サンドペーパー
sandopēpā
das Schmirgelpapier

充填剤
jūtenzai
die Spachtelmasse

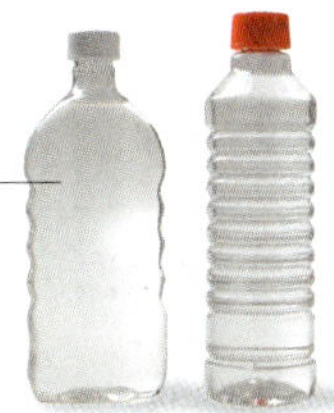

テレピン油
terepin-yu
das Terpentin

塗料用シンナー
toryō-yō shinnā
das Verdünnungsmittel

関連用語 kanrenyōgo • **Vokabular**

漆喰
shikkui
der Putz

ニス
nisu
der Lack

エマルション
emarushon
die Emulsionsfarbe

艶出し
tsuyadashi
Glanz-

艶消し
tsuyakeshi
matt

ステンシル
sutenshiru
die Schablone

エンボス壁紙
embosu kabegami
die Relieftapete

裏打ち紙
urauchi-gami
die Rollenmakulatur

プライマー
puraimā
die Grundfarbe

下塗り
shitanuri
die Grundierung

上塗り
uwanuri
der Deckanstrich

防腐剤
bōfuzai
der Schutzanstrich

シーラー
shīrā
das Versiegelungsmittel

溶剤
yōzai
das Lösungsmittel

グラウト
gurauto
der Fugenkitt

庭 niwa • der Garten

庭の様式 niwa no yōshiki • die Gartentypen

テラスガーデン terasu gāden | der Patiogarten

屋上庭園
okujō teien
der Dachgarten

石庭
sekitei
der Steingarten

フォーマルな庭園 fōmaru-na teien
der architektonische Garten

中庭 nakaniwa | **der Hof**

コテージガーデン
kotēji gāden
der Bauerngarten

ハーブ園
hābu-en
der Kräutergarten

ウォーターガーデン
wōtā gāden
der Wassergarten

庭のアクセント niwa no akusento • die Garten-ornamente

ハンギングバスケット
hangingu basuketto
die Blumenampel

トレリス torerisu
das Spalier

パーゴラ
pāgora
die Pergola

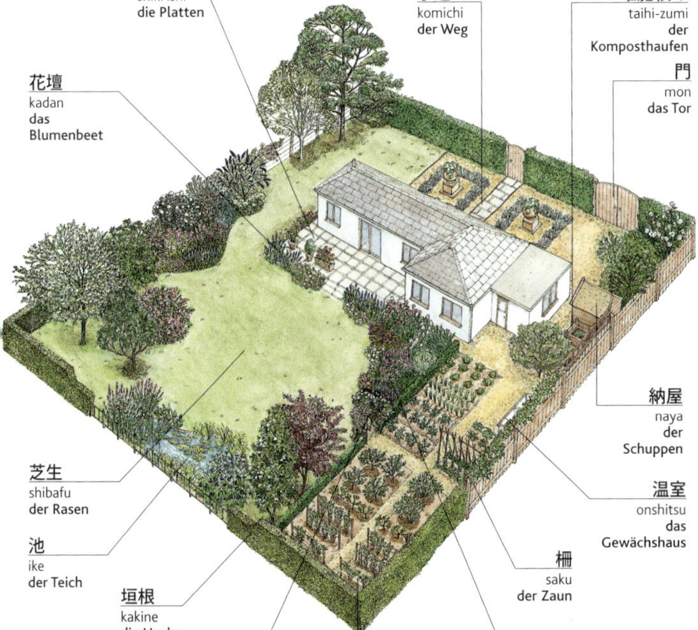

デッキ
dekki
die Planken

噴水 funsui | **der Springbrunnen**

土壌 dojō • der Boden

表土
hyōdo
die Erde

砂土
sunatsuchi
der Sand

石灰質土壌
sekkai-shitsu dojō
der Kalk

沈泥
chindei
der Schlick

粘土
nendo
der Lehm

庭の植物 niwa no shokubutsu • die Gartenpflanzen

植物の種類 shokubutsu no shurui • die Pflanzenarten

一年草
ichinensō
einjährige Pflanze

二年草
ninensō
zweijährige Pflanze

多年草
tanensō
mehrjährige Pflanze

球根植物
kyūkon shokubutsu
das Zwiebelgewächs

シダ
shida
der Farn

い草
igusa
die Binse

竹
take
der Bambus

雑草
zassō
das Unkraut

ハーブ
hābu
das Kraut

水草
mizukusa
die Wasserpflanze

木
ki
der Baum

椰子の木
yashi no ki
die Palme

針葉樹
shin'yōju
der Nadelbaum

常緑樹
jōryokuju
immergrün

落葉樹
rakuyōju
der Laubbaum

トピアリー
topiarī
der Formschnitt

高山植物
kōzan shokubutsu
die Gebirgspflanze

多肉植物
taniku shokubutsu
die Sukkulente

サボテン
saboten
der Kaktus

植木
ueki
die Topfpflanze

陰性植物
insei shokubutsu
die Schattenpflanze

蔓性植物
tsurusei shokubutsu
die Kletterpflanze

顕花性低木
kenkasei teiboku
der Zierstrauch

グランドカバー
gurando kabā
der Bodendecker

匍匐植物
hofuku shokubutsu
die Kriechpflanze

観葉植物
kan'yō shokubutsu
die Zierpflanze

草
kusa
das Gras

園芸用品 engei yōhin • die Gartengeräte

シヨベル
shoberu
der Spaten

フォーク
fōku
die Mistgabel

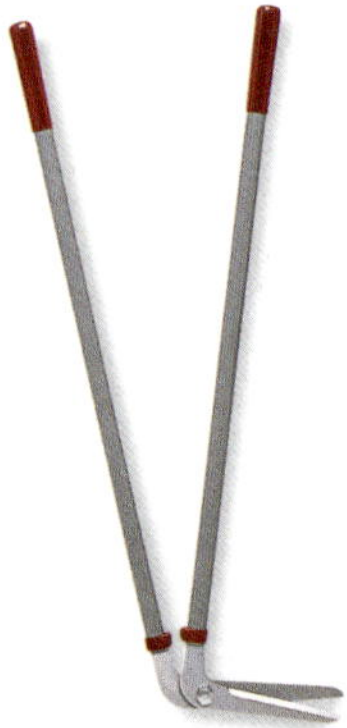

雑草刈り鋏
zassō kari-basami
die Schere

熊手
kumade
der Laubrechen

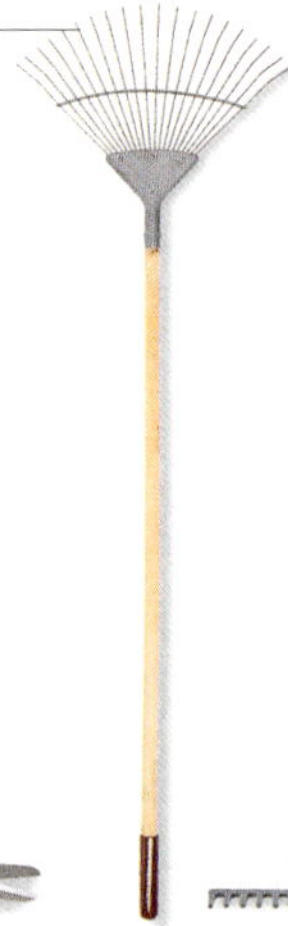

レーキ
rēki
die Harke

鍬
kuwa
die Hacke

堆肥
taihi
die Komposterde

種
tane
die Samen

骨粉
kotsufun
die Knochenasche

砂利
jari
der Kies

トラグ
toragu
der Gartenkorb

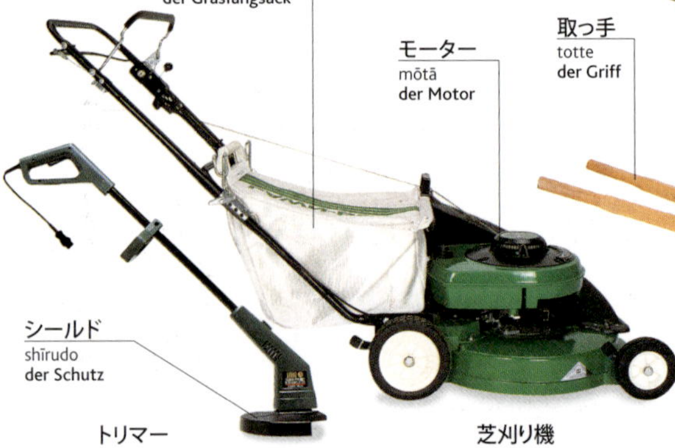

集草バッグ
shūsō baggu
der Grasfangsack

モーター
mōtā
der Motor

シールド
shīrudo
der Schutz

トリマー
torimā
der Schneider

芝刈り機
shibakariki
der Rasenmäher

取っ手
totte
der Griff

スタンド
sutando
der Ständer

一輪台車
ichirin daisha
die Schubkarre

ハンドフォーク
hando fōku
die Handgabel

剪定鋏
sentei-basami
die Rosenschere

園芸用手袋
engei-yō tebukuro
die Gartenhandschuhe

スコップ
sukoppu
die Pflanzschaufel

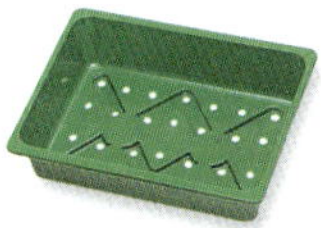

種蒔きトレイ
tanemaki torei
der Setzkasten

支え棒
sasaebō
die Gartenstöcke

結束紐
kessoku himo
der Zwirn

ラベル
raberu
die Pflanzenschildchen

ビニールタイ
binīru tai
die Befestigungen

リングタイ
ringu tai
die Ringbefestigungen

刃
ha
die Klinge

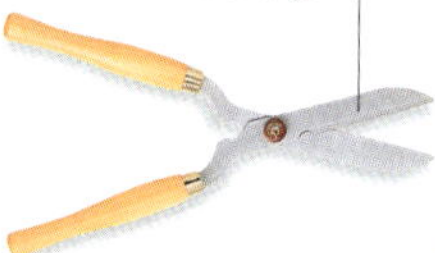

刈り込み鋏
karikomi-basami
die Heckenschere

殺虫剤
satchūzai
das Pestizid

篩
furui
das Sieb

剪定鋸
sentei noko
die Handsäge

植木鉢
uekibachi
der Blumentopf

ゴム長靴
gomunagagutsu
die Gummistiefel

水やり mizuyari • **das Gießen**

じょうろ
jōro
die Gießkanne

薔薇
bara
die Brause

霧吹き kirifuki
die Gartenspritze

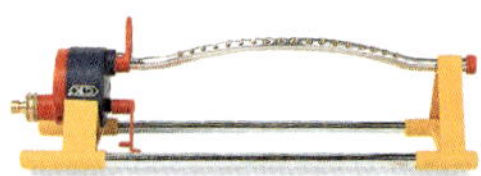

スプリンクラー
supurinkurā
der Rasensprenger

ノズル
nozuru
die Düse

ホース
hōsu
der Gartenschlauch

ホースリール hōsu rīru
der Schlauchwagen

園芸 engei • die Gartenarbeit

芝生
shibafu
der Rasen

花壇
kadan
das Blumenbeet

芝刈り機
shibakariki
der Rasenmäher

垣根
kakine
die Hecke

杭
kui
die Stange

芝刈りする shibakari suru | mähen

芝で覆う
shiba de ōu
mit Rasen bedecken

刺す
sasu
stechen

掃く
haku
harken

刈り込む
karikomu
stutzen

掘る
horu
graben

種を植える
tane o ueru
säen

追肥する
tsuihi suru
mit Kopfdünger düngen

水をやる
mizu o yaru
gießen

整枝する
seishi suru
ziehen

(終わった花を) 摘み取る
(owatta hana o) tsumitoru
köpfen

噴霧する
funmu suru
sprühen

(支えに) 繋ぐ
(sasae ni) tsunagu
hochbinden

接ぎ木する
tsugiki suru
pfropfen

枝分けする
edawake suru
vermehren

剪定する
sentei suru
beschneiden

植え替える
ue-kaeru
umpflanzen

除草する
josō suru
jäten

根覆いする
neōi suru
mulchen

収穫する
shūkaku suru
ernten

関連用語 kanrenyōgo • **Vokabular**

栽培する
saibai suru
züchten

手入れする
teire suru
hegen

造園する
zōen suru
gestalten

(大きな鉢に) 植え替える
(ōkina hachi ni) ue-kaeru
eintopfen

肥料をやる
hiryō o yaru
düngen

摘む
tsumu
pflücken

篩にかける
furui ni kakeru
sieben

空気に曝す
kūki ni sarasu
auflockern

有機
yūki
biodynamisch

排水
haisui
die Entwässerung

苗
nae
der Sämling

肥料
hiryō
der Dünger

心土
shindo
der Untergrund

除草剤
josōzai
der Unkrautvernichter

JKL
5
TUV
8
7
0

職務 shokumu
die Dienstleistungen

緊急サービス kinkyū sābisu • die Notdienste

救急車 kyūkyūsha • der Krankenwagen

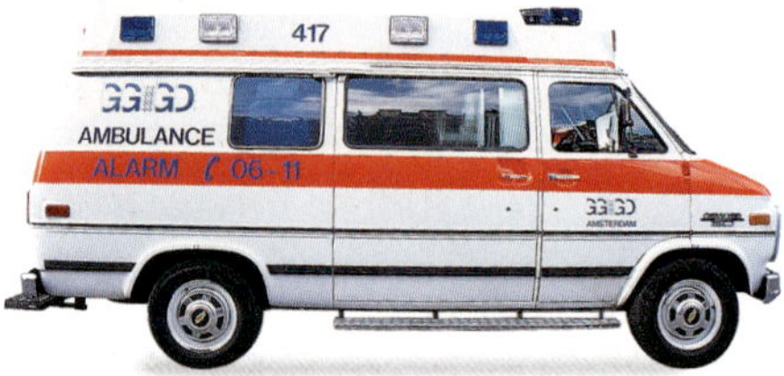

救急車 kyūkyūsha | der Krankenwagen

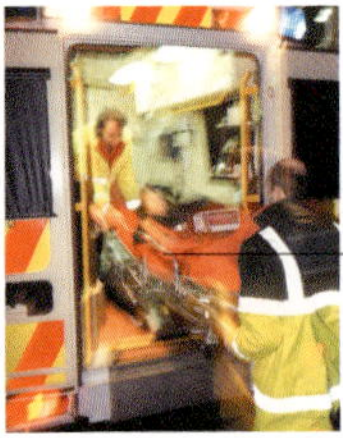

担架 tanka die Tragbahre

救急医療隊員 kyūkyū iryō tai'in der Rettungssanitäter

警察 keisatsu • die Polizei

バッジ bajji die Kennmarke

制服 seifuku die Uniform

警棒 keibō der Gummiknüppel

拳銃 kenjū die Pistole

手錠 tejō die Handschellen

警官 keikan | der Polizist

サイレン sairen die Sirene

警光灯 keikōtō das Licht

パトカー patokā das Polizeiauto

警察署 keisatsusho die Polizeiwache

関連用語 kanrenyōgo • Vokabular

警部 keibu der Inspektor	容疑者 yōgisha der Verdächtige	申し立て mōshitate die Anzeige	逮捕 taiho die Festnahme
犯罪 hanzai das Verbrechen	暴行 bōkō der Überfall	調査 chōsa die Ermittlung	留置場 ryūchijō die Polizeizelle
刑事 keiji der Kriminal-beamte	指紋 shimon der Fingerabdruck	押し込み強盗 oshikomi gōtō der Einbruch	告訴 kokuso die Anklage

消防隊 shōbōtai • die Feuerwehr

火事 kaji | der Brand

消防士
shōbōshi
die Feuerwehrleute

消防署
shōbōsho
die Feuerwache

非常階段
hijō kaidan
die Feuertreppe

消防車
shōbōsha
das Löschfahrzeug

煙報知器
kemuri hōchiki
der Rauchmelder

火災警報機
kasai keihōki
der Feuermelder

防災斧
bōsai ono
das Beil

消化器
shōkaki
der Feuerlöscher

消火栓
shōkasen
der Hydrant

警察／消防車／救急車が必要です。
keisatsu/shōbōsha/kyūkyūsha ga hitsuyō desu.
Die Polizei/die Feuerwehr/einen Krankenwagen, bitte.

...で火が出ています。
... de hi ga dete imasu.
In ... brennt es.

事故がありました。
jiko ga arimashita.
Es ist ein Unfall passiert.

警察を呼んでください。
keisatsu o yonde kudasai!
Rufen Sie die Polizei!

銀行 ginkō • die Bank

客
kyaku
der Kunde

窓口
madoguchi
das Schalterfenster

出納係
suitō-gakari
der Kassierer

リーフレット
rīfuretto
die Broschüren

カウンター
kauntā
der Schalter

入金書
nyūkin-sho
die Einzahlungsformulare

支店長
shitenchō
der Filialleiter

デビットカード
debitto kādo
die EC-Karte

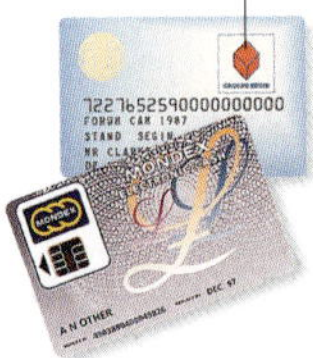

クレジットカード
kurejitto kādo
die Kreditkarte

半券
hanken
der Abschnitt

口座番号
kōza bangō
die Kontonummer

署名
shomei
die Unterschrift

金額
kingaku
der Betrag

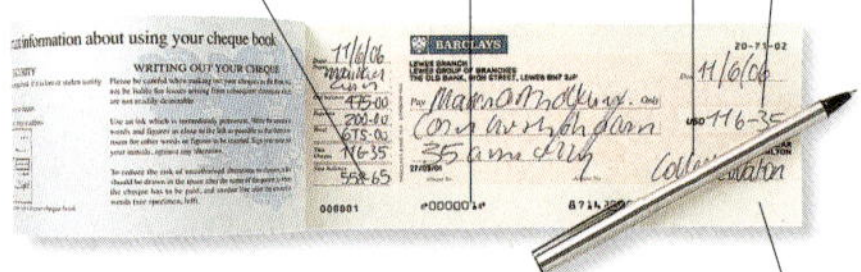

小切手帳
kogitte-chō
das Scheckheft

小切手
kogitte
der Scheck

関連用語 kanrenyōgo • Vokabular

貯金
chokin
die Spareinlagen

税
zei
die Steuer

ローン
rōn
das Darlehen

住宅ローン
jūtaku rōn
die Hypothek

超過引き出し
chōka hikidashi
die Kontoüberziehung

金利
kinri
der Zinssatz

支払い
shiharai
die Zahlung

自動引き落とし
jidō hikiotoshi
der Einzugsauftrag

出金依頼書
shukkin irai-sho
das Abhebungsformular

入金する
nyūkin suru
einzahlen

銀行手数料
ginkō tesūryō
die Bankgebühr

銀行振込
ginkō furikomi
die Banküberweisung

当座預金口座
tōzayokin kōza
das Girokonto

普通預金口座
futsūyokin kōza
das Sparkonto

暗証番号
anshō bangō
der PIN-Kode

硬貨
kōka
die Münze

紙幣
shihei
der Schein

金銭 kinsen | das Geld

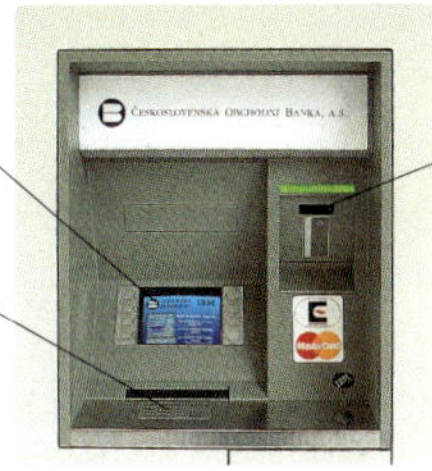

画面
gamen
der Bildschirm

キーパッド
kīpaddo
das Tastenfeld

カード挿入口
kādo sōnyū-guchi
der Kartenschlitz

ATM ē tī emu | der Geldautomat

外貨 gaika • die ausländische Währung

両替所
ryōgaejo
die Wechselstube

旅行小切手
ryokō kogitte
der Reisescheck

換算率
kansan ritsu
der Wechselkurs

金融 kin'yū • die Geldwirtschaft

株価
kabuka
der Aktienpreis

金融アドバイザー
kin'yū adobaizā
die Finanzberaterin

ブローカー
burōkā
der Börsenmakler

証券取引所 shōken torihiki-jo
die Börse

関連用語 kanrenyōgo • Vokabular

換金する
kankin suru
einlösen

株
kabu
die Anteile

額面金額
gakumen kingaku
der Nennwert

配当
haitō
die Dividende

手数料
tesūryō
die Provision

会計士
kaikeishi
der Wirtschaftsprüfer

投資
tōshi
die Kapitalanlage

ポートフォリオ
pōtoforio
das Portfolio

株式
kabushiki
die Aktien

エクイティ
ekuiti
das Eigenkapital

これを両替できますか。
kore o ryōgae dekimasuka?
Könnte ich das bitte wechseln?

今日の換算率は何ですか。
kyō no kansan ritsu wa nandesuka?
Wie ist der heutige Wechselkurs?

コミュニケーション komyunikēshon • die Kommunikation

郵便局員
yūbinkyoku-in
der Postbeamte

窓口
madoguchi
das Schalterfenster

秤
hakari
die Waage

カウンター
kauntā
der Schalter

郵便局 yūbinkyoku | **die Post**

郵便配達人
yūbin haitatsunin
der Briefträger

消印
keshi'in
der Poststempel

切手
kitte
die Briefmarke

郵便番号
yūbin-bangō
die Postleitzahl

住所
jūsho
die Adresse

封筒 fūtō | **der Umschlag**

関連用語 kanrenyōgo • Vokabular

手紙
tegami
der Brief

航空便
kōkūbin
per Luftpost

書留郵便
kakitome yūbin
das Einschreiben

差出人住所
sashidashinin jūsho
der Absender

署名
shomei
die Unterschrift

集荷
shūka
die Leerung

配達
haitatsu
die Zustellung

郵便為替
yūbin kawase
die Postanweisung

郵送料
yūsō-ryō
die Portokosten

壊れ物
kowaremono
zerbrechlich

郵便袋
yūbin-bukuro
der Postsack

電報
dempō
das Telegramm

折曲厳禁
orimage genkin
nicht falten

こちらが上
kochira ga ue
oben

ファクス
fakusu
das Fax

郵便ポスト
yūbin posuto
der Briefkasten

郵便受け
yūbin-uke
der Hausbriefkasten

小包
kozutsumi
das Paket

宅配
takuhai
der Kurierdienst

電話 denwa • **das Telefon**

受話器
juwaki
der Telefonhörer

ベース
bēsu
die Basisstation

留守番電話
rusuban denwa
der Anrufbeantworter

コードレス電話
kōdoresu denwa
das schnurlose Telefon

ビデオ電話
bideo denwa
das Bildtelefon

公衆電話ボックス
kōshū-denwa bokkusu
die Telefonzelle

キーパッド
kīpaddo
das Tastenfeld

携帯電話
keitai denwa
das Handy

受話器
juwaki
der Hörer

おつり
otsuri
die Münzrückgabe

硬貨式公衆電話
kōka-shiki kōshū-denwa
der Münzfernsprecher

カード式公衆電話
kādo-shiki kōshū-denwa
das Kartentelefon

関連用語 kanrenyōgo • **Vokabular**

番号案内
bangō annai
die Auskunft

コレクトコール
korekuto kōru
das R-Gespräch

電話する
denwa suru
wählen

電話に出る
denwa ni deru
abheben

携帯メール
keitai mēru
die SMS

音声メッセージ
onsei messēji
die Sprachmitteilung

交換手
kōkanshu
die Vermittlung

通話中
tsūwa-chū
besetzt

不通
futsū
unterbrochen

...の電話番号を教えてください。
... no denwa bangō o oshiete kudasai.
Können Sie mir die Nummer für...geben?

...の局番は何ですか。
... no kyokuban wa nandesuka?
Was ist die Vorwahl für...?

ホテル hoteru • das Hotel

ロビー robī • die Empfangshalle

フロント furonto | der Empfang

ポーター pōtā | der Hoteldiener

エレベーター erebētā
der Fahrstuhl

部屋番号
heya bangō
die Zimmernummer

客室 kyakushitsu • die Zimmer

シングルルーム
shinguru rūmu
das Einzelzimmer

ダブルルーム
daburu rūmu
das Doppelzimmer

ツインルーム
tsuin rūmu
das Zweibettzimmer

客室付きバスルーム
kyakushitsu-zuki basurūmu
das Privatbadezimmer

職務 shokumu • die Dienstleistungen

掃除サービス
sōji sābisu
die Zimmerreinigung

洗濯サービス
sentaku sābisu
der Wäschedienst

朝食トレイ
chōshoku torei
das Frühstückstablett

ルームサービス rūmu sābisu | **der Zimmerservice**

ミニバー
minibā
die Minibar

レストラン
restoran
das Restaurant

ジム
jimu
der Fitnessraum

プール
pūru
das Schwimmbad

関連用語 kanrenyōgo • Vokabular

朝食付き
chōshoku-tsuki
die Übernachtung mit Frühstück

3食付き
sanshoku-tsuki
die Vollpension

2食付き
nishoku-tsuki
die Halbpension

空室はありますか。
kūshitsu wa arimasuka?
Haben Sie ein Zimmer frei?

予約してあります。
yoyaku shite arimasu.
Ich habe ein Zimmer reserviert.

シングルルームをお願いします。
shinguru rūmu o onegai shimasu.
Ich möchte ein Einzelzimmer.

3泊お願いします。
sampaku onegai shimasu.
Ich möchte ein Zimmer für drei Nächte.

一泊いくらですか。
ippaku ikura desuka?
Was kostet das Zimmer pro Nacht?

チェックアウトは何時ですか。
chekkuauto wa nanji desuka?
Wann muss ich das Zimmer räumen?

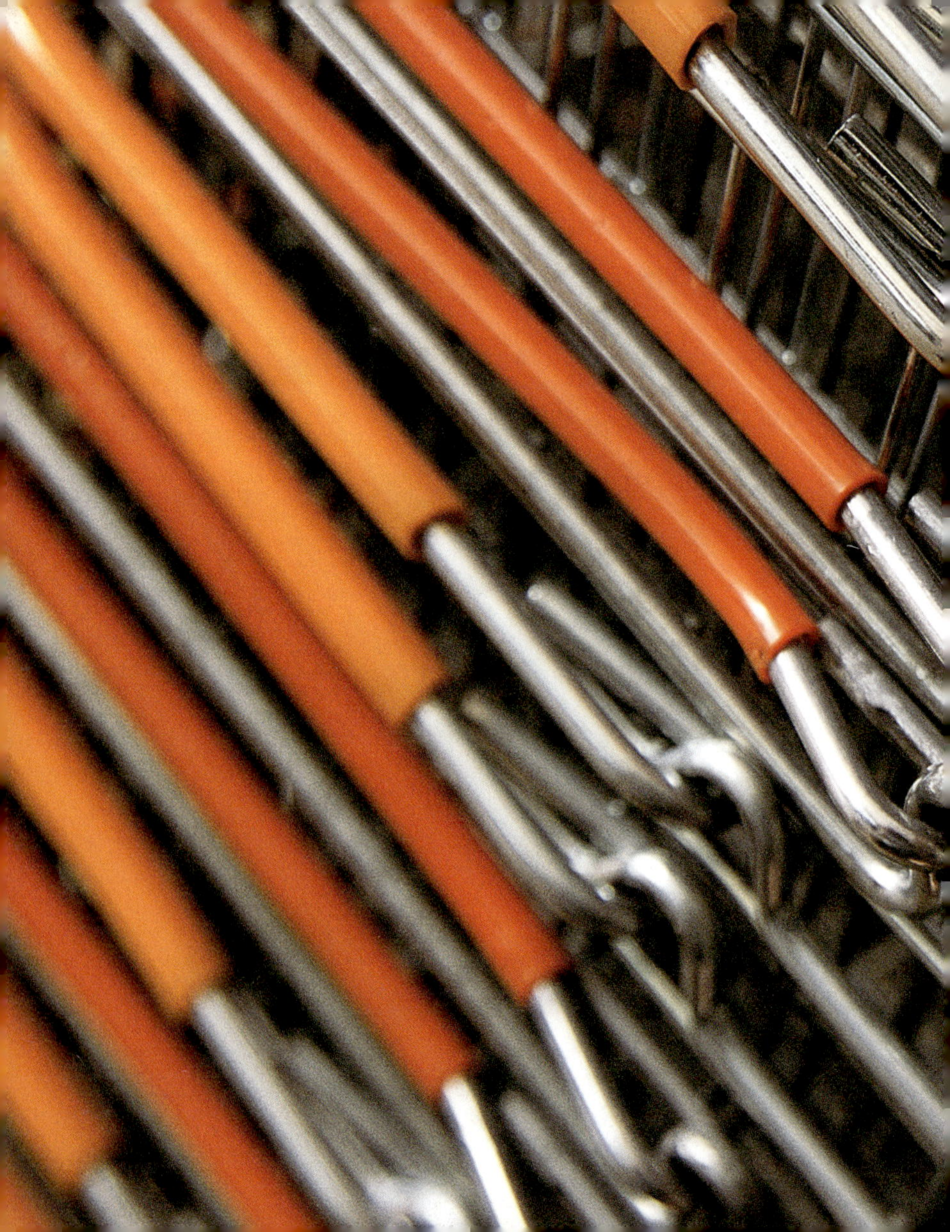

買い物 kaimono
der Einkauf

ショッピングセンター shoppingu sentā • das Einkaufszentrum

関連用語 kanrenyōgo • Vokabular

子供用品売場
kodomo yōhin uriba
die Kinderabteilung

鞄売場
kaban uriba
die Gepäckabteilung

靴売場
kutsu uriba
die Schuhabteilung

売場案内
uriba annai
die Anzeigetafel

店員
ten'in
der Verkäufer

カスタマーサービス
kasutamā sābisu
der Kundendienst

試着室
shichaku shitsu
die Anprobe

ベビールーム
bebī rūmu
der Wickelraum

お手洗い
o-tearai
die Toiletten

これは、いくらですか。
kore wa ikura desuka?
Was kostet das?

これを交換できますか。
kore o kōkan dekimasuka?
Kann ich das umtauschen?

デパート depāto • das Kaufhaus

紳士服
shinshi fuku
die Herrenbekleidung

婦人服
fujin fuku
die Damenoberbekleidung

ランジェリー
ranjerī
die Damenwäsche

香水売場
kōsui uriba
die Parfümerie

化粧品
keshōhin
die Schönheitspflege

寝具・タオル類
shingu taoru rui
die Haushaltswäsche

家具
kagu
die Möbel

小間物
komamono
die Kurzwaren

台所用品
daidokoro yōhin
die Küchengeräte

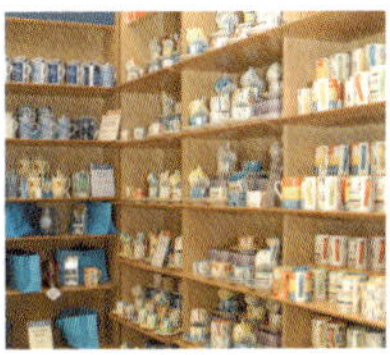

陶磁器
tōjiki
das Porzellan

電気製品
denki seihin
die Elektroartikel

照明器具
shōmei kigu
die Lampen

スポーツ用品
supōtsu yōhin
die Sportartikel

玩具
omocha
die Spielwaren

文房具
bumbōgu
die Schreibwaren

食品売場
shokuhin uriba
die Lebensmittel

スーパーマーケット sūpāmāketto • der Supermarkt

通路
tsūro
der Gang

棚
tana
das Warenregal

ベルトコンベア
beruto kombea
das Laufband

レジ係
reji-gakari
der Kassierer

特売品
tokubaihin
die Angebote

チェックアウト chekkuauto | **die Kasse**

客
kyaku
der Kunde

レジ
reji
die Kasse

買い物袋
kaimono-bukuro
die Einkaufstasche

食料品
shokuryōhin
die Lebensmittel

カート kāto | **der Einkaufswagen**

取っ手
totte
der Henkel

籠 kago | **der Einkaufskorb**

7 80863 185779
バーコード
bākōdo
der Strichkode

バーコード読み取り装置
bākōdo yomitori sōchi | **der Scanner**

パン類
pan rui
die Backwaren

乳製品
nyūseihin
die Milchprodukte

シリアル食品
shiriaru shokuhin
die Getreideflocken

缶詰
kanzume
die Konserven

菓子類
kashi rui
die Süßwaren

野菜
yasai
das Gemüse

果物
kudamono
das Obst

肉
niku
das Fleisch und das Geflügel

魚
sakana
der Fisch

デリカテッセン
derikatessen
die Feinkost

冷凍食品
reitō shokuhin
die Tiefkühlkost

インスタント食品
insutanto shokuhin
die Fertiggerichte

飲物
nomimono
die Getränke

家庭用品
katei yōhin
die Haushaltswaren

化粧品
keshōhin
die Toilettenartikel

ベビー用品
bebī yōhin
die Babyprodukte

電気製品
denki seihin
die Elektroartikel

ペットフード
petto fūdo
das Tierfutter

雑誌 zasshi | **die Zeitschriften**

薬局 yakkyoku • die Apotheke

歯磨き用品
hamigaki yōhin
die Zahnpflege

生理用品
seiri yōhin
die Monatshygiene

デオドラント
deodoranto
die Deos

ビタミン剤
bitamin-zai
die Vitamintabletten

調剤室
chōzai shitsu
die Arzneiausgabe

薬剤師
yakuzaishi
der Apotheker

咳止め
sekidome
das Hustenmedikament

薬草剤
yakusō-zai
das Kräuterheilmittel

スキンケア
sukinkea
die Hautpflege

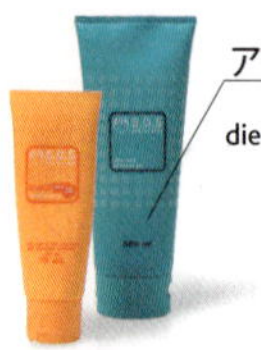

アフターサンケア
afutāsankea
die After-Sun-Lotion

サンスクリーン
sansukurīn
die Sonnenschutzcreme

日焼け止め
hiyakedome
der Sonnenblocker

虫除け
mushiyoke
das Insektenschutzmittel

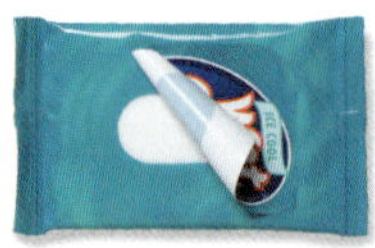

ウェットティッシュ
wetto tisshu
das Reinigungstuch

ティッシュ
tisshu
das Papiertaschentuch

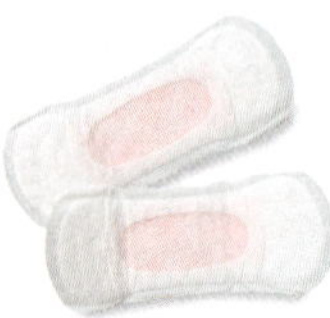

生理用ナプキン
seiri-yō napukin
die Damenbinde

タンポン
tampon
der Tampon

パンティライナー
panti rainā
die Slipeinlage

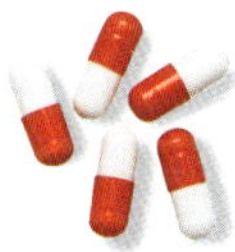

カプセル
kapuseru
die Kapsel

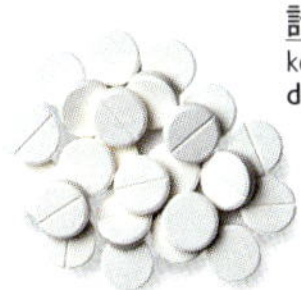

錠剤
jōzai
die Tablette

計量スプーン
keiryō supūn
der Messlöffel

シロップ
shiroppu
der Saft

用法
yōhō
die Gebrauchsanweisung

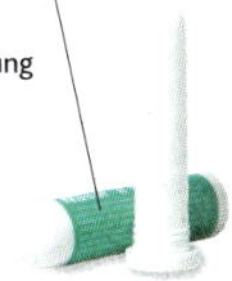

吸入器
kyūnyūki
der Inhalierstift

クリーム
kurīmu
die Creme

軟膏
nankō
die Salbe

ジェル
jeru
das Gel

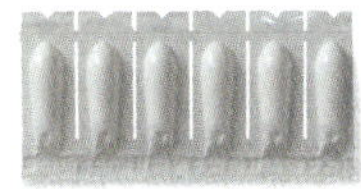

坐薬
zayaku
das Zäpfchen

スポイト
supoito
der Tropfer

液体薬
ekitai-gusuri
die Tropfen

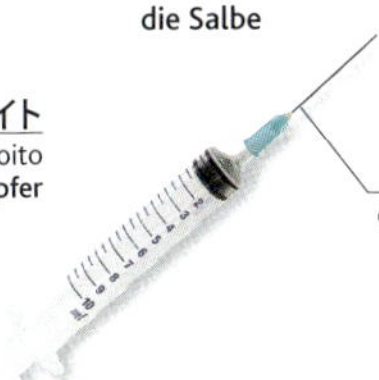

注射針
chūsha-bari
die Nadel

注射器
chūshaki
die Spritze

スプレー
supurē
das Spray

粉薬
kona-gusuri
der Puder

関連用語 kanrenyōgo • Vokabular

鉄分
tetsubun
das Eisen

カルシウム
karushiumu
das Kalzium

マグネシウム
maguneshiumu
das Magnesium

マルチビタミン
maruchi bitamin
das Multivitaminpräparat

インスリン
insurin
das Insulin

副作用
fukusayō
die Nebenwirkungen

使用期限
shiyō kigen
das Verfallsdatum

酔い止め
yoidome
die Reisekrankheitstabletten

使い捨て
tsukaisute
Wegwerf-

水溶性
suiyōsei
löslich

用量
yōryō
die Dosierung

投薬
tōyaku
die Verordnung

医薬品
iyakuhin
das Medikament

下剤
gezai
das Abführmittel

下痢
geri
der Durchfall

のど飴
nodo ame
die Halspastille

痛み止め
itamidome
das Schmerzmittel

鎮静剤
chinsei-zai
das Beruhigungsmittel

睡眠薬
suimin'yaku
die Schlaftablette

抗炎症剤
kōenshō-zai
der Entzündungshemmer

花屋 hanaya • das Blumengeschäft

花
hana
die Blumen

百合
yuri
die Lilie

アカシア
akashia
die Akazie

カーネーション
kānēshon
die Nelke

植木
ueki
die Topfpflanze

グラジオラス
gurajiorasu
die Gladiole

菖蒲
ayame
die Iris

ひな菊
hinagiku
die Margerite

菊
kiku
die Chrysantheme

かすみ草
kasumisō
das Schleierkraut

アラセイトウ
araseitō
die Levkoje

ガーベラ
gābera
die Gerbera

群葉
gun'yō
die Blätter

薔薇
bara
die Rose

フリージア
furījia
die Freesie

花瓶
kabin
die Blumenvase

蘭
ran
die Orchidee

牡丹
botan
die Pfingstrose

花束
hanataba
der Strauß

茎
kuki
der Stängel

水仙
suisen
die Osterglocke

蕾
tsubomi
die Knospe

包装紙
hōsō-shi
das Einwickelpapier

チューリップ chūrippu | die Tulpe

アレンジメント arenjimento • die Blumenarrangements

リボン
ribon
das Band

ブーケ
būke
der Blumenstrauß

ドライフラワー
dorai furawā
die Trockenblumen

ポプリ popuri | das Potpourri

花輪 hanawa | der Kranz

ガーランド
gārando
die Blumengirlande

メッセージを付けてください。
messēji o tsukete kudasai?
Kann ich eine Nachricht mitschicken?

包んでください。
tsutsunde kudasai?
Können Sie die Blumen bitte einwickeln?

...に送っていただけますか。
... ni okutte itadakemasuka?
Können Sie die Blumen an ... schicken?

何日ぐらい保ちますか。
nannichi gurai tamochimasuka?
Wie lange halten sie?

香りがしますか。
kaori ga shimasuka?
Duften sie?

...の花束をください。
... no hanataba o kudasai.
Ich möchte einen Strauß ..., bitte.

新聞販売店 shimbun hambaiten • der Zeitungshändler

煙草
tabako
die Zigaretten

煙草一箱
tabako hitohako
das Päckchen Zigaretten

マッチ
matchi
die Streichhölzer

宝くじ
takarakuji
die Lottoscheine

切手
kitte
die Briefmarken

絵葉書
ehagaki
die Postkarte

漫画本
manga-bon
das Comic-Heft

雑誌
zasshi
die Zeitschrift

新聞
shimbun
die Zeitung

喫煙 kitsuen • das Rauchen

刻み煙草
kizami tabako
der Tabak

ライター
raitā
das Feuerzeug

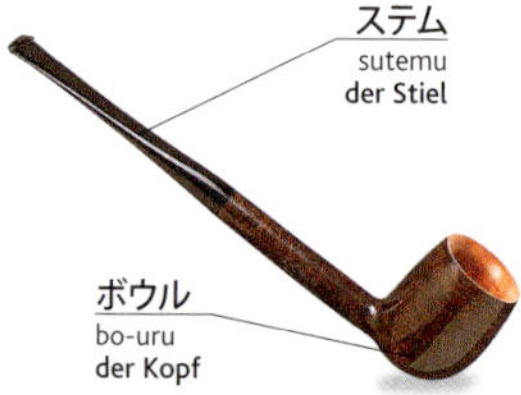

ステム
sutemu
der Stiel

ボウル
bo-uru
der Kopf

パイプ
paipu
die Pfeife

葉巻
hamaki
die Zigarre

菓子屋 kashiya • der Konditor

箱詰めチョコレート
hakozume chokorēto
die Schachtel Pralinen

チョコバー
chokobā
die Nascherei

ポテトチップス
poteto chippusu
die Chips

飴屋 ameya | **das Süßwarengeschäft**

関連用語 kanrenyōgo • Vokabular

ミルクチョコレート
miruku chokorēto
die Milchschokolade

スイートチョコレート
suīto chokorēto
die Zartbitter-schokolade

ホワイトチョコレート
howaito chokorēto
die weiße Schokolade

ピックンミックス
pikkunmikkusu
die bunte Mischung

キャラメル
kyarameru
der Karamell

トラッフル
toraffuru
der Trüffel

クッキー
kukkī
der Keks

飴
ame
die Bonbons

菓子 kashi • die Süßwaren

チョコレート
chokorēto
die Praline

板チョコ
itachoko
die Tafel Schokolade

飴
ame
die Bonbons

棒付きキャンディー
bō-tsuki kyandī
der Lutscher

トフィー
tofī
das Toffee

ヌガー
nugā
der Nugat

マシュマロ
mashumaro
das Marshmallow

ハッカ飴
hakka ame
das Pfefferminz

ガム
gamu
der Kaugummi

ゼリービーンズ
zerībīnzu
der Geleebonbon

フルーツガム
furūtsu gamu
der Fruchtgummi

甘草飴
kanzō ame
die Lakritze

その他の店 sonota no mise • andere Geschäfte

パン屋
pan'ya
die Bäckerei

ケーキ屋
kēkiya
die Konditorei

肉屋
nikuya
die Metzgerei

魚屋
sakanaya
das Fischgeschäft

八百屋
yaoya
der Obst- und Gemüseladen

食料品店
shokuryōhin-ten
das Lebensmittelgeschäft

靴屋
kutsuya
das Schuhgeschäft

金物屋
kanamonoya
die Eisenwarenhandlung

骨董屋
kottōya
der Antiquitätenladen

ギフトショップ
gifuto shoppu
der Geschenkartikelladen

旅行代理店
ryokō dairiten
das Reisebüro

宝石店
hōseki-ten
das Juweliergeschäft

本屋
hon'ya
der Buchladen

レコード店
rekōdo-ten
das Musikgeschäft

酒屋
sakaya
die Weinhandlung

ペットショップ
petto shoppu
die Tierhandlung

家具屋
kaguya
das Möbelgeschäft

ブティック
butikku
die Boutique

関連用語 kanrenyōgo • Vokabular

不動産屋
fudōsan-ya
der Immobilienmakler

カメラ屋
kamera-ya
das Fotogeschäft

園芸センター
engei sentā
das Gartencenter

健康食品店
kenkō shokuhin-ten
das Reformhaus

クリーニング屋
kurīningu-ya
die Reinigung

画材屋
gazai-ya
die Kunsthandlung

コインランドリー
koin randorī
der Waschsalon

中古販売店
chūko hambai-ten
der Gebrauchtwarenhändler

仕立屋
shitateya
die Schneiderei

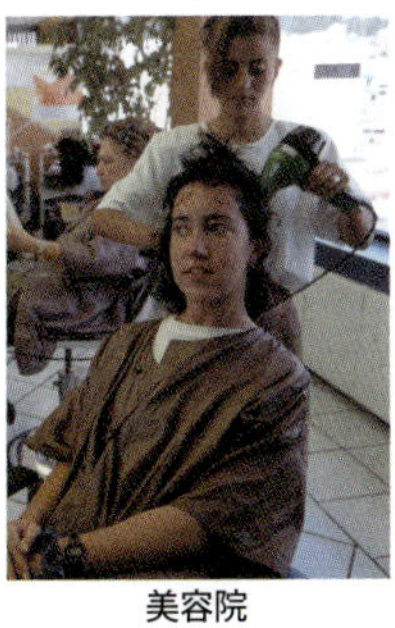
美容院
biyōin
der Frisiersalon

市場 ichiba | **der Markt**

食べ物 tabemono
die Nahrungsmittel

肉 niku • das Fleisch

関連用語 kanrenyōgo • Vokabular

豚肉
butaniku
das Schweinefleisch

牛肉
gyūniku
das Rindfleisch

子牛肉
ko-ushi niku
das Kalbfleisch

鹿肉
shika niku
das Wild

ウサギ肉
usagi niku
das Kaninchen

タン
tan
die Zunge

内蔵
naizō
die Innereien

保存処理
hozon shori
gepökelt

薫製
kunsei
geräuchert

放し飼いの
hanashigai no
aus Freilandhaltung

有機性
yūki-sei
biologisch kontrollierte Nahrungsmittel

低脂肪肉
teishibō niku
das magere Fleisch

調理済み肉
chōri-zumi niku
das gekochte Fleisch

白身肉
shiromi niku
das weiße Fleisch

赤身肉
akami niku
das rote Fleisch

切り身 kirimi • die Fleischsorten

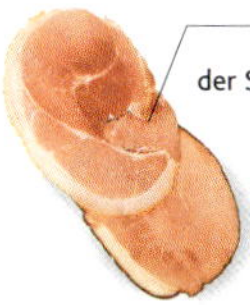

ハム
hamu
der Schinken

皮
kawa
die Schwarte

薄切り
usugiri
die Scheibe

(ベーコンの) 薄切り
(bēkon no) usugiri
die Speckscheibe

挽肉
hikiniku
das Hackfleisch

ヒレ肉
hire niku
das Filet

ランプステーキ
rampusutēki | das Rumpsteak

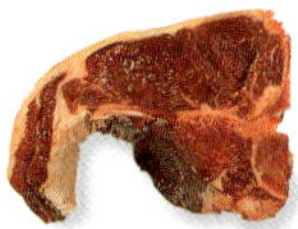

脂身
aburami
das Fett

骨
hone
der Knochen

腎臓
jinzō
die Niere

サーロインステーキ
sāroinsutēki
das Lendensteak

あばら肉
abaraniku
das Rippenstück

チョップ
choppu
das Kotelett

かたまり肉
katamari niku
die Keule

心臓
shinzō
das Herz

鳥肉 toriniku • das Geflügel

猟鳥
ryōchō
das Wildbret

雉 kiji | der Fasan

足
ashi
das Bein

鶉 uzura | die Wachtel

皮
kawa
die Haut

胸肉
muneniku
die Brust

もも肉
momoniku
der Schenkel

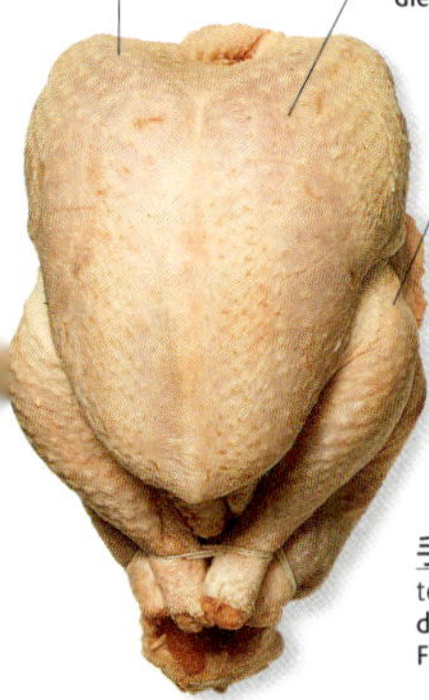

七面鳥
shichimenchō
die Pute

下拵えした鶏
shitagoshirae shita tori
das bratfertige Huhn

手羽肉
tebaniku
der Flügel

鶏 tori | das Hähnchen

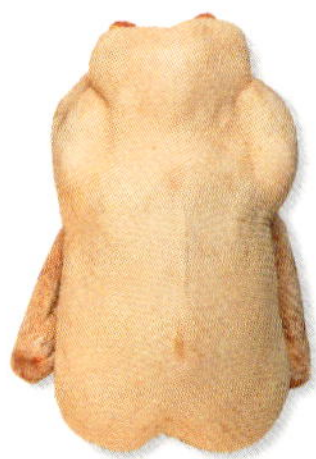

鴨 kamo | die Ente

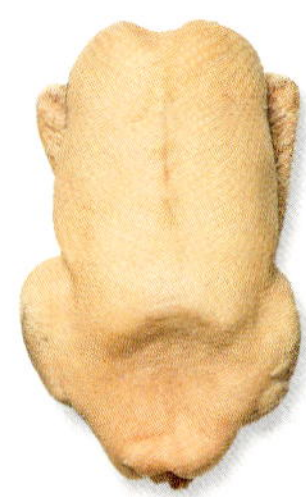

鵞鳥 gachō | die Gans

魚 sakana • der Fisch

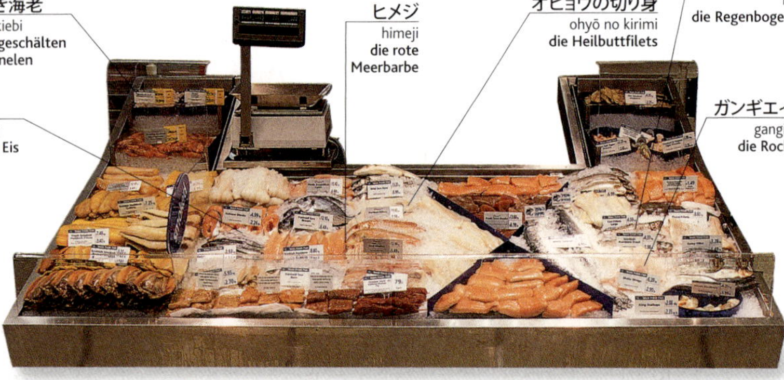

剥き海老
mukiebi
die geschälten Garnelen

氷
kōri
das Eis

ヒメジ
himeji
die rote Meerbarbe

オヒョウの切り身
ohyō no kirimi
die Heilbuttfilets

虹鱒
nijimasu
die Regenbogenforelle

ガンギエイのヒレ
gangiei no hire
die Rochenflügel

魚屋
sakanaya
das Fischgeschäft

アンコウ
ankō
der Seeteufel

鯖
saba
die Makrele

鱒
masu
die Forelle

メカジキ
mekajiki
der Schwertfisch

ドーバーカレイ
dōbā karei
die Seezunge

レモンガレイ
remon garei
die Rotzunge

コダラ
kodara
der Schellfisch

鰯
iwashi
die Sardine

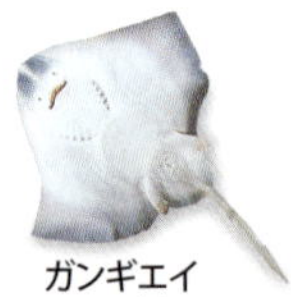

ガンギエイ
gangiei
der Rochen

ホワイティング
howaitingu
der Merlan

スズキ
suzuki
der Seebarsch

鮭 sake | **der Lachs**

鱈
tara
der Kabeljau

鯛
tai
die Goldbrasse

鮪
maguro
der Tunfisch

海産物 kaisambutsu • die Meeresfrüchte

帆立貝
hotategai
die Jakobsmuschel

ロブスター
robusutā
der Hummer

蟹
kani
die Krabbe

車エビ
kurumaebi
die Garnele

ムール貝
mūrugai
die Miesmuschel

牡蠣
kaki
die Auster

伊勢エビ
ise ebi
der Krebs

マテ貝
mategai
die Scheidenmuschel

ザル貝
zarugai
die Herzmuschel

蛸
tako
der Krake

モンゴウイカ
mongōika
die Sepie

烏賊
ika
der Tintenfisch

浅蜊
asari
die Venusmuschel

関連用語 kanrenyōgo • Vokabular

冷凍	reitō	**tiefgefroren**
塩ふり	shio-furi	**gesalzen**
薫製	kunsei	**geräuchert**
鱗を取った	uroko o totta	**entschuppt**
切り身	kirimi	**das Filet**
厚切り	atsu-giri	**die Lende**
尾	o	**der Schwanz**
骨	hone	**die Gräte**
鱗	uroko	**die Schuppe**
寿司	sushi	**das Sushi**
刺身	sashimi	**das Sashimi**
新鮮	shinsen	**frisch**
腸を取った	wata o totta	**gesäubert**
皮を剥いた	kawa o muita	**enthäutet**
骨を取った	hone o totta	**entgrätet**
おろした	oroshita	**filetiert**
筒切り	tsutsugiri	**die Scheibe**

腸を取ってください。
wata o totte kudasai?
Können Sie ihn mir fertig zubereiten?

野菜1 yasai • das Gemüse 1

空豆
soramame
die dicke Bohne

ライ豆
raimame
die Stangenbohne

インゲン豆
ingenmame
die grüne Bohne

エンドウ豆
endōmame
die grüne Erbse

トウモロコシ
tōmorokoshi
der Mais

もやし
moyashi
die Sojabohnensprosse

筍
takenoko
der Bambus

オクラ
okura
die Okra

セロリ
serori
der Stangensellerie

チコリ
chikori
der Chicorée

茴香
uikyō
der Fenchel

パルメット椰子の芯
parumetto yashi no shin
die Palmherzen

関連用語 kanrenyōgo • Vokabular

白菜 hakusai **der Chinakohl**	茎 kuki **der Strunk**	種 tane **der Kern**	芯 shin **das Herz**
葉 ha **das Blatt**	房 fusa **das Röschen**	先端 sentan **die Spitze**	有機(栽培) yūki (saibai) **biologisch**

有機野菜はありますか。
yūki yasai wa arimasuka?
Verkaufen Sie Biogemüse?

これは地元産ですか。
kore wa jimoto-san desuka?
Werden sie in dieser Gegend angebaut?

ロケットサラダ
rokettosarada
der Rucola

クレソン
kureson
die Brunnenkresse

赤チコリ
aka chikori
der Radicchio

芽キャベツ
mekyabetsu
der Rosenkohl

フダンソウ
fudansō
der Mangold

ケール
kēru
der Grünkohl

ギシギシ
gishigishi
der Gartensauerampfer

エンダイブ
endaibu
die Endivie

タンポポ
tampopo
der Löwenzahn

ホウレン草
hōrensō
der Spinat

コールラビ
kōrurabi
der Kohlrabi

チンゲン菜
chingensai
der Senfkohl (Pak Choi)

レタス
retasu
der Salat

ブロッコリ
burokkori
der Brokkoli

キャベツ
kyabetsu
der Kohl

新キャベツ
shin kyabetsu
der Frühkohl

野菜2 yasai • das Gemüse 2

関連用語 kanrenyōgo • Vokabular

プチトマト
puchi tomato
die Kirschtomate

人参
ninjin
die Karotte

新ジャガ
shinjaga
die neue Kartoffel

セロリアック
seroriakku
der Sellerie

タロ芋
taroimo
die Tarowurzel

菱の実
hishi no mi
die Wasserkastanie

椎茸
shītake
der Shiitake-Pilz

わさび
wasabi
der Wasabi (jap. Meerettich)

冷凍
reitō
tiefgefroren

生
nama
roh

辛い
karai
scharf

甘い
amai
süß

苦い
nigai
bitter

硬い
katai
fest

果肉
kaniku
das (Frucht-) Fleisch

根
ne
die Wurzel

ジャガイモを1キロください。
jagaimo o ichi kiro kudasai.
Geben Sie mir bitte ein Kilo Kartoffeln.

1キロいくらですか。
ichi kiro ikura desuka?
Was kostet ein Kilo?

あれは何と言いますか。
are wa nan to īmasuka?
Wie heißen diese?

薩摩芋
satsumaimo
die Süßkartoffel

山芋
yamaimo
die Jamswurzel

ビートルート
bītorūto
die Rote Bete

ルタバガ
rutabaga
die Kohlrübe

菊芋
kikuimo
der Topinambur

西洋ワサビ
seiyōwasabi
der Meerrettich

パースニップ
pāsunippu
die Pastinake

生姜
shōga
der Ingwer

茄子
nasu
die Aubergine

トマト
tomato
die Tomate

スプリングオニオン
supuringu onion
die Frühlingszwiebel

ニラネギ
niranegi
der Lauch

エシャロット
esharotto
die Schalotte

丁字
chōji
die Zehe

大蒜
ninniku
der Knoblauch

トリュフ
toryufu
die Trüffel

マッシュルーム
masshurūmu
der Pilz

胡瓜
kyūri
die Gurke

ズッキーニ
zukkīni
die Zucchini

バターナットスクワッシュ
batānatto sukuwasshu
der Butternusskürbis

ドングリカボチャ
donguri kabocha
der Eichelkürbis

南瓜
kabocha
der Kürbis

果物1 kudamono • das Obst 1

柑橘類 kankitsu rui • die Zitrusfrüchte

オレンジ
orenji
die Orange

クレメンティン
kurementin
die Klementine

アグリフルーツ
agurifurūtsu
die Tangelo

筋
suji
die weiße Haut

グレープフルーツ
gurēpufurūtsu
die Grapefruit

タンジェリン
tanjerin
die Mandarine

房
fusa
der Schnitz

薩摩みかん
satsuma mikan
die Satsuma

皮
kawa
die Schale

ライム
raimu
die Limone

レモン
remon
die Zitrone

金柑
kinkan
die Kumquat

石果 sekika • das Steinobst

桃
momo
der Pfirsich

ネクタリン
nekutarin
die Nektarine

杏
anzu
die Aprikose

プラム
puramu
die Pflaume

さくらんぼ
sakurambo
die Kirsche

洋梨
yōnashi
die Birne

林檎
ringo
der Apfel

果物籠 kudamono kago | **der Obstkorb**

液果とメロン ekika to meron • das Beerenobst und die Melonen

苺
ichigo
die Erdbeere

ブラックベリー
burakkuberī
die Brombeere

クランベリー
kuranberī
die Preiselbeere

ブルーベリー
burūberī
die Heidelbeere

ローガンベリー
rōganberī
die Loganbeere

グーズベリー
gūzuberī
die Stachelbeere

ラズベリー
razuberī
die Himbeere

レッドカラント
reddokaranto
die rote Johannisbeere

ブラックカラント
burakkukaranto
die schwarze Johannisbeere

ホワイトカラント
howaitokaranto
die weiße Johannisbeere

メロン
meron
die Melone

葡萄
budō
die Weintrauben

皮
kawa
die Schale

種
tane
der Kern

果肉
kaniku
das Fruchtfleisch

西瓜
suika
die Wassermelone

関連用語 kanrenyōgo • Vokabular

ダイオウ
daiō
der Rhabarber

繊維
sen'i
der Ballaststoff

甘い
amai
süß

酸っぱい
suppai
sauer

新鮮
shinsen
frisch

みずみずしい
mizumizushī
saftig

パリッとした
parittoshita
knackig

腐った
kusatta
faul

(柔らかい)果肉
(yawarakai) kaniku
das Fruchtmark

果汁
kajū
der Saft

芯
shin
das Kerngehäuse

種なし
tanenashi
kernlos

熟していますか。
jukushite imasuka?
Sind sie reif?

試食できますか。
shishoku dekimasuka?
Könnte ich eine probieren?

何日ぐらい保ちますか。
nannichi gurai tamochimasuka?
Wie lange halten sie sich?

果物2 kudamono 2 • das Obst 2

マルメロ
marumero
die Quitte

パッションフルーツ
passhonfurūtsu
die Passionsfrucht

バナナ
banana
die Banane

グアバ
guaba
die Guave

石榴
zakuro
der Granatapfel

柿
kaki
die Kaki

フェイジョア
feijoa
die Feijoa

ウチワサボテン
uchiwasaboten
die Kaktusfeige

スターフルーツ
sutāfurūtsu
die Sternfrucht

コダチトマト
kodachitomato
die Tamarillo

ナッツとドライフルーツ nattsu to doraifurūtsu • die Nüsse und das Dörrobst

松の実
matsu no mi
der Pinienkern

ピスタチオ
pisutachio
die Pistazie

カシューナッツ
kashūnattsu
die Cashewnuss

ピーナッツ
pīnattsu
die Erdnuss

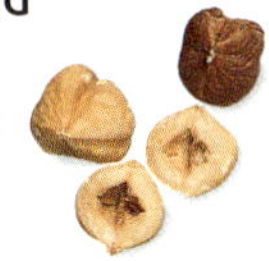
ヘーゼルナッツ
hēzerunattsu
die Haselnuss

ブラジルナッツ
burajirunattsu
die Paranuss

ピーカンナッツ
pīkannattsu
die Pecannuss

アーモンド
āmondo
die Mandel

胡桃
kurumi
die Walnuss

栗
kuri
die Esskastanie

マカデミアナッツ
makademianattsu
die Macadamianuss

無花果
ichijiku
die Feige

棗
natsume
die Dattel

李
sumomo
die Backpflaume

サルタナレーズン
sarutana rēzun
die Sultanine

干し葡萄
hoshibudō
die Rosine

カラント
karanto
die Korinthe

殻
kara
die Schale

果肉
kaniku
das Fruchtfleisch

ココナッツ
kokonattsu
die Kokosnuss

関連用語 kanrenyōgo • Vokabular

青い
aoi
grün

完熟
kanjuku
reif

硬い
katai
hart

柔らかい
yawarakai
weich

仁
nin
der Kern

乾燥
kansō
getrocknet

塩
shio
gesalzen

生
nama
roh

煎った
itta
geröstet

季節もの
kisetsu mono
Saison-

殻を剥いた
kara o muita
geschält

丸ごと
marugoto
ganz

砂糖漬け果物
satōzuke kudamono
die kandierten Früchte

熱帯果実
nettai kajitsu
die Südfrüchte

穀類と豆類 kokurui to mamerui • die Getreidearten und die Hülsenfrüchte

穀類 kokurui • das Getreide

小麦
komugi
der Weizen

からす麦
karasumugi
der Hafer

大麦
ōmugi
die Gerste

キビ
kibi
die Hirse

トウモロコシ
tōmorokoshi
der Mais

キノア
kinoa
die Reismelde

関連用語 kanrenyōgo • Vokabular

種
tane
der Samen

殻
kara
die Hülse

穀粒
kokuryū
der Kern

乾燥
kansō
trocken

新しい
atarashī
frisch

香りのある
kaori no aru
aromatisiert

シリアル食品
shiriaru shokuhin
die Getreideflocken

全粒
zenryū
Vollkorn

(水に) 漬ける
(mizu ni) tsukeru
einweichen

スピードクック
supīdo kukku
leicht zu kochen

長粒
chōryū
Langkorn

短粒
tanryū
Rundkorn

米 kome • der Reis

白米
hakumai
der weiße Reis

玄米
genmai
der Naturreis

野生米
yasei mai
der Wildreis

プディングライス
pudingu raisu
der Milchreis

加工穀物 kakō kokumotsu • die verarbeiteten Getreidearten

クスクス
kusukusu
der Kuskus

粗挽き麦
arabiki mugi
das Weizenschrot

セモリナ
semorina
der Grieß

麩
fusuma
die Kleie

豆類 mamerui • die Bohnen und die Erbsen

ライ豆
raimame
die Mondbohnen

いんげん豆
ingenmame
die weißen Bohnen

金時豆
kintoki mame
die roten Bohnen

小豆
azuki
die Adzukibohnen

空豆
soramame
die Saubohnen

大豆
daizu
die Sojabohnen

黒目豆
kurome mame
die Augenbohnen

鶉豆
uzura mame
die Pintobohnen

緑豆
ryokutō
die Mungbohnen

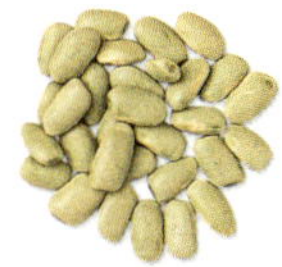
フラジョレ豆
furajore mame
die französischen Bohnen

レンズ豆
renzumame
die braunen Linsen

赤レンティル
aka rentiru
die roten Linsen

グリンピース
gurin pīsu
die grünen Erbsen

雛豆
hiyoko mame
die Kichererbsen

スプリットピー
supuritto pī
die getrockneten Erbsen

種 tane • die Körner

南瓜の種
kabocha no tane
der Kürbiskern

辛子の種
karashi no tane
das Senfkorn

キャラウェイシード
kyarawei shīdo
der Kümmel

胡麻
goma
das Sesamkorn

向日葵の種
himawari no tane
der Sonnenblumenkern

ハーブと香辛料 hābu to kōshinryō • die Kräuter und Gewürze

香辛料 kōshinryō • die Gewürze

バニラ banira | die Vanille

ナツメッグ
natsumeggu
die Muskatnuss

メース
mēsu
die Muskatblüte

ウコン
ukon
die Gelbwurz

クミン
kumin
der Kreuzkümmel

ブーケガルニ
būkegaruni
die Kräutermischung

オールスパイス
ōrusupaisu
der Piment

胡椒の実
koshō no mi
das Pfefferkorn

フェヌグリーク
fenugurīku
der Bockshornklee

唐辛子
tōgarashi
der Chili

サフラン
safuran
der Safran

カルダモン
karudamon
der Kardamom

カレー粉
karēko
das Currypulver

パプリカ
papurika
der Paprika

大蒜
ninniku
der Knoblauch

ハーブ hābu • die Kräuter

シナモン
shinamon
der Zimt

茴香
uikyō
der Fenchel

ローリエ
rōrie
das Lorbeerblatt

パセリ
paseri
die Petersilie

レモングラス
remongurasu
das Zitronengras

朝葱
asatsuki
der Schnittlauch

ハッカ
hakka
die Minze

タイム
taimu
der Thymian

セージ
sēji
der Salbei

クローブ
kurōbu
die Gewürznelke

大茴香
daiuikyō
der Sternanis

タラゴン
taragon
der Estragon

マジョラム
majoramu
der Majoran

バジリコ
bajiriko
das Basilikum

生姜
shōga
der Ingwer

オレガノ
oregano
der Oregano

コリアンダー
koriandā
der Koriander

ディル
diru
der Dill

ローズマリー
rōzumarī
der Rosmarin

瓶詰め食品 binzume shokuhin • die Nahrungsmittel in Flaschen und Gläsern

胡桃油
kurumi abura
das Walnussöl

アーモンドオイル
āmondo oiru
das Mandelöl

葡萄油
budō abura
das Traubenkernöl

コルク栓
koruku sen
der Korken

向日葵油
himawari abura
das Sonnenblumenöl

胡麻油
goma'abura
das Sesamöl

ヘーゼルナッツオイル
hēzerunattsu oiru
das Haselnussöl

オリーブ油
orībuyu
das Olivenöl

ハーブ
hābu
die Kräuter

香味油
kōmi abura
das aromatisierte Öl

食用油
shokuyō abura
die Öle

甘味スプレッド kanmi supureddo • der süße Aufstrich

瓶
bin
das Glas

ハニカム
hanikamu
der Wabenhonig

クリーム蜂蜜
kurīmu hachimitsu
der feste Honig

レモンカード
remon kādo
der Zitronenaufstrich

ラズベリージャム
razuberī jamu
die Himbeerkonfitüre

マーマレード
māmarēdo
die Orangenmarmelade

透明蜂蜜
tōmei hachimitsu
der flüssige Honig

メープルシロップ
mēpuru shiroppu
der Ahornsirup

薬味とスプレッド yakumi to supureddo • die Würzmittel

密封瓶
mippū bin
das Einmachglas

ピーナッツバター
pīnattsubatā
die Erdnussbutter

チョコレートスプレッド
chokorēto supureddo
der Schokoladenaufstrich

瓶詰めフルーツ
binzume furūtsu
das eingemachte Obst

関連用語 kanrenyōgo • Vokabular

コーン油
kōn yu
das Maiskeimöl

落花生油
rakkasei yu
das Erdnussöl

サラダ油
sarada yu
das Pflanzenöl

菜種油
natane abura
das Rapsöl

コールドプレス油
kōrudopuresu yu
das kaltgepresste Öl

醤油
shōyu
die Sojasoße

米酢
komezu
der Reisessig

乳製品 nyūseihin • die Milchprodukte

チーズ chīzu • der Käse

皮
kawa
die Rinde

セミハードチーズ
semihādo chīzu
der mittelharte Käse

セミソフトチーズ
semisofuto chīzu
der halbfeste Käse

ブルーチーズ
burū chīzu
der Blau-schimmelkäse

ソフトチーズ
sofuto chīzu
der Weichkäse

粉チーズ
kona chīzu
der geriebene Käse

ハードチーズ
hādo chīzu
der Hartkäse

クリームチーズ
kurīmu chīzu
der Rahmkäse

カッテージチーズ
kattēji chīzu
der Hüttenkäse

生チーズ nama chīzu | **der Frischkäse**

ミルク miruku • die Milch

全乳
zennyū
die Vollmilch

低脂肪乳
teishibō-nyū
die Halbfettmilch

スキムミルク
sukimu miruku
die Magermilch

牛乳 gyūnyū | **die Kuhmilch**

牛乳カートン
gyūnyū kāton
die Milchtüte

山羊乳
yagi-nyū
die Ziegenmilch

練乳
rennyū
die Kondensmilch

バター
batā
die Butter

マーガリン
māgarin
die Margarine

生クリーム
nama kuriīmu
die Sahne

シングルクリーム
shinguru kurīmu
die fettarme Sahne

ダブルクリーム
daburu kurīmu
die süße Sahne

ホイップクリーム
hoippu kurīmu
die Schlagsahne

サワークリーム
sawā kurīmu
die saure Sahne

ヨーグルト
yōguruto
der Jogurt

アイスクリーム
aisukurīmu
das Eis

卵 tamago • die Eier

卵黄
ran'ō
das Eigelb

卵白
rampaku
das Eiweiß

殻
kara
die Eierschale

エッグカップ
eggu kappu
der Eierbecher

ゆで卵 yudetamago | **das gekochte Ei**

鶏卵
keiran
das Hühnerei

家鴨の卵
ahiru no tamago
das Entenei

鵞鳥の卵
gachō no tamago
das Gänseei

鶉卵
uzura tamago
das Wachtelei

関連用語 kanrenyōgo • Vokabular

低温殺菌 teionsakkin **pasteurisiert**	ミルクセーキ mirukusēki **der Milchshake**	塩入り shio-iri **gesalzen**	羊乳 yōnyū **die Schafmilch**	乳糖 nyūtō **die Laktose**	ホモジナイズ homojinaizu **homogenisiert**
低温殺菌していない teionsakkin shiteinai **unpasteurisiert**	フローズンヨーグルト furōzun yōguruto **der gefrorene Jogurt**	無塩 muen **ungesalzen**	バターミルク batāmiruku **die Buttermilch**	無脂肪 mu-shibō **fettfrei**	粉乳 funnyū **das Milchpulver**

パンと小麦粉 pan to komugiko • das Brot und das Mehl

スライス食パン
suraisu shokupan
das Scheibenbrot

白パン
shiro pan
das Weißbrot

ライ麦パン
raimugi pan
das Roggenbrot

バゲット
bagetto
das Baguette

パン屋 pan'ya | **die Bäckerei**

パン作り pan-zukuri • Brot backen

白小麦粉
shiro komugiko
das Weizenmehl

ライ麦粉
raimugiko
das Roggenmehl

全粒粉
zenryū fun
das Vollkornmehl

酵母
kōbo
die Hefe

篩にかける furui ni kakeru
sieben

混ぜる mazeru | **verrühren**

パン生地
pan kiji
der Teig

こねる koneru | **kneten**

焼く yaku | **backen**

耳
mimi
die Kruste

白パン
shiro pan
das Weißbrot

食パンの塊
shokupan no katamari
der Laib

黒パン
kuro pan
das Graubrot

全粒パン
zenryū pan
das Vollkornbrot

スライス
suraisu
die Scheibe

グラナリブレッド
guranari bureddo
das Mehrkornbrot

とうもろこしパン
tōmorokoshi pan
das Maisbrot

ソーダパン
sōda pan
das Sodabrot

サワードウブレッド
sawādo-u bureddo
das Sauerteigbrot

フラットブレッド
furattobureddo
das Fladenbrot

ベーグル
bēguru
der Bagel

バップ
bappu | **das Brötchen**

ロールパン
rōrupan | **die Brioche**

フルーツパン
furūtsu pan
das Früchtebrot

種入りパン
tane-iri pan
das Körnerbrot

ナン
nan
das Naanbrot

ピタパン
pita pan
das Pitabrot

クリスプブレッド
kurisupu bureddo
das Knäckebrot

関連用語 kanrenyōgo • **Vokabular**

強力粉
kyōrikiko
das angereicherte Mehl

膨れる
fukureru
aufgehen

発酵させる
hakkō saseru
gehen lassen

パン粉
panko
das Paniermehl

スライサー
suraisā
der Brotschneider

膨らし粉入り小麦粉
fukurashiko-iri komugiko
das Mehl mit Backpulver

薄力粉
hakurikiko
das Mehl ohne Backpulver

グレーズを塗る
gurēzu o nuru
glasieren

波形
namigata
das Stangenweißbrot

パン職人
pan shokunin
der Bäcker

ケーキとデザート kēki to dezāto • Kuchen und Nachspeisen

ケーキ kēki | das Gebäck

関連用語 kanrenyōgo • Vokabular

カスタードクリーム
kasutādo kurīmu
die Konditorcreme

チョコレートケーキ
chokorēto kēki
der Schokoladenkuchen

丸い小型パン
marui kogata pan
das Teilchen

カスタード
kasutādo
der Vanillepudding

ペストリー
pesutorī
der Teig

一切れ
hitokire
das Stück

ライスプディング
raisu pudingu
der Milchreis

お祝い
oiwai
die Feier

一切れください。
hitokire kudasai?
Könnte ich bitte ein Stück essen?

チョコレートチップス
chokorēto chippusu
das Schokoladen-stückchen

スポンジフィンガー
suponji fingā
die Löffelbiskuits

フロレンティン
furorentin
der Florentiner

トライフル
toraifuru
das Trifle

ビスケット bisuketto | **die Kekse**

ムース
mūsu
die Mousse

シャーベット
shābetto
das Sorbet

クリームパイ
kurīmu pai
die Sahnetorte

プリン
purin
der Karamellpudding

お祝い用ケーキ oiwai-yō kēki • **die festlichen Kuchen**

最上段
saijōdan
der obere Kuchenteil

リボン
ribon
das Band

下段
gedan
der untere Kuchenteil

アイシング
aishingu
der Zuckerguss

マジパン
majipan
das Marzipan

ウェディングケーキ wedingu kēki
die Hochzeitstorte

飾り
kazari
die Dekoration

誕生日ケーキの蝋燭
tanjōbi kēki no rōsoku
die Geburtstagskerzen

吹き消す
fukikesu
ausblasen

誕生日ケーキ tanjōbi kēki | **der Geburtstagskuchen**

デリカテッセン derikatessen • die Feinkost

スパイスの利いたソーセージ
supaisu no kīta sōsēji
die pikante Wurst

酢
su
der Essig

油
abura
das Öl

サラミ
sarami
die Salami

ペパロニ
peparoni
die Peperoniwurst

キーシュ
kīshu
die Quiche

生肉
namaniku
das frische Fleisch

カウンター
kauntā
die Theke

パテ
pate
die Pastete

モツァレラチーズ
motsarera chīzu
der Mozzarella

ブリーチーズ
burī chīzu
der Brie

山羊チーズ
yagi chīzu
der Ziegenkäse

チェダーチーズ
chedā chīzu
der Cheddar

パルメザンチーズ
parumezan chīzu
der Parmesan

カマンベールチーズ
kamanbēru chīzu
der Camembert

皮
kawa
die Rinde

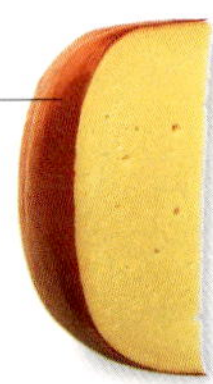

エダムチーズ
edamu chīzu
der Edamer

マンチェゴチーズ
manchego chīzu
der Manchego

パイ
pai
die Pasteten

黒オリーブ
kuro orību
die schwarze Olive

唐辛子
tōgarashi
die Peperoni

ソース
sōsu
die Soße

ロールパン
rōrupan
das Brötchen

調理肉
chōri niku
der Aufschnitt

緑オリーブ
midori orību
die grüne Olive

サンドイッチ売場 sandoitchi uriba | **die Sandwichtheke**

ハム
hamu
der Schinken

魚の薫製
sakana no kunsei
der Räucherfisch

ケーパー
kēpā
die Kapern

チョリソ
choriso
die Chorizo

プロシュット
puroshutto
der Prosciutto

スタッフドオリーブ
sutaffudo orību
die gefüllte Olive

関連用語 kanrenyōgo • **Vokabular**

油漬け abura-zuke **in Öl**	マリネ marine **mariniert**	薫製 kunsei **geräuchert**
塩水漬け shiomizu-zuke **in Lake**	塩漬け shiozuke **gepökelt**	保存処理 hozon shori **getrocknet**

番号札を取ってください。
bangō fuda o totte kudasai.
Nehmen Sie bitte eine Nummer.

それを試食できますか。
sore o shishoku dekimasuka?
Kann ich bitte etwas davon probieren?

それを6切れください。
sore o rokkire kudasai.
Ich hätte gerne sechs Scheiben davon, bitte.

飲物 nomimono • die Getränke

水 mizu • das Wasser

容器入り飲料水
yōki-iri inryōsui
das Flaschenwasser

発泡
happō
mit Kohlensäure

スティル
sutiru
ohne Kohlensäure

ミネラルウォーター mineraru wōtā
das Mineralwasser

水道水
suidōsui
das Leitungswasser

トニックウォーター
tonikku wōtā
das Tonicwater

ソーダ水
sōdasui
das Sodawasser

暖かい飲物 atatakai nomimono • die heißen Getränke

ティーバッグ
tī baggu
der Teebeutel

リーフティー
rīfu tī
die Teeblätter

紅茶 kōcha
der Tee

コーヒー豆
kōhī-mame
die Bohnen

コーヒー粉
kōhī-fun
der gemahlene Kaffee

コーヒー kōhī
der Kaffee

ホットココア
hotto kokoa
die heiße Schokolade

麦芽飲料
bakuga inryō
das Malzgetränk

ソフトドリンク sofuto dorinku • die alkoholfreien Getränke

トマトジュース
tomato jūsu
der Tomatensaft

ストロー
sutorō
der Strohhalm

グレープジュース
gurēpu jūsu
der Traubensaft

レモネード
remonēdo
die Limonade

オレンジエード
orenjiēdo
die Orangenlimonade

コーラ
kōra
die Cola

アルコール飲料 arukōru inryō • die alkoholischen Getränke

ジン
jin | der Gin

缶
kan
die Dose

ビール
bīru
das Bier

林檎酒
ringoshu
der Apfelwein

ビター
bitā
das halbdunkle Bier

黒ビール
kurobīru
das Schwarzbier

ウォッカ
wokka | der Wodka

ウイスキー uisukī
der Whisky

ラム酒
ramushu
der Rum

ブランデー
burandē
der Weinbrand

ポートワイン
pōtowain
der Portwein

辛口
karakuchi
trocken

シェリー
sherī
der Sherry

カンパリ
kampari
der Campari

ロゼ（ワイン）
roze (wain)
rosé

白（ワイン）
shiro (wain)
weiß

赤（ワイン）
aka (wain)
rot

ワイン wain | der Wein

リキュール
rikyūru
der Likör

テキーラ
tekīra
der Tequila

シャンパン
shampan
der Champagner

外食 gaishoku
auswärts essen

カフェ kafe • **das Café**

オーニング
ōningu
die Markise

メニュー
menyū
die Speisekarte

路上カフェ rojō kafe | **das Straßencafé**

パラソル
parasoru
der Sonnenschirm

テラスカフェ
terasu kafe
das Terrassencafé

ウェイター
weitā
der Kellner

コーヒーメーカー
kōhī mēkā
die Kaffeemaschine

テーブル
tēburu
der Tisch

スナックバー sunakku bā | **die Snackbar**

コーヒー kōhī • **der Kaffee**

ミルクコーヒー
miruku kōhī
der Milchkaffee

ブラックコーヒー
burakku kōhī
der schwarze Kaffee

フィルターコーヒー
firutā kōhī
der Filterkaffee

エスプレッソ
esupuresso
der Espresso

ココアパウダー
kokoa paudā
das Kakaopulver

泡
awa
der Schaum

カプチーノ
kapuchīno
der Cappuccino

アイスコーヒー
aisu kōhī
der Eiskaffee

紅茶 kōcha • der Tee

ハーブ茶
hābu cha
der Kräutertee

カモミール茶 kamomīru cha
der Kamillentee

緑茶
ryokucha
der grüne Tee

ミルクティー
miruku tī
der Tee mit Milch

紅茶
kōcha
der schwarze Tee

レモンティー
remon tī
der Tee mit Zitrone

ミントティー
minto tī
der Pfefferminztee

アイスティー
aisu tī
der Eistee

ジュースとミルクセーキ jūsu to mirukusēki • die Säfte und Milchshakes

チョコレートミルクセーキ
chokorēto mirukusēki
der Schokoladen-milchshake

苺のミルクセーキ
ichigo no mirukusēki
der Erdbeer-milchshake

コーヒーミルクセーキ
kōhī mirukusēki
der Kaffeemilchshake

オレンジジュース
orenji jūsu
der Orangensaft

林檎ジュース
ringo jūsu
der Apfelsaft

パイナップルジュース
painappuru jūsu
der Ananassaft

トマトジュース
tomato jūsu
der Tomatensaft

食べ物 tabemono • das Essen

黒パン
kuro pan
das Graubrot

スクープ
sukūpu
die Kugel

トーストサンド
tōsuto-sando
das getoastete Sandwich

サラダ
sarada
der Salat

アイスクリーム
aisukurīmu
das Eis

ペストリー
pesutorī
das Gebäck

バー bā • die Bar

グラス
gurasu
die Gläser

計量器
keiryōki
das Maß

レジ
reji
die Kasse

バーテン
bāten
der Barkeeper

タップ
tappu
der Zapfhahn

コーヒーメーカー
kōhī mēkā
die Kaffeemaschine

アイスバケツ
aisu baketsu
der Eiskübel

バースツール
bā sutsūru
der Barhocker

灰皿
haizara
der Aschenbecher

コースター
kōsutā
der Untersetzer

カウンター
kauntā
die Theke

栓抜き
sennuki
der Flaschenöffner

レバー
rebā
der Hebel

コルク栓抜き koruku sennuki
der Korkenzieher

氷ばさみ
kōri-basami
die Eiszange

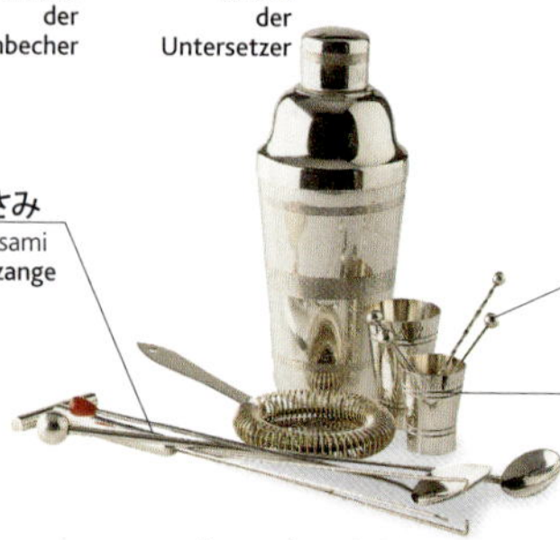

マドラー
madorā
der Cocktailrührer

メジャーカップ
mejā kappu
der Messbecher

シェーカー shēkā
der Cocktailshaker

ジントニック
jintonikku
der Gin Tonic

水差し
mizusashi
der Krug

スコッチの水割り
sukotchi no mizuwari
der Scotch mit Wasser

角氷
kaku-gōri
der Eiswürfel

キューバリブレ
kyūba ribure
der Rum mit Cola

スクリュードライバー
sukuryū doraibā
der Wodka mit Orangensaft

マティーニ
matīni
der Martini

カクテル
kakuteru
der Cocktail

ワイン
wain
der Wein

ビール bīru
das Bier

ワンショット
wanshotto
der Schnaps

シングル
shinguru
einfach

ダブル
daburu
doppelt

分量
bunryō
das Maß

氷無し
kōri nashi
ohne Eis

氷とレモン
kōri to remon
Eis und Zitrone

氷入り
kōri-iri
mit Eis

お摘み o-tsumami • **die Knabbereien**

ポテトチップス poteto chippusu
die Kartoffelchips

カシューナッツ
kashūnattsu
die Cashewnüsse

ピーナッツ
pīnattsu
die Erdnüsse

アーモンド
āmondo
die Mandeln

ナッツ nattsu
die Nüsse

オリーブ orību
die Oliven

レストラン resutoran • das Restaurant

キッチン kitchin
die Küche

ウェイター weitā
der Kellner

関連用語 kanrenyōgo • Vokabular

ワインリスト
wain risuto
die Weinkarte

酒
sake
der Sake

アラカルト
arakaruto
à la carte

デザートワゴン
dezāto wagon
der Dessertwagen

値段
nedan
der Preis

会計
kaikei
die Rechnung

領収書
ryōshūsho
die Quittung

チップ
chippu
das Trinkgeld

サービス料込み
sābisu-ryō komi
Bedienung inbegriffen

サービス料抜き
sābisu-ryō nuki
ohne Bedienung

ビュッフェ
byuffe
das Buffet

お薦め料理
o-susume ryōri
die Spezialitäten

喫煙席
kitsuen seki
der Raucherbereich

客
kyaku
der Gast

塩
shio
das Salz

胡椒
koshō
der Pfeffer

座卓
zataku
der (niedrige japanische) Tisch

座布団
zabuton
das (japanische) Sitzkissen

メニュー
menyū
die Speisekarte

お子様メニュー
okosama menyū
die Kinderportion

注文する chūmon suru
bestellen

支払う shiharau
bezahlen

コース料理 kōsu ryōri • die Gänge

食前酒
shokuzenshu
der Aperitif

前菜
zensai
die Vorspeise

スープ
sūpu
die Suppe

主菜
shusai
das Hauptgericht

サイドオーダー
saido ōdā
die Beilage

フォーク
fōku
die Gabel

デザート dezāto
der Nachtisch

コーヒースプーン
kōhī supūn
der Kaffeelöffel

コーヒー kōhī
der Kaffee

2人分の席をお願いします。
futari-bun no seki o onegaishimasu.
Ein Tisch für zwei Personen bitte.

メニュー/ワインリストを見せてください。
menyū/wainrisuto o misete kudasai?
Könnte ich bitte die Speisekarte/Weinliste sehen?

セットメニューはありますか。
setto menyū wa arimasuka?
Gibt es ein Festpreismenü?

ベジタリアン料理はありますか。
bejitarian ryōri wa arimasuka?
Haben Sie vegetarische Gerichte?

会計/領収書をお願いします。
o-kaikei/ryōshūsho o onegaishimasu?
Könnte ich die Rechnung/Quittung haben?

会計は別々にお願いします。
kaikei wa betsubetsu ni onegaishimasu?
Könnten wir getrennt zahlen?

お手洗いはどこですか。
o-tearai wa doko desuka?
Wo sind die Toiletten bitte?

ファーストフード fāsuto fūdo • der Schnellimbiss

ストロー
sutorō
der Strohhalm

ハンバーガー
hambāgā
der Hamburger

ソフトドリンク
sofuto dorinku
das alkoholfreie Getränk

フライドポテト
furaido poteto
die Pommes frites

ペーパーナプキン
pēpā napukin
die Papierserviette

トレイ
torei
das Tablett

バーガーミール bāgā mīru
der Hamburger mit Pommes frites

ピザ
piza
die Pizza

宅配 takuhai | **die Lieferung ins Haus**

価格表
kakaku hyō
die Preisliste

缶飲料
kan inryō
das Dosengetränk

露店 roten | **der Imbissstand**

関連用語 kanrenyōgo • Vokabular

ピザ屋
piza-ya
die Pizzeria

ハンバーガー屋
hambāgā-ya
die Imbissstube

メニュー
menyū
die Speisekarte

店内飲食
tennai inshoku
hier essen

持ち帰り
mochikaeri
zum Mitnehmen

温め直す
atatamenaosu
aufwärmen

ケチャップ
ketchappu
der Tomatenketschup

おにぎり
onigiri
die Reiskugel

弁当
bentō
das Lunchpaket

それを持ち帰りにしてください。
sore o mochikaeri ni shite kudasai?
Zum Mitnehmen, bitte.

出前はできますか。
demae wa dekimasuka?
Liefern Sie ins Haus?

ハンバーガー
hambāgā
der Hamburger

バンズ
banzu
das Brötchen

チキンバーガー
chikin bāgā
der Chickenburger

ベジバーガー
beji bāgā
der vegetarische Hamburger

マスタード
masutādo
der Senf

ソーセージ
sōsēji
die Wurst

ホットドッグ hotto doggu
das Hot Dog

サンドイッチ
sandoitchi
das Sandwich

クラブサンド
kurabu-sando
das Klubsandwich

オープンサンド
ōpun-sando
das belegte Brot

具
gu
filling

ラップサンド
rappu-sando
das gefüllte Fladenbrot

ソース
sōsu
die Soße

ケバブ
kebabu
der Kebab

チキンナゲット
chikin nagetto
die Hähnchenstückchen

塩味
shioaji
salzig

甘い
amai
süß

クレープ kurēpu | **die Crêpes**

トッピング
toppingu
der Pizzabelag

フィッシュ＆チップス
fisshu ando chippusu
Fish and Chips

スペアリブ
supea ribu
die Rippchen

フライドチキン
furaido chikin
das gebratene Hähnchen

ピザ
piza
die Pizza

朝食 chōshoku • das Frühstück

牛乳
gyūnyū
die Milch

シリアル
shiriaru
die Getreideflocken

ジャム
jamu
die Konfitüre

ドライフルーツ
dorai furūtsu
das Dörrobst

ハム
hamu
der Schinken

チーズ
chīzu
der Käse

クリスプブレッド
kurisupu bureddo
das Knäckebrot

朝食ビュッフェ
chōshoku byuffe
das Frühstücksbuffet

マーマレード
māmarēdo
die Orangenmarmelade

パテ
pate
die Pastete

バター
batā
die Butter

果物ジュース
kudamono jūsu
der Obstsaft

コーヒー
kōhī
der Kaffee

クロワッサン
kurowassan
das Croissant

朝食のテーブル chōshoku no tēburu | der Frühstückstisch

ホットココア
hotto kokoa
die heiße Schokolade

紅茶
kōcha
der Tee

飲物 nomimono | die Getränke

ブリオッシュ
buriosshu
die Brioche

パン
pan
das Brot

イングリッシュ・ブレックファースト
ingurisshu burekkufāsuto
das englische Frühstück

薫製ニシン
kunsei nishin
die Räucherheringe

フレンチトースト
furenchi tōsuto
das in Ei gebratene Brot

ゆで卵
yudetamago
das gekochte Ei

スクランブルエッグ
sukuramburu eggu
das Rührei

パンケーキ
pankēki
die Pfannkuchen

ワッフル
waffuru
die Waffeln

ポリッジ
porijji
der Haferbrei

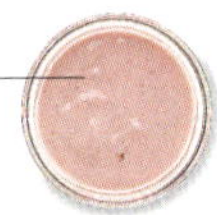

フルーツヨーグルト
furūtsu yōguruto
der Früchtejogurt

フルーツサラダ
furūtsu sarada
der Obstsalat

食事 shokuji • das Mittagessen

スープ sūpu | **die Suppe**

コンソメ konsome | **die Brühe**

シチュー shichū | **der Eintopf**

カレー karē | **das Curry**

ロースト rōsuto | **der Braten**

ミートパイ mītopai | **die Pastete**

スフレ sufure | **das Soufflé**

ケバブ kebabu | **das Schaschlik**

ミートボール mītobōru
die Fleischklöße

オムレツ omuretsu
das Omelett

焼きそば yakisoba
das Pfannengericht

パスタ pasuta
die Nudeln

ご飯 gohan | **der Reis**

ミックスサラダ mikkusu sarada
der gemischte Salat

グリーンサラダ gurīn sarada
der grüne Salat

サラダドレッシング sarada doresshingu | **die Salatsoße**

調理方法 chōri hōhō • die Zubereitung

詰め物 tsumemono
gefüllt

煮込んだ nikonda | **in Soße**

(グリルで)焼いた
(guriru de) yaita | **gegrillt**

マリネ marine | **mariniert**

(沸騰前の温度で)茹でた (futtō mae no ondo de) yudeta | **pochiert**

つぶした tsubushita
püriert

(オーブンで)焼いた
(ōbun de) yaita | **gebacken**

(フライパンで)焼いた
(furaipan de) yaita | **kurzgebraten**

炒めた itameta | **gebraten**

ピクルス pikurusu | **eingelegt**

薫製 kunsei | **geräuchert**

揚げた ageta | **frittiert**

シロップ漬け shiroppu-zuke
in Saft

ドレッシングをかけた
doresshingu o kaketa | **angemacht**

蒸した mushita | **gedämpft**

保存処理した
hozon shori shita | **getrocknet**

学習 gakushū
das Lernen

学校 gakkō • die Schule

先生
sensei
die Lehrerin

黒板
kokuban
die Tafel

教室 kyōshitsu | **das Klassenzimmer**

男子生徒 danshi seito
der Schuljunge

生徒
seito
der Schüler

学校の制服
gakkō no seifuku
die Schuluniform

机
tsukue
das Pult

通学鞄
tsūgaku kaban
die Schultasche

チョーク
chōku
die Kreide

女子生徒
joshi seito
das Schulmädchen

関連用語 kanrenyōgo • Vokabular

歴史
rekishi
die Geschichte

外国語
gaikokugo
die Sprachen

文学
bungaku
die Literatur

地理
chiri
die Erdkunde

科学
kagaku
die Naturwissenschaft

美術
bijutsu
die Kunst

音楽
ongaku
die Musik

数学
sūgaku
die Mathematik

物理
butsuri
die Physik

化学
kagaku
die Chemie

生物
seibutsu
die Biologie

体育
tai'iku
der Sport

学業 gakugyō • die Aktivitäten

読む yomu | **lesen**

書く kaku | **schreiben**

綴る tsuzuru | **buchstabieren**

描く egaku | **zeichnen**

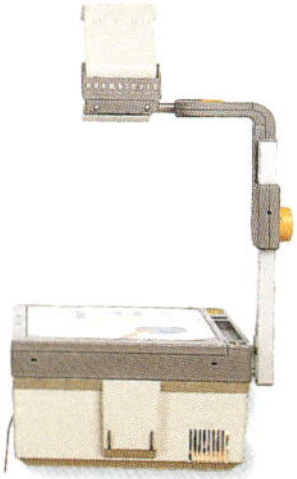

オーバーヘッドプロジェクター
ōbāheddo purojekutā
der Overheadprojektor

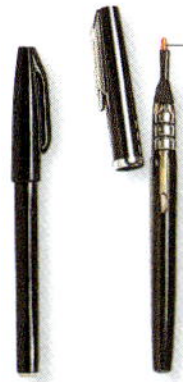

ペン先
pensaki
die Feder

ペン
pen
der Füller

色鉛筆
iro empitsu
der Buntstift

鉛筆削り
empitsu kezuri
der Anspitzer

鉛筆
empitsu
der Bleistift

消しゴム
keshigomu
der Radiergummi

ノート
nōto
das Heft

教科書 kyōkasho | **das Schulbuch**

筆箱 fudebako | **das Federmäppchen**

定規 jōgi | **das Lineal**

質問する shitsumon suru
fragen

答える kotaeru | **antworten**

話し合う hanashiau | **diskutieren**

学ぶ manabu | **lernen**

関連用語 kanrenyōgo • **Vokabular**

校長先生
kōchō sensei
der Schulleiter

授業
jugyō
die Stunde

質問
shitsumon
die Frage

ノートを取る
nōto o toru
Notizen machen

答え
kotae
die Antwort

宿題
shukudai
die Hausaufgabe

試験
shiken
die Prüfung

作文
sakubun
der Aufsatz

成績
seiseki
die Note

学年
gakunen
die Klasse

辞書
jisho
das Wörterbuch

百科事典
hyakkajiten
das Lexikon

数学 sūgaku • die Mathematik

平面図形 heimenzukei • die Formen

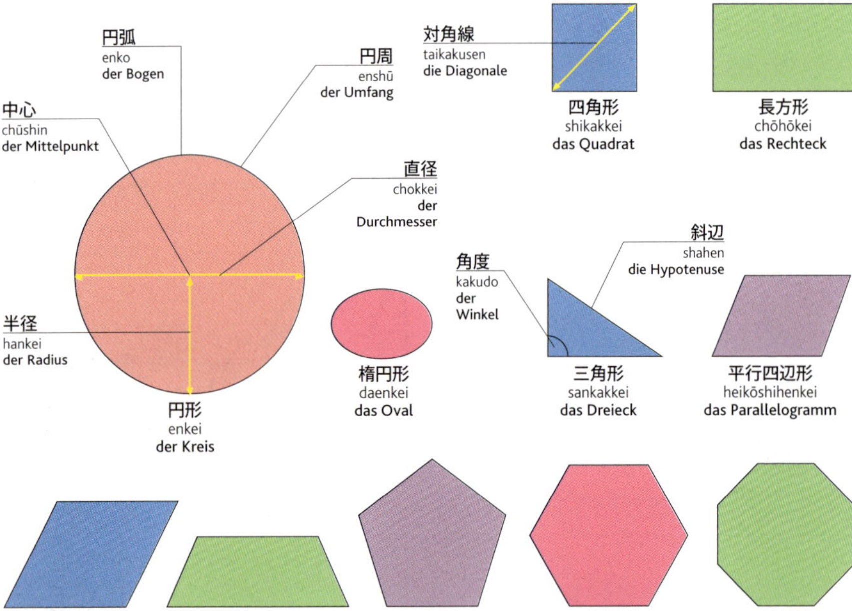

立体図形 rittaizukei • die Körper

線 sen • die Linien

直線
chokusen
gerade

平行線
heikōsen
parallel

垂直線
suichokusen
senkrecht

曲線
kyokusen
gekrümmt

測定 sokutei • die Maße

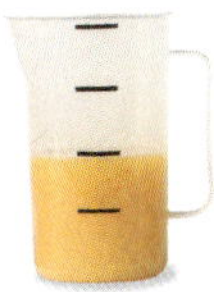

体積
taiseki
das Volumen

分子
bunshi
der Zähler

分母
bumbo
der Nenner

分数
bunsū
der Bruch

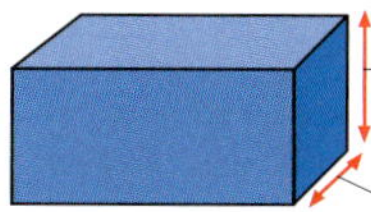

高さ
takasa
die Höhe

奥行き
okuyuki
die Tiefe

寸法
sumpō
die Abmessungen

幅
haba
die Breite

長さ
nagasa
die Länge

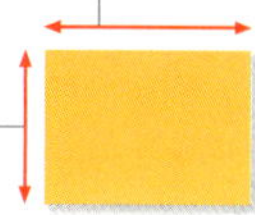

面積
menseki
die Fläche

数学用品 sūgaku yōhin • die Ausrüstung

三角定規
sankakujōgi
das Zeichendreieck

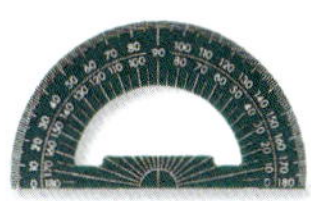

分度器
bundoki
der Winkelmesser

定規
jōgi
das Lineal

コンパス
kompasu
der Zirkel

電卓
dentaku
der Taschenrechner

関連用語 kanrenyōgo • Vokabular

幾何学
kikagaku
die Geometrie

算数
sansū
die Arithmetik

プラス
purasu
plus

マイナス
mainasu
minus

掛ける
kakeru
mal

割る
waru
geteilt durch

イコール
ikōru
gleich

数える
kazoeru
zählen

足す
tasu
addieren

引く
hiku
subtrahieren

掛ける
kakeru
multiplizieren

割る
waru
dividieren

数式
sūshiki
die Gleichung

百分率
hyakubunritsu
der Prozentsatz

科学 kagaku • die Naturwissenschaft

実験室
jikken shitsu
das Labor

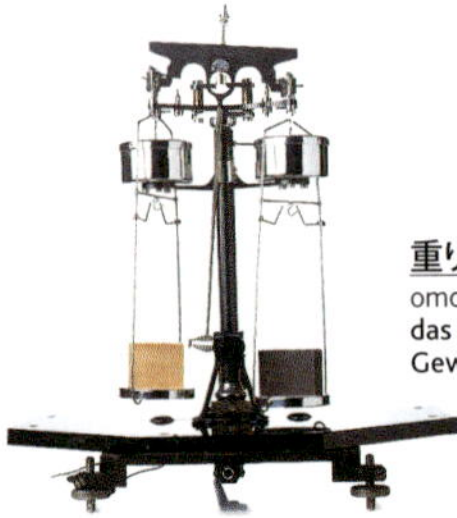

天秤
tembin
die Laborwaage

重り
omori
das Gewicht

バネ秤
banebakari
die Federwaage

坩堝
rutsubo
der Tiegel

ブンゼンバーナー
bunzen bānā
der Bunsenbrenner

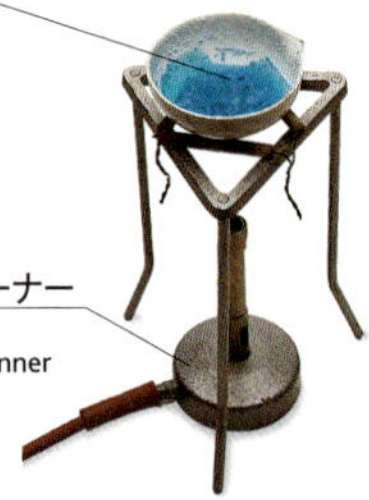

三脚
sankyaku
der Dreifuß

ガラス瓶
garasu bin
die Glasflasche

スタンド
sutando
das Stativ

漏斗
rōto
der Trichter

クランプ
kurampu
die Klammer

ストッパー
sutoppā
der Stöpsel

フラスコ
furasuko
der Kolben

実験 jikken | **der Versuch**

試験管
shikenkan
das Reagenzglas

試験管立て
shikenkan-tate
das Gestell

タイマー
taimā
der Zeitmesser

シャーレー
shārē
die Petrischale

温度計
ondokei
das Thermometer

注射器
chūshaki
die Spritze

ピンセット
pinsetto
die Pinzette

メス
mesu
das Skalpell

スポイト supoito | **der Tropfer**

鉗子 kanshi | **die Zange**

トング tongu | **die Greifzange**

へら hera | **der Spatel**

乳棒
nyūbō
der Stößel

乳鉢
nyūbachi
der Mörser

濾紙
roshi
das Filterpapier

安全ゴーグル
anzen gōguru
die Schutzbrille

接眼レンズ
setsugan renzu
das Okular

焦点調節ノブ
shōten chōsetsu nobu
der Einstellknopf

対物レンズ
taibutsu renzu
die Objektivlinse

試料台
shiryō dai
der Tisch

スライド
suraido
der Objektträger

反射鏡
hanshakyō
der Spiegel

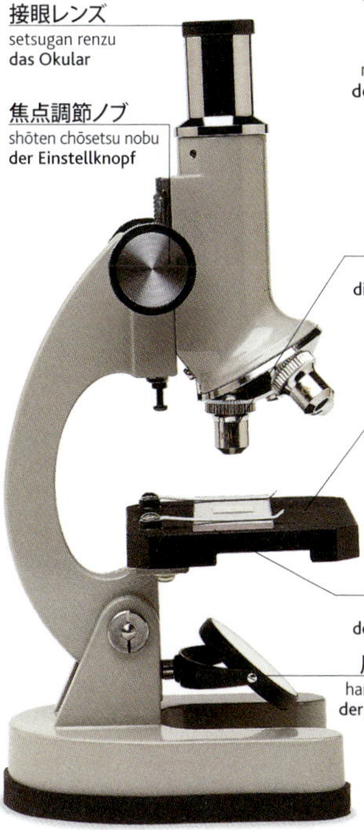

顕微鏡 kembikyō | **das Mikroskop**

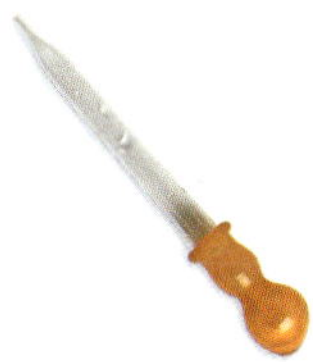

ピペット
pipetto
die Pipette

ガラス棒
garasubō
das Glas-stäbchen

ビーカー
bīkā
das Becherglas

磁石
jishaku
der Magnet

鰐口クリップ
waniguchi kurippu
die Krokodilklemme

負極
fukyoku
der Minuspol

正極
seikyoku
der Pluspol

電池 denchi | **die Batterie**

大学 daigaku • die Hochschule

スポーツフィールド
supōtsu fīrudo
der Sportplatz

入学事務局
nyūgaku
jimukyoku
die Zulassungsstelle

学生食堂
gakusei shokudō
die Mensa

学生寮
gakusei ryō
das Studentenheim

医療センター
iryō sentā
die Gesundheitsfürsorge

キャンパス kyampasu | **der Campus**

図書目録
tosho mokuroku
der Katalog

司書
shisho
die Bibliothekarin

貸出カウンター
kashidashi kauntā
die Ausleihe

書架
shoka
das Bücherregal

定期刊行物
teiki kankōbutsu
das Periodikum

雑誌
zasshi
die Zeitschrift

図書館 toshokan | **die Bibliothek**

関連用語 kanrenyōgo • Vokabular

図書カード
tosho kādo
der Leserausweis

問い合わせ
toiawase
die Auskunft

借出し
karidashi
die Ausleihe

閲覧室
etsuran shitsu
der Lesesaal

借りる
kariru
ausleihen

本
hon
das Buch

読書リスト
dokusho risuto
die Literaturliste

予約する
yoyaku suru
vorbestellen

題名
daimei
der Titel

返却日
henkyaku-bi
das Rückgabedatum

延長する
enchō suru
verlängern

通路
tsūro
der Gang

講堂 kōdō | der Hörsaal

卒業式 sotsugyō-shiki | die Graduierungsfeier

専門学校 senmongakkō • die Fachhochschulen

美術大学 bijutsu daigaku
die Kunsthochschule

音楽学校 ongaku gakkō
die Musikhochschule

舞踊学院 buyō gakuin
die Tanzakademie

関連用語 kanrenyōgo • Vokabular

奨学金
shōgakuhin
das Stipendium

卒業証書
sotsugyō-shōsho
das Diplom

学位
gakui
der akademische Grad

大学院
daigakuin
postgradual

研究
kenkyū
die Forschung

修士号
shūshi gō
der Magister

博士号
hakase gō
die Promotion

卒業論文
sotsugyō-rombun
die Dissertation

学位論文
gakui-rombun
die Examensarbeit

学部
gakubu
der Fachbereich

法学
hōgaku
die Rechtswissenschaft

工学
kōgaku
der Maschinenbau

医学
igaku
die Medizin

動物学
dōbutsugaku
die Zoologie

物理学
butsurigaku
die Physik

政治学
seijigaku
die Politologie

哲学
tetsugaku
die Philosophie

文学
bungaku
die Literaturwissenschaft

美術史
bijutsushi
die Kunstgeschichte

経済学
keizaigaku
die Wirtschaftswissenschaft

仕事 shigoto
die Arbeit

事務所1 jimusho • das Büro 1

事務所 jimusho • das Büro

事務機器 jimu kiki • die Büroausstattung

プリンタ purinta | der Drucker

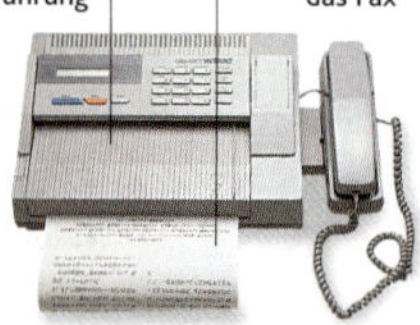

ファックス fakkusu | das Faxgerät

関連用語 kanrenyōgo • Vokabular

印刷する
insatsu suru
drucken

拡大する
kakudai suru
vergrößern

複写する
fukusha suru
kopieren

縮小する
shukushō suru
verkleinern

コピーを取らなければなりません。
kopī o toranakereba narimasen.
Ich möchte fotokopieren.

事務用品 jimu yōhin • der Bürobedarf

謹呈スリップ
kintei surippu
der Empfehlungszettel

レターヘッド
retāheddo
der Geschäftsbogen

封筒
fūtō
der Briefumschlag

箱型ファイル
hako-gata fairu
der Aktenordner

レバーアーチ式ファイル
rebā'āchi-shiki fairu
der Ringordner

クリップボード
kurippubōdo
das Klemmbrett

ノート
nōto
der Notizblock

インデックス
indekkusu
der Kartenreiter

吊り下げ式フォルダー
tsurisage-shiki forudā
der Hängeordner

仕切りカード
shikiri kādo
der Teiler

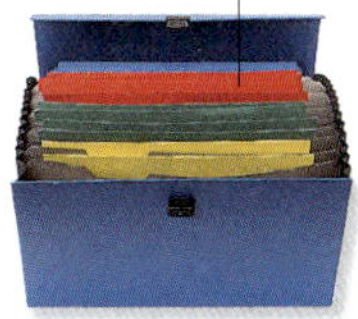

ドキュメントファイル
dokyumento fairu
der Fächerordner

システム手帳
shisutemu techō
der Terminkalender

(ホチキスの)針
(hochikisu no) shin
die Klammern

ホチキス
hochikisu
der Hefter

セロテープ
serotēpu
der Tesafilm

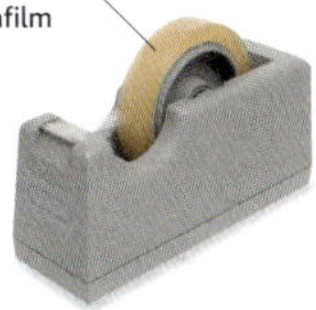

テープカッター
tēpu kattā
der Tesafilmhalter

穴あけパンチ
ana'ake panchi
der Locher

スタンプ台
sutampu dai
das Stempelkissen

ゴム印
gomuin
der Stempel

輪ゴム
wagomu
das Gummiband

目玉クリップ
medama kurippu
die Papierklammer

ゼムクリップ
zemu kurippu
die Büroklammer

画鋲
gabyō
die Reißzwecke

掲示板 keijiban | die Pinnwand

事務所2 jimusho • das Büro 2

会議 kaigi | die Sitzung

関連用語 kanrenyōgo • Vokabular

会議室
kaigi shitsu
der Sitzungsraum

出席する
shusseki suru
teilnehmen

議題
gidai
die Tagesordnung

議長を務める
gichō o tsutomeru
den Vorsitz führen

会議は何時ですか。
kaigi wa nanji desuka?
Um wie viel Uhr ist die Sitzung?

営業時間は何時から何時までですか。
eigyōjikan wa nanji kara nanji made desuka?
Welche sind Ihre Geschäftszeiten?

プレゼンテーション purezentēshon | die Präsentation

ビジネス bijinesu • das Geschäft

ノートパソコン
nōtopasokon
der Laptop

メモ
memo
die Notizen

ビジネスランチ bijinesu ranchi | **das Arbeitsessen**

ビジネスマン
bijinesuman
der Geschäftsmann

ビジネスウーマン
bijimesu'ūman
die Geschäftsfrau

出張 shutchō | **die Geschäftsreise**

予定
yotei
der Termin

電子手帳
denshitechō
der Palmtop

手帳 techō | **der Terminkalender**

取引先
torihikisaki
der Kunde

社長
shachō
der Geschäftsführer

商取引 shōtorihiki | **das Geschäftsabkommen**

関連用語 kanrenyōgo • Vokabular

会社
kaisha
die Firma

本社
honsha
die Zentrale

支社
shisha
die Zweigstelle

従業員
jūgyōin
das Personal

給料
kyūryō
das Gehalt

従業員名簿
jūgyōin meibo
die Lohnliste

経理部
keiri bu
die Buchhaltung

市場開発部
shijōkaihatsu bu
die Marketingabteilung

営業部
eigyō bu
die Verkaufsabteilung

法務部
hōmu bu
die Rechtsabteilung

顧客サービス部
kokyaku sābisu bu
die Kundendienstabteilung

人事部
jinji bu
die Personalabteilung

コンピュータ kompyūta • der Computer

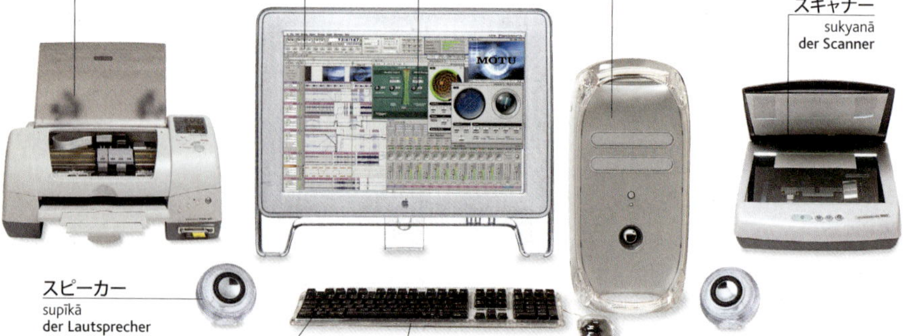

ハードウェア
hādowea
die Hardware

ディスク disuku | **die Diskette**

ノートパソコン nōtopasokon **der Laptop**

関連用語 kanrenyōgo • Vokabular

メモリ memori **der Speicher**	ソフト sofuto **die Software**	サーバー sābā **der Server**
RAM ramu **das RAM**	アプリケーション apurikēshon **die Anwendung**	ポート pōto **der Port**
バイト baito **die Bytes**	プログラム puroguramu **das Programm**	プロセッサ purosessa **der Prozessor**
システム shisutemu **das System**	ネットワーク nettowāku **das Netzwerk**	電源ケーブル dengen kēburu **das Stromkabel**

デスクトップ desukutoppu • der Desktop

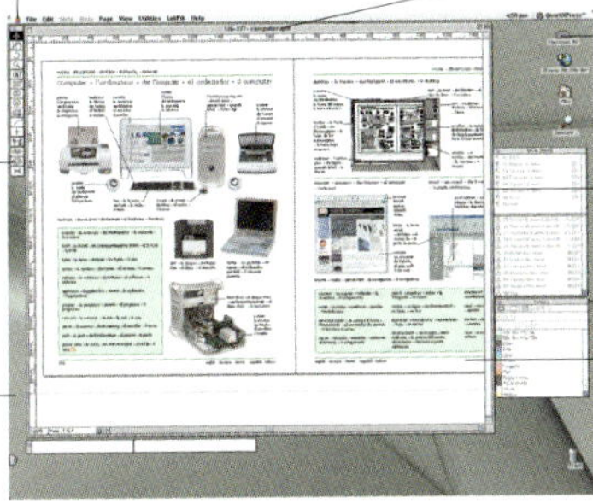

メニューバー
menyūbā
die Menüleiste

ツールバー
tsūrubā
die Werkzeugleiste

壁紙
kabegami
der Bildschirmhintergrund

フォント
fonto
die Schriftart

アイコン
aikon
das Symbol

スクロールバー
sukurōrubā
der Scrollbalken

ウィンドウ
windo-u
das Fenster

ファイル
fairu
die Datei

フォルダ
foruda
der Ordner

ごみ箱
gomibako
der Papierkorb

インターネット intānetto • das Internet

ブラウザ
burauza
der Browser

受信箱
jushin-bako
der Posteingang

ウェブサイト
webusaito
die Website

閲覧する etsuran suru | **browsen**

電子メール denshimēru • die E-Mail

メールアドレス
mēru adoresu
die E-Mail-Adresse

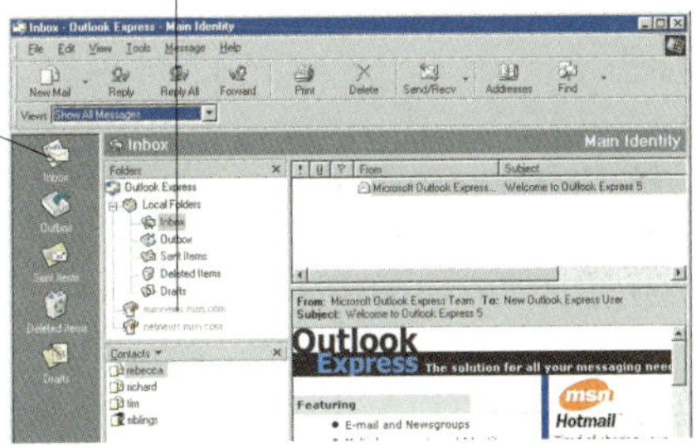

関連用語 kanrenyōgo • Vokabular

接続する
setsuzoku suru
verbinden

サービスプロバイダ
sābisu purobaida
der Serviceprovider

ログオンする
roguon suru
einloggen

ダウンロードする
daunrōdo suru
herunterladen

送信する
sōshin suru
senden

保存する
hozon suru
sichern

インストールする
insutōru suru
installieren

メールアカウント
mēru akaunto
das E-Mail-Konto

オンライン
onrain
online

添付書類
tempu shorui
der Anhang

受信する
jushin suru
erhalten

検索する
kensaku suru
suchen

報道 hōdō • die Medien

テレビスタジオ terebi sutajio • das Fernsehstudio

司会者
shikai-sha
der Moderator

照明
shōmei
die Beleuchtung

セット
setto
die Studioeinrichtung

カメラ
kamera
die Kamera

カメラ台
kamera dai
der Kamerakran

カメラマン
kameraman
der Kameramann

関連用語 kanrenyōgo • Vokabular

チャンネル
channeru
der Kanal

ニュース
nyūsu
die Nachrichten

新聞
shimbun
die Presse

連続ドラマ
renzoku dorama
die Seifenoper

アニメ
anime
der Zeichentrickfilm

ライブ
raibu
live

番組制作
bangumi seisaku
die Programmgestaltung

ドキュメンタリー
dokyumentarī
der Dokumentarfilm

シリーズ番組
shirīzu bangumi
die Fernsehserie

ゲーム番組
gēmu bangumi
die Spielshow

録画
rokuga
vorher aufgezeichnet

放送する
hōsō suru
senden

インタビュアー intabyuā
der Interviewer

レポーター repōtā
die Reporterin

テロップ teroppu
der Teleprompter

ニュースキャスター
nyūsukyasutā
die Nachrichtensprecherin

俳優 haiyū | die Schauspieler

ブームマイク būmumaiku
der Mikrofongalgen

カチンコ kachinko
die Klappe

映画のセット eiga no setto
das Set

ラジオ rajio • das Radio

調整卓
chōsei taku
das Mischpult

マイク
maiku
das Mikrofon

サウンドエンジニア
saundo enjinia
der Tonmeister

録音スタジオ rokuon sutajio | das Tonstudio

関連用語 kanrenyōgo • Vokabular

ラジオ局
rajio kyoku
die Rundfunkstation

中波
chūha
die Mittelwelle

放送
hōsō
die Sendung

周波数
shūhasū
die Frequenz

波長
hachō
die Wellenlänge

音量
onryō
die Lautstärke

長波
chōha
die Langwelle

合わせる
awaseru
einstellen

短波
tampa
die Kurzwelle

ディスクジョッキー
disuku jokkī
der DJ

法律 hōritsu • das Recht

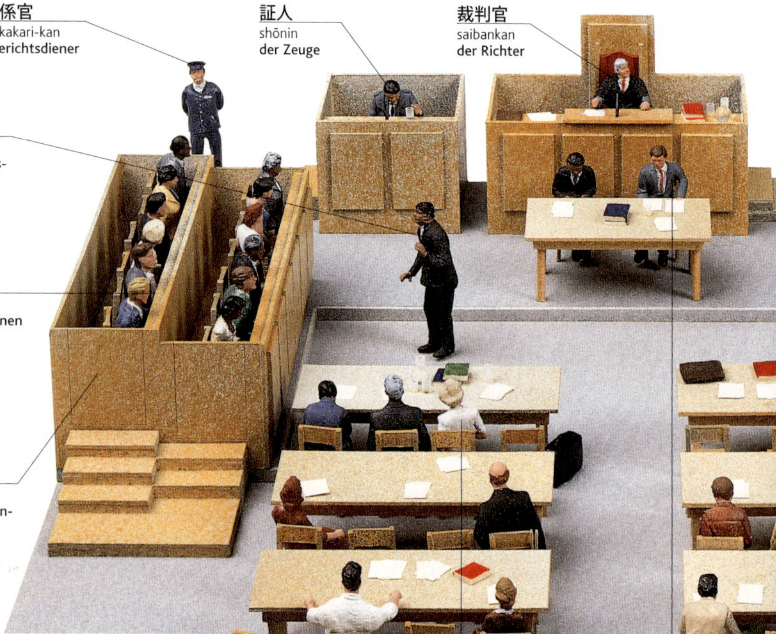

法廷 hōtei | der Gerichtssaal

関連用語 kanrenyōgo • Vokabular

法律事務所
hōritsu jimusho
das Anwaltsbüro

法律相談
hōritsu sōdan
die Rechtsberatung

クライアント
kuraianto
der Klient

呼出し状
yobidashijō
die Vorladung

陳述書
chinjutsu-sho
die Aussage

令状
reijō
der Haftbefehl

命令
meirei
die Verfügung

公判日
kōhan-bi
der Gerichtstermin

罪状認否
zaijōnimpi
das Plädoyer

訴訟案件
soshō anken
Das Gerichtsverfahren

罪状
zaijō
die Anklage

被疑者
higisha
der Angeklagte

速記者
sokki-sha
der Gerichtsstenograf

被告人
hikokunin
der Angeklagte

被告側
hikoku-gawa
die Verteidigung

容疑者
yōgisha
der Verdächtige

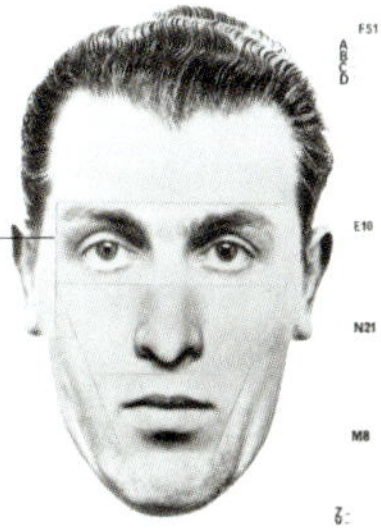

モンタージュ写真 montāju shashin | **das Phantombild**

犯罪者
hanzai-sha
der Straftäter

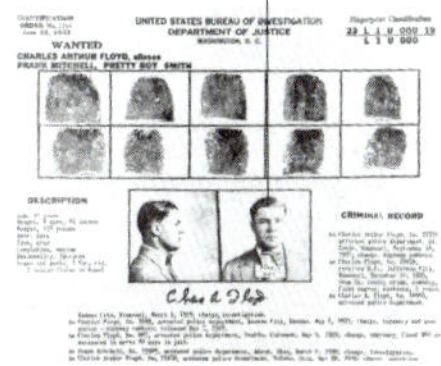

犯罪歴 hanzai-reki
das Strafregister

看守 kanshu
der Gefängniswärter

監房 kambō
die Gefängniszelle

刑務所 keimusho
das Gefängnis

関連用語 kanrenyōgo • **Vokabular**

証拠
shōko
das Beweismittel

判決
hanketsu
das Urteil

無実
mujitsu
unschuldig

有罪
yūzai
schuldig

無罪
muzai
freigesprochen

刑罰
keibatsu
das Strafmaß

保釈金
hoshakukin
die Kaution

上訴
jōso
die Berufung

仮釈放
karishakuhō
die Haftentlassung auf Bewährung

弁護士に会わせてください。
bengoshi ni awasete kudasai
Ich möchte mit einem Anwalt sprechen.

裁判所はどこですか。
saibansho wa doko desuka?
Wo ist das Gericht?

保釈金を払えますか。
hoshakukin o haraemasuka?
Kann ich die Kaution leisten?

農場1 nōjō • der Bauernhof 1

農夫
nōfu
der Landwirt

農地
nōchi
das Ackerland

農家の庭
nōka no niwa
der Hof

離れ家
hanareya
das Nebengebäude

農家
nōka
das Bauernhaus

畑
hatake
das Feld

納屋
naya
die Scheune

菜園
saien
der Gemüsegarten

生け垣
ikegaki
die Hecke

門
mon
das Tor

垣根
kakine
der Zaun

牧草地
bokusō-chi
die Weide

家畜
kachiku
das Vieh

耕運機
kō'unki
der Kultivator

トラクター torakutā | **der Traktor**

コンバイン kombain | **der Mähdrescher**

農場の種類 nōjō no shurui • die landwirtschaftlichen Betriebe

耕作農場
kōsaku nōjō
der Ackerbaubetrieb

酪農場
rakunōjō
der Milchproduktionsbetrieb

牧羊農場
bokuyō nōjō
die Schaffarm

養鶏場 yōkeijō
die Hühnerfarm

養豚場
yōtonjō
die Schweinefarm

養魚場
yōgyojō
die Fischzucht

果樹園
kajuen
der Obstanbau

葡萄園
budōen
der Weinberg

業務 gyōmu • die Tätigkeiten

耕す
tagayasu
pflügen

種を蒔く
tane o maku
säen

乳を搾る
chichi o shiboru
melken

餌を与える
esa o ataeru
füttern

水を引く mizu o hiku
bewässern

刈り入れる kari'ireru
ernten

関連用語 kanrenyōgo • Vokabular

除草剤
josōzai
das Herbizid

群れ
mure
die Herde

かいば桶
kaibaoke
der Trog

殺虫剤
satchūzai
das Pestizid

サイロ
sairo
das Silo

植える
ueru
pflanzen

農場2 nōjō • der Bauernhof 2

作物 sakumotsu • die Feldfrüchte

小麦
komugi
der Weizen

トウモロコシ
tōmorokoshi
der Mais

大麦
ōmugi
die Gerste

菜種
natane
der Raps

向日葵
himawari
die Sonnenblume

俵
tawara
der Ballen

干し草
hoshikusa
das Heu

アルファルファ
arufarufa
die Luzerne

煙草
tabako
der Tabak

米
kome
der Reis

茶
cha
der Tee

コーヒー
kōhī
der Kaffee

亜麻
ama
der Flachs

砂糖黍
satōkibi
das Zuckerrohr

綿花
menka
die Baumwolle

かかし
kakashi
die Vogelscheuche

家畜 kachiku • das Vieh

子豚
kobuta
das Ferkel

豚
buta
das Schwein

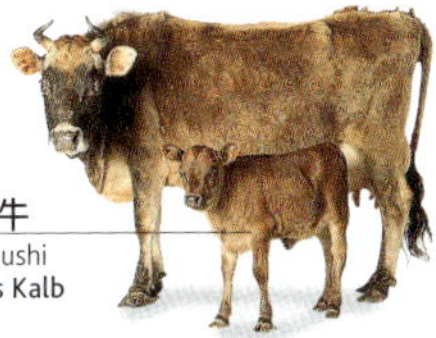

子牛
ko-ushi
das Kalb

雌牛
meushi
die Kuh

雄牛
o-ushi
der Stier

羊
hitsuji
das Schaf

子羊
kohitsuji
das Lamm

子山羊
koyagi
das Zicklein

山羊
yagi
die Ziege

子馬
ko-uma
das Fohlen

馬
uma
das Pferd

驢馬
roba
der Esel

雛
hiyoko
das Küken

鶏
niwatori
das Huhn

雄鶏
ondori
der Hahn

七面鳥
shichimenchō
der Truthahn

子鴨
kogamo
das Entenküken

鴨
kamo
die Ente

馬屋
umaya
der Stall

畜舎
chikusha
der Pferch

鳥小屋
torigoya
der Hühnerstall

豚小屋
butagoya
der Schweinestall

建設 kensetsu • der Bau

建てる
tateru
bauen

建築屋
kenchiku-ya
der Bauarbeiter

コンクリートミキサー
konkurīto mikisā
die Betonmischmaschine

建築材料 kenchiku zairyō • das Material

煉瓦
renga
der Ziegelstein

材木
zaimoku
das Bauholz

屋根瓦
yane-gawara
der Dachziegel

コンクリートブロック
konkurīto burokku
der Betonblock

道具 dōgu • die Werkzeuge

モルタル
morutaru
der Mörtel

こて
kote
die Kelle

水平器
suiheiki
die Wasserwaage

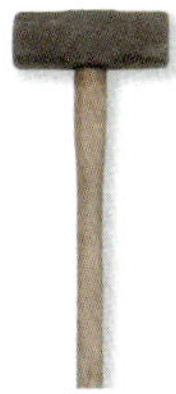

大ハンマー
ōhanmā
der Vorschlaghammer

柄
e
der Stiel

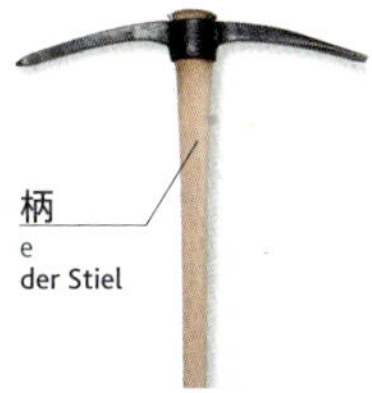

つるはし
tsuruhashi
die Spitzhacke

スコップ
sukoppu
die Schaufel

機械 kikai • die Maschinen

ローラー
rōrā
die Walze

ダンプカー
dampukā
der Kipper

アウトリガー
autorigā
die Stütze

フック
fukku
der Haken

クレーン車 kurēn-sha | der Kran

道路工事 dōro kōji • die Straßenarbeiten

タールマック
tārumakku
der Asphalt

三角コーン
sankaku-kōn
der Leitkegel

空気ドリル
kūki-doriru
der Pressluftbohrer

再舗装
saihosō
der Neubelag

掘削機
kussakuki
der Bagger

職業1 shokugyō • die Berufe 1

大工
daiku
der Schreiner

電気工
denkikō
der Elektriker

配管工
haikankō
der Klempner

建築屋
kenchiku-ya
der Maurer

庭師
niwashi
der Gärtner

掃除夫
sōjifu
der Gebäudereiniger

修理工
shūrikō
der Mechaniker

肉屋
nikuya
der Metzger

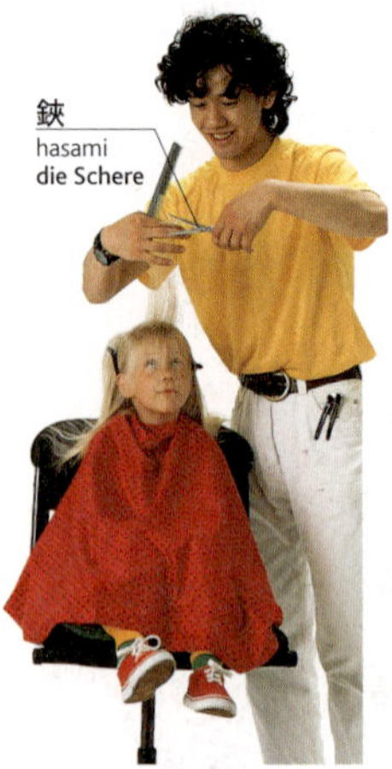

美容師
biyōshi
der Friseur

魚屋
sakanaya
die Fischhändlerin

八百屋
yaoya
der Gemüsehändler

花屋
hanaya
die Floristin

床屋
tokoya
der Herrenfriseur

宝石商
hōseki-shō
der Juwelier

店員
ten'in
die Verkäuferin

不動産屋
fudōsan-ya
die Immobilienmaklerin

眼鏡屋
megane-ya
der Optiker

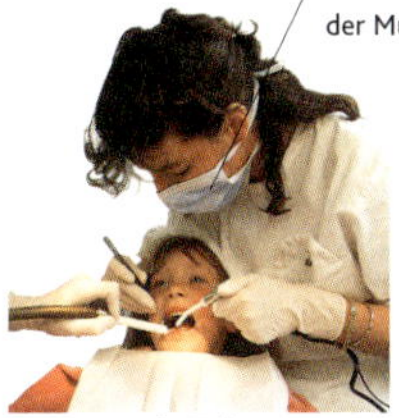

歯医者
haisha
die Zahnärztin

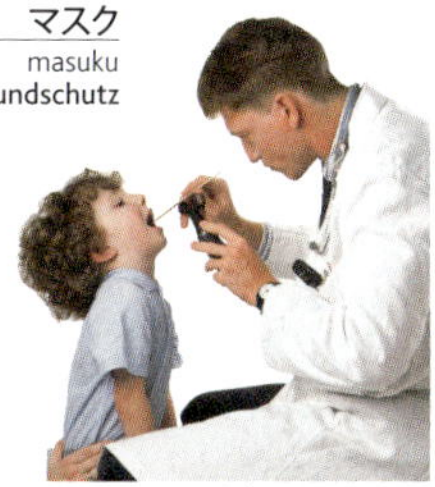

医者
isha
der Arzt

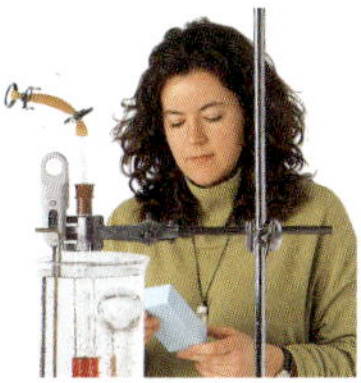

薬剤師
yakuzaishi
die Apothekerin

看護婦
kangofu
die Krankenschwester

獣医
jūi
die Tierärztin

農夫
nōfu
der Landwirt

漁師
ryōshi
der Fischer

兵士
heishi
der Soldat

警官
keikan
der Polizist

警備員
keibi'in
der Wächter

船員
sen'in
der Seemann

消防士
shōbōshi
der Feuerwehrmann

職業2 shokugyō • die Berufe 2

弁護士
bengoshi
der Rechtsanwalt

会計士
kaikeishi
der Buchhalter

建築家 kenchikuka | **der Architekt**

科学者
kagakusha
der Wissenschaftler

教師
kyōshi
die Lehrerin

司書
shisho
der Bibliothekar

受付係
uketsuke gakari
die Empfangsdame

郵便配達
yūbinhaitatsu
der Briefträger

バスの運転手
basu no untenshu
der Busfahrer

トラックの運転手
torakku no untenshu
der Lastwagenfahrer

タクシーの運転手
takushī no untenshu
der Taxifahrer

パイロット
pairotto
der Pilot

スチュワーデス
suchuwādesu
die Flugbegleiterin

旅行代理店の社員
ryokō dairiten no shain
die Reisebürokauffrau

シェフ
shefu
der Koch

音楽家
ongakuka
der Musiker

ダンサー
dansā
die Tänzerin

俳優
haiyū
der Schauspieler

歌手
kashu
die Sängerin

ウェイトレス
weitoresu
die Kellnerin

バーテン
bāten
der Barkeeper

スポーツマン
supōtsuman
der Sportler

彫刻家
chōkokuka
der Bildhauer

画家
gaka
die Malerin

写真家
shashinka
der Fotograf

ニュースキャスター
nyūsukyasutā
der Nachrichtensprecher

ジャーナリスト
jānarisuto
der Journalist

編集者
henshū-sha
die Redakteurin

デザイナー
dezainā
die Designerin

針子
hariko
die Damenschneiderin

仕立屋
shitateya
der Schneider

交通 kōtsū
der Verkehr

道路 dōro • die Straßen

横断歩道
ōdan hodō
der Fußgängerüberweg

緊急電話
kinkyū denwa
die Notrufsäule

身体障害者用駐車スペース
shintaishōgaisha-yō
chūsha supēsu
der Behinderten-
parkplatz

交通渋滞
kōtsū jūtai
der Verkehrsstau

地図
chizu
die
Landkarte

交通巡査
kōtsū junsa
der Verkehrspolizist

パーキングメーター
pākingu mētā
die Parkuhr

関連用語 kanrenyōgo • Vokabular

環状交差点
kanjō kōsaten
der Kreisverkehr

迂回路
ukairo
die Umleitung

道路工事
dōro kōji
**die Straßen-
baustelle**

ガードレール
gādo rēru
die Leitplanke

往復分離道路
ōfuku bunri dōro
**die
Schnellstraße**

駐車する
chūsha suru
parken

運転する
unten suru
fahren

バックする
bakku suru
**rückwärts
fahren**

追い越す
oikosu
überholen

レッカー移動
rekkā idō
abschleppen

これは…へ行く道ですか。
kore wa … e iku
michi desuka?
Ist dies die Straße nach…?

どこに駐車できますか。
dokoni chūsha dekimasuka?
Wo kann ich parken?

道路標識 dōro hyōshiki • die Verkehrsschilder

進入禁止
shinnyū kinshi
keine Einfahrt

制限速度
seigen sokudo
die Geschwindig-
keitsbegrenzung

危険
kiken
Gefahr

停車禁止
teisha kinshi
Halten verboten

右折禁止
jusetsu kinshi
rechts abbiegen
verboten

バス basu • der Bus

ドア doa | die Tür

長距離バス chōkyori basu | der Reisebus

バスの種類 basu no shurui • die Bustypen

二階建てバス
nikaidate basu
der Doppeldecker

路面電車
romen densha
die Straßenbahn

トロリーバス
tororī basu
der Trolleybus

スクールバス sukūru basu | der Schulbus

後輪
kōrin
das Hinterrad

窓
mado
das Fenster

停車ボタン
teisha botan
der Halteknopf

乗車券
jōshaken
der Fahrschein

ベル
beru
die Klingel

バスターミナル
basu tāminaru
der Busbahnhof

バス停
basu-tei
die Bushaltestelle

関連用語 kanrenyōgo • Vokabular

料金
ryōkin
der Fahrpreis

車椅子対応
kurumaisu taiō
der Rollstuhlzugang

時刻表
jikokuhyō
der Fahrplan

バス待合所
basu machiai-jo
das Wartehäuschen

…で停まりますか。
... de tomarimasuka?
Halten Sie am…?

…へ行くのは、どのバスですか。
... e ikunowa dono basu desuka?
Welcher Bus fährt nach…?

マイクロバス
maikuro basu
der Kleinbus

観光バス kankō basu | der Touristenbus

シャトルバス shatoru basu | der Zubringer

自動車1 jidōsha • das Auto 1

外装 gaisō • das Äußere

ドアミラー
doa mirā
der Seitenspiegel

フロントガラス
furonto garasu
die Windschutzscheibe

バックミラー
bakku mirā
der Rückspiegel

ワイパー
waipā
der Scheibenwischer

ドア
doa
die Autotür

ボンネット
bonnetto
die Motorhaube

トランク
toranku
der Kofferraum

方向指示器
hōkō shijiki
der Blinker

ナンバープレート
nambā purēto
das Nummernschild

バンパー
bampā
die Stoßstange

ヘッドライト
heddo raito
der Scheinwerfer

車輪
sharin
das Rad

タイヤ
taiya
der Reifen

荷物
nimotsu
das Gepäck

ルーフラック
rūfu rakku
der Dachgepäckträger

後部ドア
kōbu doa
die Hecktür

シートベルト
shīto beruto
der Sicherheitsgurt

チャイルドシート
chairudo shīto
der Kindersitz

車の種類 kuruma no shurui • die Wagentypen

コンパクトカー
kompakuto kā
der Kleinwagen

ハッチバック
hatchibakku
die Fließhecklimousine

セダン
sedan
die Limousine

ステーションワゴン
sutēshonwagon
der Kombiwagen

オープンカー
ōpun kā
das Kabrio

スポーツカー
supōtsu kā
der Sportwagen

ワンボックスカー
wambokkusu kā
die Großraumlimousine

四輪駆動車
yonrin kudōsha
der Geländewagen

クラシックカー
kurashikku kā
der Oldtimer

リムジン
rimujin
die verlängerte Limousine

ガソリンスタンド gasorin sutando • die Tankstelle

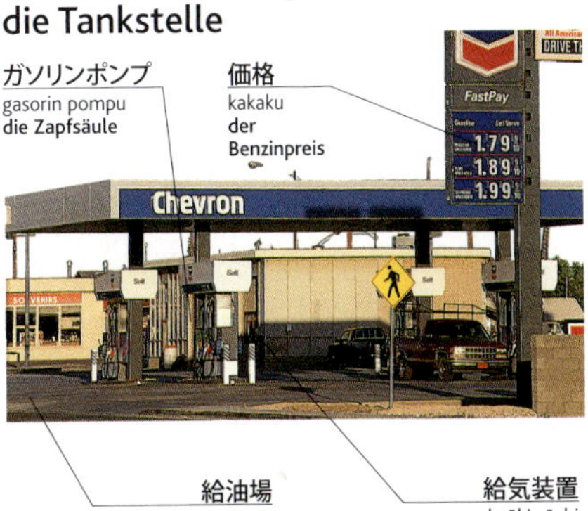

ガソリンポンプ
gasorin pompu
die Zapfsäule

価格
kakaku
der Benzinpreis

給油場
kyūyujō
der Tankstellenplatz

給気装置
kyūki sōchi
das Druckluftgerät

関連用語 kanrenyōgo • Vokabular

オイル
oiru
das Öl

有鉛
yūen
verbleit

洗車
sensha
die Autowaschanlage

ガソリン
gasorin
das Benzin

ディーゼル
dīzeru
der Diesel

不凍剤
futōzai
das Frostschutzmittel

無鉛
muen
bleifrei

整備工場
seibi kōjō
die Werkstatt

フロントガラス洗浄液
furonto-garasu senjōeki
das Scheibenwaschmittel

満タンお願いします。
mantan onegaishimasu.
Voll tanken, bitte.

自動車 2 jidōsha • das Auto 2

内装 naisō • die Innenausstattung

関連用語 kanrenyōgo • Vokabular

ツードア
tsū doa
zweitürig

フォードア
fō doa
viertürig

オートマ
ōtoma
mit Automatik

ブレーキ
burēki
die Bremse

アクセル
akuseru
das Gaspedal

スリードア
surī doa
dreitürig

マニュアル
manyuaru
mit Handschaltung

イグニッション
igunisshon
die Zündung

クラッチ
kuratchi
die Kupplung

エアコン
eakon
die Klimaanlage

...への行き方を教えてください。
... eno ikikata o oshiete kudasai?
Wie komme ich nach...?

駐車場はどこですか。
chūshajō wa doko desuka?
Wo ist hier ein Parkplatz?

ここに駐車できますか。
kokoni chūsha dekimasuka?
Kann ich hier parken?

操作系 sōsakei • die Amaturen

左ハンドル hidari handoru | die Linkssteuerung

右ハンドル migi handoru | die Rechtssteuerung

自動車 3 jidōsha • das Auto 3

機械構造 kikaikōzō • die Mechanik

パンク panku • die Reifenpanne

タイヤを交換する
taiya o kōkan suru
ein Rad wechseln

関連用語 kanrenyōgo • Vokabular

自動車事故 jidōsha jiko **der Autounfall**	燃料タンク nenryō tanku **der Benzintank**
故障 koshō **die Panne**	タイミング taimingu **die Zündeinstellung**
保険 hoken **die Versicherung**	ターボチャージャー tābochājā **der Turbolader**
牽引車 ken'insha **der Abschleppwagen**	配電器 haidenki **der Verteiler**
修理工 shūrikō **der Mechaniker**	シャシー shashī **das Fahrgestell**
タイヤ空気圧 taiya kūkiatsu **der Reifendruck**	ハンドブレーキ handoburēki **die Handbremse**
ヒューズボックス hyūzu bokkusu **der Sicherungskasten**	オルタネータ orutanēta **die Lichtmaschine**
スパークプラグ supāku puragu **die Zündkerze**	カムベルト kamu beruto **der Nockenriemen**
ファンベルト fam beruto **der Keilriemen**	

車が故障しました。
kuruma ga koshō shimashita.
Ich habe eine Panne.

車がスタートしません。
kuruma ga sutāto shimasen.
Mein Auto springt nicht an.

修理はできますか。
shūri wa dekimasuka?
Reparieren Sie Autos?

エンジンがオーバーヒートしています。
enjin ga ōbāhīto shite imasu.
Der Motor ist überhitzt.

オートバイ ōtobai • das Motorrad

方向指示器
hōkō shijiki
der Blinker

速度計
sokudokei
der Tachometer

クラッチ
kuratchi
die Kupplung

ブレーキ
burēki
die Bremse

クラクション
kurakushon
die Hupe

スロットル
surottoru
der Gashebel

操作系
sōsakei
die Steuerung

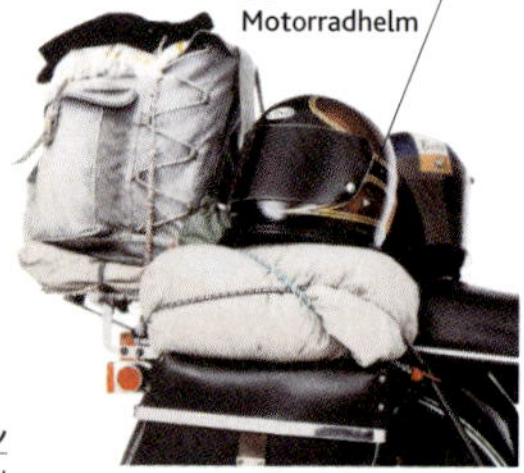

ヘルメット
herumetto
der Motorradhelm

キャリア
kyaria
der Gepäckträger

リフレクター
rifurekutā
das Katzenauge

後部座席
kōbu zaseki
der Soziussitz

シート
shīto
der Sitz

エンジン
enjin
der Motor

燃料タンク
nenryō tanku
der Kraftstofftank

テールランプ
tēru rampu
das Rücklicht

排気管
haiki kan
das Auspuffrohr

マフラー
mafurā
der Auspufftopf

オイルタンク
oiru tanku
der Ölsumpf

ギアボックス
gia bokkusu
das Getriebe

エアフィルター
ea firutā
der Luftfilter

バイザー
baizā
das Visier

革ジャン
kawajan
der Lederanzug

反射材
hanshazai
der Leuchtstreifen

膝当て
hiza'ate
der Knieschützer

バイクウエア baiku uea | **die Kleidung**

ヘッドライト
heddo raito
der Scheinwerfer

サスペンション
sasupenshon
die Aufhängung

泥除け
doroyoke
das Schutzblech

ブレーキペダル
burēki pedaru
das Bremspedal

アクスル
akusuru
die Achse

タイヤ
taiya
der Reifen

種類 shurui • die Typen

レーシングバイク rēshingu baiku | **die Rennmaschine**

ウインドシールド
uindo-shīrudo
die Windschutzscheibe

ツアラー tsuarā | **der Tourer**

ダートバイク dāto baiku | **das Geländemotorrad**

スタンド
sutando
der Motorradständer

スクーター sukūtā | **der Roller**

自転車 jitensha • das Fahrrad

タンデム自転車 tandemu jitensha
das Tandem

ロードレーサー
rōdo rēsā
das Rennrad

マウンテンバイク
maunten baiku
das Mountainbike

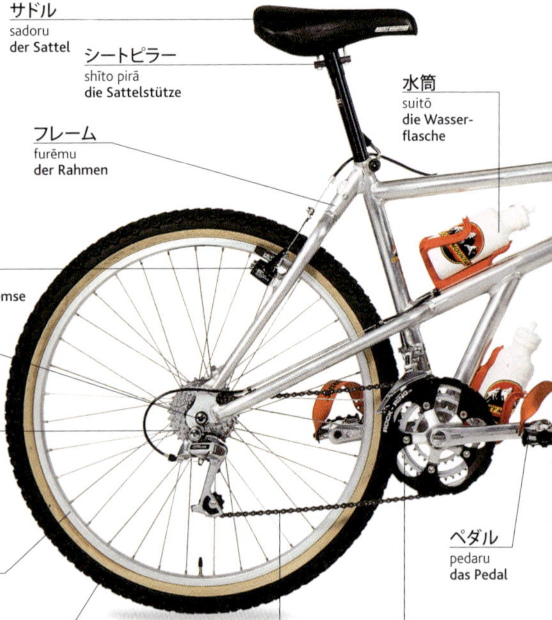

ツーリング自転車
tsūringu jitensha
das Tourenfahrrad

ロードバイク
rōdo baiku
das Straßenrad

自転車道 jitensha-dō | **der Fahrradweg**

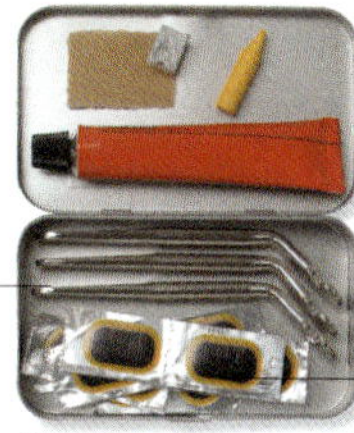

パンク修理セット panku shūri setto
der Reparaturkasten

空気入れ
kūki'ire
die Luftpumpe

ロック
rokku
das Fahrradschloss

チューブ
chūbu
der Schlauch

チャイルドシート
chairudo shīto
der Kindersitz

関連用語 kanrenyōgo • Vokabular

ライト raito **die Fahrradlampe**	スタンド sutando **der Ständer**	ブレーキパッド burēki paddo **die Bremsbacke**	籠 kago **der Korb**	トウクリップ to-u kurippu **der Rennbügel**	ブレーキをかける burēki o kakeru **bremsen**
テールライト tēru raito **das Rücklicht**	自転車ラック jitensha rakku **der Fahrradständer**	ケーブル kēburu **das Kabel**	ダイナモ dainamo **der Dynamo**	トウストラップ to-u sutorappu **der Riemen**	自転車に乗る jitensha ni noru **Rad fahren**
リフレクター rifurekutā **der Rückstrahler**	補助輪 hojorin **die Stützräder**	スプロケット supuroketto **das Kettenzahnrad**	パンク panku **die Reifenpanne**	漕ぐ kogu **treten**	変速する hensoku suru **schalten**

列車 ressha • der Zug

客車
kyakusha
der Wagen

ホーム
hōmu
der Bahnsteig

カート
kāto
der Kofferkuli

ホーム番号
hōmu bangō
die Gleisnummer

通勤者
tsūkinsha
der Pendler

駅 eki | **der Bahnhof**

列車の種類 ressha no shurui • die Zugtypen

蒸気機関車
jōki kikansha
die Dampflokomotive

エンジン
enjin
die Lokomotive

運転室
unten shitsu
der Führerstand

レール
rēru
die Schiene

ディーゼル機関車 dīzeru kikansha | **die Diesellokomotive**

電車
densha
die Elektrolokomotive

高速列車
kōsoku ressha
der Hochgeschwindigkeitszug

モノレール
monorēru
die Einschienenbahn

地下鉄
chikatetsu
die U-Bahn

路面電車
romen densha
die Straßenbahn

貨物列車
kamotsu ressha
der Güterzug

網棚
amidana
die Gepäckablage

車窓
shasō
das Zugfenster

扉
tobira
die Tür

客室
kyakushitsu
das Abteil

線路
senro
das Gleis

改札口 kaisatsu-guchi | **die Eingangssperre**

座席
zaseki
der Sitz

切符
kippu
die Fahrkarte

食堂車 shokudō-sha | **der Speisewagen**

拡声装置
kakusei sōchi
der Lautsprecher

時刻表
jikokuhyō
der Fahrplan

コンコース konkōsu | **die Bahnhofshalle**

寝台個室
shindai koshitsu
das Schlafabteil

関連用語 kanrenyōgo • **Vokabular**

鉄道網
tetsudō-mō
das Bahnnetz

インターシティ列車
intāshiti ressha
der Intercity

新幹線
shinkansen
der Shinkansen-Hochgeschwindig-keitszug

地下鉄路線図
chikatetsu rosenzu
der U-Bahnplan

遅れ
okure
die Verspätung

料金
ryōkin
der Fahrpreis

切符売場
kippu uriba
der Fahrkartenschalter

検札員
kensatsuin
der Schaffner

乗り換える
norikaeru
umsteigen

通電レール
tsūden rēru
die Strom führende Schiene

信号
shingō
das Signal

非常レバー
hijō rebā
die Notbremse

航空機 kōkūki • das Flugzeug

定期旅客機 teiki-ryokakki • das Verkehrsflugzeug

キャビン kyabin • die Kabine

熱気球
netsukikyū
der Heißluftballon

マイクロライト
maikuroraito
das Ultraleichtflugzeug

グライダー
guraidā
das Segelflugzeug

複葉機
fukuyōki
der Doppeldecker

プロペラ
puropera
der Propeller

軽飛行機
keihikōki
das Leichtflugzeug

水上飛行機
suijō hikōki
das Wasserflugzeug

自家用ジェット機
jikayō jettoki
der Privatjet

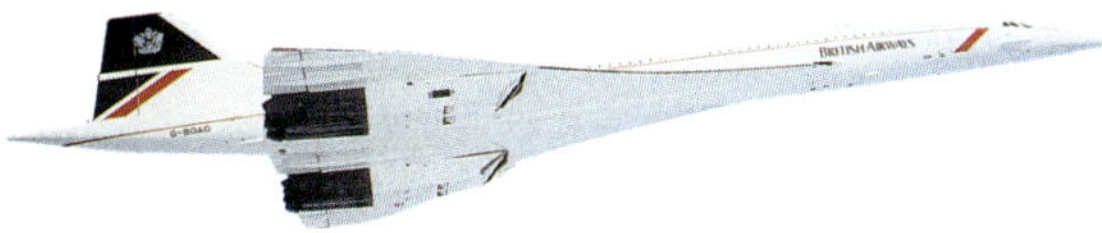

超音波ジェット機
chōompa jettoki
das Überschallflugzeug

ローターブレード
rōtā burēdo
das Rotorblatt

ヘリコプター
herikoputā
der Hubschrauber

爆撃機
bakugekiki
der Bomber

ミサイル
misairu
die Rakete

戦闘機
sentōki
das Jagdflugzeug

関連用語 kanrenyōgo • Vokabular

パイロット
pairotto
der Pilot

副操縦士
fukusōjūshi
der Kopilot

離陸する
ririku suru
starten

飛ぶ
tobu
fliegen

着陸する
chakuriku suru
landen

高度
kōdo
die Höhe

エコノミークラス
ekonomī kurasu
die Economyclass

ビジネスクラス
bijinesu kurasu
die Businessclass

手荷物
tenimotsu
das Handgepäck

シートベルト
shīto beruto
der Sicherheitsgurt

空港 kūkō • der Flughafen

エプロン
epuron
das Vorfeld

牽引車
ken'insha
der Gepäckanhänger

ターミナル
tāminaru
der Terminal

作業車
sagyō-sha
das Versorgungsfahrzeug

通路
tsūro
die Fluggastbrücke

定期旅客機 teiki ryokakki | **das Verkehrsflugzeug**

関連用語 kanrenyōgo • Vokabular

滑走路
kassōro
die Start- und Landebahn

国際便
kokusai bin
der Auslandsflug

国内便
kokunai bin
der Inlandsflug

乗り継ぎ
noritsugi
die Flugverbindung

便名
binmei
die Flugnummer

出入国管理
shutsunyūkoku kanri
die Passkontrolle

税関
zeikan
der Zoll

超過荷物
chōka nimotsu
das Übergepäck

カルーセル
karūseru
das Gepäckband

警備
keibi
die Sicherheitsvorkehrungen

レントゲン検査装置
rentogen kensa sōchi
die Gepäckröntgenmaschine

旅行パンフレット
ryokō panfuretto
der Urlaubsprospekt

休暇
kyūka
der Urlaub

チェックインする
chekkuin suru
einchecken

管制塔
kanseitō
der Kontrollturm

飛行機を予約する
hikōki o yoyaku suru
einen Flug buchen

手荷物
tenimotsu
das Handgepäck

荷物
nimotsu
das Gepäck

カート
kāto
der Kofferkuli

チェクインデスク
chekuin desuku
der Abfertigungsschalter

ビザ
biza
das Visum

旅券 ryoken | **der Pass**

入国審査
nyūkoku shinsa
die Passkontrolle

搭乗券
tōjōken
die Bordkarte

航空券
kōkūken
das Flugticket

ゲート番号
gēto bangō
die Gatenummer

出発ロビー
shuppatsu robī
die Abflughalle

目的地
mokutekichi
das Reiseziel

到着便
tōchaku bin
die Ankunft

出発便
shuppatsu bin
der Abflug

案内板
annai-ban
die Fluginformationsanzeige

免税店
menzeiten
der Duty-free-Shop

荷物引き渡し
nimotsu hikiwatashi
die Gepäckausgabe

タクシー乗り場
takushī noriba
der Taxistand

レンタカー
rentakā
der Autoverleih

船 fune • das Schiff

海洋定期船 kaiyō teikisen | der Ozeandampfer

船橋
senkyō
die Kommandobrücke

機関室
kikan shitsu
der Maschinenraum

船室
senshitsu
die Kabine

調理室
chōri shitsu
die Kombüse

関連用語 kanrenyōgo • Vokabular

ドック
dokku
das Dock

港湾
kōwan
der Hafen

舷門
genmon
die Landungsbrücke

錨
ikari
der Anker

係船柱
keisenchū
der Poller

ウィンドラス
windorasu
die Ankerwinde

船長
senchō
der Kapitän

高速モーターボート
kōsoku mōtābōto
das Rennboot

ボート
bōto
das Ruderboot

カヌー
kanū
das Kanu

その他の船舶 sonota no sempaku • andere Schiffe

フェリー
ferī
die Fähre

船外機
sengaiki
der Außenbordmotor

ゴムボート
gomubōto
das Schlauchboot

水中翼船
suichūyoku-sen
das Tragflügelboot

ヨット
yotto
die Jacht

カタマラン
katamaran
der Katamaran

曳航船
eikō-sen
der Schleppdampfer

ホバークラフト
hobākurafuto
das Luftkissenboot

コンテナ船
kontena-sen
das Containerschiff

索具
sakugu
die Takelung

帆船
hansen
das Segelboot

船倉
sensō
der Frachtraum

貨物船
kamotsu-sen
das Frachtschiff

石油タンカー
sekiyu tankā
der Öltanker

航空母艦
kōkū bokan
der Flugzeugträger

戦艦
senkan
das Kriegsschiff

展望塔
tembōtō
der Kommandoturm

潜水艦
sensuikan
das U-Boot

港湾 kōwan • der Hafen

倉庫
sōko
das Warenlager

クレーン
kurēn
der Kran

フォークリフト
fōkurifuto
der Gabelstapler

出入道路
shutsunyū dōro
die Zufahrtsstraße

税関
zeikan
das Zollamt

ドック
dokku
das Dock

コンテナ
kontena
der Container

波止場
hatoba
der Kai

貨物
kamotsu
die Fracht

フェリー乗り場
ferī noriba
der Fährterminal

フェリー
ferī
die Fähre

切符売場
kippu uriba
der Fahrkartenschalter

船客
senkyaku
der Passagier

コンテナ港 kontena-kō | der Containerhafen

船客港 senkyaku-kō | der Passagierhafen

網
ami
das Fischernetz

漁船
gyosen
das Fischerboot

係留索具
keiryū sakugu
die Verankerung

漁港 gyokō | **der Fischereihafen**

マリーナ marīna | **der Jachthafen**

港 minato | **der Hafen**

桟橋 sambashi | **der Pier**

防波堤
bōhatei
der Landungssteg

造船所
zōsen jo
die Werft

ランプ
rampu
die Laterne

灯台
tōdai
der Leuchtturm

ブイ
bui
die Boje

関連用語 kanrenyōgo • Vokabular

沿岸警備隊
engan keibitai
die Küstenwache

乾ドック
kandokku
das Trockendock

乗船する
jōsen suru
an Bord gehen

港長
kōchō
der Hafenmeister

係留する
keiryū suru
festmachen

下船する
gesen suru
von Bord gehen

錨を下ろす
ikari o orosu
den Anker werfen

波止場につける
hatoba ni tsukeru
anlegen

出港する
shukkō suru
auslaufen

ULTRA
3
DUNLOP
DDH III
4
DUNLOP
MOLITOR
TOUR
EDITION
1
ProStaff
4
BANFF SPRINGS
GOLF CLUB
4
TOP-FLITE
HOT XL
ProStaff
4
RAM TOUR
1
MAXFLI
TOP-FLITE
STRATA
3
DISTANCE
ProStaff

スポーツ supōtsu
der Sport

アメリカンフットボール amerikan futtobōru • der Football

ゴールポスト
gōruposuto
der Torpfosten

サイドライン
saidorain
die Seitenlinie

ラインジャッジ
rain jajji
der Linienrichter

ゴールライン
gōru rain
die Torlinie

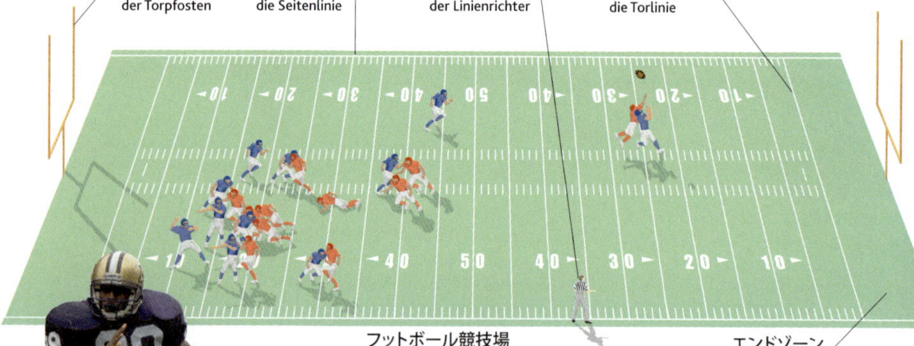

フットボール競技場
futtobōru kyōgijō
das Football-Spielfeld

エンドゾーン
endo zōn
die Endzone

(フットボール用) ボール
(futtobōru-yō) bōru
der Football

パッド
paddo
das Schutzpolster

ヘルメット
herumetto
der Helm

アメフトシューズ
amefuto shūzu
der Stiefel

フットボール選手
futtobōru senshu
der Footballspieler

タックルする
takkuru suru
angreifen

パスする
pasu suru
den Ball abgeben

捕球する
hokyū suru
fangen

関連用語 kanrenyōgo • Vokabular

タイムアウト
taimu auto
die Auszeit

チーム
chīmu
die Mannschaft

防御
bōgyo
die Verteidigung

チアリーダー
chiarīdā
die Cheerleader

ファンブル
famburu
der Fumble

攻撃
kōgeki
der Angriff

得点
tokuten
der Spielstand

タッチダウン
tatchidaun
der Touchdown

得点は何点ですか。
tokuten wa nanten desuka?
Wie ist der Stand?

どちらが勝っていますか。
dochira ga katte imasuka?
Wer gewinnt?

ラグビー ragubī • das Rugby

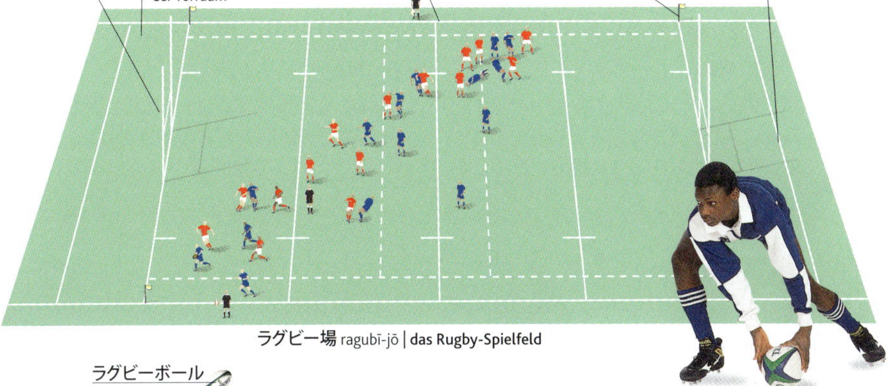

ラグビー場 ragubī-jō | das Rugby-Spielfeld

投げる
nageru
werfen

ラグビーボール
ragubī bōru
der Rugbyball

ラグビー着
ragubī-gi
das Rugbytrikot

蹴る
keru
kicken

パスする
pasu suru
den Ball abgeben

タックルする
takkuru suru
angreifen

トライ
torai
der Versuch

ラグビー選手
ragubī senshu
der Rugbyspieler

ラック rakku | das offene Gedränge

スクラム sukuramu | das Gedränge

サッカー sakkā • der Fußball

サッカーボール
sakkā bōru
der Fußball

サッカー 着
sakkā-gi
der Dress

サッカー選手
sakkā senshu
der Fußballspieler

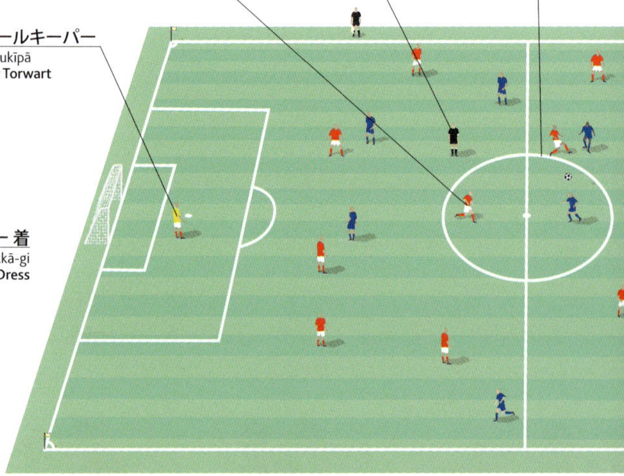

フォワード
fowādo
der Mittelstürmer

審判
shimpan
der Schiedsrichter

センターサークル
sentā sākuru
der Mittelkreis

ゴールキーパー
gōrukīpā
der Torwart

サッカー場
sakkā-jō
das Fußballfeld

ゴールポスト
gōruposuto
der Torpfosten

ネット
netto
das Tornetz

クロスバー
kurosubā
die Querlatte

ゴール gōru | **das Tor**

ドリブルする doriburu suru
dribbeln

ヘディングする
hedingu suru
köpfen

壁
kabe
die Mauer

フリーキック furī kikku | **der Freistoß**

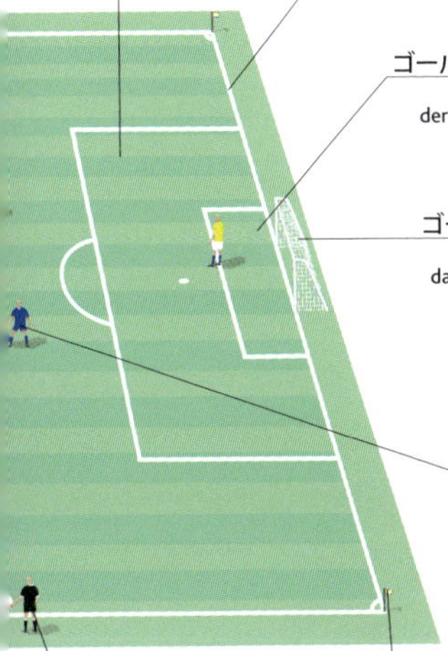

スローイン surō-in
der Einwurf

蹴る keru | kicken

送球する
sōkyū suru
den Ball abgeben

シュートする
shūto suru
schießen

セーブする
sēbu suru
halten

タックルする
takkuru suru
angreifen

関連用語 kanrenyōgo • Vokabular

競技場
kyōgijō
das Stadion

ファウル
fauru
das Foul

イエローカード
ierō kādo
die gelbe Karte

連盟
renmei
die Liga

延長時間
enchō jikan
die Verlängerung

1点あげる
itten ageru
ein Tor schießen

コーナーキック
kōnā kikku
der Eckball

オフサイド
ofu-saido
das Abseits

引分け
hikiwake
das Unentschieden

補欠選手
hoketsusenshu
der Ersatzspieler

ペナルティー
penarutī
der Elfmeter

レッドカード
reddo kādo
die rote Karte

退場
taijō
der Platzverweis

ハーフタイム
hāfu taimu
die Halbzeit

代理
dairi
die Auswechslung

ホッケー hokkē • das Hockey

アイスホッケー aisu hokkē • das Eishockey

ゴールライン
gōru rain
die Torlinie

アタッキングゾーン
atakkingu zōn
die Angriffszone

ニュートラルゾーン
nyūtoraru zōn
die neutrale Zone

ディフェンディングゾーン
difendingu zōn
die Verteidigungszone

ゴールキーパー
gōrukīpā
der Torwart

ゴール
gōru
das Tor

フェースオフサークル
fēsu-ofu sākuru
der Anspielkreis

センターサークル
sentā sākuru
der Mittelkreis

アイスホッケー用リンク
aisuhokkē-yō rinku
die Eisfläche

グローブ
gurōbu
der Handschuh

ショルダーパッド
shorudā paddo
das Polster

スティック
sutikku
der Schläger

スケート
sukēto
der Schlittschuh

パック
pakku
der Puck

アイスホッケー選手 aisuhokkē senshu
der Eishockeyspieler

フィールドホッケー fīrudo hokkē • das Feldhockey

ホッケー用スティック
hokkē-yō sutikku
der Hockeyschläger

ボール
bōru
der Hockeyball

スケートで滑る
sukēto de suberu
Schlittschuh laufen

打つ
utsu
schlagen

クリケット kuriketto • das Kricket

ウィケット
wiketto
das Krickettor

バッツマン
battsuman
der Schlagmann

クリース
kurīsu
die Wurflinie

バウンダリー
baundarī
die Spielfeldgrenze

ピッチ
pitchi
die Spielbahn

フェースマスク
fēsu masuku
die Gesichtsschutzmaske

ボウラー
bo'urā
der Werfer

スタンプ
sutampu
der Stab

レッグパッド
reggu paddo
der Schienbeinschutz

バット
batto
das Schlagholz

クリケット選手 kuriketto senshu
der Kricketspieler

投球する
tōkyū suru
werfen

打つ
utsu
schlagen

クリケットボール
kuriketto bōru
der Kricketball

守備する
shubi suru
fangen

ウィケットキーパー
wiketto-kīpā
der Torwart

関連用語 kanrenyōgo • Vokabular

アウト auto **aus**	スコアボード sukoabōdo **die Anzeigetafel**	アンパイア ampaia **der Schiedsrichter**

バスケットボール basukettobōru • das Basketball

コート kōto | das Spielfeld

バスケットボール選手
basukettobōru senshu | der Basketballspieler

バスケット
basuketto
der Korb

関連用語 kanrenyōgo • Vokabular

パス pasu **der Pass**	スローイン surō-in **der Einwurf**
ファウル fauru **das Foul**	ジャンプボール jampu bōru **der Sprungball**
リバウンド ribaundo **der Rebound**	アウトオブバウンズ auto obu baunzu **aus**

動作 dōsa • die Aktionen

投げる
nageru
werfen

受ける
ukeru
fangen

シュートする
shūto suru
einen Wurf ausführen

ジャンプする
jampu suru
springen

マークする
māku suru
decken

ブロックする
burokku suru
blocken

バウンドする
baundo suru
dribbeln

ダンクシュートする
dankushūto suru
einen Dunk spielen

バレーボール barēbōru • das Volleyball

ブロックする
burokku suru
blocken

ネット
netto
das Netz

レシーブする
reshību suru
baggern

審判
shimpan
der Schiedsrichter

サポーター
sapōtā
der Knieschützer

コート kōto | **das Spielfeld**

野球 yakyū • der Baseball

球場 kyūjō • das Spielfeld

関連用語 kanrenyōgo • Vokabular

イニング
iningu
das Inning

ラン
ran
der Lauf

セーフ
sēfu
in Sicherheit

アウト
auto
aus

ファウルボール
fauru bōru
der ungültige Schlag

ストライク
sutoraiku
der Schlagfehler

ミット mitto
der Handschuh

マスク masuku
die Schutzmaske

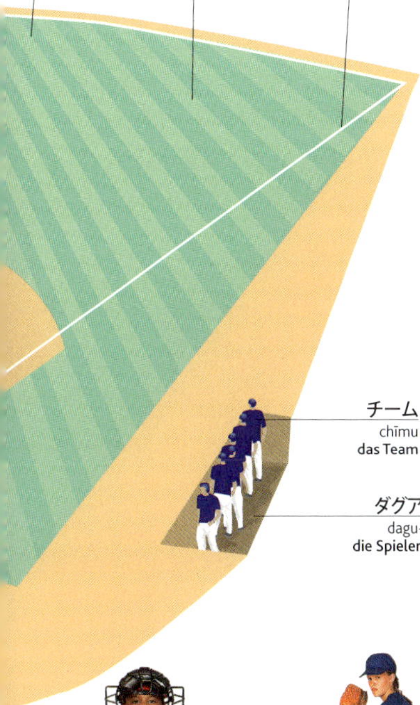

キャッチャー kyatchā
der Catcher

ピッチャー pitchā
der Pitcher

動作 dōsa • die Aktionen

投げる nageru | werfen

捕球する hokyū suru | fangen

走る
hashiru
rennen

フィールディングする fīrudingu suru | als Fänger spielen

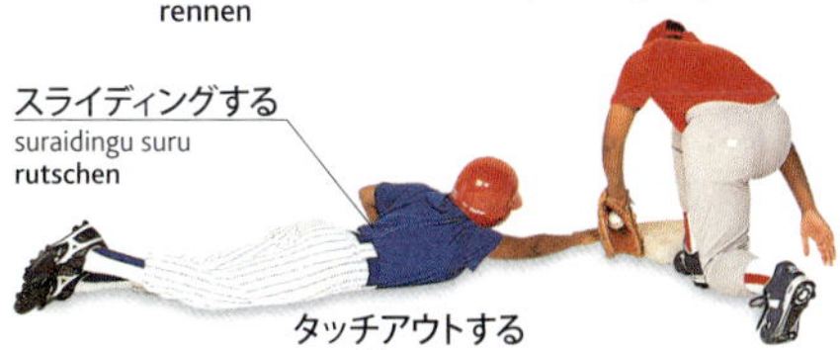

野球をする yakyū o suru | spielen

テニス tenisu • das Tennis

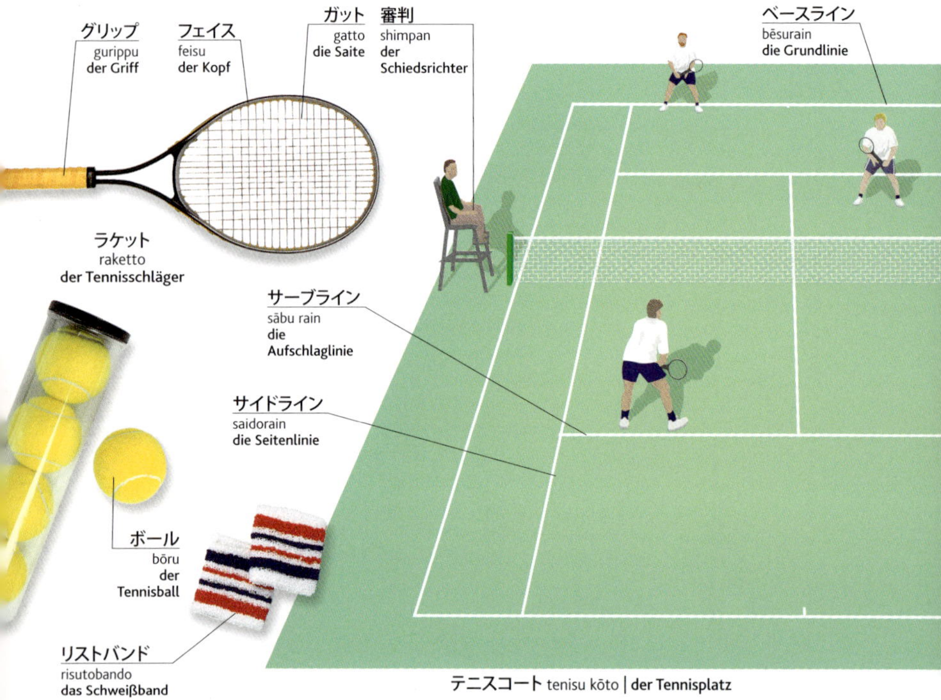

テニスコート tenisu kōto | der Tennisplatz

関連用語 kanrenyōgo • Vokabular

シングルス shingurusu **das Einzel**	セット setto **der Satz**	ラブ rabu **null**	フォルト foruto **der Fehler**	スライス suraisu **der Slice**	線審 senshin **der Linienrichter**
ダブルス daburusu **das Doppel**	マッチ matchi **das Match**	デュース dyūsu **der Einstand**	エース ēsu **das Ass**	ラリー rarī **der Ballwechsel**	選手権 senshuken **die Meisterschaft**
ゲーム gēmu **das Spiel**	タイブレーク taiburēku **der Tiebreak**	アドバンテージ adobantēji **der Vorteil**	ドロプショット doroppu shotto **der Stoppball**	レット retto! **Netz!**	スピン supin **der Spin**

テニス選手 tenisu senshu
der Spieler

ストローク sutorōku • die Schläge

サーブ
sābu
der Aufschlag

ボレー
borē
der Volley

リターン
ritān
der Return

ロブ
robu
der Lob

フォアハンド
foahando
die Vorhand

バックハンド
bakkuhando
die Rückhand

ラケットスポーツ raketto supōtsu • die Schlägerspiele

バドミントン
badominton
das Badminton

卓球
takkyū
das Tischtennis

スカッシュ
sukasshu
das Squash

ラケットボール
rakettobōru
das Racquetball

ゴルフ gorufu • das Golf

ホール
hōru
das Loch

ティーグラウンド
tī guraundo
der Abschlag

グリーン
gurīn
das Grün

バンカー
bankā
der Bunker

フラッグ
furaggu
die Flagge

スイングする
suingu suru
schwingen

フェアウェイ
feawei
das Fairway

ラフ
rafu
das Rough

ウォーターハザード
wōtā hazādo
das Wasserhindernis

ゴルフコース
gorufu kōsu
der Golfplatz

スタンス
sutansu
die Haltung

ゴルファー gorufā | der Golfspieler

ゴルフカート
gorufu kāto
der Buggy

クラブハウス kurabuhausu | das Klubhaus

用具 yōgu • die Ausrüstung

ゴルフボール
gorufu bōru
der Golfball

ティー
tī
das Tee

傘
kasa
der Schirm

ゴルフバッグ
gorufu baggu
die Golftasche

手押しカート
teoshi kāto
der Trolley

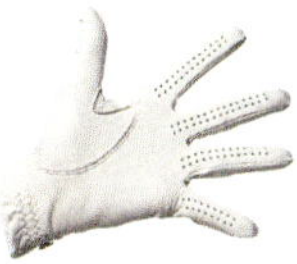

グローブ
gurōbu
der Handschuh

スパイク
supaiku
die Spikes

ゴルフシューズ
gorufu shūzu
der Golfschuh

ゴルフクラブ gorufu kurabu • die Golfschläger

ウッド
uddo
das Holz

パター
patā
der Putter

アイアン
aian
das Eisen

ウェッジ
wejji
das Wedge

動作 dōsa • die Aktionen

ティーショットを打ち出す
tīshotto o uchidasu
vom Abschlag spielen

ドライバーショットを打つ
doraibāshotto o utsu
driven

パットを打つ
patto o utsu
einlochen

チップショットを打つ
chippushotto o utsu
chippen

関連用語 kanrenyōgo • Vokabular

ホールインワン
hōru in wan
das Hole-In-One

パー
pā
das Par

ハンディキャップ
handikyappu
das Handicap

キャディ
kyadi
der Caddie

バックスイング
bakkusuingu
der Durchschwung

ストローク
sutorōku
der Schlag

アンダーパー
andā pā
unter Par

オーバーパー
ōbā pā
über Par

トーナメント
tōnamento
das Golfturnier

観衆
kanshū
die Zuschauer

素振り
suburi
der Übungs-schwung

プレーの線
purē no sen
die Spielbahn

陸上競技 rikujō kyōgi • die Leichtathletik

レーン
rēn
die Bahn

トラック
torakku
die Rennbahn

ゴール
gōru
die Ziellinie

スタートライン
sutāto rain
die Startlinie

グランド
gurando
das Feld

短距離走者
tankyori sōsha
der Sprinter

スターティングブロック
sutātingu burokku
der Startblock

円盤投げ
emban-nage
das Diskuswerfen

陸上競技者
rikujō kyōgi-sha
die Leichtathletin

砲丸投げ
hōgannage
das Kugelstoßen

槍投げ
yarinage
das Speerwerfen

関連用語 kanrenyōgo • Vokabular

競争
kyōsō
das Rennen

時間
jikan
die Zeit

記録
kiroku
der Rekord

記録を破る
kiroku o yaburu
einen Rekord brechen

写真判定
shashin hantei
das Fotofinish

マラソン
marason
der Marathon

棒高跳び
bōtakatobi
der Stabhochsprung

自己最高記録
jiko saikō kiroku
die persönliche Bestleistung

ストップウォッチ
sutoppuwotchi
die Stoppuhr

バトン
baton
der Stab

リレー競争
rirē kyōsō
der Staffellauf

バー
bā
die Latte

走り高跳び
hashiritakatobi
der Hochsprung

走り幅跳び
hashirihabatobi
der Weitsprung

ハードル走
hādorusō
der Hürdenlauf

体操競技 taisō kyōgi • **das Turnen**

跳馬
chōba
das Pferd

跳馬（項目）
chōba (kōmoku)
der Sprung

跳躍板
chōyaku-ban
das Sprungbrett

宙返り
chūgaeri
der Salto

マット
matto
die Matte

床運動
yuka undō
das Bodenturnen

体操選手
taisō senshu
die Turnerin

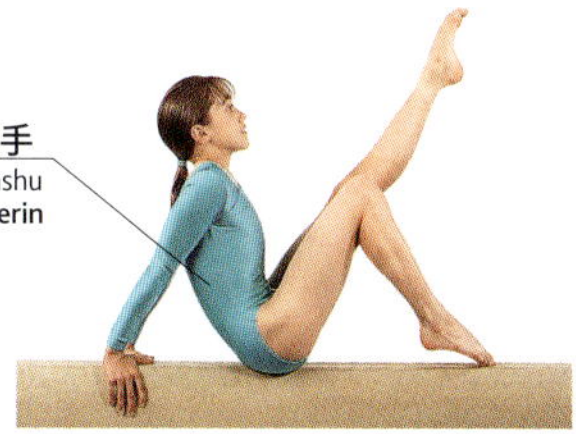

平均台 heikindai | **der Schwebebalken**

側転
sokuten
der Überschlag

リボン
ribon
das Gymnastik-band

新体操
shintaishō
die rhythmische Gymnastik

関連用語 kanrenyōgo • **Vokabular**

鉄棒
tetsubō
das Reck

鞍馬
amba
das Seitpferd

吊り輪
tsuriwa
die Ringe

メダル
medaru
die Medaillen

銀
gin
das Silber

平行棒
heikōbō
der Barren

段違い平行棒
danchigai heikōbō
der Stufenbarren

表彰台
hyōshō dai
das Siegerpodium

金
kin
das Gold

銅
dō
die Bronze

格闘技 kakutōgi • der Kampfsport

相手
aite
der Gegner

ヘッドガード
heddogādo
der Kopfschutz

ミット
mitto
der Handschuh

帯
obi
der Gürtel

テコンドー tekondō | **das Taekwondo**

空手 karate | **das Karate**

柔道 jūdō | **das Judo**

合気道 aikidō | **das Aikido**

面
men
die Maske

竹刀
shinai
das Bambusschwert

剣道 kendō | **das Kendo**

カンフー kanfū
das Kung-Fu

キックボクシング
kikkubokushingu | **das Kickboxen**

レスリング resuringu | **das Ringen**

ボクシング bokushingu | **das Boxen**

技 waza • die Techniken

袈裟固 kesagatame | das Fallen

襟掴み erizukami | der Griff

投げ nage | der Wurf

抑え osae | das Fesseln

蹴り keri | der Seitfußstoß

突き tsuki | der Stoß

払い harai | der Angriff

飛び蹴り tobi-geri | der Sprung

受け uke | der Block

手刀打ち shutō uchi | der Schlag

関連用語 kanrenyōgo • Vokabular

リング
ringu
der Boxring

グローブ
gurōbu
die Boxhandschuhe

マウスピース
mausu pīsu
der Mundschutz

ラウンド
raundo
die Runde

試合
shiai
der Kampf

練習試合
renshū-jiai
das Sparring

拳
kobushi
die Faust

ノックアウト
nokku auto
der Knock-out

パンチバッグ
panchi baggu
der Sandsack

黒帯
kuro obi
der schwarze Gürtel

護身
goshin
die Selbstverteidigung

武道
budō
die Kampfsportarten

カポエイラ
kapoeira
das Capoeira

相撲
sumō
das Sumo

太極拳
taikyokuken
das Tai-Chi

水泳 suiei • das Schwimmen

水泳用品 suiei yōhin • die Ausrüstung

アームバンド
āmubando
der Schwimmflügel

鼻栓
hana sen
die Nasenklemme

ゴーグル
gōguru
die Schwimmbrille

スイムボード
suimubōdo
das Schwimmbrett

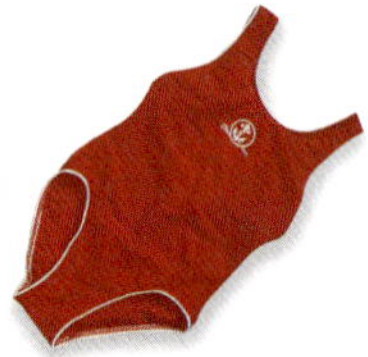

水着
mizugi
der Badeanzug

レーン
rēn
die Bahn

水
mizu
das Wasser

スタート台
sutāto dai
der Startblock

プール pūru | das Schwimmbecken

水泳帽
suiei-bō
die Badekappe

海水パンツ
kaisui pantsu
die Badehose

水泳選手 suiei senshu | der Schwimmer

飛び板
tobi-ita
das Sprungbrett

飛び込み選手
tobikomi senshu
der Springer

飛び込む tobikomu | springen

泳ぐ oyogu | schwimmen

回転 kaiten | die Wende

泳法 eihō • die Schwimmstile

クロール kurōru | das Kraulen

平泳ぎ hiraoyogi | das Brustschwimmen

背泳ぎ seoyogi | das Rückenschwimmen

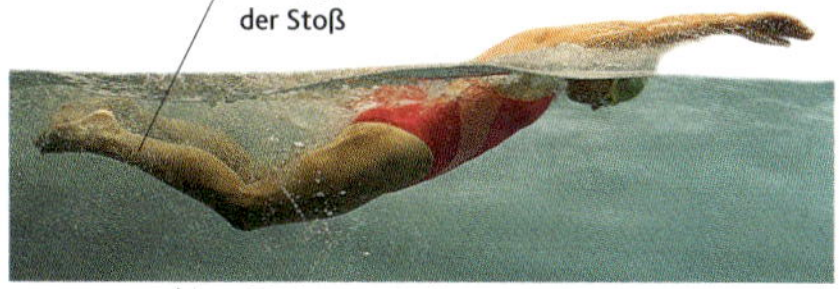

バタフライ batafurai | der Schmetterling

スキューバダイビング sukyūba daibingu • das Tauchen

関連用語 kanrenyōgo • Vokabular

飛び込み tobikomi der Sprung	立ち泳ぎする tachioyogi suru Wasser treten	ロッカー rokkā die Schließfächer	水球 suikyū der Wasserball	浅瀬 asase der flache Bereich	こむら返り komuragaeri der Krampf
高飛び込み takatobikomi der Turmsprung	飛び込みスタート tobikomi sutāto der Startsprung	救助員 kyūjo-in der Bademeister	深み fukami der tiefe Bereich	シンクロナイズドスイミング shinkuronaizudo suimingu das Synchronschwimmen	溺れる oboreru ertrinken

セーリング sēringu • der Segelsport

コンパス
kompasu
der Kompass

錨
ikari
der Anker

航行する kōkō suru | **navigieren**

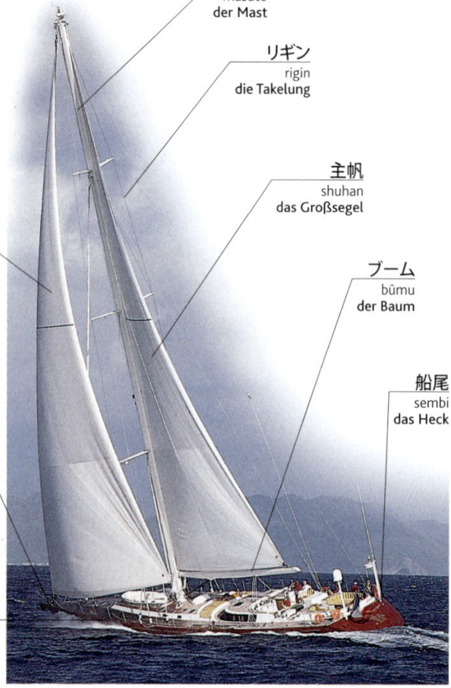

ヨット yotto | **die Segeljacht**

安全用具 anzen yōgu • die Sicherheit

照明弾
shōmeidan
die Leuchtrakete

救命ブイ
kyūmei bui
der Rettungsring

救命胴衣
kyūmei dōi
die Schwimmweste

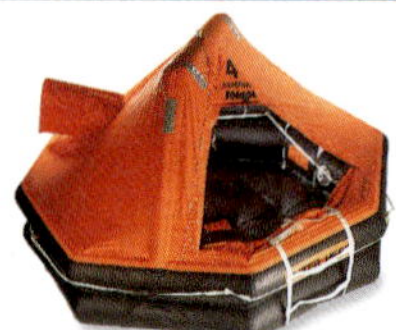

救命ボート
kyūmei bōto
das Rettungsboot

水上スポーツ suijō supōtsu • der Wassersport

漕ぎ手
kogite
der Ruderer

オール
ōru
das Ruder

漕ぐ kogu | **rudern**

カヤック
kayakku
das Kajak

パドル
padoru
das Paddel

カヌー
kanū
der Kanusport

セール
sēru
das Segel

ウインドサーファー
uindosāfā
der Windsurfer

ボード
bōdo
das Surfbrett

フットストラップ
futtosutorappu
die Fußschlaufe

ウインドサーフィン uindosāfin
das Windsurfing

サーフボード
sāfubōdo
das Surfbrett

サーフィン
sāfin
das Wellenreiten

水上スキー板
suijōsukī ita
der Wasserski

水上スキー
suijōsukī
das Wasserski

高速ボート
kōsoku bōto
der Motorbootsport

ラフティング
rafutingu
das Rafting

ジェットスキー
jettosukī
das Jetskifahren

関連用語 kanrenyōgo • Vokabular

水上スキーヤー suijōsukīyā **der Wasserskifahrer**	乗組員 norikumi'in **die Crew**	風 kaze **der Wind**	寄せ波 yosenami **die Brandung**	シート shīto **die Schot**	センターボード sentābōdo **das Schwert**
サーファー sāfā **der Surfer**	タッキングする takkingu suru **kreuzen**	波 nami **die Welle**	急流 kyūryū **das Wildwasser**	舵 kaji **das Ruder**	転覆する tempuku suru **kentern**

乗馬 jōba • der Reitsport

蹄鉄
teitetsu
das Hufeisen

横鞍
yokogura
der Damensattel

馬勒 baroku | das Zaumzeug

乗馬鞭 jōba muchi | die Reitgerte

競技 kyōgi • die Veranstaltungen

競走馬
kyōsōba
das Rennpferd

競馬
keiba
das Pferderennen

障害物
shōgaibutsu
das Hindernis

障害競走
shōgai kyōsō
das Jagdrennen

繋駕競走
keiga kyōsō
das Trabrennen

ロデオ
rodeo
das Rodeo

障害飛越
shōgai hietsu
das Springreiten

馬車レース
basha rēsu
das Zweispännerrennen

トレッキング torekkingu | der Wanderritt

馬場馬術 baba bajutsu | das Dressurreiten

ポロ poro | das Polo

関連用語 kanrenyōgo • Vokabular

常歩
namiashi
der Schritt

駆歩
kakeashi
der Kanter

ジャンプ
jampu
der Sprung

端綱
hazuna
das Halfter

パドック
padokku
die Koppel

平地競走
heichi kyōsō
das Flachrennen

速歩
haya'ashi
der Trab

襲歩
shūho
der Galopp

馬手
umate
der Stallbursche

馬屋
umaya
der Pferdestall

アリーナ
arīna
der Turnierplatz

競馬場
keibajō
die Rennbahn

釣り tsuri • der Angelsport

錘 omori | das Gewicht

釣り針
tsuribari
der Angelhaken

餌 esa | der Köder

手綱
tamo
der Kescher

浮き
uki
die Pose

フライ
furai
die Fliege

ルアー
ruā
der Blinker

タックルボックス
takkuru bokkusu
der Spinnerkasten

フラシ
furashi
der Setzkescher

釣り人 tsuribito | der Angler

釣りの種類 tsuri no shurui • die Fischfangarten

淡水釣り
tansui-zuri
das Süßwasserangeln

フライフィッシング
furai fisshingu
das Fliegenfischen

磯釣り
isozuri
das Brandungsangeln

スポーツフィッシング
supōtsu fisshingu
das Sportangeln

深海釣り
shinkai-zuri
die Hochseefischerei

動作 dōsa • die Aktivitäten

投げる
nageru
auswerfen

釣る
tsuru
fangen

引き寄せる
hikiyoseru
einholen

網打ちする
amiuchi suru
keschern

放す
hanasu
loslassen

関連用語 kanrenyōgo • Vokabular

誘き寄せる
obikiyoseru
ködern

タックル
takkuru
die Angelgeräte

雨具
amagu
die Regenhaut

釣り許可証
tsuri kyokashō
der Angelschein

魚籠
biku
der Fischkorb

針にかかる
hari ni kakaru
anbeißen

スプール
supūru
die Rolle

竿
sao
die Rute

海釣り
umizuri
die Seefischerei

ヤス漁
yasu ryō
das Speerfischen

スキー sukī • der Skisport

スキー場
sukī-jō
der Skihang

リフト
rifuto
der Sessellift

ケーブルカー
kēburu kā
der Kabinenlift

スキーウェア
sukīwea
der Skianzug

ストック
sutokku
der Skistock

グローブ
gurōbu
der Handschuh

ゲレンデ
gerende
die Skipiste

安全柵
anzen saku
die Sicherheitssperre

スキー靴
sukī-gutsu
der Skistiefel

スキー板
sukī ita
der Ski

エッジ
ejji
die Kante

スキーヤー
sukīyā
die Skiläuferin

トップ
toppu
die Spitze

競技 kyōgi • die Disziplinen

滑降
kakkō
der Abfahrtslauf

回転
kaiten
der Slalom

ジャンプ
jampu
der Skisprung

クロスカントリー
kurosu-kantorī
der Langlauf

ウィンタースポーツ wintā supōtsu • der Wintersport

アイスクライミング
aisu kuraimingu
das Eisklettern

アイススケート
aisu sukēto
das Eislaufen

フィギュアスケート
figyuasukēto
der Eiskunstlauf

スノーボード
sunōbōdo
das Snowboarding

ボブスレー
bobusurē
der Bobsport

リュージュ
ryūju
das Rennrodeln

スノーモービル
sunōmōbiru
das Schneemobil

そり滑り
sori suberi
das Schlittenfahren

関連 用語 kanrenyōgo • Vokabular

アルペンスキー
arupen sukī
die alpine Kombination

大回転
daikaiten
der Riesenslalom

ゲレンデ外
gerende-gai
abseits der Piste

カーリング
kāringu
das Curling

犬ぞり滑り
inu-zori suberi
das Hunde-schlittenfahren

スピードスケート
supīdo sukēto
der Eisschnelllauf

バイアスロン
baiasuron
das Biathlon

雪崩
nadare
die Lawine

他のスポーツ ta no supōtsu • die anderen Sportarten

グライダー
guraidā
das Segelflugzeug

グライディング
guraidingu
das Segelfliegen

ハンググライダー
hangu guraidā
der Drachen

ハンググライディング
hangu guraidingu
das Drachenfliegen

ロープ
rōpu
das Seil

ロッククライミング
rokku kuraimingu
das Klettern

パラシュート
parashūto
der Fallschirm

パラシュート降下
parashūto kōka
das Fallschirmspringen

パラグライディング
paraguraidingu
das Gleitschirmfliegen

スカイダイビング
sukaidaibingu
das Fallschirmspringen

アブザイレン
abuzairen
das Abseilen

バンジージャンプ
banjī jampu
das Bungeejumping

ラリー
rarī
das Rallyefahren

レーサー
rēsā
der Rennfahrer

自動車レース
jidōsha rēsu
der Rennsport

モトクロス
motokurosu
das Motocross

オートバイレース
ōtobai rēsu
das Motorradrennen

スケートボード
sukētobōdo
das Skateboard

スケートボード乗り
sukētobōdo-nori
das Skateboardfahren

ローラースケート靴
rōrāsukēto-gutsu
der Rollschuh

ローラースケート
rōrāsukēto
das Rollschuhfahren

スティック
sutikku
der Lacrosse-schläger

ラクロス
rakurosu
das Lacrosse

マスク
masuku
die Maske

フルーレ
furūre
das Florett

フェンシング
fenshingu
das Fechten

ピン
pin
der Kegel

ボール
bōru
die Bowling-kugel

ボウリング
bo'uringu
das Bowling

弓
yumi
der Bogen

矢
ya
der Pfeil

矢筒
yazutsu
der Köcher

洋弓
yōkyū
das Bogenschießen

的
mato
die Zielscheibe

ターゲット射撃
tāgetto shageki
das Scheibenschießen

プール
pūru
das Poolbillard

スヌーカー
sunūkā
das Snooker

フィットネス fittonesu • die Fitness

エアロバイク
earobaiku
das Trainingsrad

フリーウェイト
furī weito
die Gewichte

バー
bā
die Hantel-stange

フィットネス器具
fittonesu kigu
das Fitnessgerät

ベンチ
benchi
die Bank

スポーツジム
supōtsu jimu
das Fitnesscenter

ローイングマシーン
rōingu mashīn
die Rudermaschine

トレッドミル
toreddomiru
das Laufband

クロストレーナー
kurosu torēnā
der Crosstrainer

パーソナルトレーナー
pāsonaru torēnā
die private Fitnesstrainerin

ステッパー
suteppā
der Stepper

プール
pūru
das Schwimmbecken

サウナ
sauna
die Sauna

運動 undō • die Übungen

ストレッチ
sutoretchi
das Strecken

ランジ
ranji
der Ausfallschritt

タイツ
taitsu
die Gymnastikhose

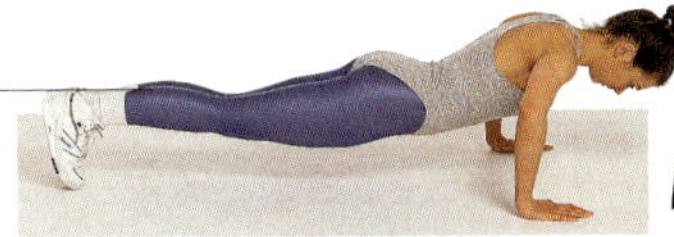

腕立て伏せ
udetatefuse
der Liegestütz

スクワット
sukuwatto
die Kniebeuge

腹筋運動
fukkin undō
das Rumpfheben

ダンベル
danberu
die Hantel

アームカール
āmu kāru
die Bizepsübung

レッグプレス
reggu puresu
der Beinstütz

チェストプレス
chesuto puresu
die Brustübung

スニーカー
sunīkā
Trainingsschuhe

バーベル
bāberu
die Gewichthantel

ウェイトトレーニング
weito torēningu
das Krafttraining

ランニングシャツ
ranningu shatsu
das Hemd

ジョギング
jogingu
das Jogging

エアロビクス
earobikusu
das Aerobic

関連用語 kanrenyōgo • Vokabular

トレーニングする
torēningu suru
trainieren

準備運動をする
jumbi undō o suru
sich aufwärmen

その場でジョギングする
sono ba de jogingu suru
auf der Stelle joggen

動かす
ugokasu
beugen

伸ばす
nobasu
ausstrecken

懸垂する
kensui suru
hochziehen

ピラティス
piratisu
die Pilates-Übungen

ボクササイズ
bokusasaizu
die Boxgymnastik

サーキットトレーニング
sākitto torēningu
das Zirkeltraining

縄跳び
nawatobi
das Seilspringen

娯楽 goraku
die Freizeit

劇場 gekijō • das Theater

舞台 butai | die Bühne

座席配置 zaseki haichi | die Bestuhlung

関連用語 kanrenyōgo • Vokabular

配役
haiyaku
die Besetzung

台本
daihon
das Rollenheft

初日
shonichi
die Premiere

俳優
haiyū
der Schauspieler

背景
haikei
der Prospekt

休憩時間
kyūkei jikan
die Pause

女優
joyū
die Schauspielerin

監督
kantoku
der Regisseur

プログラム
puroguramu
das Programm

劇
geki
das Theaterstück

プロデューサー
purodyūsā
der Produzent

オーケストラピット
ōkesutora pitto
der Orchestergraben

音楽会 ongakukai | das Konzert

ミュージカル myūjikaru | das Musical

衣装
ishō
das Theater-
kostüm

バレエ barē | das Ballett

関連用語 kanrenyōgo • Vokabular

案内係
annai-gakari
der Platzanweiser

クラシック音楽
kurashikku ongaku
die klassische Musik

楽譜
gakufu
die Noten

サウンドトラック
saundotorakku
der Soundtrack

拍手する
hakushu suru
applaudieren

アンコール
ankōru
die Zugabe

今晩のチケットを2枚ください。
konban no chiketto o ni-mai kudasai.
Ich möchte zwei Karten für die Aufführung heute Abend.

何時に始まりますか。
nanji ni hajimarimasuka?
Um wieviel Uhr beginnt die Aufführung?

オペラ opera | die Oper

映画 eiga • das Kino

ポップコーン
poppukōn
das Popcorn

チケット売場
chiketto uriba
die Kasse

ロビー
robī
das Foyer

ポスター
posutā
das Plakat

映画館
eigakan
der Kinosaal

映写幕
eishamaku
die Leinwand

関連用語 kanrenyōgo • Vokabular

コメディ
komedi
die Komödie

スリラー
surirā
der Thriller

ホラー映画
horā eiga
der Horrorfilm

西部劇
seibugeki
der Western

恋愛物語
ren'ai monogatari
der Liebesfilm

SF映画
esu-efu eiga
der Science-Fiction-Film

冒険
bōken
der Abenteuerfilm

アニメ映画
anime eiga
der Zeichentrickfilm

オーケストラ ōkesutora • das Orchester

弦楽器 gengakki • die Saiteninstrumente

ピアノ piano | das Klavier

記譜法 kifuhō | die Notation

関連用語 kanrenyōgo • Vokabular

序曲
jokyoku
die Ouvertüre

交響曲
kōkyōkyoku
die Symphonie

ソナタ
sonata
die Sonate

楽器
gakki
die Musikinstrumente

休止符
kyūshifu
Pausenzeichen

ピッチ
pitchi
die Tonhöhe

シャープ
shāpu
das Kreuz

フラット
furatto
das B

本位記号
hon'i kigō
das Auflösungszeichen

小節
shōsetsu
der Takt

音階
onkai
die Tonleiter

指揮棒
shikibō
der Taktstock

木管楽器 mokkan gakki • die Holzblasinstrumente

ピッコロ
pikkoro
die Pikkoloflöte

フルート
furūto
die Querflöte

オーボエ
ōboe
die Oboe

イングリッシュホルン
ingurisshu horun
das Englischhorn

クラリネット
kurarinetto
die Klarinette

バスクラリネット
basu kurarinetto
die Bassklarinette

ファゴット
fagotto
das Fagott

コントラファゴット
kontora fagotto
das Kontrafagott

サクソフォン
sakusofon
das Saxofon

打楽器 dagakki • die Schlaginstrumente

ケトルドラム
ketorudoramu
die Kesselpauke

銅鑼
dora
der Gong

ボンゴ
bongo
die Bongos

スネアドラム
sunea doramu
die kleine Trommel

シンバル
shimbaru
das Becken

タンバリン
tambarin
das Tamburin

ビブラフォン
biburafon
das Vibrafon

トライアングル
toraianguru
der Triangel

マラカス
marakasu
die Maracas

金管楽器 kinkan gakki • die Blechblasinstrumente

トランペット
torampetto
die Trompete

トロンボーン
toronbōn
die Posaune

フレンチホルン
furenchi horun
das Horn

チューバ
chūba
die Tuba

コンサート konsāto • das Konzert

ロックコンサート rokku konsāto | das Rockkonzert

楽器 gakki • die Instrumente

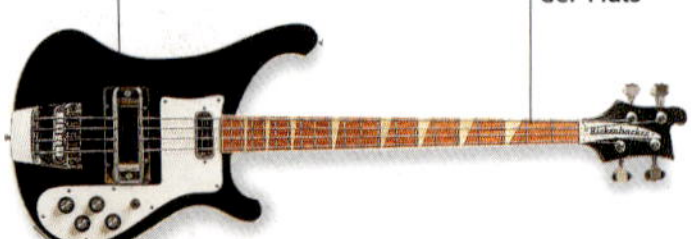

ベースギター
bēsu gitā
die Bassgitarre

キーボード
kībōdo
das Keyboard

エレキギター
erekigitā
die elektrische Gitarre

ドラムセット
doramu setto
das Schlagzeug

音楽ジャンル ongaku janru • die Musikstile

ジャズ jazu | der Jazz

ブルース burūsu | der Blues

パンク panku | die Punkmusik

フォーク fōku | der Folk

ポップス poppusu | die Popmusik

ダンス dansu | die Tanzmusik

ラップ rappu | der Rap

ヘビーメタル hebī metaru
das Heavymetal

クラシック kurasshikku
die klassische Musik

関連用語 kanrenyōgo • Vokabular

歌 uta das Lied	歌詞 kashi der Text	メロディー merodī die Melodie	ビート bīto der Rhythmus	レゲエ rege'e der Reggae	カントリー kantorī die Countrymusic	スポットライト supottoraito der Scheinwerfer

観光 kankō • die Besichtigungstour

観光客
kankō kyaku
der Tourist

観光名所 kankō meisho | **die Touristenattraktion**

観光ルート
kankō rūto
die Route

オープントップ
ōpun toppu
mit offenem Oberdeck

観光バス kankō basu | **der Stadtrundfahrtbus**

観光ガイド
kankō gaido
die Fremdenführerin

ガイド付きツアー
gaido-tsuki tsuā
die Führung

小像
shōzō
die Figur

土産物
miyagemono
die Andenken

関連用語 kanrenyōgo • Vokabular

開館
kaikan
geöffnet

閉館
heikan
geschlossen

入場料
nyūjō-ryō
das Eintrittsgeld

観光案内書
kankō annaisho
der Reiseführer

フィルム
firumu
der Film

電池
denchi
die Batterien

カムコーダー
kamukōdā
der Camcorder

カメラ
kamera
die Kamera

行き方
ikikata
die Richtungsangaben

左
hidari
links

右
migi
rechts

まっすぐ
massugu
geradeaus

...は、どこですか。
... wa doko desuka?
Wo ist ...?

道に迷ってしまいました。
michi ni mayotte shimaimashita.
Ich habe mich verlaufen.

...への行き方を教えてください。
... e no ikikata o oshiete kudasai.
Können Sie mir sagen, wie ich nach ... komme?

名所 meisho • die Sehenswürdigkeiten

絵画
kaiga
das Gemälde

展示品
tenji-hin
das Ausstellungsstück

美術館
bijutsukan
die Kunstgalerie

記念碑
kinenhi
das Monument

展覧会
tenrankai
die Ausstellung

博物館
hakubutsukan
das Museum

旧跡
kyūseki
die berühmte Ruine

歴史的建造物
rekishi-teki kenzōbutsu
das historische Gebäude

カジノ
kajino
das Kasino

庭園
teien
der Park

国立公園
kokuritsu kōen
der Nationalpark

案内 annai • die Information

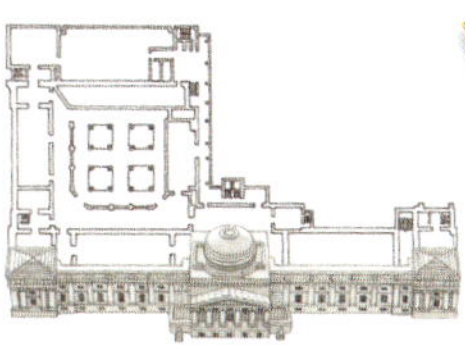

案内図
annai zu
der Grundriss

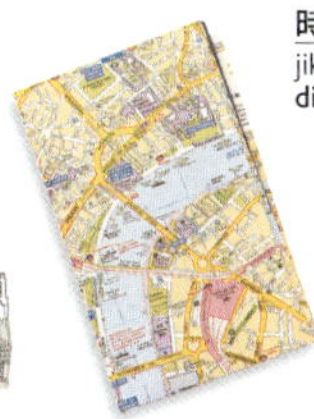

地図
chizu
der Stadtplan

時間
jikan
die Zeiten

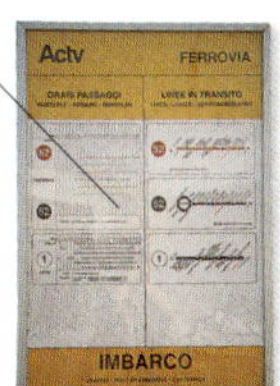

時刻表
jikokuhyō
der Fahrplan

観光案内所
kankō annai-jo
die Touristeninformation

野外活動 yagai katsudō • die Aktivitäten im Freien

歩道
hodō
der Fußweg

日時計
hidokei
die Sonnenuhr

カフェ
kafe
das Café

公園 kōen | der Park

芝生
shibafu
das Gras

ベンチ
benchi
die Bank

平面幾何学式庭園
heimen kikagaku-shiki teien
die Gartenanlagen

ジェットコースター
jetto kōsutā
die Achterbahn

遊園地
yūenchi
der Jahrmarkt

テーマパーク
tēma pāku
der Vergnügungspark

サファリパーク
safari pāku
der Safaripark

動物園
dōbutsuen
der Zoo

活動 katsudō • die Aktivitäten

サイクリング
saikuringu
das Radfahren

ジョギング
jogingu
das Jogging

スケートボード
sukētobōdo
das Skateboardfahren

ローラーブレード
rōrāburēdo
das Inlinerfahren

乗馬道
jōba-dō
der Reitweg

野鳥観察
yachō kansatsu
die Vogelbeobachtung

乗馬
jōba
das Reiten

ハイキング
haikingu
das Wandern

バスケット
basuketto
der Picknickkorb

ピクニック
pikunikku
das Picknick

遊び場 asobiba • der Spielplatz

砂場
sunaba
der Sandkasten

水浴びプール
mizuabi pūru
das Planschbecken

ブランコ
buranko
die Schaukel

ジャングルジム janguru jimu
das Klettergerüst

シーソー shīsō | **die Wippe**

滑り台 suberidai | **die Rutsche**

海辺 umibe • der Strand

ホテル
hoteru
das Hotel

ビーチパラソル
bīchi parasoru
der Sonnenschirm

海の家
umi no ie
das Strandhäuschen

砂
suna
der Sand

波
nami
die Welle

海
umi
das Meer

ビーチバッグ
bīchi baggu
die Strandtasche

ビキニ
bikini
der Bikini

日光浴をする nikkōyoku o suru | **sonnenbaden**

監視員
kanshi'in
der Rettungsschwimmer

監視塔
kanshitō
der Rettungsturm

防風フェンス
bōfū fensu
der Windschutz

遊歩道
yūhodō
die Promenade

デッキチェア
dekki chea
der Liegestuhl

サングラス
sangurasu
die Sonnenbrille

日除け帽
hiyoke-bō
der Sonnenhut

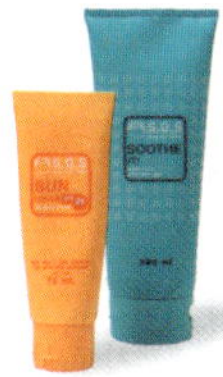

日焼けローション
hiyake rōshon
die Sonnenmilch

日焼け止め
hiyakedome
der Sonnenblocker

ビーチボール
bīchi bōru
der Wasserball

浮き輪
ukiwa
der Schwimmreifen

ビーチタオル
bīchi taoru
das Strandtuch

水着
mizugi
der Badeanzug

シャベル
shaberu
die Schaufel

バケツ
baketsu
der Eimer

砂の城
suna no shiro
die Sandburg

貝殻
kaigara
die Muschel

キャンプ kyampu • das Camping

キャンプ場 kyampujō | der Campingplatz

関連用語 kanrenyōgo • Vokabular

キャンプする
kyampu suru
zelten

管理事務所
kanri jimusho
die Campingplatzverwaltung

空きサイトあり
aki saito ari
Zeltplätze frei

空きなし
aki nashi
voll

サイト
saito
Platz

テントを張る
tento o haru
ein Zelt aufschlagen

ポール
pōru
die Zeltstange

キャンプベッド
kyampu beddo
das Faltbett

ピクニックベンチ
pikunikku benchi
die Picknickbank

ハンモック
hammokku
die Hängematte

キャンピングカー
kyampingu kā
das Wohnmobil

トレーラー
torērā
der Wohnwagen

炭
sumi
die Holzkohle

着火剤
chakka-zai
der Feueranzünder

火をつける
hi o tsukeru
ein Feuer machen

キャンプファイヤー
kyampufaiyā
das Lagerfeuer

フレーム
furēmu
das Gestänge

グランドシート
gurando shīto
der Zeltboden

リュックサック
ryukkusakku
der Rucksack

魔法瓶
mahōbin
die Thermosflasche

水筒
suitō
die Wasserflasche

テント
tento
das Zelt

虫除け
mushiyoke
das Insektenspray

懐中電灯
kaichūdentō
die Taschenlampe

蚊帳
kaya
das Moskitonetz

保温ウエア
ho'on uea
die Thermowäsche

寝袋
nebukuro
der Schlafsack

ハイキングブーツ
haikingu būtsu
die Wanderschuhe

雨具
amagu
die Regenhaut

ガスコンロ
gasu konro
der Gasbrenner

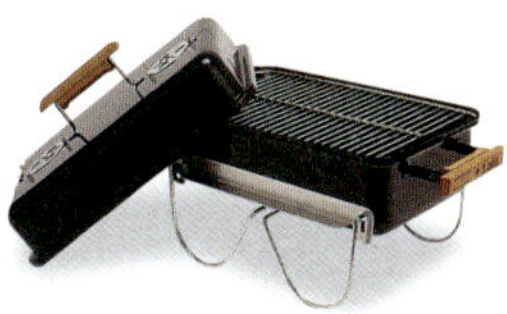

バーベキュー
bābekyū
der Grill

マット
matto
die Isomatte

エアーマットレス eā mattoresu | die Luftmatratze

娯楽家電 goraku kaden • die Unterhaltungselektronik

ポータブルCDプレーヤー
pōtaburu shī-dī purēyā
der Discman

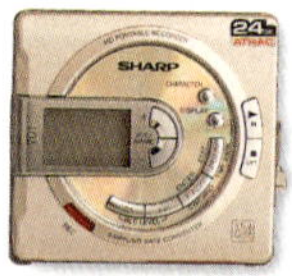

ミニディスクレコーダー
mini disuku rekōdā
der Minidiskrekorder

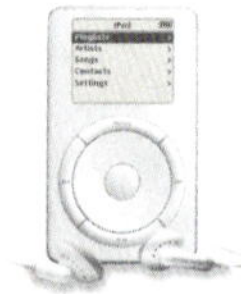

MP3プレーヤー
emu-pī-surī purēyā
der MP3-Spieler

DVDディスク
dī-bui-dī disuku
die DVD

DVDプレーヤー
dī-bui-dī purēyā
der DVD-Spieler

レコードプレーヤー
rekōdo purēyā
der Plattenspieler

CDプレーヤー
shī-dī purēyā
der CD-Spieler

ラジオ
rajio
das Radio

アンプ
ampu
der Verstärker

ヘッドホン
heddohon
die Kopfhörer

スタンド
sutando
das Regal

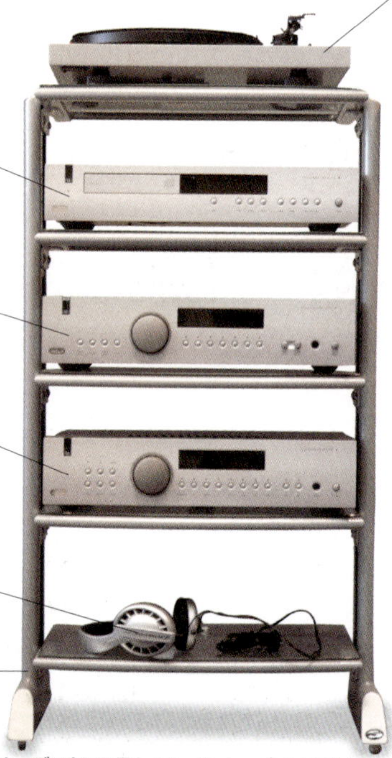

オーディオシステム ōdio shisutemu | **die Hi-Fi-Anlage**

(ラウドスピーカー
(raudo) supīkā
die Lautsprecherbox

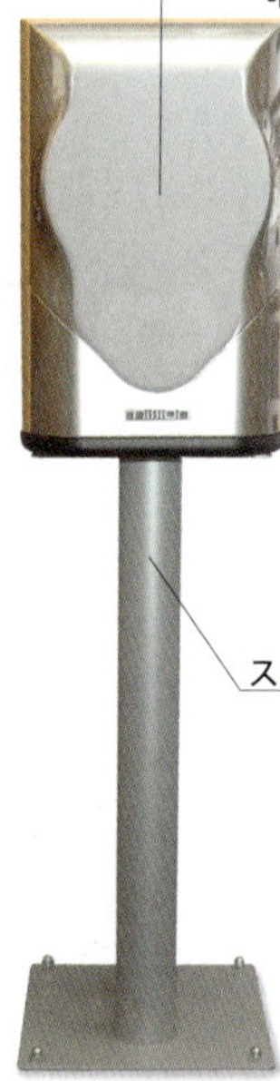

スピーカースタンド
supīkā sutando
der Ständer

ビデオテープ
bideo tēpu
die Videokassette

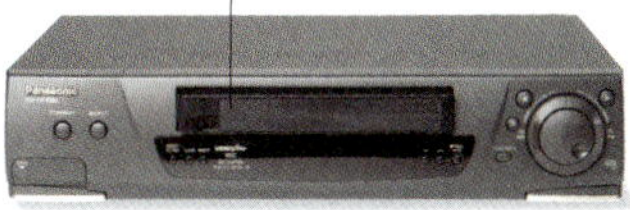

ビデオレコーダー
bideo rekōdā
der Videorekorder

画面
gamen
der Bildschirm

アイカップ
aikappu
das Okular

カムコーダー
kamukōdā
der Camcorder

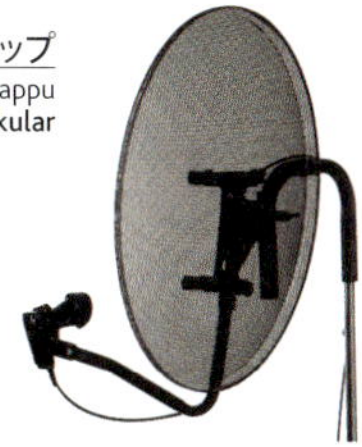

衛星アンテナ
eisei antena
die Satellitenschüssel

ワイド画面テレビ
waido gamen terebi
der Breitbildfernseher

コンソール
konsōru
die Spielkonsole

コントローラー
kontorōrā
der Steuerhebel

テレビゲーム terebi gēmu | das Videospiel

早送り
hayaokuri
der Vorlauf

一時停止
ichijiteishi
die Pause

録画
rokuga
die Aufnahme

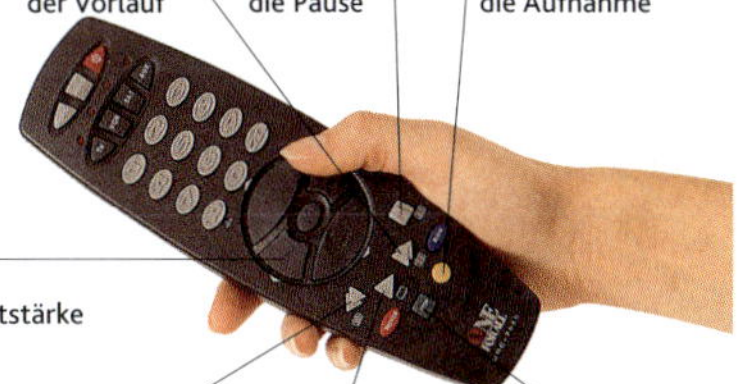

音量
onryō
die Lautstärke

巻き戻し
makimodoshi
der Rücklauf

再生
saisei
das Abspielen

停止
teishi
der Stop

リモコン rimokon | die Fernbedienung

関連用語 kanrenyōgo • Vokabular

コンパクトディスク
kompakuto disuku
die CD

カセットテープ
kasetto tēpu
die Kassette

カセットプレーヤー
kasetto purēyā
der Kassettenrekorder

長編映画
chōhen eiga
der Spielfilm

コマーシャル
komāsharu
die Werbung

ディジタル
dijitaru
digital

番組
bangumi
das Programm

ステレオ
sutereo
stereo

ケーブルテレビ
kēburu terebi
das Kabelfernsehen

有料チャンネル
yūryō channeru
der Pay-Kanal

チャンネルを替える
channeru o kaeru
den Kanal wechseln

テレビを点ける
terebi o tsukeru
den Fernseher einschalten

テレビを見る
terebi o miru
fernsehen

テレビを消す
terebi o kesu
den Fernseher abschalten

ラジオをつける
rajio o tsukeru
das Radio einstellen

写真 shashin • die Fotografie

フィルムカウンター
firumu kauntā
der Zähler

内蔵フラッシュ
naizō furasshu
der Blitz

露出補正ダイヤル
roshutsu hosei daiyaru
der Blendenregler

シャッター
shattā
der Auslöser

シャッター速度摘み
shattā sokudo tsumami
die Zeiteinstellscheibe

レンズ
renzu
die Linse

一眼レフカメラ ichigan-refu kamera | **die Spiegelreflexkamera**

フィルター
firutā
der Filter

レンズキャップ
renzu kyappu
die Schutzkappe

フラッシュガン
furasshu gan
der Elektronenblitz

露出計
roshutsukei
der Belichtungsmesser

ズームレンズ
zūmu renzu
das Zoom

三脚
sankyaku
das Stativ

カメラの種類 kamera no shurui • die Fotoapparattypen

デジタルカメラ
dejitaru kamera
die Digitalkamera

APSカメラ
ē-pī-esu kamera
die Kamera für APS-Film

インスタントカメラ
insutanto kamera
die Sofortbildkamera

使い捨てカメラ
tsukaisute kamera
die Einwegkamera

写真撮影 shashin satsuei • fotografieren

スプール
supūru
die Filmspule

フィルム
firumu
der Film

ピントを合わせる
pinto o awaseru
einstellen

現像する
genzō suru
entwickeln

ネガ
nega
das Negativ

ランドスケープ
randosukēpu
das Querformat

ポートレート
pōtorēto
das Hochformat

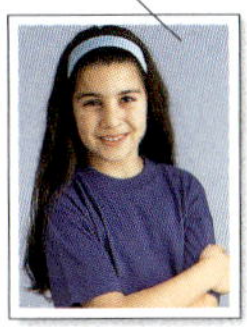

写真 shashin | **das Foto**

アルバム
arubamu
das Fotoalbum

写真用額縁
shashin-yō gakubuchi
der Fotorahmen

問題 mondai • die Probleme

露出不足
roshutsu-busoku
unterbelichtet

露出オーバー
roshutsu-ōbā
überbelichtet

ピンぼけ
pimboke
unscharf

赤目
akame
die roten Augen

関連用語 kanrenyōgo • Vokabular

ファインダー
faindā
der Bildsucher

カメラケース
kamera kēsu
die Kameratasche

露出
roshutsu
die Belichtung

暗室
anshitsu
die Dunkelkammer

メモリカード
memori kādo
die Speicherkarte

印画
inga
der Abzug

無光沢
mukōtaku
matt

光沢
kōtaku
hochglanz

引き伸ばし
hikinobashi
die Vergrößerung

印画紙
ingashi
das Fotopapier

このフィルムを現像してください。
kono firumu o genzō shite kudasai.
Bitte lassen Sie diesen Film entwickeln.

ゲーム gēmu • die Spiele

チェス
chesu
das Schach

チェッカー
chekkā
das Damespiel

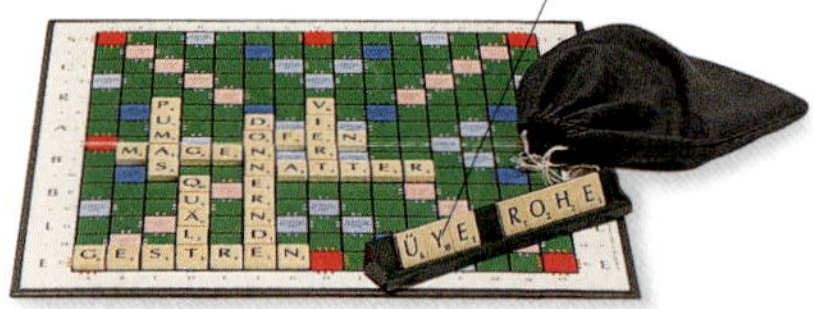

スクラブル sukuraburu | das Scrabble

バックギャモン bakkugyamon | das Backgammon

盤上ゲーム banjō gēmu | die Brettspiele

切手収集 kitte shūshū
das Briefmarkensammeln

ジグソーパズル jigusō pazuru
das Puzzle

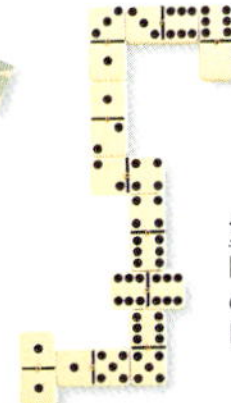

ドミノ domino
das Domino

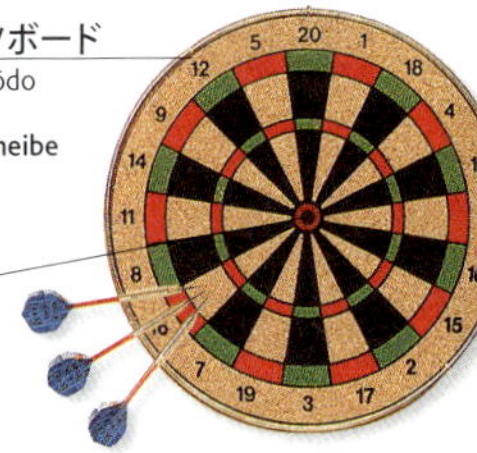

ダーツボード
dātsubōdo
die Dartscheibe

金的
kinteki
das Bull's Eye

ダーツ dātsu | das Darts

ジョーカー
jōkā
der Joker

ジャック
jakku
der Bube

クイーン
kuīn
die Dame

キング
kingu
der König

エース
ēsu
das Ass

ダイヤ
daiya
das Karo

スペード
supēdo
das Pik

ハート
hāto
das Herz

クラブ
kurabu
das Kreuz

トランプ torampu | die Karten

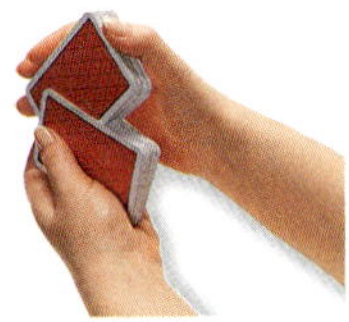

切る kiru | mischen

配る kubaru | geben

関連用語 kanrenyōgo • Vokabular

手 te der Zug	勝つ katsu gewinnen	敗者 haisha der Verlierer	点 ten der Punkt	ブリッジ burijji das Bridge
遊ぶ asobu spielen	勝者 shōsha der Gewinner	ゲーム gēmu das Spiel	得点 tokuten das Spielergebnis	トランプ一組 torampu hito-kumi das Kartenspiel
プレーヤー purēyā der Spieler	負ける makeru verlieren	賭け kake die Wette	ポーカー pōkā das Poker	スート sūto die Farbe

さいころを転がしてください。
saikoro o korogashite kudasai.
Würfle.

誰の番ですか。
dare no ban desuka?
Wer ist dran?

貴方の番です。
anata no ban desu.
Du bist dran.

美術と工芸1 bijutsu to kōgei • das Kunsthandwerk 1

図画 zuga | die Malerei

色 iro • die Farben

赤 aka | rot

青 ao | blau

黄色 ki'iro
gelb

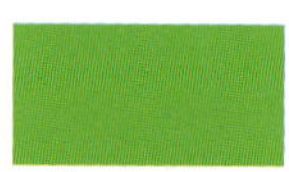
緑 midori | grün

オレンジ 色 orenji iro
orange

紫 murasaki
lila

白 shiro | weiß

黒 kuro | schwarz

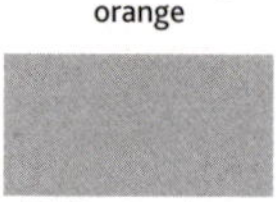
灰色 hai'iro | grau

ピンク pinku
rosa

茶色 chairo | braun

藍色 ai'iro
indigoblau

絵具 enogu • die Farben

油絵具
abura enogu
die Ölfarben

水彩絵具
suisai enogu
die Aquarellfarbe

パステル
pasuteru
die Pastellstifte

アクリル絵具
akuriru enogu
die Acrylfarbe

ポスターカラー posutā karā
die Plakatfarbe

他の工芸 ta no kōgei • andere Kunstfertigkeiten

素描 sobyō | das Zeichnen

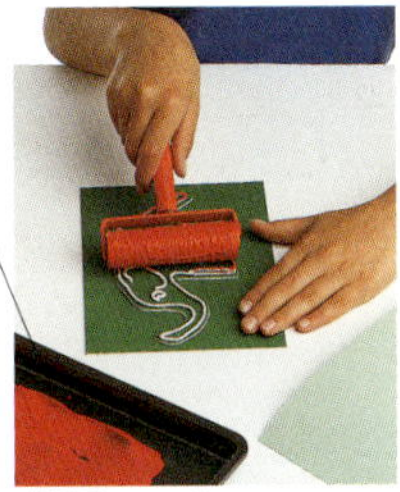

版画 hanga | das Drucken

エッチング etchingu
das Gravieren

彫刻
chōkoku
die Bildhauerei

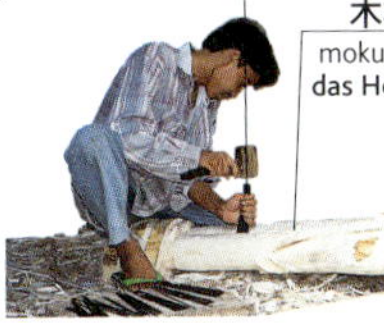

木工
mokkō
die Holzarbeit

陶芸 tōgei | die Töpferei

コラージュ korāju | die Collage

ジュエリー制作
juerī seisaku
die Juwelierarbeit

張子
hariko
das Pappmaschee

折り紙
origami
das Origami

模型制作
mokei seisaku
der Modellbau

美術と工芸2 bijutsu to kōgei • das Kunsthandwerk 2

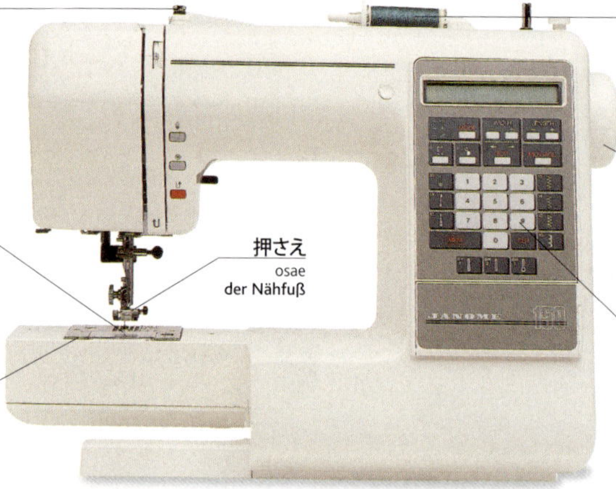

糸案内
ito annai
die Fadenführung

糸巻き
ito maki
der Spuler

針
hari
die Nadel

はずみ車
hazumi-guruma
das Handrad

押さえ
osae
der Nähfuß

模様選択
moyō sentaku
die Stichwahltaste

針板
hari ita
die Stichplatte

ミシン mishin | **die Nähmaschine**

鋏
hasami
die Schere

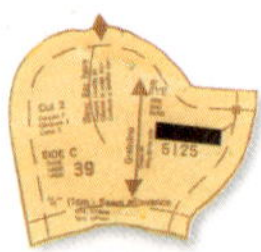

型紙
katagami
das Schnittmuster

針刺し
harisashi
das Nadelkissen

待針
machibari
die Stecknadel

裁縫箱 saihō-bako
der Nähkorb

メジャー
mejā
das Zentimetermaß

生地
kiji
der Stoff

ボビン
bobin
die Spule

糸
ito
das Garn

受け金
ukegane
die Öse

鉤ホック
kagi hokku
der Haken

指貫
yubinuki
der Fingerhut

チャコ
chako
die Schneiderkreide

ダミー
damī
die Schneiderpuppe

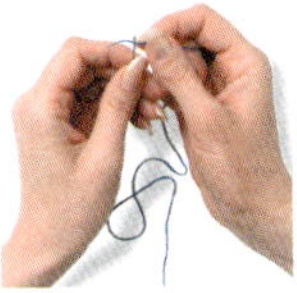

糸を通す
ito o tōsu
einfädeln

縫い目
nuime
der Stich

縫う
nu'u
nähen

繕う
tsukurō
stopfen

仮縫いする
karinui suru
heften

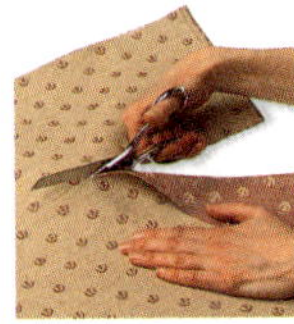

切る
kiru
schneiden

ニードルポイント
nīdorupointo
die Tapisserie

刺繍
shishū
die Stickerei

かぎ針
kagibari
der Häkelhaken

かぎ針編み
kagibariami
das Häkeln

マクラメ
makurame
das Makramee

パッチワーク
patchiwāku
das Patchwork

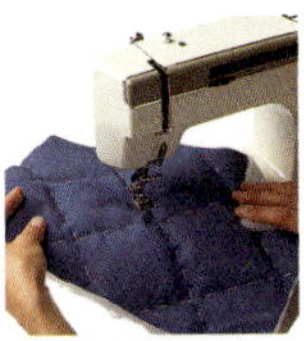

キルティング
kirutingu
das Wattieren

レース用ボビン
rēsu-yō bobin
der Klöppel

レース編み
rēsuami
die Spitzenklöppelei

機
hata
der Webstuhl

機織り
hataori
die Weberei

編み針
amibari
die Stricknadel

編み物 amimono | **das Stricken**

毛糸
keito
die Wolle

かせ kase | **der Strang**

関連用語 kanrenyōgo • Vokabular

ほどく hodoku **auftrennen**	ナイロン nairon **das Nylon**
布地 nunoji **der Stoff**	絹 kinu **die Seide**
綿 men **die Baumwolle**	デザイナー dezainā **der Modedesigner**
リネン rinen **das Leinen**	ファッション fasshon **die Mode**
ポリエステル poriesuteru **das Polyester**	ファスナー fasunā **der Reißverschluss**

環境 kankyō
die Umwelt

宇宙空間 uchūkūkan • der Weltraum

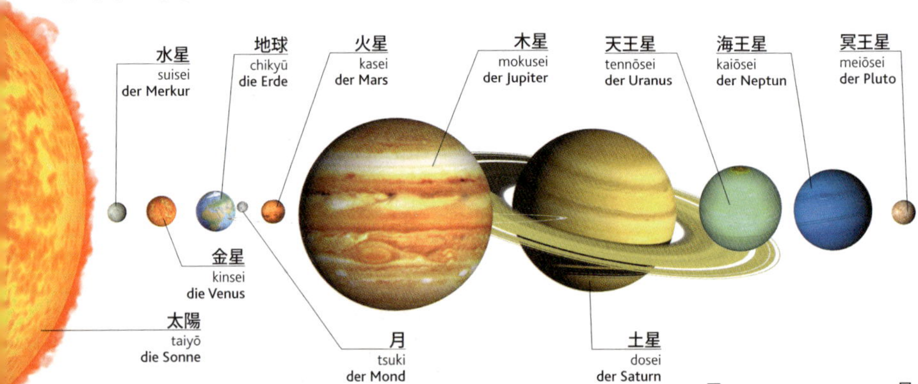

太陽系 taiyōkei | das Sonnensystem

銀河系
gingakei
die Galaxie

星雲
seiun
der Nebelfleck

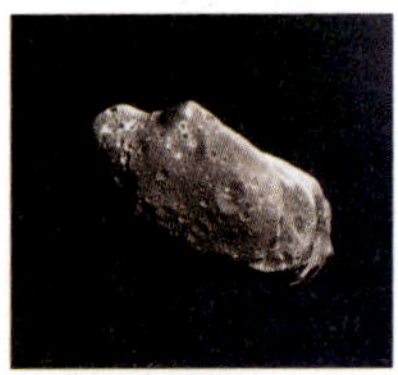

小惑星
shōwakusei
der Asteroid

彗星
suisei
der Komet

関連用語 kanrenyōgo • Vokabular

宇宙
uchū
das Universum

軌道
kidō
die Umlaufbahn

重力
jūryoku
die Schwerkraft

ブラックホール
burakku hōru
das Schwarze Loch

惑星
wakusei
der Planet

流星
ryūsei
der Meteor

満月
mangetsu
der Vollmond

新月
shingetsu
der Neumond

三日月
mikazuki
die Mondsichel

食 shoku | die Finsternis

宇宙探検 uchū tanken • die Raumforschung

スペースシャトル
supēsu shatoru
die Raumfähre

ブースター
būsutā
der Beschleuniger

発射台
hasshadai
die Abschussrampe

発射
hassha
der Abschuss

宇宙服
uchūfuku
der Raumanzug

宇宙飛行士 uchūhikōshi
der Astronaut

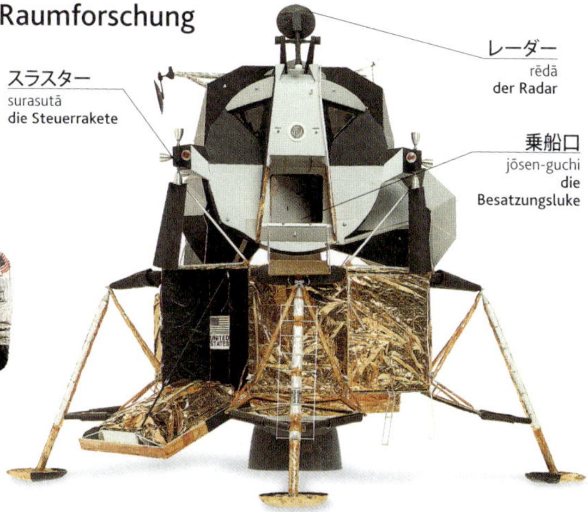

スラスター
surasutā
die Steuerrakete

レーダー
rēdā
der Radar

乗船口
jōsen-guchi
die Besatzungsluke

月着陸船 tsukichakurikusen | **die Mondfähre**

人工衛星
jinkōeisei
der Satellit

宇宙ステーション
uchū sutēshon
die Raumstation

天文学 tenmongaku • die Astronomie

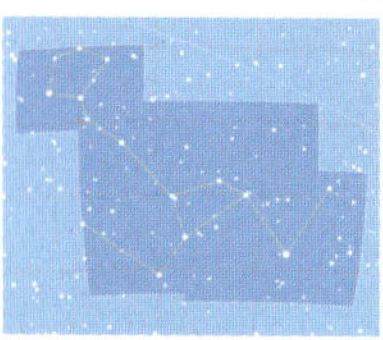

星座
seiza
das Sternbild

双眼鏡
sōgankyō
das Fernglas

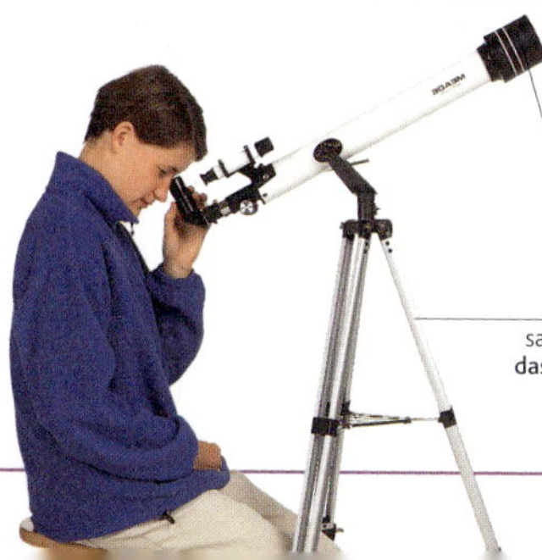

天体望遠鏡
tentaibōenkyō
das Teleskop

三脚
sankyaku
das Stativ

地球 chikyū • die Erde

惑星 wakusei | der Planet

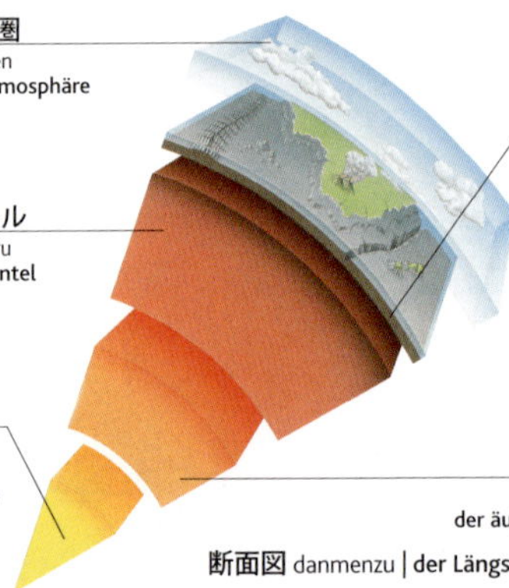

断面図 danmenzu | der Längsschnitt

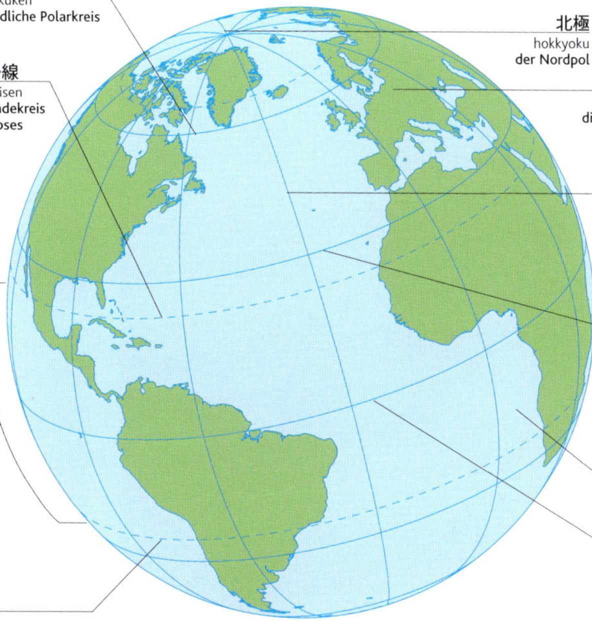

地帯 chitai | die Erdzonen

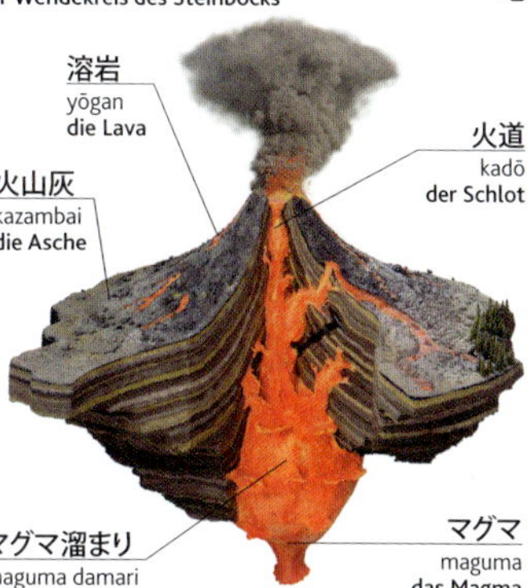

火山 kazan | der Vulkan

噴火口 funkakō | der Krater

関連用語 kanrenyōgo • Vokabular

地震
jishin
das Erdbeben

プレート
purēto
die Platte

噴火する
funka suru
ausbrechen

微震
bishin
das Beben

地勢 chisei • die Landschaft

山
yama
der Berg

斜面
shamen
der Hang

川岸
kawagishi
das Ufer

川
kawa
der Fluss

急流
kyūryū
die Stromschnellen

岩
iwa
die Felsen

氷河
hyōga
der Gletscher

谷間 tanima | **das Tal**

丘陵
kyūryō
der Hügel

台地
daichi
das Plateau

渓谷
keikoku
die Schlucht

洞窟
dōkutsu
die Höhle

平野 heiya | die Ebene

砂漠 sabaku | die Wüste

林地 rinchi | das Waldland

森林 shinrin | der Wald

雨林
urin
der Regenwald

湿地
shitchi
der Sumpf

草地
kusachi
die Wiese

草原
sōgen
das Grasland

滝
taki
der Wasserfall

渓流
keiryū
der Bach

湖
mizu'umi
der See

間欠泉
kanketsusen
der Geysir

海岸
kaigan
die Küste

崖
gake
die Klippe

珊瑚礁
sangoshō
das Korallenriff

河口
kakō
die Flussmündung

気象 kishō • das Wetter

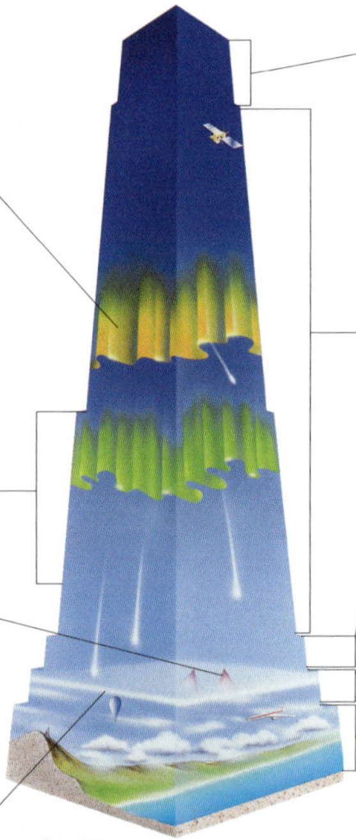

大気圏 taikiken | die Atmosphäre

晴天 seiten | der Sonnenschein

風 kaze | der Wind

関連用語 kanrenyōgo • Vokabular

霙
mizore
der Schneeregen

雹
hyō
der Hagel

雷
kaminari
der Donner

晴れ
hare
sonnig

曇り
kumori
bewölkt

暑い
atsui
heiß

寒い
samui
kalt

暖かい
atatakai
warm

乾燥した
kansō shita
trocken

雨がちな
ame-gachi na
regnerisch

湿気の多い
shikke no ōi
feucht

風の強い
kaze no tsuyoi
windig

強風
kyōfū
der Sturm

気温
kion
die Temperatur

台風
taifū
der Taifun

暑い/寒いです。
atsui/samui desu.
Mir ist heiß/kalt.

雨が降っています。
ame ga futte imasu.
Es regnet.

... 度です。
... do desu.
Es sind ... Grad.

雲 kumo | die Wolke

雨 ame | der Regen

稲妻
inazuma
der Blitz

嵐 arashi | das Gewitter

靄 moya | der feine Nebel

霧 kiri | der dichte Nebel

虹 niji | der Regenbogen

雪 yuki | der Schnee

霜 shimo | der Raureif

氷 kōri | das Eis

氷柱
tsurara
der Eiszapfen

氷結 hyōketsu | der Frost

ハリケーン harikēn
der Hurrikan

旋風 tsumujikaze
der Tornado

モンスーン monsūn
der Monsun

洪水 kōzui
die Überschwemmung

岩石 ganseki • das Gestein

火成岩 kaseigan • eruptiv

花崗岩
kakōgan
der Granit

黒曜石
kokuyōseki
der Obsidian

玄武岩
gembugan
der Basalt

軽石
karuishi
der Bimsstein

堆積岩 taisekigan • sedimentär

砂岩
sagan
der Sandstein

石灰岩
sekkaigan
der Kalkstein

白亜
hakua
die Kreide

燧石
suiseki
der Feuerstein

礫岩
rekigan
das Konglomerat

石炭
sekitan
die Kohle

変成岩 henseigan • metamorph

粘板岩
nembangan
der Schiefer

片岩
hengan
der Glimmerschiefer

片麻岩
henmagan
der Gneis

大理石
dairiseki
der Marmor

宝石 hōseki • die Schmucksteine

鉱石 kōseki • die Mineralien

石英
sekiei
der Quarz

雲母
unmo
der Glimmer

硫黄
iō
der Schwefel

ヘマタイト
hemataito
der Hämatit

方解石
hōkaiseki
der Kalzit

孔雀石
kujakuseki
der Malachit

トルコ石
torukoishi
der Türkis

縞瑪瑙
shimamenō
der Onyx

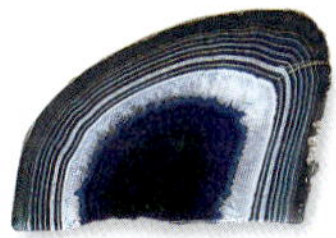
瑪瑙
menō
der Achat

黒鉛
kokuen
der Graphit

金属 kinzoku • die Metalle

金
kin
das Gold

銀
gin
das Silber

プラチナ
purachina
das Platin

ニッケル
nikkeru
das Nickel

鉄
tetsu
das Eisen

銅
dō
das Kupfer

錫
suzu
das Zinn

アルミニウム
aruminiumu
das Aluminium

水銀
suigin
das Quecksilber

亜鉛
aen
das Zink

動物1 dōbutsu • die Tiere 1

哺乳類 honyūrui • die Säugetiere

兎
usagi
das Kaninchen

ハムスター
hamusutā
der Hamster

二十日鼠
hatsukanezumi
die Maus

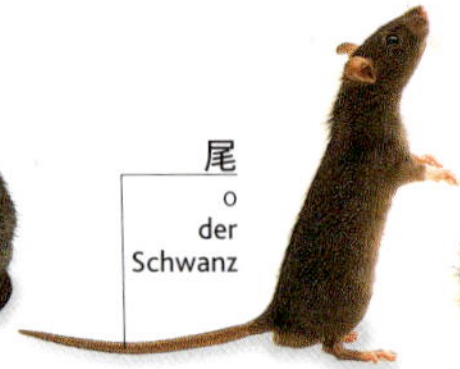

鼠
nezumi
die Ratte

針鼠
harinezumi
der Igel

栗鼠
risu
das Eichhörnchen

蝙蝠
kōmori
die Fledermaus

狸
tanuki
der Waschbär

狐
kitsune
der Fuchs

狼
ōkami
der Wolf

犬
inu
der Hund

猫
neko
die Katze

獺
kawauso
der Otter

海豹
azarashi
die Robbe

海驢
ashika
der Seelöwe

海象
seiuchi
das Walross

鯨
kujira
der Wal

海豚
iruka
der Delfin

鹿
shika
der Hirsch

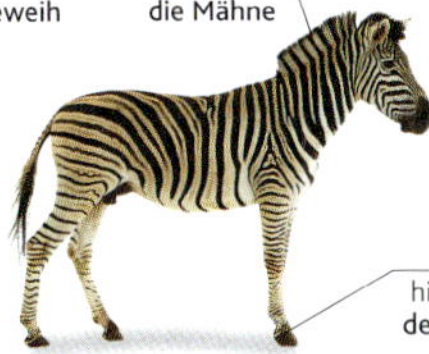

縞馬
shimauma
das Zebra

麒麟
kirin
die Giraffe

駱駝
rakuda
das Dromedar

河馬
kaba
das Flusspferd

象
zō
der Elefant

犀
sai
das Nashorn

虎
tora
der Tiger

ライオン
raion
der Löwe

猿
saru
der Affe

ゴリラ
gorira
der Gorilla

コアラ
koara
der Koalabär

カンガルー
kangarū
das Känguru

熊
kuma
der Bär

北極熊
hokkyokuguma
der Eisbär

パンダ
panda
der Panda

動物2 dōbutsu • die Tiere 2

鳥類 chōrui • die Vögel

カナリヤ
kanariya
der Kanarienvogel

雀
suzume
der Spatz

蜂鳥
hachidori
der Kolibri

燕
tsubame
die Schwalbe

烏
karasu
die Krähe

鳩
hato
die Taube

啄木鳥
kitsutsuki
der Specht

隼
hayabusa
der Falke

梟
fukurō
die Eule

鴎
kamome
die Möwe

鷲
washi
der Adler

ペリカン
perikan
der Pelikan

フラミンゴ
furamingo
der Flamingo

鸛
kōnotori
der Storch

鶴
tsuru
der Kranich

ペンギン
pengin
der Pinguin

駝鳥
dachō
der Strauß

鵞鳥 gachō | die Gans

白鳥 hakuchō
der Schwan

孔雀
kujaku
der Pfau

雉
kiji
der Fasan

七面鳥
shichimenchō
der Truthahn

鸚哥
inko
der Kakadu

嘴
kuchibashi
der Schnabel

羽根
hane
die Feder

翼
tsubasa
der Flügel

爪
tsume
die Kralle

鸚鵡
ōmu
der Papagei

爬虫類 hachūrui • die Reptilien

鱗
uroko
die Schuppen

アリゲーター
arigētā
der Alligator

蜥蜴
tokage
die Eidechse

イグアナ
iguana
der Leguan

甲羅
kōra
der Panzer

亀
kame
die Wasserschildkröte

陸亀
riku-game
die Schildkröte

蛇
hebi
die Schlange

鼻
hana
die Schnauze

クロコダイル
kurokodairu
das Krokodil

動物3 dōbutsu • die Tiere 3

両生類 ryōseirui • die Amphibien

蛙
kaeru
der Frosch

蟇蛙
hikigaeru
die Kröte

おたまじゃくし
otamajakushi
die Kaulquappe

山椒魚
sanshō'uo
der Salamander

魚類 gyorui • die Fische

鰻
unagi
der Aal

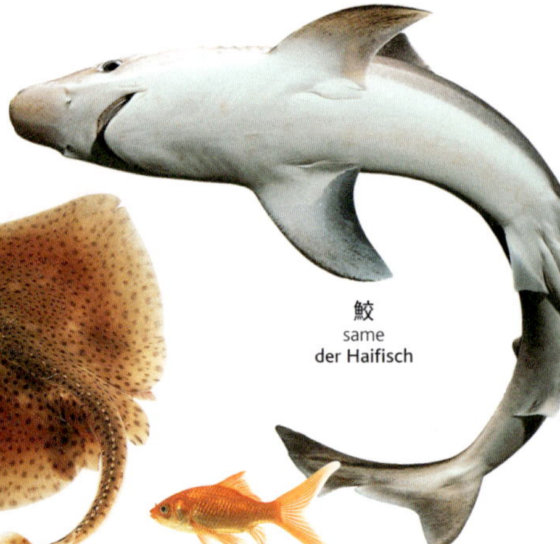

鮫
same
der Haifisch

竜の落とし子
tatsu-no-otoshigo
das Seepferdchen

雁木鱏
gangiei
der Glattrochen

海鷂魚
ei
der Rochen

金魚
kingyo
der Goldfisch

女梶木 mekajiki | **der Schwertfisch**

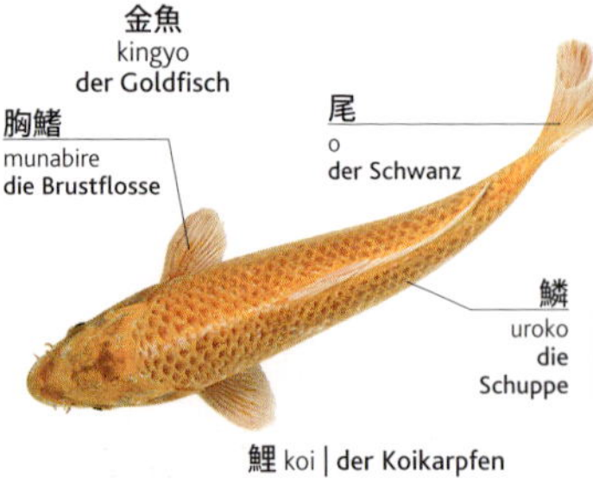

鯉 koi | **der Koikarpfen**

無脊椎動物 musekitsui dōbutsu • die Wirbellosen

蟻
ari
die Ameise

白蟻
shiroari
die Termite

蜜蜂
mitsubachi
die Biene

蜂
hachi
die Wespe

甲虫
kabutomushi
der Käfer

ゴキブリ
gokiburi
die Schabe

蛾
ga
die Motte

蝶
chō
der Schmetterling

繭
mayu
der Kokon

芋虫
imomushi
die Raupe

蟋蟀 kōrogi | **die Grille**

蝗
inago
die Heuschrecke

蟷螂
kamakiri
die Gottesanbeterin

蠍
sasori
der Skorpion

百足
mukade
der Tausendfüßer

蜻蛉
tombo
die Libelle

蠅
hae
die Fliege

蚊
ka
die Stechmücke

天道虫
tentōmushi
der Marienkäfer

蜘蛛
kumo
die Spinne

蛞蝓
namekuji
die Nacktschnecke

蝸牛
katatsumuri
die Schnecke

蚯蚓 mimizu | **der Wurm**

海星
hitode
der Seestern

紫貽貝
murasaki igai
die Miesmuschel

蟹 kani | **der Krebs**

ロブスター robusutā
der Hummer

蛸 tako | **der Krake**

烏賊 ika
der Tintenfisch

水母 kurage
die Qualle

植物 shokubutsu • die Pflanzen

木 ki • der Baum

葉
ha
das Blatt

小枝
koeda
der Zweig

柳
yanagi
die Weide

枝
eda
der Ast

樹皮
juhi
die Rinde

根
ne
die Wurzel

幹
miki
der Stamm

樫 kashi | die Eiche

ポプラ
popura
die Pappel

ユーカリ
yūkari
der Eukalyptus

唐松
karamatsu
die Lärche

ブナ
buna
die Buche

白樺
shirakaba
die Birke

松
matsu
die Kiefer

ヒマラヤ杉
himarayasugi
die Zeder

楓
kaede
der Ahorn

楡
nire
die Ulme

リンデン
rinden
die Linde

実
mi
die Beere

柊
hi'iragi
die Stechpalme

椰子
yashi
die Palme

顕花植物 kenkashokubutsu • die blühende Pflanze

金鳳花
kimpōge
der Hahnenfuß

雛菊
hinagiku
das Gänseblümchen

薊
azami
die Distel

蒲公英
tampopo
der Löwenzahn

ヒース
hīsu
das Heidekraut

芥子
keshi
der Klatschmohn

狐の手袋
kitsune-no-tebukuro
der Fingerhut

忍冬
suikazura
das Geißblatt

向日葵
himawari
die Sonnenblume

クローバー
kurōbā
der Klee

釣鐘水仙
tsurigane suisen
die Sternhyazinthen

桜草
sakurasō
die Schlüsselblume

ルーピン
rūpin
die Lupinen

刺草
irakusa
die Nessel

市街 shigai • die Stadt

建物 tatemono • die Gebäude

市庁舎
shichōsha
das Rathaus

図書館
toshokan
die Bibliothek

映画館
eigakan
das Kino

劇場
gekijō
das Theater

大学
daigaku
die Universität

学校
gakkō
die Schule

摩天楼
matenrō
der Wolkenkratzer

区域 kuiki • die Bezirke

工業団地
kōgyōdanchi
das Industriegebiet

都市
toshi
die Innenstadt

郊外
kōgai
der Vorort

村
mura
das Dorf

関連用語 kanrenyōgo • Vokabular

歩行者天国
hokōsha-tengoku
die Fußgängerzone

大通り
ōdōri
die Allee

脇道
wakimichi
die Seitenstraße

広場
hiroba
der Platz

マンホール
manhōru
der Kanalschacht

バス停
basutei
die Bushaltestelle

排水溝
haisuikō
der Rinnstein

工場
kōjō
die Fabrik

教会
kyōkai
die Kirche

下水道
gesuidō
der Kanal

建築 kenchiku • die Architektur

建物と構造 tatemono to kōzō • die Gebäude und Strukturen

摩天楼
matenrō
der Wolkenkratzer

城
shiro
die Burg

教会
kyōkai
die Kirche

モスク
mosuku
die Moschee

寺院
ji'in
der Tempel

シナゴーグ
shinagōgu
die Synagoge

ダム
damu
der Staudamm

橋
hashi
die Brücke

大聖堂 daiseidō | die Kathedrale

建築様式 kenchiku yōshiki • die Baustile

ゴシック goshikku | **gotisch**

アーキトレーブ
ākitorēbu
der Architrav

ルネサンス
runesansu
Renaissance

バロック
barokku
barock

アーチ
āchi
der Bogen

フリーズ
furīzu
der Fries

聖歌隊席
seikatai seki
der Chor

ロココ
rokoko
Rokoko

ペディメント
pedimento
das Giebeldreieck

新古典主義
shinkotenshugi
klassizistisch

控え壁
hikaekabe
der Strebepfeiler

アールヌーボー
āru nūbō
der Jugendstil

アールデコ
āru deko
Art-déco

参考資料 sankō shiryō
die Information

時間 jikan • die Uhrzeit

長針
chōshin
der Minutenzeiger

短針
tanshin
der Stundenzeiger

時計
tokei
die Uhr

関連用語 kanrenyōgo • Vokabular

秒
byō
die Sekunde

分
fun
die Minute

時
ji
die Stunde

現在
genzai
jetzt

後
nochi
später

30分
sanjuppun
eine halbe Stunde

15分
jūgo-fun
eine Viertelstunde

20分
nijuppun
zwanzig Minuten

40分
yonjuppun
vierzig Minuten

今、何時ですか。
ima nanji desuka?
Wie spät ist es?

3時です。
san-ji desu.
Es ist drei Uhr.

1時5分
ichi-ji go-fun
fünf nach eins

1時10分
ichi-ji juppun
zehn nach eins

1時15分
ichi-ji jūgo-fun
Viertel nach eins

1時20分
ichi-ji nijuppun
zwanzig nach eins

秒針
byōshin
der Sekundenzeiger

1時25分
ichi-ji nijūgo-fun
fünf vor halb zwei

1時半
ichi-ji han
halb zwei

1時35分
ichi-ji sanjūgo-fun
fünf nach halb zwei

1時40分前
ichi-ji yonjuppun
zwanzig vor zwei

2時15分前
ni-ji jūgo-fun mae
Viertel vor zwei

2時10分前
ni-ji juppun mae
zehn vor zwei

2時5分前
ni-ji go-fun mae
fünf vor zwei

2時
ni-ji
zwei Uhr

日中と夜 nitchū to yoru • die Nacht und der Tag

真夜中 mayonaka
die Mitternacht

日の出 hinode
der Sonnenaufgang

夜明け yoake
die Morgendämmerung

朝 asa | der Morgen

日没
nichibotsu
der Sonnenuntergang

正午
shōgo
der Mittag

夕暮れ yūgure | die Abenddämmerung

晩 ban | der Abend

午後 gogo | der Nachmittag

関連用語 kanrenyōgo • Vokabular

早い
hayai
früh

時間通り
jikan-dōri
pünktlich

遅い
osoi
spät

早いですね。
hayai desune.
Du bist früh dran.

遅刻です。
chikoku desu.
Du hast dich verspätet.

もうすぐ到着します。
mōsugu tōchaku shimasu.
Ich werde bald dort sein.

時間通りに来てください。
jikan-dōri ni kite kudasai.
Sei bitte pünklich.

また後で。
mata ato de.
Bis später.

何時に始まりますか。
nanji ni hajimarimasuka?
Wann fängt es an?

何時に終わりますか。
nanji ni owarimasuka?
Wann ist es zu Ende?

遅くなってきました。
osokunatte kimashita.
Es ist schon spät.

時間は、どのくらいかかりますか。
jikan wa donokurai kakarimasuka?
Wie lange dauert es?

カレンダー karendā • der Kalender

月
tsuki
der Monat

年
toshi
das Jahr

一月
ichigatsu
Januar

2010

曜日
yōbi
der Tag

月曜日 getsuyōbi **Montag**	火曜日 kayōbi **Dienstag**	水曜日 suiyōbi **Mittwoch**	木曜日 mokuyōbi **Donnerstag**	金曜日 kin'yōbi **Freitag**	土曜日 doyōbi **Samstag**	日曜日 nichiyōbi **Sonntag**
1	2	3	4	5	6	7
8	9	10	11	12	13	14
15	16	17	18	19	20	21

週日
shūjitsu
der Werktag

週
shū
die Woche

日にち
hinichi
das Datum

昨日
kinō
gestern

今日
kyō
heute

明日
ashita
morgen

週末
shūmatsu
das Wochenende

関連用語 kanrenyōgo • Vokabular

一月
ichigatsu
Januar

二月
nigatsu
Februar

三月
sangatsu
März

四月
shigatsu
April

五月
gogatsu
Mai

六月
rokugatsu
Juni

七月
shichigatsu
Juli

八月
hachigatsu
August

九月
kugatsu
September

十月
jūgatsu
Oktober

十一月
jūichigatsu
November

十二月
jūnigatsu
Dezember

年 toshi • die Jahre

1900 一九〇〇年 sen kyūhyaku nen • **neunzehnhundert**

1901 一九〇一年 sen kyūhyaku ichi nen • **neunzehnhunderteins**

1910 一九一〇年 sen kyūhyaku jū nen • **neunzehnhundertzehn**

2000 二〇〇〇年 nisen nen • **zweitausend**

2001 二〇〇一年 nisen ichi nen • **zweitausendeins**

季節 kisetsu • die Jahreszeiten

春
haru
der Frühling

夏
natsu
der Sommer

秋
aki
der Herbst

冬
fuyu
der Winter

関連用語 kanrenyōgo • Vokabular

世紀
seiki
das Jahrhundert

十年間
jūnenkan
das Jahrzehnt

千年間
sennenkan
das Jahrtausend

二週間
nishūkan
zwei Wochen

今週
konshū
diese Woche

先週
senshū
letzte Woche

来週
raishū
nächste Woche

一昨日
ototoi
vorgestern

明後日
asatte
übermorgen

毎週
maishū
wöchentlich

毎月
maitsuki
monatlich

毎年
maitoshi
jährlich

今日は何日ですか。
kyō wa nannichi desuka?
Welches Datum haben wir heute?

2002年2月17日です。
nisen ni nen nigatsu jūshichi nichi desu.
Heute ist der siebzehnte Februar zweitausendzwei.

数字 sūji • die Zahlen

0	零 rei • **null**
1	一 ichi • **eins**
2	二 ni • **zwei**
3	三 san • **drei**
4	四 shi/yon • **vier**
5	五 go • **fünf**
6	六 roku • **sechs**
7	七 shichi/nana • **sieben**
8	八 hachi • **acht**
9	九 ku/kyū • **neun**
10	十 jū • **zehn**
11	十一 jūichi • **elf**
12	十二 jūni • **zwölf**
13	十三 jūsan • **dreizehn**
14	十四 jūshi/jūyon • **vierzehn**
15	十五 jūgo • **fünfzehn**
16	十六 jūroku • **sechzehn**
17	十七 jūshichi/jūnana • **siebzehn**
18	十八 jūhachi • **achtzehn**
19	十九 jūku/jūkyū • **neunzehn**
20	二十 nijū • **zwanzig**
21	二十一 nijūichi • **einundzwanzig**
22	二十二 nijūni • **zweiundzwanzig**
30	三十 sanjū • **dreißig**
40	四十 shijū/yonjū • **vierzig**
50	五十 gojū • **fünfzig**
60	六十 rokujū • **sechzig**
70	七十 shichijū/nanajū • **siebzig**
80	八十 hachijū • **achtzig**
90	九十 kyūjū • **neunzig**
100	百 hyaku • **hundert**
110	百十 hyakujū • **hundertzehn**
200	二百 nihyaku • **zweihundert**
300	三百 sambyaku • **dreihundert**
400	四百 yonhyaku • **vierhundert**
500	五百 gohyaku • **fünfhundert**
600	六百 roppyaku • **sechshundert**
700	七百 nanahyaku • **siebenhundert**
800	八百 happyaku • **achthundert**
900	九百 kyūhyaku • **neunhundert**

1000 千 sen • **tausend**

10000 一万 ichiman • **zehntausend**

20000 二万 niman • **zwanzigtausend**

50000 五万 goman • **fünfzigtausend**

55500 五万五千五百 goman gosen gohyaku • **fünfundfünfzigtausendfünfhundert**

100000 十万 jūman • **hunderttausend**

1000000 百万 hyakuman • **eine Million**

1000000000 十億 jūoku • **eine Milliarde**

四番目 yon banme • **vierter**

五番目 go banme • **fünfter**

六番目 roku banme • **sechster**

七番目 nana banme • **siebter**

八番目 hachi banme • **achter**

九番目 kyū banme • **neunter**

十番目 jū banme • **zehnter**

十一番目 jūichi banme • **elfter**

十二番目 jūni banme • **zwölfter**

十三番目 jūsan banme • **dreizehnter**

十四番目 jūyon banme • **vierzehnter**

十五番目 jūgo banme • **fünfzehnter**

十六番目 jūroku banme • **sechzehnter**

十七番目 jūnana banme • **siebzehnter**

十八番目 jūhachi banme • **achtzehnter**

十九番目 jūkyū banme • **neunzehnter**

二十番目 nijū banme • **zwanzigster**

二十一番目 nijūichi banme • **einundzwanzigster**

二十二番目 nijūni banme • **zweiundzwanzigster**

二十三番目 nijūsan banme • **dreiundzwanzigster**

三十番目 sanjū banme • **dreißigster**

四十番目 yonjū banme • **vierzigster**

五十番目 gojū banme • **fünfzigster**

六十番目 rokujū banme • **sechzigster**

七十番目 nanajū banme • **siebzigster**

八十番目 hachijū banme • **achtzigster**

九十番目 kyūjū banme • **neunzigster**

百番目 hyaku banme • **hundertster**

計量 keiryō • die Maße und Gewichte

面積 menseki • die Fläche

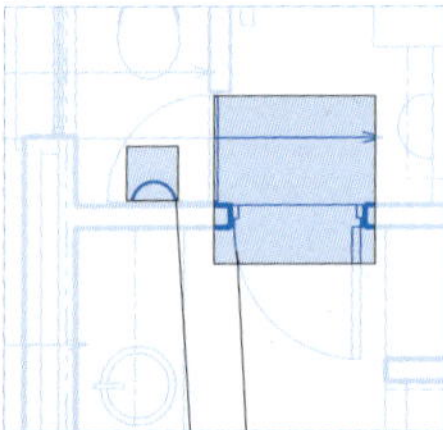

距離 kyori • die Entfernung

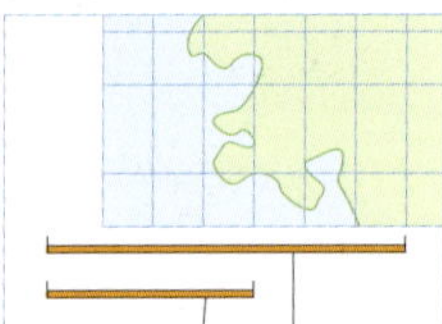

秤 hakari | die Waage

関連用語 kanrenyōgo • Vokabular

ヤード
yādo
das Yard

メートル
mētoru
der Meter

トン
ton
die Tonne

ミリグラム
miriguramu
das Milligramm

測る
hakaru
messen

量る
hakaru
wiegen

長さ nagasa • die Länge

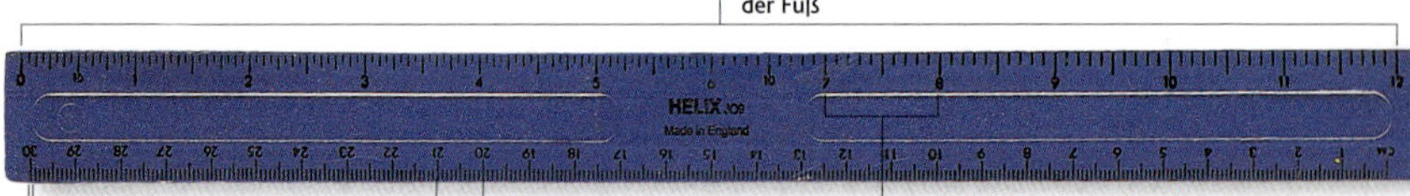

容量 yōryō • das Fassungsvermögen

0.5リットル
rei ten go rittoru
der halbe Liter

パイント
painto
das Pint

容積
yōseki
das Volumen

ミリリットル
miririttoru
der Milliliter

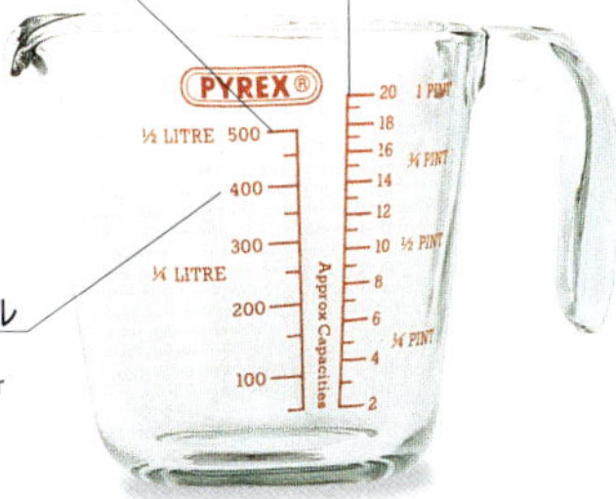

計量カップ keiryō kappu | **der Messbecher**

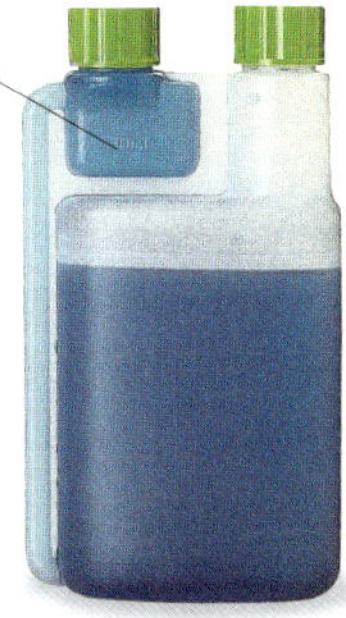

液体計量器 ekitai keiryōki
das Flüssigkeitsmaß

関連用語 kanrenyōgo • Vokabular

ガロン
garon
die Gallone

クオート
kuōto
das Quart

リットル
rittoru
der Liter

容器 yōki • der Behälter

紙パック
kami pakku
die Tüte

包み
tsutsumi
das Päckchen

瓶
bin
die Flasche

袋
fukuro
der Beutel

カップ形容器
kappu-gata yōki | **der Becher**

広口瓶 hirokuchi bin
das Glas

缶
kan
die Dose

缶詰容器 kanzume yōki
die Büchse

霧吹き kirifuki
der Sprühbehälter

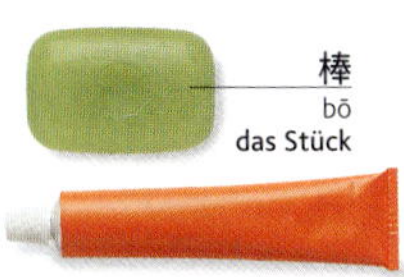

棒
bō
das Stück

チューブ
chūbu
die Tube

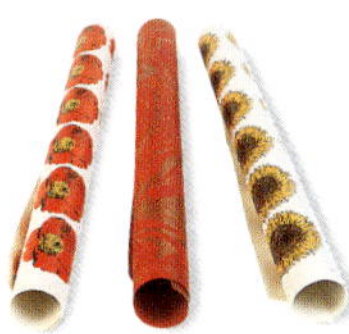

ロール
rōru
die Rolle

パック
pakku
das Päckchen

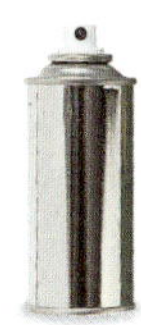

スプレー缶
supurē kan
die Sprühdose

世界地図 sekai chizu • die Weltkarte

北海
hokkai
die Nordsee

北極海
hokkyokukai
das Nordpolarmeer

ロッキー山脈
rokkī sanmyaku
die Rocky Mountains

カリブ海
karibukai
das Karibische Meer

アマゾニア
amazonia
Amazonien

太平洋
taiheiyō
der Pazifische Ozean

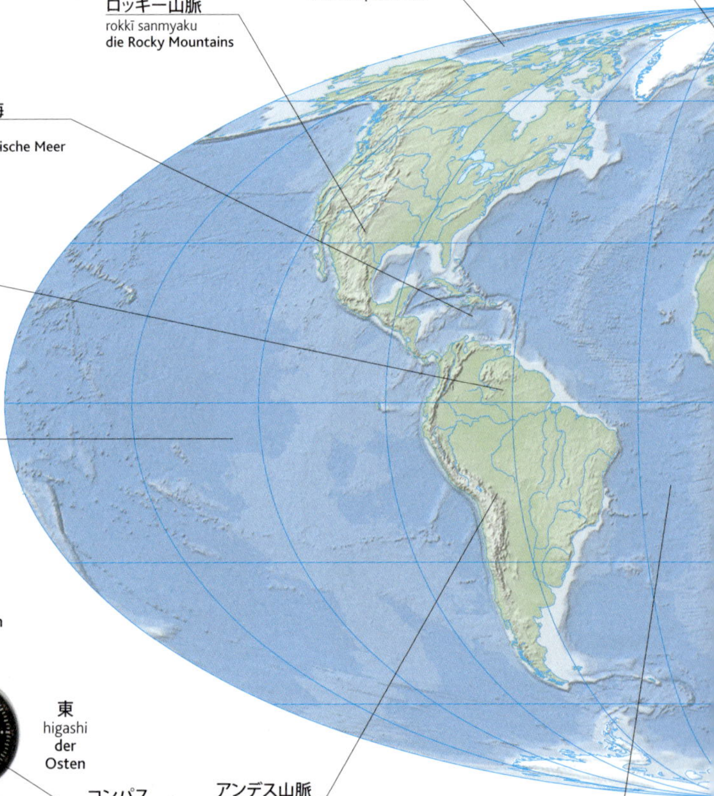

北
kita
der Norden

西
nishi
der Westen

東
higashi
der Osten

コンパス
kompasu
der Kompass

南
minami
der Süden

アンデス山脈
andesu sanmyaku
die Anden

大西洋
taiseiyō
der Atlantische Ozean

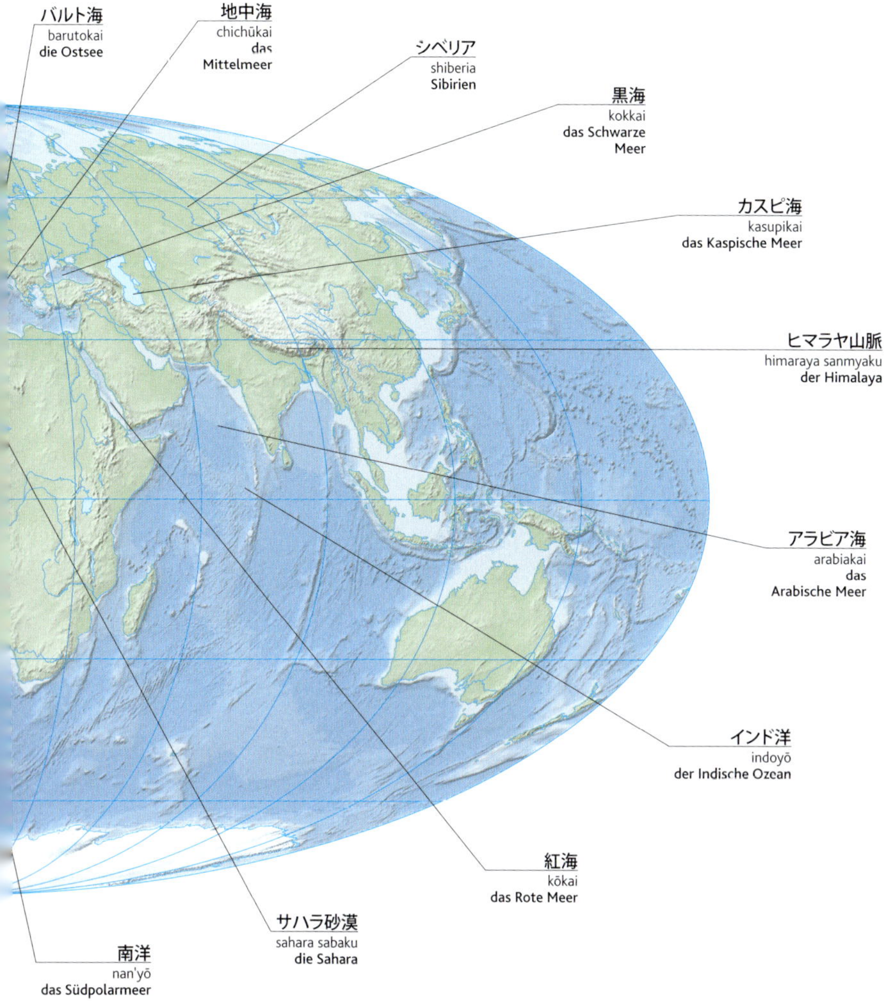
バルト海
barutokai
die Ostsee
地中海
chichūkai
das
Mittelmeer
シベリア
shiberia
Sibirien
黒海
kokkai
das Schwarze
Meer
カスピ海
kasupikai
das Kaspische Meer
ヒマラヤ山脈
himaraya sanmyaku
der Himalaya
アラビア海
arabiakai
das
Arabische Meer
インド洋
indoyō
der Indische Ozean
紅海
kōkai
das Rote Meer
サハラ砂漠
sahara sabaku
die Sahara
南洋
nan'yō
das Südpolarmeer

北米と中米 hokubei to chūbei • Nord- und Mittelamerika

1 アラスカ arasuka • **Alaska**

2 カナダ kanada • **Kanada**

3 グリーンランド gurīnrando • **Grönland**

4 アメリカ合衆国 amerika gasshūkoku • **die Vereinigten Staaten**

5 メキシコ mekishiko • **Mexiko**

6 グアテマラ guatemara • **Guatemala**

7 ベリーズ berīzu • **Belize**

8 エルサルバドル erusarubadoru • **El Salvador**

9 ホンジュラス honjurasu • **Honduras**

10 ニカラグア nikaragua • **Nicaragua**

11 コスタリカ kosutarika • **Costa Rica**

12 パナマ panama • **Panama**

13 キューバ kyūba • **Kuba**

14 バハマ bahama • **die Bahamas**

15 ジャマイカ jamaika • **Jamaika**

16 ハイチ haichi • **Haiti**

17 ドミニカ共和国 dominika kyōwakoku • **die Dominikanische Republik**

18 プエルトリコ puerutoriko • **Puerto Rico**

19 バルバドス barubadosu • **Barbados**

20 トリニダード・トバゴ torinidādo tobago • **Trinidad und Tobago**

21 セントクリストファー・ネーヴィス sentokurisutofā nēvisu • **Saint Kitts und Nevis**

22 アンティグア・バーブーダ antigua bābūda • **Antigua und Barbuda**

23 ドミニカ dominika • **Dominica**

24 セントルシア sentorushia • **Saint Lucia**

24 セントビンセント及びグレナディーン諸島 sentobinsento oyobi gurenadīn shotō • **Saint Vincent und die Grenadinen**

26 グレナダ gurenada • **Grenada**

南米 nambei • Südamerika

1 ベネズエラ benezuera • **Venezuela**

2 コロンビア korombia • **Kolumbien**

3 エクアドル ekuadoru • **Ecuador**

4 ペルー perū • **Peru**

5 ガラパゴス諸島 garapagosu shotō • **die Galapagos-Inseln**

6 ギアナ giana • **Guyana**

7 スリナム surinamu • **Suriname**

8 仏領ギアナ futsuryō giana • **Französisch-Guayana**

9 ブラジル burajiru • **Brasilien**

10 ボリビア boribia • **Bolivien**

11 チリ chiri • **Chile**

12 アルゼンチン aruzenchin • **Argentinien**

13 パラグアイ paraguai • **Paraguay**

14 ウルグアイ uruguai • **Uruguay**

15 フォークランド諸島 fōkurando shotō • **die Falkland-Inseln**

関連用語 kanrenyōgo • Vokabular

国
kuni
das Land

地方
chihō
die Gegend

地帯
chitai
die Zone

国家
kokka
der Staat

領土
ryōdo
das Territorium

地区
chiku
der Bezirk

大陸
tairiku
der Kontinent

植民地
shokuminchi
die Kolonie

地域
chi'iki
die Region

州
shū
die Provinz

公国
kōkoku
das Fürstentum

首都
shuto
die Hauptstadt

ヨーロッパ yōroppa • Europa

1 アイルランド airurando • Irland
2 英国 eikoku • Großbritannien
3 ポルトガル porutogaru • Portugal
4 スペイン supein • Spanien
5 バレアレス諸島 barearesu shotō • die Balearen
6 アンドラ andora • Andorra
7 フランス furansu • Frankreich
8 ベルギー berugī • Belgien
9 オランダ oranda • die Niederlande
10 ルクセンブルク rukusemburuku • Luxemburg
11 ドイツ doitsu • Deutschland
12 デンマーク denmāku • Dänemark
13 ノルウェー noruwē • Norwegen
14 スウェーデン suwēden • Schweden
15 フィンランド finrando • Finnland
16 エストニア esutonia • Estland
17 ラトビア ratobia • Lettland
18 リトアニア ritoania • Litauen
19 カリーニングラード karīningurādo • Kaliningrad
20 ポーランド pōrando • Polen
21 チェコ共和国 cheko kyōwakoku • Tschechien
22 オーストリア ōsutoria • Österreich
23 リヒテンシュタイン rihitenshutain • Liechtenstein
24 スイス suisu • die Schweiz
25 イタリア itaria • Italien
26 モナコ monako • Monaco
27 コルシカ korushika • Korsika
28 サルディニア sarudinia • Sardinien
29 サンマリノ sanmarino • San Marino
30 バチカン市国 bachikan shikoku • die Vatikanstadt
31 シチリア shichiria • Sizilien
32 マルタ maruta • Malta
33 スロベニア surobenia • Slowenien
34 クロアチア kuroachia • Kroatien
35 ハンガリー hangarī • Ungarn
36 スロバキア surobakia • die Slowakei
37 ウクライナ ukuraina • die Ukraine
38 ベラルーシ berarūshi • Weißrussland
39 モルドバ morudoba • Moldawien
40 ルーマニア rūmania • Rumänien
41 セルビア serubia • Serbien
42 ボスニア・ヘルツェゴビナ bosunia herutsegobina • Bosnien und Herzegowina
43 アルバニア arubania • Albanien
44 マケドニア makedonia • Mazedonien
45 ブルガリア burugaria • Bulgarien
46 ギリシャ girisha • Griechenland
47 コソボ kosobo • Kosovo
48 モンテネグロ monteneguro • Montenegro

アフリカ afurika • Afrika

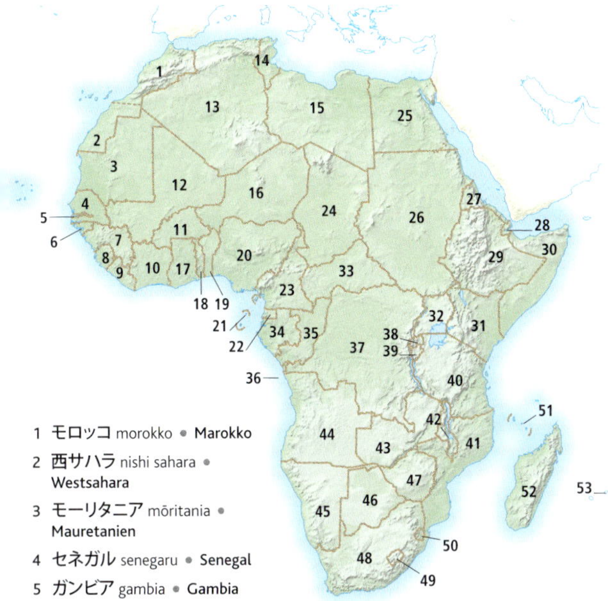

1 モロッコ morokko • Marokko

2 西サハラ nishi sahara • Westsahara

3 モーリタニア mōritania • Mauretanien

4 セネガル senegaru • Senegal

5 ガンビア gambia • Gambia

6 ギニアビサウ giniabisau • Guinea-Bissau

7 ギニア ginia • Guinea

8 シエラレオネ shierareone • Sierra Leone

9 リベリア riberia • Liberia

10 コートジボワール kōtojibowāru • Elfenbeinküste

11 ブルキナファソ burukinafaso • Burkina Faso

12 マリ mari • Mali

13 アルジェリア arujeria • Algerien

14 チュニジア chunijia • Tunesien

15 リビア ribia • Libyen

16 ニジェール nijēru • Niger

17 ガーナ gāna • Ghana

18 トーゴ tōgo • Togo

19 ベニン benin • Benin

20 ナイジェリア naijeria • Nigeria

21 サントメ・プリンシペ santome purinshipe • São Tomé und Principe

22 赤道ギニア sekidō ginia • Äquatorial-Guinea

23 カメルーン kamerūn • Kamerun

24 チャド chado • Tschad

25 エジプト ejiputo • Ägypten

26 スーダン sūdan • der Sudan

27 エリトリア eritoria • Eritrea

28 ジブチ jipuchi • Dschibuti

29 エチオピア echiopia • Äthiopien

30 ソマリア somaria • Somalia

31 ケニア kenia • Kenia

32 ウガンダ uganda • Uganda

33 中央アフリカ共和国 chūō afurika kyōwakoku • die Zentralafrikanische Republik

34 ガボン gabon • Gabun

35 コンゴ kongo • Kongo

36 カビンダ kabinda • Kabinda

37 コンゴ民主共和国 kongo minshu kyōwakoku • die Demokratische Republik Kongo

38 ルワンダ ruwanda • Ruanda

39 ブルンジ burunji • Burundi

40 モザンビーク mozambīku • Mozambique

41 タンザニア tanzania • Tansania

42 マラウィ marawi • Malawi

43 ザンビア zambia • Sambia

44 アンゴラ angora • Angola

45 ナミビア namibia • Namibia

46 ボツワナ botsuwana • Botsuana

47 ジンバブエ jimbabue • Simbabwe

48 南アフリカ minami afurika • Südafrika

49 レソト resoto • Lesotho

50 スワジランド suwajirando • Swasiland

51 コモロ komoro • die Komoren

52 マダガスカル madagasukaru • Madagaskar

53 モーリシャス mōrishasu • Mauritius

アジア ajia • Asien

1 トルコ toruko • **die Türkei**

2 キプロス kipurosu • **Zypern**

3 ロシア連邦 roshia rempō • **die Russische Föderation**

4 グルジア gurujia • **Georgien**

5 アルメニア arumenia • **Armenien**

6 アゼルバイジャン azerubaijan • **Aserbaidschan**

7 イラン iran • **der Iran**

8 イラク iraku • **der Irak**

9 シリア shiria • **Syrien**

10 レバノン rebanon • **der Libanon**

11 イスラエル isuraeru • **Israel**

12 ヨルダン yorudan • **Jordanien**

13 サウジアラビア saujiarabia • **Saudi-Arabien**

14 クウェート kuwēto • **Kuwait**

15 バーレーン bārēn • **Bahrain**

16 カタール katāru • **Katar**

17 アラブ首長国連邦 arabu shuchō-koku rempō • **die Vereinigten Arabischen Emirate**

18 オマーン omān • **Oman**

19 イエメン iemen • **der Jemen**

20 カザフスタン kazafusutan • **Kasachstan**

21 ウズベキスタン uzubekisutan • **Usbekistan**

22 トルクメニスタン torukumenisutan • **Turkmenistan**

23 アフガニスタン afuganisutan • **Afghanistan**

24 タジキスタン tajikisutan • **Tadschikistan**

25 キリギスタン kirigisutan • **Kirgisistan**

26 パキスタン pakisutan • **Pakistan**

27 インド indo • **Indien**

28 モルディブ morudibu • **die Malediven**

29 スリランカ suriranka • **Sri Lanka**

30 中国 chūgoku • **China**

31 モンゴル mongoru • **die Mongolei**

32 北朝鮮 kita chōsen • **Nordkorea**

33 韓国 kankoku • **Südkorea**

34 日本 nihon • **Japan**

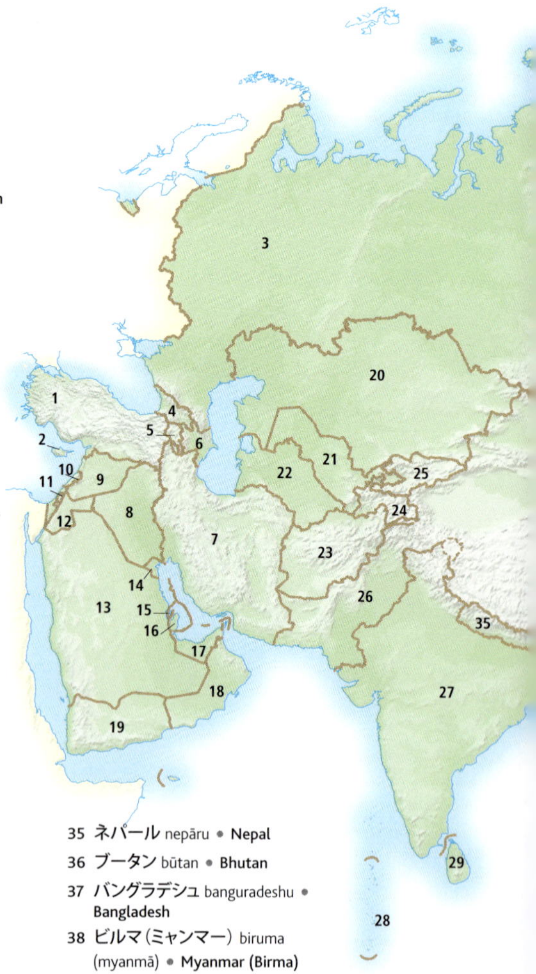

35 ネパール nepāru • **Nepal**

36 ブータン būtan • **Bhutan**

37 バングラデシュ banguradeshu • **Bangladesh**

38 ビルマ（ミャンマー） biruma (myanmā) • **Myanmar (Birma)**

39 タイ tai • **Thailand**

40 ラオス raosu • **Laos**

41 ベトナム betonamu • **Vietnam**

オーストラレーシア ōsutoraréshia • Australien und Ozeanien

1 オーストラリア ōsutoraria • **Australien**

2 タスマニア tasumania • **Tasmanien**

3 ニュージーランド nyūjīrando • **Neuseeland**

42 カンボジア kambojia • **Kambodscha**

43 マレーシア marēshia • **Malaysia**

44 シンガポール shingapōru • **Singapur**

45 インドネシア indoneshia • **Indonesien**

46 ブルネイ burunei • **Brunei**

47 フィリピン firipin • **die Philippinen**

48 東ティモール higashi timōru • **Timor-Leste**

49 パプアニューギニア papuanyūginia • **Papua-Neuguinea**

50 ソロモン諸島 soromon shotō • **die Salomonen**

51 バヌアツ banuatsu • **Vanuatu**

52 フィジー fijī • **Fidschi**

不変化詞と反義語 fuhenkashi to hangigo • Partikeln und Antonyme

... へ
... e
zu, nach

...の上方
... no jōhō
über

...の前
... no mae
vor

...の上へ
... no ue e
auf

中
naka
in

真上
maue
über

内側
uchigawa
innerhalb

上へ
ue e
hinauf

...で
... de
an, bei

...を通って
... o tōtte
durch

...の上
... no ue
auf

...の間
... no aida
zwischen

近い
chikai
nahe

ここ
koko
hier

...から
... kara
von, aus

...の下方
... no kahō
unter

...の後ろ
... no ushiro
hinter

...の中へ
... no naka e
in

外
soto
aus

真下
mashita
unter

外側
sotogawa
außerhalb

下へ
shita e
hinunter

...の向こう
... no mukō
jenseits

...を回って
... o mawatte
um

...の側
... no soba
neben

...の向かい側
... no mukaigawa
gegenüber

遠い
tōi
weit

あそこ
asoko
dort

...から離れて
... kara hanarete
von ... weg

...に沿って
... ni sotte
entlang

...と一緒に
... to issho ni
mit

...以前
... izen
vor

...までに
... made ni
bis

早い
hayai
früh

今
ima
jetzt

いつも
itsumo
immer

頻繁に
himpan ni
oft

昨日
kinō
gestern

最初
saisho
erste

あらゆる
arayuru
jede

およそ
oyoso
gegen

少し
sukoshi
ein wenig

...に向かって
... ni mukatte
zu ... hin

...を横切って
... o yokogitte
über

...なしで
... nashi de
ohne

...以後
... igo
nach

...まで
... made
bis

遅い
osoi
spät

後ほど
nochihodo
später

決して...ない
kesshite ... nai
nie

稀に
mare ni
selten

明日
ashita
morgen

最後
saigo
letzte

いくつかの
ikutsuka no
etwas

丁度
chōdo
genau

沢山
takusan
viel

大きい
ōkī
groß

小さい
chīsai
klein

幅の広い
haba no hiroi
breit

幅の狭い
haba no semai
schmal

背の高い
se no takai
groß

背の低い
se no hikui
kurz

高い
takai
hoch

低い
hikui
niedrig

厚い
atsui
dick

薄い
usui
dünn

軽い
karui
leicht

重い
omoi
schwer

硬い
katai
hart

柔らかい
yawarakai
weich

湿った
shimetta
nass

乾いた
kawaita
trocken

良い
yoi
gut

悪い
warui
schlecht

速い
hayai
schnell

ゆっくりした
yukkurishita
langsam

正しい
tadashī
richtig

誤った
ayamatta
falsch

きれいな
kirei na
sauber

汚い
kitanai
schmutzig

美しい
utsukushī
schön

醜い
minikui
hässlich

高価な
kōka na
teuer

安い
yasui
billig

静かな
shizuka na
leise

うるさい
urusai
laut

熱い
atsui
heiß

冷たい
tsumetai
kalt

開いた
hiraita
offen

閉まった
shimatta
geschlossen

満ちた
michita
voll

空の
kara no
leer

新しい
atarashī
neu

古い
furui
alt

明るい
akarui
hell

暗い
kurai
dunkel

簡単な
kantan na
leicht

難しい
muzukashī
schwierig

空き
aki
frei

使用中
shiyō-chū
besetzt

強い
tsuyoi
stark

弱い
yowai
schwach

太い
futoi
dick

細い
hosoi
dünn

若い
wakai
jung

老いた
oita
alt

より良い
yori yoi
besser

もっと悪い
motto warui
schlechter

黒
kuro
schwarz

白
shiro
weiß

面白い
omoshiroi
interessant

つまらない
tsumaranai
langweilig

病気の
byōki no
krank

健康な
kenkō na
gesund

始め
hajime
der Anfang

終わり
owari
das Ende

便利な表現 benri na hyōgen • praktische Redewendungen

基本的表現 kihonteki hyōgen • wichtige Redewendungen

はい
hai
Ja

いいえ
īe
Nein

多分
tabun
Vielleicht

どうぞ
dōzo
Bitte

ありがとう
arigatō
Danke

どういたしまして
dō itashimashite
Bitte sehr

すみません
sumimasen
Entschuldigung

ごめんなさい
gomen nasai
Es tut mir Leid

…しないでください
… shinaide kudasai
Nicht …

オーケー
ōkē
Okay

それで結構です
sorede kekkō desu
In Ordnung

そうです
sōdesu
Das ist richtig.

違います
chigaimasu
Das ist falsch.

挨拶 aisatsu • Begrüßungen

もしもし
moshimoshi
Hallo (am Telefon)

さようなら
sayōnara
Auf Wiedersehen

おはようございます
ohayō gozaimasu
Guten Morgen

こんにちは
konnichiwa
Guten Tag

こんばんは
kombanwa
Guten Abend

おやすみなさい
oyasuminasai
Gute Nacht

お元気ですか
o-genki desuka
Wie geht es dir?

私は…です
watashi wa … desu
Ich heiße …

お名前は何ですか
o-namae wa nan desuka?
Wie heißen Sie?

彼/彼女のお名前は
kare/kanojo no o-namae wa?
Wie heißt er/sie?

…をご紹介します
… o go-shōkai shimasu
Darf ich … vorstellen

こちらは…です
kochira wa … desu
Das ist …

初めまして
hajimemashite
Angenehm

habe また後で
mata ato de
Bis später

標識 hyōshiki • Schilder

観光案内所
kankō annai-jo
Touristen-Information

入口
iriguchi
Eingang

出口
deguchi
Ausgang

非常口
hijōguchi
Notausgang

押す
osu
Drücken

危険
kiken
Lebensgefahr

禁煙
kin'en
Rauchen verboten

故障中
koshōchū
Außer Betrieb

開館時間
kaikan jikan
Öffnungszeiten

入場無料
nyūjō muryō
Eintritt frei

全日営業
zennichi eigyō
Durchgehend geöffnet

割引料金
waribiki ryōkin
Reduziert

特売
tokubai
Ausverkauf

ノックしてください
nokku shite kudasai
Bitte anklopfen

芝生立ち入り禁止
shibafu tachi'iri kinshi
Betreten des Rasens verboten

援助 enjo • Hilfe

助けてください
tasukete kudasai
Können Sie mir helfen?

分かりません
wakarimasen
Ich verstehe nicht.

知りません
shirimasen
Ich weiß nicht.

英語/日本語を話せますか
eigo/nihongo o hanasemasuka?
Sprechen Sie Englisch/Japanisch …?

英語/ドイツ語を話せます
eigo/doitsugo o hanasemasu
Ich spreche Englisch/Deutsch.

もっとゆっくり言ってください
motto yukkuri itte kudasai
Sprechen Sie bitte langsamer.

書いてください
kaite kudasai
Schreiben Sie es bitte für mich auf.

…をなくしました
… o nakushimashita
Ich habe … verloren.

道案内 michi annai • Richtungsangaben

道に迷いました
michi ni mayoimashita
Ich habe mich verlaufen.

…はどこですか
… wa doko desuka?
Wo ist der/die/das …?

最寄りの…はどこですか
moyori no … wa doko desuka?
Wo ist der/die/das nächste …?

お手洗いはどこですか
o-tearai wa doko desuka?
Wo sind die Toiletten?

右です
migi desu
Nach rechts

左です
hidari desu
Nach links

まっすぐです
massugu desu
Geradeaus

…は、どのくらい離れていますか
… wa donokurai hanarete imasuka
Wie weit ist …?

…への行き方を教えてください
… e no ikikata o oshiete kudasai
Wie komme ich nach …?

道路標識 dōro hyōshiki • die Verkehrsschilder

注意
chūi
Achtung

進入禁止
shinnyū kinshi
Keine Zufahrt

スピード落せ
supīdo otose
Langsam fahren

迂回路
ukairo
Umleitung

右側通行
migigawa tsūkō
Rechts fahren

高速道路
kōsokudōro
Autobahn

駐車禁止
chūsha kinshi
Parkverbot

通行禁止
tsūkō kinshi
Durchfahrt verboten

道路工事中
dōro kōji-chū
Baustelle

一方通行
ippōtsūkō
Einbahnstraße

譲れ
yuzure
Vorfahrt gewähren

止まれ
tomare
Stopp

屈折あり
kussetsu ari
Gefährliche Kurve

宿泊 shukuhaku • Unterkunft

予約してあります
yoyaku shite arimasu
Ich habe ein Zimmer reserviert.

朝食は何時ですか
chōshoku wa nanji desuka
Wann gibt es Frühstück?

食堂はどこですか
shokudō wa doko desuka?
Wo ist der Speisesaal?

私の部屋は…号室です
watashi no heya wa …-gōshitsu desu
Meine Zimmernummer ist …

…時に戻ります
… ji ni modorimasu
Ich bin um … Uhr wieder da.

飲食 inshoku • Essen und Trinken

乾杯!
kampai!
Zum Wohl!

美味しい/不味いです
oishī/mazui desu
Es ist köstlich/scheußlich.

お酒は飲めません
o-sake wa nomemasen
Ich trinke nicht.

煙草は吸いません
tabako wa suimasen
Ich rauche nicht.

肉は食べません
niku wa tabemasen
Ich esse kein Fleisch.

もう結構です
mō kekkō desu
Nichts mehr, danke.

もう少し、いただけますか
mō sukoshi itadakemasuka?
Könnte ich noch etwas mehr haben?

会計をお願いします
kaikei o onegaishimasu
Wir möchten bitte zahlen.

領収書をください
ryōshūsho o kudasai
Ich hätte gerne eine Quittung.

禁煙席
kin'en seki
Nichtraucherbereich

健康 kenkō • die Gesundheit

体調が優れません
taichō ga suguremasen
Ich fühle mich nicht wohl.

気分が悪いです
kibun ga warui desu
Mir ist schlecht.

最寄りの医者の電話番号は何ですか
moyori no isha no denwabangō wa nan desuka?
Wie ist die Telefonnummer des nächsten Arztes?

ここが痛いです
koko ga itai desu
Es tut hier weh.

熱があります
netsu ga arimasu
Ich habe Fieber.

妊娠…ヶ月です
ninshin …-kagetsu desu
Ich bin im … Monat schwanger.

…の処方箋をください
… no shohōsen o kudasai
Ich brauche ein Rezept für …

普段は…を飲みます
fudan wa … o nomimasu
Ich nehme normalerweise …

…にアレルギーがあります
… ni arerugī ga arimasu
Ich bin allergisch gegen …

大丈夫ですか
daijōbu desuka?
Wird er/sie sich wieder erholen?

日本語索引 nihongo sakuin • japanisches Register

A
abaraniku 119
abokado 128
abumi 242
abura 142
abura enogu 274
abura hada 41
abura shitsu 39
abura-zuke 143
aburami 119
abuzairen 248
āchi 85, 301
āchi-gata yane 300
adobantēji 230
aen 289
aen mekki 79
afuganisutan 318
afurika 317
afutāsankea 108
afutāshēbu 73
ageru 67
ageta 159
ago 14
agurifurūtsu 126
ahiru no tamago 137
ai yū dī 21
ai'iro 274
aian 233
aiburow- burashi 40
aiburow-penshiru 40
aikappu 269
aikidō 236
aikon 177
airainā 40
airon 76
airon o kakeru 76
airondai 76
airurando 316
aisatsu 322
aishadō 40
aishingu 141
aisu baketsu 150
aisu hokkē 224
aisu kōhī 148
aisu kuraimingu 247
aisu sukēto 247
aisu tī 149
aisuhokkē senshu 224
aisuhokkē-yō rinku 224
aisukurīmu 137, 149
aisukurīmu sukūpu 68
aite 236
ajia 318
aka 274
aka (wain) 145
aka chikori 123
aka rentiru 131
aka tōgarashi 124
akachairo 39
akachan 30
akachan-yō taijūkei 53
akage 39
akame 271
akami niku 118
akarui 321
akashia 110
aki 31, 307, 321
akiresuken 16
akiru 25
ākitorēbu 301
akuamarin 288
akubi suru 25
akuriru enogu 274
akuseru 200
akusesarī 36
akusuru 205
ama 184
amadoi 58
amagu 245, 267
amai 124, 127, 155
amakawa 15
amazonia 312
amba 235
ame 287
ame-gachi na 286
amefuto shūzu 220
amejisuto 288
amerika gasshūkoku 314
amerikan futtobōru 220
ameya 113
ami 217
amiagegutsu 37
amibari 277
amidana 209
amimono 277
amiuchi suru 245
āmondo 129, 151
āmondo oiru 134
ampaia 225
ampea 60
ampu 268
āmu kāru 251
āmu resuto 200
āmubando 238
āmuchea 63
ana 244
ana o akeru 79
ana'ake panchi 173
ana'aki supūn 68
andā pā 233
andesu sanmyaku 312
andora 316
angora 317
anime 178
anime eiga 255
ankō 120
ankōru 255
annai 261
annai zu 261
annai-ban 213
annai-gakari 255
anorakku 31, 33
anshitsu 271
anshō bangō 96
antigua bābūda 314
anzempin 47
anzen gōguru 167
anzen saku 246
anzen yōgu 240
anzen yōhin 75
anzu 126
ao 274
aoi 129
apurikēshon 176
arabiakai 313
arabiki mugi 130
arabu shuchō-koku rempō 318
arakaruto 152
araseitō 110
arashi 287
arasuka 314
arau 38, 77
arayuru 320
arenjimento 111
arerugī 44
ari 295
arigatō 322
arigētā 293
arīna 243
aromaterapī 55
āru deko 301
āru nūbō 301
arubamu 271
arubania 316
arufarufa 184
arujeria 317
arukōru inryō 145
arumenia 318
aruminiumu 289
arupen sukī 247
aruzenchin 315
asa 305
asari 121
asase 239
asatsuki 133
asatte 307
ashi 12, 13, 15, 64, 119
ashi no kō 15
ashi no kō no uchigawa 15
ashi no koyubi 15
ashi no oyayubi 15
ashi no tsume 15
ashiba 186
ashika 290
ashikubi 13, 15
ashisutanto 24
ashita 306, 320
ashiura 15
ashiyubi 15
asobi 75
asobiba 263
asobu 273
asoko 320
atakkingu zōn 224
atama 12, 19, 80
atarashī 130, 321
atatakai 286
atatakai nomimono 144
atatamenaosu 154
ātichōku 124
atopīsei hifuen 44
atoriumu 104
atsu-giri 121
atsugami 275
atsui 286, 321
atsuryoku barubu 61
auto 225, 228
auto obu baunzu 226
autorigā 187
awa 148
awadateki 68
awadateru 67
awaseru 179
ayamatta 321
ayame 110
ayuruvēda 55
aza 46
azami 297
azarashi 290
aze 183
azerubaijan 318
azuki 131

B
bā 150, 235, 250
bā sutsūru 150
baba bajutsu 243
bābekyū 267
bāberu 251
baburu basu 73
bachikan shikoku 316
badominton 231
bāgā mīru 154
bagetto 138
baggu 37
bahama 314
baiasuron 247
baiku uea 205
baiorin 256
baishin'in 180
baishin'in seki 180
baito 176
baizā 205
bajiriko 133
bajji 94
baketsu 77, 82, 265
bakku 223
bakku mirā 198
bakku suru 195
bakkubōdo 226
bakkugyamon 272
bakkuhando 231
bakkuru 36
bakkusuingu 233
bākōdo 106
bākōdo yomitori sōchi 106
bakuga inryō 144
bakugekiki 211
bampā 198
ban 305
banana 128
bandoēdo 47
banebakari 166
bangō annai 99
bangumi 269
bangumi seisaku 178
banguradeshu 318
banira 132
banjī jampu 248
banjō gēmu 272
bankā 232
bansōkō 47
banuatsu 319
banzu 155
bappu 139
bara 89, 110
barē 255
barearesu shotō 316
barēbōru 227
barokku 301
baroku 242
barubadosu 314
barubu 207
barukonī seki 254
barumitsubā 26
barusamiko su 135
barutokai 313
basha rēsu 243
basshi 50
basu 196
basu kurarinetto 257
basu machiai-jo 197
basu matto 72
basu no untenshu 190
basu tāminaru 197
basu taoru 73
basu-tei 197
basuketto 95, 226, 263
basukettobōru 226
basukettobōru senshu 226
basuku 35
basurōbu 73
basutei 299
batā 137, 156
batafurai 239
batāmiruku 137
batānatto sukuwasshu 125
bāten 150, 191
baton 235
battā 228
batterī 202
batto 225, 228
battsuman 225
baundarī 225
baundo suru 227
bayonetto-shiki 60
bebī basu 74
bebī gēto 75
bebī kea 74

bebī monitā 75
bebī rūmu 104
bebī suringu 75
bebī yōhin 107
bebī-yō magu kappu 75
bebībeddo 74
bebīgurō 30
bebīkā 75
bebīsākuru 75
beddo 70, 71
beddo bampā 74
beddo sukāto 71
beddokabā 70
beddomēkingu suru 71
beddosaido rampu 70
beddosaido tēburu 70
bēguru 139
beji bāgā 155
bēkingu torei 69
bēkon 118, 157
benchi 250, 262
beneshan buraindo 63
benezuera 315
bengoshi 180, 190
benin 317
benki 61, 72
bentō 154
benza 61, 72
beranda 59
berarūshi 316
berīzu 314
bero 37
beru 197
bēru 35
berugī 316
beruto 32, 36
beruto kombea 106
bēshisuto 258
bēsu 99
bēsu gitā 258
bēsurain 230
besuto 33, 35
betonamu 318
biburafon 257
bīchi baggu 264
bīchi bōru 265
bīchi parasoru 264
bīchi taoru 265
bide 72
bideo denwa 99
bideo rekōdā 269
bideo tēpu 269
bihin 38
bijimesu'ūman 175
bijinesu 175
bijinesu kurasu 211
bijinesu pātonā 24
bijinesu ranchi 175
bijinesuman 175
bijutsu 162
bijutsu daigaku 169
bijutsu to kōgei 274
bijutsukan 261
bijutsushi 169
bīkā 167
bikini 264
bikotsu 17
biku 245
bin 134, 135, 311
binīru tai 89
binkan hada 41
binmei 212
binzume furūtsu 135
binzume shokuhin 134
biora 256
bīru 145, 151
biruma (myanmā) 318
bishin 283
bishō 25
bishoppu 272
bisuketto 141
bitā 145
bitamin-zai 108
bīto 259
bītorūto 125
biyō 40
biyōin 115
biyoku 210
biyōshi 188
biza 213
bō 311
bō-tsuki kyandī 113
bōrā 225
bobin 276
bobu 39
bobusurē 247
bodi rōshon 73
bōdo 241
bōfū fensu 265
bōfuzai 83
bōgyo 220
bōhan beru 58
bōhatei 217
bōifurendo 24
boirā 61
bōken 255
bokkusu seki 254
bōkō 20, 94
bokusasaizu 251
bokusāshōtsu 33
bokushingu 236
bokusō-chi 182
bokuyō nōjō 183
bongo 257
bonnetto 198
borādo 298
borē 231
boribia 315
bōringu 249
bōru 65, 75, 112, 220, 224, 226, 228, 230, 249
bōrubōi 231
bōsai ono 95
bōshi 36
boshikyū 15
bosunia herutsegobina 316
bōtakatobi 234
botan 32, 111
botanhōru 32
botchangari 39
bōto 214
botoru 61
botsuwana 317
budō 127, 237
budō abura 134
budō no ki 183
budōen 183
bui 217
buinekku 33
būke 35, 111
būkegaruni 132
bumben 52
bumbetsu yunitto 61
bumbo 165
bumbōgu 105
būmu 240
būmumaiku 179
buna 296
bundoki 165
bungaku 162, 169
bunki-tai 194
bunrui-dana 100
bunryō 151
bunshi 165, 297
bunsū 165
bunzen bānā 166
burajā 35
burajiru 315
burajirunattsu 129
burakku hōru 280
burakku kōhī 148
burakku pudingu 157
burakkuberī 127
burakkukaranto 127
burandē 145
buranko 263
burashi 40, 77
burashi o kakeru 38
burausu 34
burauza 177
bureddo naifu 68
burēdo 66
burēki 200, 204, 206
burēki furūdo tanku 202
burēki o kakeru 207
burēki paddo 207
burēki pedaru 205
burēki rebā 207
buresuretto 36
burezā 33
burī chīzu 142
burīfu 33
burīfukēsu 37
burijji 258, 273
buriosshu 157
burō suru 38
burōchi 36
burōkā 97
burokkori 123
burokku suru 227
burondo 39
burū chīzu 136
burūberī 127
burugaria 316
burukinafaso 317
burunei 319
burunetto 39
burunji 317
burūsu 259
būsutā 281
buta 185
butagoya 185
butai 254
būtan 318
butaniku 118
būti 30
butikku 115
butsuri 162
butsurigaku 169
buyō gakuin 169
byō 304
byōin 48
byōki 44
byōki no 321
byōri-ka 49
byōshin 304
byōshitsu 48
byuffe 152

C

cha 184
chado 317
chairo 274
chairudo shīto 198, 207
chakka-zai 266
chakku 78
chako 276
chakuriku sōchi 210
chakuriku suru 211
chan 23
channeru 178
channeru o kaeru 269
chatsune 135
chawan 64
chedā chīzu 142
chekkā 272
chekkuauto 106
chekkuin suru 212
cheko kyōwakoku 316
chekuin desuku 213
chēn 36, 206
chero 256
chesu 272
chesuban 272
chesuto puresu 251
chi'iki 315
chiarīdā 220
chibusa 12
chichi 22
chichi o shiboru 183
chichūkai 313
chihō 315
chijin 24
chikai 320
chikaku 282
chikashitsu 58
chikatetsu 208
chikatetsu rosenzu 209
chiketto uriba 255
chikin bāgā 155
chikin nagetto 155
chikori 122
chiku 315
chikubi 12, 75
chikusha 185
chikyū 280, 282
chīmu 220, 229
chindei 85
chingensai 123
chinjutsu-sho 180
chinsei-zai 109
chippu 152
chippubōdo 79
chippushotto o utsu 233
chiri 162
chiritori 77
chīsai 321
chisei 284
chissoku suru 47
chitai 283, 315
chitsu 20
chizu 195, 261
chīzu 136, 156
chō 295
chōba 235
chōdo 320
chōge 300
chōha 179
chōhen eiga 269
chōhōkei 164
chōji 125
chōka hikidashi 96
chōka nimotsu 212
chokin 96
chokkei 164
chokobā 113
chōkoku 275
chōkokuka 191
chōkokutō 275
chokorēto 113
chokorēto chippusu 141
chokorēto kēki 140
chokorēto mirukusēki 149
chokorēto o kabuseta 140
chokorēto supureddo 135
chōku 162
chokuchō 21
chokuryū denryū 60
chokusen 165
chōkyori basu 196
chōnekutai 36
chōompa (kensa) 52
chōompa jettoki 211
choppu 119
chōri 67
chōri niku 143
chōri shitsu 214
chōri yōgu 68
chōri-zumi niku 118
chōridai 66
choriso 143
chōrui 292
chōryū 130
chōsa 94
chōsei taku 179
chōshin 304
chōshinki 45
chōshoku 64, 156
chōshoku byuffe 156
chōshoku no tēburu 156
chōshoku torei 101
chōshoku-tsuki 101
chosui tanku 61
chōten 164
chōyaku-ban 235

chōzai shitsu 108
chūba 257
chūbei 314
chūbu 207, 311
chuchu 191
chūdoku 46
chūgaeri 235
chūgoku 318
chūha 179
chūi 323
chūka nabe 69
chūkanken 286
chūko hambaiten 115
chūmon suru 153
chunijia 317
chūō afurika kyōwakoku 317
chūō bunri-tai 194
chūō enzan shori sōchi 176
chūō shasen 194
chūrippu 111
chūsha 48
chūsha kinshi 323
chūsha suru 195
chūsha-bari 109
chūshajō 298
chūshaki 109, 167
chūshin 164
chūshoku 64
chūshukotsu 17
chūsokkotsu 17

D
daburu 151
daburu beddo 71
daburu kurīmu 137
daburu rūmu 100
daburusu 230
dachō 292
daenkei 164
daffurukōto 31
dagakki 257
dagu-auto 229
daichi 284
daichō 18
daidenkin 16
daidokoro 66
daidokoro yōhin 105
daigaku 168, 299
daigakuin 169
daigakusei 169
daihon 254
daikaiten 247
daikei 164
daiku 188
daimei 168
dainamo 207
daining rūmu 64
daiō 127
dairi 223
dairiseki 288
daiseidō 300
daitai ryōhō 54
daitaikotsu 17
daiuikyō 133
daiya 273
daiyamondo 288
daizu 131
damī 276
dampukā 187
damu 300
danberu 251
danchigai heikōbō 235
dankushūto suru 227
danmenzu 282
danro 63
dansā 191
dansei 12, 13, 21, 23
dansei fuku 32
danshi seito 162
dansu 259
dasshubōdo 201
dassui suru 76
dassuiki 76
dasutā 77
dāto baiku 205
dātsu 273
dātsubōdo 273
daunrōdo suru 177
de 320
debitto kādo 96
deddobōru rain 221
deguchi 322
deguchi rampu 194
dejitaru kamera 270
dekki 85
dekki chea 265
dempō 98
den'atsu 60
denchi 167, 260
denchi pakku 78
dengen 60
dengen kēburu 176
dengen sōchi 266
denki doriru 78
denki kamisori 73
denki kigu 66
denki seihin 105, 107
denki setsubi 60
denki yakan 66
denkikō 188
denkimōfu 71
denkyū 60
denmāku 316
denriken 286
denryoku 60
denryokuryō-kei 60
densen 60
densha 208
denshimēru 177
denshirenji 66
denshitechō 175
dentaku 165
dentaru furosu 50, 72
dentaru furosu de sōji suru 50
denwa 99, 172
denwa ni deru 99
denwa suru 99
deodoranto 73, 108
depāto 105
derikatessen 107, 142
desukutoppu 177
desukutoppu ōganaizā 172
dezainā 191, 277
dezāto 153
dezāto wagon 152
dī-bui-dī disuku 268
dī-bui-dī purēyā 268
difendingu zōn 224
dijitaru 269
dijon masutādo 135
diru 133
disuku 176
disuku jokkī 179
diwāri 27
dīzeru 199
dīzeru kikansha 208
dō 235, 289
doa 196, 198, 210
doa handoru 200
doa mirā 198
doa rokku 200
doachēn 59
doanokkā 59
dōbā karei 120
dōbutsu 290, 292, 294
dōbutsuen 262
dōbutsugaku 169
dōgu 187
dōgubako 80
doitsu 316
dojō 85
dokku 214, 216
dōkō 51
dokubari 295
dokusho risuto 168
dokusho-tō 210
dōkutsu 284
dokyumentarī 178
dokyumento fairu 173
dōmā 58
dominika 314
dominika kyōwakoku 314
domino 273
dōmyaku 19
donabe 69
donaru 25
donguri kabocha 125
dora 257
dorai furawā 111
dorai furūtsu 129, 156
doraibā 80
doraibā bitto 80
doraibāshotto o utsu 233
doramā 258
doramu 258
doramu setto 258
doresshingu o kaketa 159
doriburu suru 222
doriru 50
doriru bitto 78, 80
dōro 194
dōro hyōshiki 195, 298, 323
dōro kōji 187, 195
dōro kōji-chū 323
doroppu shotto 230
doroyoke 205
dōru hausu 75
dōryō 24
dosei 280
dōtsuki noko 81
doyōbi 306
dōzo 322
dyūsu 230

E
e 36, 62, 187, 274, 320
ē tī emu 97
ē-pī-esu kamera 270
ea firutā 202, 204
eā mattoresu 267
eabaggu 201
eakon 200
earobaiku 250
earobikusu 251
echiopia 317
eda 296
eda tsuno 291
edage 39
edamu chīzu 142
edawake suru 91
efude 274
egaku 162
eggu kappu 65, 137
ehagaki 112
ei 294
eiga 255
eiga no setto 179
eigakan 255, 299
eigyō bu 175
eihō 239
eikō-sen 215
eikoku 316
eisei antena 269
eishamaku 255
ejiputo 317
ejji 246
eki 208
ekika 127
ekitai keiryōki 311
ekitai senzai 77
ekitai-gusuri 109
ekonomī kurasu 211
ekuadoru 315
ekubo 15
ekuiti 97
ekurea 140
emarushon 83
emban-nage 234
embosu kabegami 83
emerarudo 288
empitsu 163, 275
empitsu-kezuri 163
emu dī efu 79
emu-pī-surī purēyā 268
enamerushitsu 50
enchō jikan 223
enchō kōdo 78
enchō suru 168
enchū 164
endaibu 123
endo zōn 220
endōmame 122
endorain 226
engan-keibitai 217
engei 90
engei sentā 115
engei yōhin 88
engei-yō tebukuro 89
enjin 202, 204, 208, 210
enjo 322
enkei 164
enkin ryōyō 51
enko 164
enogu 274
enshi 51
enshū 164
ensui 164
entotsu 58, 214
epuron 30, 50, 69, 212
era 294
erebētā 59, 100, 104
erekigitā 258
eri 32
eritoria 317
erizukami 237
erusarubadoru 314
esa 244
esa o ataeru 183
esharotto 125
ēsu 230, 273
esu-efu eiga 255
esukarētā 104
esupuresso 148
esute 41
esutonia 316
etchingu 275
etsuran shitsu 168
etsuran suru 177

F
fagotto 257
faindā 271
fairingu kyabinetto 172
fairu 172, 177
faiyā sukurīn 63
fakkusu 172
fam beruto 203
famburu 220
fan 202, 258
fandēshon 40
fanhītā 60
fasshon 277
fasunā 277
fāsuto fūdo 154
fauru 223, 226
fauru bōru 228
fauru rain 229
feawei 232
feijoa 128
feisu 230
fenshingu 249
fenugurīku 132
ferī 215, 216
ferī noriba 216
fēsharu 41
fēsu kurīmu 73
fēsu masuku 225
fēsu pakku 41
fēsu-ofu sākuru 224
figyuasukēto 247
fijī 319
finrando 316

firamento 60
firipin 319
firo pesutorī 140
fīrudingu suru 229
fīrudo hokkē 224
firumu 260, 271
firumu kauntā 270
firutā 270
firutā kōhī 148
fīto 310
fittonesu 250
fittonesu kigu 250
fō doa 200
foahando 231
fōku 65, 88, 153, 207
fōku 259
fōku rifuto 186
fōkurando shotō 315
fōkurifuto 216
fōmaru-na teien 84
fonto 177
foruda 177
foruto 230
fowādo 222
fuan 25
fuchi'ishi 298
fudansō 123
fudebako 163
fūdo 31, 75
fūdopurosessā 66
fudōsan-ya 115, 189
fuhenkashi 320
fujin fuku 105
fujin-ka 49
fujinka-i 52
fukami 239
fuke 39
fukikesu 141
fukkatsusai 27
fukkin 16
fukkin undō 251
fukku 187
fuku 77
fukuboku 47
fukurahagi 13
fukurashiko-iri komugiko 139
fukureru 139
fukuro 291, 311
fukurō 292
fukusayō 109
fukusha suru 172
fukushin 223
fukusōjūshi 211
fukutsū 44
fukuyōki 211
fukyoku 167
fuminshō 71
fun 304
fune 214
funinshō 20
funka suru 283
funkakō 283
funkikō 290
funmatsu senzai 77
funmu suru 91
funnyū 137
funōshō 20
funsui 85
furaggu 232
furaggu posuto 221
furai 244
furai fisshingu 245
furaido chikin 155
furaido poteto 154
furaigaeshi 68
furaipan 69
furaishīto 266
furajore mame 131
furamingo 292
furansu 316
furashi 244
furasshu gan 270
furasuko 166
furatto 256
furatto uddo bitto 80
furattobureddo 139
furēku 132
furēmu 51, 206, 267
furenchi horun 257
furenchi purītsu 39
furenchi tōsuto 157
furetto 258
furī kikku 222
furī weito 250
furījia 110
furippā 239
furippu chāto 174
furīsu 74
furīsurō rain 226
furīzu 301
furo ni hairu 72
furonto 100
furonto garasu 198
furonto garasu senjōeki 199
furonto-gakari 100
furorentin 141
furōzun yōguruto 137
furui 89, 321
furui ni kakeru 91, 138
furūre 249
furūto 257
furūtsu gamu 113
furūtsu kēki 140
furūtsu pan 139
furūtsu sarada 157
furūtsu taruto 140
furūtsu yōguruto 157
fusa 122, 126
fūsui 55
fusuma 130
futa 61, 66, 69
futago 23
fūtō 98, 173
futoi 321
futomomo 12
futon 71
futōzai 199
futsū 39, 99
futsuryō giana 315
futsūyokin kōza 96
futtobōdo 71
futtobōru kyōgijō 220
futtobōru senshu 220
futtosutorappu 241
fuyu 31, 307

G

gā 295
gābera 110
gabon 317
gabyō 173
gachō 119, 293
gachō no tamago 137
gādo rēru 195
gādo shita tsūro 194
gaido-tsuki tsuā 260
gaika 97
gaikaku 282
gaikan 28
gaikiken 286
gaikokugo 162
gairaikanja 48
gaishoku 146
gaishutsu 75
gaisō 198
gaitō 298
gaiya 229
gaka 191, 274
gake 285
gakki 256, 258
gakkō 162, 299
gakkō no seifuku 162
gakkotsu 17
gaku 297
gakubu 169
gakubuchi 62
gakufu 255, 256
gakugyō 162
gakui 169
gakui-rombun 169
gakumen kingaku 97
gakunen 163
gakusei ryō 168
gakusei shokudō 168
gakushū 160
gambia 317
gamen 97, 176, 269
gamu 113
gan-ka 49
gāna 317
gānetto 288
gangiei 120, 294
gangiei no hire 120
ganka 49
ganseki 288
garagara 74
gārando 111
garapagosu shotō 315
garasu bin 166
garasubō 167
garasusei 69
gārikku puresu 68
garon 311
gārufurendo 24
gasorin 199
gasorin pompu 199
gasorin sutando 199
gasu konro 267
gasubānā 61
gasuketto 61
gasurenji 67
gātā 35
gatto 230
gaun 38
gazai-ya 115
gāze 47
gedan 141
geka 49
geka-i 48
geki 254
gekijō 254, 299
gekkei 20
gembugan 288
gēmu 230, 272, 273
gēmu bangumi 178
gen 258
gengakki 256
genkan 59
genkan matto 59
genkan-tō 58
genmai 130
genmon 214
gensō 214
genzai 304
genzō suru 271
gerende 246
gerende-gai 247
geri 44, 109
gesen suru 217
gesuidō 299
gēto bangō 213
getsuyōbi 306
gezai 109
gia bokkusu 202, 204
giana 315
gibo 23
gibusu 46
gichō o tsutomeru 174
gidai 174
gifu 23
gifuto shoppu 114
gijiroku 174
gikyōdai 23
gin 235, 289
gingakei 280
ginia 317
giniabisau 317
ginkō 96
ginkō furikomi 96
ginkō tesūryō 96
giri no shimai 23
girisha 316
gishigishi 123
gitarisuto 258
go 308
go banme 309
gōban 79
gogatsu 306
gogo 305
gōguru 238, 247
gohan 158
gohan-jawan 64
gohyaku 308
gojū 308
gojū banme 309
gokakkei 164
gokiburi 295
goma 131
goma'abura 134
goman 309
goman gosen gohyaku 309
gomi okiba 266
gomibako 61, 67, 172, 177
gomishori 61
gomishori-ki 61
gomubōto 215
gomuin 173
gomunagagutsu 89
gomuzōri 37
goraku 252
goraku kaden 268
gorira 291
gōru 221, 222, 223, 224, 234
gōru eria 223
gōru netto 226
gōru rain 220, 223, 224
gōru ringu 226
gorufā 232
gorufu 232
gorufu baggu 233
gorufu bōru 233
gorufu kāto 232
gorufu kōsu 232
gorufu kurabu 233
gorufu shūzu 233
gōrukīpā 222, 224
gōruposuto 220, 222
gōsei sen'i 31
gosenfu 256
goshigoshi arau 77
goshikku 301
goshin 237
gu 140, 155
guaba 128
guatemara 314
gun'yō 110
guraidā 211, 248
guraidingu 248
gurajiorasu 110
guramu 310
guranari bureddo 139
gurando 234
gurando kabā 87
gurando shīto 267
gurasu 150, 152
guratan-zara 69
gurauto 83
gurē 39
gurenada 314
gurēpu jūsu 144
gurēpufurūtsu 126
gurēzu o nuru 139
gurīn 232
gurin pīsu 131
gurīn sarada 158
gurīnrando 314
gurippu 230
gurirupan 69
gurōbu 224, 233, 237, 246
gurū gan 78
gurujia 318
gurūpu ryōhō 55

gūzuberī 127
gyokō 217
gyōmu 183
gyōretsu 27
gyorui 294
gyosen 217
gyūniku 118
gyūnyū 136, 156
gyūnyū kāton 136

H
ha 50, 89, 122, 296
ha no teire 72
haba 165
haba no hiroi 321
haba no semai 321
habu 206
hābu 86, 133, 134
hābu cha 149
hābu no bōdā kadan 85
hābu to kōshinryō 132
hābu-en 84
haburashi 72
hachi 295, 308
hachi banme 309
hachidori 292
hachigatsu 306
hachijū 308
hachijū banme 309
hachō 179
hachūrui 293
hada no iro 41
hadagi 30, 33
hādo chīzu 136
hādo doraibu 176
hādobōdo 79
hādorusō 235
hādowea 176
hae 295
hafu 300
hāfu taimu 223
hagasu 82
hageatama 39
haguki 50
haha 22
hai 18, 52, 322
hai'iro 274
haichea 75
haichi 314
haidenki 203
haigūsha 23
haihīru 37
haikan setsubi 61
haikankō 188
haikei 254
haiki-kan 203, 204
haikingu 263
haikingu būtsu 37, 267
hairaito 39
hairan 20, 52
haisha 50, 189
haisui 91
haisuikan 61
haisuikō 72, 299
haisuikokku 61
haita 50
haitatsu 98
haitō 97
haiyaku 254
haiyū 179, 191, 254
haizara 150
hajime 321
hakari 69, 98, 118, 310
hakaru 310
hakase gō 169
hake 69, 83
hakike 44
hakka 133
hakka ame 113
hakkakkei 164
hakkō saseru 139
hako-gata fairu 173
hakozume chokorēto 113
haku 44, 77, 90
hakua 288
hakubutsukan 261
hakuchō 293
hakumai 130
hakunaishō 51
hakurikiko 139
hakusai 122
hakushu suru 255
hamaki 112
hambāgā 154, 155
hambāgā-ya 154
hami 242
hamigaki suru 50
hamigaki yōhin 108
hamigakiko 72
hammokku 266
hamu 119, 143, 156
hamusutā 290
hamusutoringukin 16
hana 14, 110, 291, 293, 297
hana no ana 14
hana sen 238
hana-gawa 242
hanabira 297
hanaji 44
hanareya 182
hanashiau 163
hanashigai no 118
hanasu 245
hanataba 111
hanawa 111
hanaya 110, 188
handa 79, 81
handagote 81
handazuke suru 79
handikyappu 233
hando doriru 78, 81
hando fōku 89
hando taoru 73
handobaggu 37
handoburēki 203
handoru 201
handorubā 207
hane 60, 293
hanebuton 71
hanemūn 26
hanga 275
hangā 70
hangarī 316
hangigo 320
hangingu basuketto 84
hangu guraidā 248
hangu guraidingu 248
hanikamu 25, 134
hankachi 36
hankei 164
hanken 96
hanketsu 181
hansen 215
hanshakyō 50, 167
hanshazai 205
hantō 282
hanzai 94
hanzai-reki 181
hanzai-sha 181
hanzubon 30
happō 144
happyaku 308
hāpu 256
hara 12
harai 237
haraobi 242
hare 286
hari 186, 276
hari ita 276
hari ni kakaru 245
hari ryōhō 55
harigane 79
harikēn 287
hariko 191, 275
harinezumi 290
harisashi 276
harowīn 27
haru 307
hasami 38, 47, 82, 188, 276
hashi 64, 300
hashigo 95, 186
hashika 44
hashira 300
hashirihabatobi 235
hashiritakatobi 235
hashiru 229
hassha 281
hasshadai 281
hasui suru 52
hata 277
hatake 182
hataori 277
hatchibakku 199
hato 292
hāto 273
hatoba 216
hatoba ni tsukeru 217
hatsudenki 60
hatsukanezumi 290
hatsunetsutai 61
hawai 314
haya'ashi 243
hayabusa 292
hayai 305, 320, 321
hayaokuri 269
hazādo rampu 201
hazukashī 25
hazumi-guruma 276
hazuna 243
hea karā 39
heabando 38
heaburashi 38
headoraiyā 38
heakarā 40
heapin 38
heasupurē 38
heatai 39
hebi 293
hebī metaru 259
hechima 73
heddo raito 198, 205
heddo resuto 200
heddobōdo 70
heddogādo 236
heddohon 268
heddosēru 240
hedingu suru 222
heichi kyōsō 243
heihō fīto 310
heihō mētoru 310
heikan 260
heikindai 235
heikōbō 235
heikōsen 165
heikōshihenkei 164
heimen kikagaku-shiki teien 262
heimenzukei 164
heishi 189
heiya 285
hekimen shōmei 62
hemataito 289
hen'atsuki 60
hengan 288
henkyaku-bi 168
henmagan 288
henseigan 288
henshū-sha 191
hensoku ki 202, 206
hensoku rebā 201
hensoku suru 207
henzutsū 44
heon kigō 256
hera 68, 167
herikoputā 211
herumetto 95, 186, 204, 206, 220, 228, 242
heso 12
hesono'o 52
heya 58
heya bangō 100
heya no kagi 100
hēzerunattsu 129
hēzerunattsu oiru 134
hi o tsukeru 266
hi'iragi 296
hidari 260
hidari desu 323
hidari handoru 201
hidokei 262
hifu 14
hifu-ka 49
hifukukin 16
higashi 312
higashi timōru 319
hige 290
higesori 73
higesori kurīmu 73
higisha 180
hiji 13
hijikake 210
hijō kaidan 95
hijō rebā 209
hijō-guchi 210, 322
hikaekabe 301
hikidashi 66, 70, 172
hikigaeru 294
hikiniku 119
hikinobashi 271
hikiwake 223
hikiyoseru 245
hikōki o yoyaku suru 212
hikoku-gawa 181
hikokunin 181
hikotsu 17
hiku 165
hikui 321
himaraya sanmyaku 313
himarayasugi 296
himawari 184, 297
himawari abura 134
himawari no tane 131
himeji 120
himpan ni 320
hinagiku 110, 297
hinichi 306
hinin 21
hinode 305
hinyōki kei 19
hinyōki-ka 49
hiraita 321
hiraoyogi 239
hiraya 58
hire ashi 290
hire niku 119
hiroba 299
hirokuchi bin 311
hiryō 91
hiryō o yaru 91
hishi no mi 124
hishigata 164
hīsu 297
hisui 288
hītā 60
hītā chōsetsu 201
hitai 14
hitai-gawa 242
hito 10
hitode 295
hitokire 140
hitoribun 64
hitosashiyubi 15
hitsuji 185
hitsuji no mure 183
hiyake 41, 46
hiyake rōshon 265
hiyakedome 108, 265
hiyoke-bō 30, 265
hiyoko 185
hiyoko mame 131
hiza 12
hiza-take 34
hiza'ate 205
hizō 18

hizume 242, 291
hō 14
ho'on uea 267
ho'onzai 61
hobākurafuto 215
hōbeni 40
hochikisu 173
hōchō 68
hōchō togi-ki 68
hodō 262, 298
hōdō 178
hodoku 277
hofuku shokubutsu 87
hōgaku 169
hōgannage 234
hōgō 52
hogo megane 81
hōhi 21
hoikuki 53
hoippu kurīmu 137
hoīru 207
hoīru kyappu 202
hoīru natto 203
hojorin 207
hojoyoku 210
hōkaiseki 289
hoken 203
hoketsusenshu 223
hōki 77
hokkai 312
hokkē 224
hokkē-yō sutikku 224
hokkyoku 283
hokkyokuguma 291
hokkyokukai 312
hokkyokuken 283
hōkō shijiki 198, 204
hōkōda 210
hōkokusho 174
hokori o harau 77
hokoru 25
hokōsha-tengoku 299
hokubei 314
hokuro 14
hokyū suru 220, 229
homeopashī 55
homojinaizu 137
hōmu 208
hōmu bangō 208
hōmu bēsu 228
hōmu bu 175
hon 168
hon'i kigō 256
hon'ya 115
hondana 63
hone 17, 119, 121
hone o totta 121
honjurasu 314
honsha 175
honsō-gaku 55
honyūbin 75
honyūrui 290
horā eiga 255
hōrensō 123
hori 300
hōritsu 180
hōritsu jimusho 180
hōritsu sōdan 180
horu 90
hōru 232
hōru in wan 233
horumon 20
hōrutā nekku 35
hōseki 36, 288
hōseki-bako 36
hōseki-shō 188
hōseki-ten 114
hoshakukin 181
hōshasen-ka 49
hoshi 280
hoshibudō 129
hoshikusa 184
hōsō 179
hōsō suru 178
hōsō-shi 111
hosoi 321
hosshin 44
hōsu 89, 95
hōsu rīru 89
hōtai 47
hōtai o maku 47
hotategai 121
hōtei 180
hōtei kakari-kan 180
hoteru 100, 264
hotto doggu 155
hotto kokoa 144, 156
howaitingu 120
howaito 39
howaito chokorēto 113
howaitokaranto 127
hozon shori 118, 143, 159
hozon suru 177
hyakkajiten 163
hyaku 308
hyaku banme 309
hyakubunritsu 165
hyakujū 308
hyakuman 309
hyō 286
hyōdo 85
hyōga 284
hyōhakuzai 77
hyōketsu 287
hyōshiki 322
hyōshō dai 235
hyūzu 60
hyūzu bokkusu 203

I
i 18
ibiki o kaku 71
ibuningudoresu 34
ichi 308
ichi banme 309
ichi-ji han 304
ichi-ji jūgo-fun 304
ichiba 115
ichigan-refu kamera 270
ichigatsu 306
ichigo 127
ichigo no mirukusēki 149
ichijiku 129
ichijiteishi 269
ichiman 309
ichinensō 86
ichirin daisha 88
ido 283
īe 322
iemen 318
ierō kādo 223
igaku 169
igo 320
iguana 293
igunisshon 200
igusa 86
ika 121, 295
ikari 214, 240
ikari o orosu 217
ike 85
ikegaki 182
ikikata 260
ikkai 104
ikkai seki 254
ikkodate 58
ikōru 165
ikutsuka no 320
ima 62, 320
imin suru 26
imomushi 295
in-gōru 221
inago 295
inazuma 287
inchi 310
indekkusu 173
indo 318
indoneshia 319
indoyō 313
infuruenza 44
inga 271
ingashi 271
ingenmame 122, 313
ingurisshu burekkufāsuto 157
ingurisshu horun 257
ingurisshu masutādo 135
iningu 228
inko 293
inku 275
innō 21
insatsu suru 172
insei shokubutsu 87
inshin 20
insurin 109
insutanto kamera 270
insutanto shokuhin 107
insutōru suru 177
intabyuā 179
intāhon 59
intānetto 177
intāshiti ressha 209
intō 19
inu 290
inu-zori suberi 247
iō 289
ippōtsūkō 194, 298, 323
iraku 318
irakusa 297
iran 318
ireba 50
ireru 76
irezumi 41
iriguchi 59, 322
iro 274
iro-empitsu 163
iroai 41
iroguro 41
irojiro 41
iruka 290
iryō bumon 49
iryō sentā 168
ise ebi 121
isha 45, 189
ishikifumei 47
ishō 255
isozuri 245
isu 64
isuraeru 318
itachoko 113
itameru 67
itameta 159
itami-dome 47, 109
itaria 316
ito 276
ito annai 276
ito maki 276
ito o tōsu 277
itoko 22
itonoko 81
itsū 44
itsumo 320
itta 129
itten ageru 223
iwa 284
iwashi 120
iyakuhin 109
iyaringu 36
izen 320
īzeru 174, 274

J
jagaimo 124
jaguchi 61, 66
jaketto 34
jakki 203
jakku 273
jamaika 314
jampu 243, 247
jampu bōru 226
jampu suru 227
jamu 156
jānarisuto 191
janguru jimu 263
jankushon 194
jari 88
jazu 259
jeru 38, 109
jetto 288
jetto kōsutā 262
jettosukī 241
ji 304
ji'in 300
jibi'inkō-ka 49
jidō doa 196
jidō hikiotoshi 96
jidōsha 198, 200
jidōsha jiko 203
jidōsha rēsu 249
jigusō 78
jigusō pazuru 273
jikan 234, 261, 304
jikan dōri 305
jikayō jettoki 211
jikken 166
jikken shitsu 166
jiko 46
jiko saikō kiroku 234
jikokuhyō 197, 209, 261
jimbabue 317
jimu 101
jimu kiki 172
jimu yōhin 173
jimusho 172, 174
jin 145
jinji bu 175
jinkōeisei 281
jinsei 26
jintai 17
jintai keitō 19
jintonikku 151
jintsū 52
jintsū sokushin suru 53
jinzō 18, 199
jioputā 51
jīpan 31
jipuchi 317
jishaku 167
jishin 25, 283
jisho 163
jitensha 206
jitensha ni noru 207
jitensha rakku 207
jitensha-dō 206
jizai supana 80
jō 59
jōba 242, 263
jōba muchi 242
jōba zubon 242
jōba-dō 263
jōba-gutsu 242
jōgi 163, 165
jogingu 251, 263
jōkā 273
jōki kikansha 208
jokō eki 41
jokyoku 256
jōmuin 210
jōmyaku 19
jōro 89
jōryokuju 86
josampu 53
josei 12, 20, 23
josei fuku 34
jōsen suru 217
jōsen-guchi 281
jōshaken 197
joshi seito 162
jōso 181
josō suru 91
josōzai 91, 183
jōwankotsu 17
joyū 254
jōzai 109
jū 308
jū banme 309

jūden-shiki doriru 78
jūdō 236
juerī seisaku 275
jūgatsu 306
jūgo 308
jūgo banme 309
jūgo-fun 304
jugyō 163
jūgyōin 24, 175
jūgyōin meibo 175
jūhachi 308
jūhachi banme 309
juhi 296
jūi 189
jūichi 308
jūichi banme 309
jūichigatsu 306
jūku/jūkyū 308
jūkyū banme 309
jūman 309
jumbi undō o suru 251
jūnan shiagezai 76
jūnana banme 309
jūnenkan 307
jūni 308
jūni banme 309
jūnigatsu 306
jūnishichō 18
junkan kei 19
junyū 53
junyū burajā 53
junyū suru 53
jūoku 309
jūroku 308
jūroku banme 309
jūryoku 280
jūsan 308
jūsan banme 309
jusei 20
jūshi/jūyon 308
jūshichi/jūnana 308
jushin suru 177
jushin-bako 177
jūsho 98
jūsu 149
jutai 52
jūtaku 58
jūtaku rōn 96
jūtaku-nai setsubi 60
jūtan 63
jūtenzai 83
juwaki 99
jūyon banme 309

K
ka 295
kā ōdio 201
ka'atsutai 45
kaba 291
kaban uriba 104
kabe 58, 186, 222
kabegami 82, 177
kabegami o harikaeru 82
kabegami o haru 82
kabegami-bake 82
kabegami-yō nori 82
kabin 63, 111
kabinda 317
kābingu fōku 68
kabocha 125
kabocha no tane 131
kabu 97, 124
kabuka 97
kabushiki 97
kabutomushi 295
kachiku 182, 185
kachinko 179
kadan 85, 90
kādigan 32
kadō 283
kādo 27
kādo sōnyū-guchi 97
kādo-shiki kōshū-denwa 99
kaede 296
kaeru 294
kaeshi 244
kafe 148, 262
kafe puresu 65
kafunshō 44
kafusubotan 36
kagaku 162, 166
kagakusha 190
kagami 63, 71
kagi 59, 207
kagi hokku 276
kagibari 277
kagibariami 277
kago 106, 207
kagu 105
kaguya 115
kai'in sekkai 52
kaibaoke 183
kaichūdentō 267
kaidan 59
kaidan no tesuri 59
kaiga 261
kaigan 285
kaigara 265
kaigi 174
kaigi shitsu 174
kaigi wa nanji desuka 174
kaijo bumben 53
kaikan 260
kaikan jikan 322
kaikei 152
kaikeishi 97, 190
kaimono 102
kaimono-bukuro 106
kaiōsei 280
kairopurakutikku 54
kaisambutsu 121
kaisatsu-guchi 209
kaisha 175
kaisui pantsu 238
kaiten 238, 247
kaiten isu 172
kaitō suru 67
kaiyō teikisen 214
kaji 95, 241
kaji bō 240
kajino 261
kajū 127
kajuaruwea 33, 34
kajuen 183
kakaku 199
kakaku hyō 154
kakashi 184
kakato 13, 15, 37
kake 273
kakeashi 243
kakeru 165
kaki 121, 128, 239
kakimawasu 67
kakine 85, 90, 182
kakitome yūbin 98
kakkō 247
kakō 285
kakō kokumotsu 130
kakōgan 288
kaku 162
kaku-gōri 151
kakudai suru 172
kakudo 164
kakumaku 51
kakusei sōchi 209
kakushitsu jokyo suru 41
kakusui 164
kakuteru 151
kakutōgi 236
kamakiri 295
kamanbēru chīzu 142
kamban 104
kambō 181
kambojia 318
kambu 174
kame 293
kamera 178, 260, 270
kamera dai 178
kamera kēsu 271
kamera-ya 115
kameraman 178
kamerūn 317
kami 14, 38
kami omutsu 30
kami pakku 311
kami yasuri 81
kamigata 39
kamikizu 46
kaminari 286
kamisori no ha 73
kamiyui 38
kamo 119, 185
kamome 292
kamomīru cha 149
kamotsu 216
kamotsu ressha 208
kamotsu-sen 215
kampai 323
kampan 214
kampari 145
kamu beruto 203
kamukōdā 260, 269
kan 145, 202, 311
kan inryō 154
kan'yō shokubutsu 87
kānabi 201
kanada 314
kanamonoya 114
kanariya 292
kanashī 25
kanazuchi 80
kanden 46
kandokku 217
kānēshon 110
kanfū 236
kangarū 291
kangofu 45, 48, 52, 189
kani 121, 295
kānibaru 27
kaniku 124, 127, 129
kanja 45
kanjō 25
kanjō kōsaten 195
kanjuku 129
kanketsusen 285
kankikō 210
kankin suru 97
kankiri 68
kankisen 66
kankitsu rui 126
kankō 260
kankō annai-jo 261, 322
kankō annaisho 260
kankō basu 197, 260
kankō gaido 260
kankō kyaku 260
kankō meisho 260
kankō rūto 260
kankoku 318
kankyaku 254
kankyō 278
kanmi supureddo 134
kanna 81
kanna o kakeru 79
kannakuzu 78
kannuki 59
kanri jimusho 266
kansan ritsu 97
kanseitō 212
kansen 44
kansetsu 17
kanshasai 27
kanshi 53, 167
kanshi'in 265
kanshitō 265
kanshu 181
kanshū 233
kansō 129, 130
kansō hada 41
kansō shita 286
kansō shitsu 39
kansōki 76
kantan na 321
kantoku 254
kantorī 259
kanū 214, 241
kanzō 18
kanzō ame 113
kanzume 107
kanzume yōki 311
kao 14
kaori no aru 130
kāpetto 71
kapoeira 237
kappu-gata yōki 311
kappuru 24
kapuchīno 148
kapuseru 109
kara 129, 130, 137
kārā 38
kara hanarete 320
kara no 321
kara o muita 129
karada 12
karai 124
karakuchi 145
karamatsu 296
karanto 129
karashi no tane 131
karasu 292
karasumugi 130
karate 236
karē 158
karēko 132
karendā 306
kari'ireru 183
karibukai 312
karidashi 168
karifurawā 124
karikomi-basami 89
karikomu 90
kāringu 247
karīningurādo 316
karinui suru 277
kariru 168
karishakuhō 181
kāru 39
kāru airon 38
karudamon 132
karui 321
karuishi 73, 288
karūseru 212
karushiumu 109
karute 48
kasa 36, 233
kasai keihōki 95
kase 277
kasei 280
kaseigan 288
kasetto purēyā 269
kasetto tēpu 269
kashi 113, 259, 296
kashi rui 107
kashidashi kauntā 168
kashiya 113
kashu 191
kashūnattsu 129, 151
kassōro 212
kasu 58
kasumisō 110
kasupikai 313
kasutādo 140
kasutādo kurīmu 140
kasutamā sābisu 104
kata 13
katagami 276
katai 124, 129, 321
katamaran 215
katamari niku 119
katāru 318
katate nabe 69
katatsumuri 295
katei 56, 62
katei saien 85

katei yōhin 107
kāten 63
katēteru 53
kāto 100, 106, 208, 213
katorarī 64
katsu 273
katsudō 263
katsura 39
kattā 80
kattā naifu 81
kattēji chīzu 136
katto suru 38
kaunserā 55
kauntā 96, 98, 100, 142, 150
kawa 119, 126, 127, 128, 136, 142, 284
kawa o muita 121
kawa o muku 67
kawagishi 284
kawagutsu 32, 37
kawaita 321
kawajan 205
kawakasu 76
kawamuki-ki 68
kawauso 290
kaya 267
kayakku 241
kayōbi 306
kazafusutan 318
kazambai 283
kazan 283
kazari 141
kaze 44, 241, 286
kaze no tsuyoi 286
kazoeru 165
kazoku 22
keana 15
kebabu 155, 258
kēburu 79, 207
kēburu kā 246
kēburu terebi 269
kechappu 135
kega 46
keiba 243
keibajō 243
keibatsu 181
keibi 212
keibi'in 189
keibō 94
keibu 52, 94
keido 283
keiga kyōsō 243
keihikōki 211
keiji 94
keijiban 173
keikan 94, 189
keikoku 284
keikōtō 94
keikotsu 17
keimusho 181
keiran 137
keiri bu 175
keiryō 310
keiryō jagu 69
keiryō kappu 311
keiryō supūn 109
keiryōki 150
keiryū 285
keiryū sakugu 217
keiryū suru 217
keisatsu 94
keisatsusho 94
keisei-geka 49
keisenchū 214
keishō 23
keitai denwa 99
keitai mēru 99
keito 277
keitsui 17
keizaigaku 169
kēki 140
kēki to dezāto 140
kēki yaki-gata 69
kēki-zukuri 69
kēkiya 114
kekka 49
kekkon hirōen 26
kekkon suru 26
kekkonshiki 26, 35
kembikyō 167
kemuri 95
kemuri hōchiki 95
ken 17
ken'insha 203, 212
kenchiku 300
kenchiku yōshiki 301
kenchiku zairyō 187
kenchiku-ya 186, 188
kenchikuka 190
kendō 236
kenia 317
kenjū 94
kenkasei teiboku 87
kenkashokubutsu 297
kenkō 42, 44, 323
kenkō na 321
kenkō shokuhin-ten 115
kenkōkotsu 17
kenkyū 169
kenma suru 82
kensa 49
kensaku suru 177
kensatsuin 209
kensetsu 186
kenshi 50
kensui suru 251
kenuki 40
kēpā 143
keri 237, 239
keru 221, 223
kēru 123
kesagatame 237
keshi 297
keshi no mi 138
keshi'in 98
keshigomu 163
keshōdai 71
keshōhin 41, 105, 107
keshōsui 41
kessai-bako 172
kesshite nai 320
kessoku himo 89
kēsu 51
keta 186
ketchappu 154
ketorudoramu 257
ketsuatsu 44
ketsuatsukei 45
ketsueki kensa 48
kezuru 79
ki 86, 296
kī 176
ki'iro 274
kiba 291
kibi 130
kībōdo 172, 176, 258
kidō 280
kifuhō 256
kiji 119, 276, 293
kikagaku 165
kikai 187
kikaikōzō 202
kikan 18
kikan shitsu 214
kiken 195, 322
kikkubokushingu 236
kiku 110
kikuimo 125
kimi 157
kimon 247
kimono 35
kimpōge 297
kin 235, 289
kin'en 322
kin'en seki 152, 323
kin'yōbi 306
kin'yū 97
kin'yū adobaizā 97
kinembi 26
kinenhi 261
kingaku 96
kingu 272, 273
kingyo 294
kinkan 126
kinkan gakki 257
kinkyū chiryō-shitsu 48
kinkyū denwa 195
kinkyū sābisu 94
kinkyūjitai 46
kinniku 16
kinō 306, 320
kinoa 130
kinri 96
kinsei 280
kinsen 97
kinshi 51
kintei surippu 173
kinteki 273
kintoki mame 131
kinu 277
kinzoku 79, 289
kinzoku-yō bitto 80
kion 286
kīpaddo 97, 99
kippu 209
kippu uriba 209, 216
kipurosu 318
kirei na 321
kiri 287
kirieda 91
kirifuki 89, 311
kirigisutan 318
kirikizu 46
kirimi 119, 121
kirin 291
kiroguramu 310
kiroku 234
kiroku o yaburu 234
kiromētoru 310
kiru 67, 79, 273, 277
kīru 214
kirutingu 277
kiruto 71
kisetsu 307
kisetsu mono 129
kishō 286
kishu 210, 242
kīshu 142
kiso-gawa 180
kissuisen 214
kita 312
kita chōsen 318
kita hankyū 283
kita kaikisen 283
kitai 210
kitanai 321
kitchin 152
kitsuen 112
kitsuen seki 152
kitsune 290
kitsune-no-tebukuro 297
kitsutsuki 292
kitte 98, 112
kitte shūshū 273
kiwi 128
kiza 242
kizami-tabako 112
kizetsu suru 25
kizu 46
kizuchi 275
ko-azarashi 290
ko-uma 185
ko-ushi 185
kō'unki 182
koara 291
kōbo 138
kobu 291
kōbu doa 198
kōbu zaseki 200
kōbu zaseki 204
kobushi 15, 237
kobuta 185
kōcha 144, 149, 156
kochira ga ue 98
kōchō 217
kōchō sensei 163
kodachitomato 128
kodara 120
kōdo 211
kōdō 169
kodomo 23, 31
kodomo fuku 30
kodomo no ie 75
kodomo yōhin uriba 104
kodomobeya 74
kōdoresu denwa 99
koeda 296
kōen 262
kōenshō-zai 109
kōfun suru 25
kōgai 19, 299
kōgaku 169
kogamo 185
kōgeki 220
kogite 241
kogitte 96
kogitte-chō 96
kogu 206, 207, 241
kōgu sashi 186
kōgu-dana 78
kōgyōdanchi 299
kōhaikin 16
kōhan-bi 180
kōhī 144, 148, 153, 156, 184
kōhī mēkā 148, 150
kōhī mirukusēki 149
kōhī supūn 153
kōhī tēburu 62
kōhī-fun 144
kōhī-mame 144
kōhīkappu 65
kohitsuji 185
koi 294
koin randorī 115
koinu 290
kōji gemba 186
kōjō 299
kōjōsen 18
kōka 97
kōka dōro 194
kōka na 321
kōka-shiki kōshū-denwa 99
kōkai 313
kokan 12
kōkanshu 99
kokka 315
kokkai 313
kokkaku 17
koko 320
kōkō suru 240
kokoa paudā 148
kōkoku 315
kokonattsu 129
kokotto 69
kōkū bokan 215
kokuban 162
kōkūbin 98
kokuen 289
kōkūken 213
kōkūki 210
kokunai bin 212
kokuritsu kōen 261
kokurui 130
kokuryū 130
kokusai bin 212
kokuso 94
kokuyōseki 288
kokyaku sābisu bu 175
kōkyōkyoku 256
kokyū 47
kokyūki kei 19
koma 272
kōmaku-gai masui 52

komamono 105
komāsharu 269
kombain 182
kombanwa 322
kome 130, 184
komedi 255
komekami 14
komezu 135
kōmi abura 134
komi shefu 152
komichi 58, 85
kōmori 290
komoro 317
kompakuto 40
kompakuto disuku 269
kompakuto kā 199
kompakuto mirā 40
kompasu 165, 240, 312
kompyūta 176
komugi 130, 184
komugiko 138
komuragaeri 239
komyunikēshon 98
kōn yu 135
kon'yakusha 24
kon'yakusha 24
kona chīzu 136
kōnā furaggu 223
kōnā kikku 223
kona-gusuri 109
kondishonā 38
kondōmu 21
koneko 290
koneru 138
kongo 317
kongo minshu kyōwakoku 317
kōnisu 300
konkōsu 209
konkurīto burokku 187
konkurīto mikisā 186
konnichiwa 322
kōnotori 292
konran suru 25
konro 67
konsāto 258
konsento 60
konshīrā 40
konshū 307
konsome 158
konsōru 269
kontakutorenzu 51
kontena 216
kontena-sen 215
kontenakō 216
kontora fagotto 257
kontorabasu 256
kontorōrā 269
koppu rui 65
kōra 144, 293
korāju 275
korekuto kōru 99
kōri 120, 287
kōri nashi 151
kōri to remon 151
kōri-basami 150
kōri-iri 151
koriandā 133
kōrin 197
kōrogi 295
korombia 315
kōrudopuresu yu 135
koruku sen 134
koruku sennuki 150
kōrurabi 123
korusetto 35
korushika 316
kōryū denryū 60
kōsai 51
kōsaku nōjō 183
kōsaten 298
kōseki 289
koshi 12, 169
kōshi niku 118
kōshinryō 132
koshitsu 48
koshō 64, 152, 203
koshō no mi 132
koshōchū 322
kōshū-denwa bokkusu 99
kosobo 316
kōsoku bōto 241
kōsoku dōro 194, 323
kōsoku mōtābōto 214
kōsoku ressha 208
kossetsu 46
kōsu ryōri 153
kōsui 41
kōsui uriba 105
kosuritoru 77
kosuru 77
kōsutā 150
kosutarika 314
kotae 163
kotaeru 163
kōtaku 271
kote 187
kotēji gāden 84
kōto 32, 226, ,227
kōtō 19
kōtōgai 19
kōtojibowāru 317
kōtsū 192, 194
kōtsū junsa 195
kōtsū jūtai 195
kotsuban 17,
kotsufun 88
kotton bōru 41
kottōya 114
kowagaru 25
kōwan 214, 216
kowaremono 98
koyagi 185
koyōnushi 24
koyubi 15
kōza bangō 96
kōzai 79
kōzan shokubutsu 87
kozara 65
kōzui 287
kozutsumi 99
ku/kyū 308
kubaru 273
kubi 12
kubisuji 13
kuchi 14
kuchibashi 293
kuchibeni 40
kuchibiru 14
kudamono 107, 126, 128
kudamono jūsu 156
kudamono kago 126
kudōjiku 202
kūfuku 64
kugatsu 306
kugi 80
kui 90
kuiki 299
kuīn 272, 273
kujaku 293
kujakuseki 289
kujira 290
kuki 111, 122, 297
kūki ni sarasu 91
kūki-doriru 187
kūki'ire 207
kukkī 113
kūkō 212
kuma 291
kumade 88
kumin 132
kumo 287, 295
kumori 286
kuni 315
kunsei 118, 121, 143, 159
kunsei nishin 157
kuōto 311
kura 242
kurabu 273
kurabu-sando 155
kurabuhausu 232
kurafuto naifu 82
kurage 295
kurai 321
kuraianto 180
kurakushon 201, 204
kurampu 78, 166
kuranberī 127
kurarinetto 257
kurashikku kā 199
kurashikku ongaku 255
kurasshikku 259
kurasupu 36
kuratchi 200, 204
kurejitto kādo 96
kurementin 126
kurēn 216
kurēn-sha 187
kurenzā 41
kurēpu 155
kureson 123
kuri 129
kuriketto 225
kuriketto bōru 225
kuriketto senshu 225
kurīmu 109, 140, 157
kurīmu chīzu 136
kurīmu hachimitsu 134
kurīmu pai 141
kūringu rakku 69
kurīningu-ya 115
kurippubōdo 173
kurīsu 225
kurisumasu 27
kurisupu bureddo 139, 156
kurīto 240
kuritorisu 20
kuro 272, 274, 321
kuro obi 237
kuro orību 143
kuro pan 139, 149
kuroachia 316
kurōbā 297
kurobīru 145
kurōbu 133
kurokami 39
kurokodairu 293
kurome mame 131
kurōru 239
kurosu torēnā 250
kurosu-kantorī 247
kurosubā 222
kurowassan 156
kurubushi-take 34
kurumaebi 121
kurumaisu 48
kurumaisu taiō 197
kurumi 129
kurumi abura 134
kusa 87
kusachi 285
kusatta 127
kushami 44
kushi 38, 68
kushi de suku 38
kussakuki 187
kusshon 62
kusukusu 130
kusuriyubi 15
kutsu 34, 37
kutsu uriba 104
kutsuhimo 37
kutsuhimo ana 37
kutsushita 33
kutsuya 114
kutsuzoko 37
kuwa 88
kuwēto 318
kyabetsu 123
kyabin 210
kyadi 233
kyaku 38, 64, 96, 104, 106, 152
kyakusha 208
kyakushitsu 100, 209
kyakushitsu-zuki basurūmu 100
kyambasu 274
kyamisōru 35
kyampasu 168
kyampingu kā 266
kyampingu torērā 266
kyampu 266
kyampu beddo 266
kyampu suru 266
kyampufaiyā 266
kyampujō 266
kyappu 21
kyarameru 113
kyarawei shīdo 131
kyaria 204
kyarīkotto 75
kyaserōru nabe 69
kyatatsu 82
kyatchā 229
kyō 306
kyōdai 22
kyōfū 286
kyōgi 243, 247
kyōgijō 223
kyōkai 299, 300
kyōkaku 17
kyōkasho 163
kyōkin 16
kyōkotsu 17
kyokuchi 282
kyokusen 165
kyori 310
kyōrikiko 139
kyōshi 190
kyōshitsu 162
kyōsō 234
kyōsōba 243
kyōtsui 17
kyū 164
kyū banme 309
kyūba 314
kyūba ribure 151
kyūhyaku 308
kyūin kappu 81
kyūji suru 64
kyūji-yō supūn 68
kyūjō 228
kyūjo-in 239
kyūjū 308
kyūjū banme 309
kyūka 212
kyūkei jikan 254
kyūki sōchi 199
kyūkon shokubutsu 86
kyūkyū iryō tai'in 94
kyūkyū sosei 47
kyūkyūbako 47
kyūkyūsha 94
kyūmei bōto 240
kyūmei bui 240
kyūmei dōi 240
kyūmeitei 214
kyūnyūki 44, 109
kyūri 125
kyūryō 175, 284
kyūryū 241, 284
kyūseki 261
kyūshi 50
kyūshi torei 172
kyūshifu 256
kyūsui-kō 61
kyūsuikan 61
kyūyujō 199

M

mabuta 51
machiai-shitsu 45
machibari 276
machikado 298

madagasukaru 317
made 320
made ni 320
mado 58, 186, 197, 210
madoguchi 96, 98
madorā 150
mafin 140
mafin-gata 69
mafurā 31, 203, 204
māgarin 137
mago 23
mago musuko 22
mago musume 22
magu kappu 65
maguma 283
magumadamari 283
maguneshiumu 109
maguro 120
magusa 186
mahōbin 267
maiku 179, 258
maikuro basu 197
maikuroraito 211
mainasu 60, 165
mairu 310
maishū 307
maitā bokkusu 81
maitoshi 307
maitsuki 307
majipan 141
majoramu 133
makademianattsu 129
makedonia 316
makeru 273
makijaku 80
makimodoshi 269
maku 67, 254
māku suru 227
makura 70
makurakabā 71
makurame 277
mama chichi 23
mama haha 23
mama musuko 23
mama musume 23
māmarēdo 134, 156
mamerui 130, 131
mampuku 64
manabu 163
manaita 68
manchego chīzu 142
manējā 24, 174
manga-bon 112
mangetsu 280
mangō 128
manhōru 299
manikyua 41
manriki 78
manshon 59, 298
manshon-tō 59
mantoru 282
mantorupīsu 63
manyuaru 200
marakasu 257
marason 234
marawi 317
mare ni 320
marēshia 318
mari 317
marīna 217
marine 143, 159
maruchi bitamin 109
marugoto 129, 132
marui kogata pan 140
marukubi 33
marumero 128
marunoko 78
maruta 316
maruyane 300
mashin-gan 189
mashita 320
mashumaro 113
massāji 54
masshurūmu 125
massugu 260
masu 120
masui-shi 48
masukara 40
masukingu tēpu 83
masuku 189, 228, 239, 249
masume 272
masutādo 155
masuto 240
matchi 112, 230
mategai 121
matenrō 299, 300
matīni 151
mato 249
matsu 296
matsu no mi 129
matsuge 14, 51
matsuri 27
matto 54, 235, 267
mattoresu 70, 74
maue 320
maunten baiku 206
mausu 176
mausu pīsu 237
mausu wosshu 72
mayonaka 305
mayonēzu 135
mayu 295
mayuge 14, 51
mazeru 67, 138
me 14, 51
medama kurippu 173
medamayaki 157
medaru 235
megane 51
megane-ten 51
megane-ya 189
mei 23
meiōsei 280
meirei 180
meisho 261
meisō 54
mejā 276
mejā kappu 150
mekajiki 120, 294
mekishiko 314
mekyabetsu 123
mēkyappu 40
memo 175, 191
memori 176
memori kādo 271
men 158, 164, 236, 277
menka 184
menkai jikan 48
menō 289
menseki 165, 310
menyū 148, 153, 154
menyūbā 177
menzeiten 213
mēpuru shiroppu 134
merange 140
merodī 259
meron 127
mēru adoresu 177
mēru akaunto 177
messēji 100
messhu kāten 63
mesu 167
mēsu 132
mētoru 310
meushi 185
mezamashi o kakeru 71
mezamashi-dokei 70
mezameru 71
mi 122, 296
michi annai 323
michita 321
midori 274
midori orību 143
migaku 77
migi 260
migi desu 323
migi handoru 201
mijikai 32
mijukuji 52
mikazuki 280
mikessai-bako 172
miki 296
mikisā 66
mikishingu bōru 66, 69
mikkusu sarada 158
mimi 14, 139
mimizu 295
minami 312
minami afurika 317
minami hankyū 283
minami kaikisen 283
minato 217
mineraru wōtā 144
mini disuku rekōdā 268
minibā 101
minikui 321
minto tī 149
mippū bin 135
miriguramu 310
mirimētoru 310
miririttoru 311
miruku 136
miruku chokorēto 113
miruku kōhī 148
miruku tī 149
mirukusēki 137, 149
misairu 211
mishin 276
mītobōru 158
miton 30
mītopai 158
mitsuami 39
mitsubachi 295
mitto 228
mitto 236
miyagemono 260
mizambīku 317
mizore 286
mizu 144, 238
mizu jetto 95
mizu o hiku 183
mizu o yaru 90
mizu'umi 285
mizuabi pūru 263
mizubukure 46
mizugi 238, 265
mizuhane bōshi-ban 66
mizukiri zaru 68
mizukiridai 67
mizukusa 86
mizumizushī 127
mizusashi 65, 151
mizuyari 89
mobīru 74
mochikaeri 154
mōchō 18
modemu 176
moderu 169
mōfu 71, 74
mokei 190
mokei seisaku 275
mokkan gakki 257
mokkō 275
mokkō-yō doriru bitto 80
mokkō-yō setchakuzai 78
mōkon 39
mokusei 280
mokusei supūn 68
mokutan 275
mokutekichi 213
mokuyōbi 306
mokuzai 79, 275
mokuzai chakushokuzai 79
mōmaku 51
momo 126, 128
momoniku 119
mon 85, 182
monako 316
mondai 271
mongōika 121
mongoru 318
monitā 53, 172, 176
monohoshi-yō rōpu 76
monoporī 272
monorēru 208
monsūn 287
montāju shashin 181
monteneguro 316
moppu 77
mōrishasu 317
mōritania 317
morokko 317
morudibu 318
mōrudingu 63
morudoba 316
morutaru 187
moruto su 135
moshimoshi 322
mōshitate 94
mosuku 300
mōtā 88
motokurosu 249
motsarera chīzu 142
motto warui 321
moya 287
moyashi 122
moyō sentaku 276
mu-shibō 137
muchiuchishō 46
muen 137, 199
mujitsu 181
mukade 295
mukiebi 120
muko 22
mukōtaku 271
munabire 294
mune 12
muneniku 119
mūnsutōn 288
mura 299
murasaki 274
murasaki igai 295
mure 183
mūrugai 121
musekitsui dōbutsu 295
musen-yō antena 214
mushi-sasare 46
mushiba 50
mushita 159
mushiyoke 108, 267
musu 67
mūsu 141
musuko 22
musume 22
muzai 181
muzukashī 321
myakuhaku 47
myūjikaru 255

N

nadare 247
nae 91
nafuda 189
nagagutsu 31
nagai 32
nagasa 165, 310
nagashi 66
nagashidai 61, 72
nage 237
nageru 221, 227, 229, 245
naibumpi kei 19
naibumpi-ka 49
naifu 65
naijeria 317
naikaku 282
nairon 277
naisō 200
naisō kōji 82
naisō kōji shokunin 82
naito 272
naitogaun 31, 32, 35
naiya 228
naizō 18, 118
naizō furasshu 270
naka 320

nakaniwa 58, 84
nakayubi 15
naku 25
nama 124, 129
nama chīzu 136
nama kuriīmu 137
namaniku 142
nambā purēto 198
nambei 315
namekuji 295
nami 241, 264
namiashi 243
namibia 317
namida 51
namigata 139
nan 139
nan'yō 313
nana 308
nana banme 309
nanahyaku 308
nanajū 308
nanajū banme 309
nankō 47, 109
nankotsu 17
nanzai 79
napukin 65, 152
napukin ringu 65
nashi de 320
nasu 125
natane 184
natane abura 135
natauri 124
natsu 31, 307
natsume 129
natsumeggu 132
natto 80
nattsu 129, 151
nawatobi 251
naya 85
naya 182
ne 50, 124, 296
nebukuro 267
nedan 152
nega 271
negurije 31, 35
neji 80
nekku 258
nekkurain 34
nekkuresu 36
neko 290
nekutai 32
nekutaipin 36
nekutarin 126
nemaki 31
nembangan 288
nendo 85, 275
nenryō tanku 204
nenryōkei 201
nenryōtanku 203
nenza 46
neōi suru 91
nepāru 318
neru 71
netsu 44
netsuken 286
netsukikyū 211
nettai 283
nettai kajitsu 129
netto 222, 227, 231
nettowāku 176
nezumi 290
ni 308
ni banme 309
ni mukatte 320
ni sotte 320
ni-ji 304
nichibotsu 305
nichiyōbi 306
nīdoru penchi 80
nīdorupointo 277
nigai 124
nigatsu 306
nihon 318
nihyaku 308
nijēru 317
niji 287
nijimasu 120
nijū 308
nijū banme 309
nijūichi 308
nijūichi banme 309
nijūni 308
nijūni banme 309
nijuppun 304
nijūsan banme 309
nikai 104
nikai seki 254
nikaidate basu 196
nikaragua 314
nikkeru 289
nikkōyoku o suru 264
nikomu 67
nikonda 159
niku 107, 118
niku fukku 118
nikukiribōchō 68
nikutataki 68
nikuya 114, 118, 188
niman 309
nimotsu 100, 198, 213
nimotsu hikiwatashi 213
nimotsuire 210
nin 129
ninensō 86
ningen kankei 24
ningyō 75
ninjin 124
ninniku 125, 132
ninshin 52
ninshin dekiru 20
ninshin shiteiru 52
ninshin suru 20
ninshin tesuto 52
niranegi 125
nire 296
nisen nen 307
nishi 312
nishi sahara 317
nishoku-tsuki 101
nishūkan 307
nisu 79, 83
nitchū 305
nitōkin 16
niwa 84
niwa no akusento 84
niwa no shokubutsu 86
niwa no yōshiki 84
niwashi 188
niwatori 185
no aida 320
no jōhō 320
no kahō 320
no mae 320
no mukaigawa 320
no mukō 320
no naka e 320
no soba 320
no ue 320
no ue e 320
no ushiro 320
nobasu 251
nochi 304
nōchi 182
nochihodo 320
nodo 19
nodo ame 109
nodobotoke 19
nōfu 182, 189
nōjō 182
nōka 182
nōka no niwa 182
noki 58
nokku auto 237
nokogiri-ba 78
nomi 81
nomimono 107, 144, 156
nori 275
nori-zuke dai 82
noribake 82
norikaeru 209
norikumi'in 241
noritsugi 212
noruwē 316
noshibō 69
nōshintō 46
nōsotchū 44
nōsurību 34
nōto 163, 172, 173
nōto o toru 163
nōtopasokon 175, 176
nozuru 89
nu'u 277
nugā 113
nuigurumi 75
nuime 34, 277
nunoji 277
nyō kan 21
nyōdō 20
nyūbachi 167
nyūbō 167
nyūeki 41
nyūgaku jimukyoku 168
nyūgaku suru 26
nyūin 48
nyūji 23
nyūjīrando 319
nyūjō muryō 322
nyūjō-ryō 260
nyūkin suru 96
nyūkin-sho 96
nyūkoku shinsa 213
nyūseihin 107, 136
nyūsu 178
nyūsukyasutā 179, 191
nyūtō 137
nyūtoraru zōn 224

O

o 121, 242, 280, 290, 292, 294
o mawatte 320
o tōtte 320
o yokogitte 320
o-susume ryōri 152
o-tearai 104
o-tsumami 151
o-ushi 185
oba 22
ōbā pā 233
ōbāfurō kan 61
ōbāheddo purojekutā 163
ōbāōru 30
obi 236
obikiyoseru 245
ōboe 257
oboreru 239
ōbun 66
ōbunmitto 69
ōdan hodō 195
odango 39
ōdio shisutemu 268
odomētā 201
ōdōri 299
odoriba 59
odoroku 25
ōdotoware 41
ofisu 24
ofisu biru 298
ofu saido 223
ōfuku bunri dōro 195
ōhanmā 187
ohayō gozaimasu 322
ohyō no kirimi 120
oi 23
oikoshi shasen 194
oikosu 195
oiru 199
oiru gēji 202
oiru tanku 204
oita 321
oiwai 27, 140
oiwai-yō kēki 141
oji 22
ōkakumaku 19
ōkami 290
okan 44
ōkē 322
ōkesutora 254, 256
ōkesutora pitto 254
ōkī 321
okiru 71
okoru 25
okosama menyū 153
okujō teien 84
okura 122
okure 209
okuyuki 165
ōkyū teate 47
omān 318
omaru 74
omocha 75, 105
omocha kago 75
omoi 321
omori 166, 244
omoshiroi 321
ompu 256
ōmu 293
ōmugi 130, 184
omuretsu 158
omutsu 30, 75
omutsu kabā 30
omutsu kabure kurīmu 74
omutsu kae baggu 75
omutsu kae shīto 74
ondokei 167
ondori 185
ongaku 162
ongaku gakkō 169
ongaku janru 259
ongakuka 191
ongakukai 255
onigiri 154
ōningu 148
onkai 256
onna no ko 23
onrain 177
onryō 179, 269
onsei messēji 99
onshitsu 85
onsu 310
onsui tanku 61
onsui tappu 72
opāru 288
opera 255
ōpun kā 199
ōpun toppu 260
ōpun-sando 155
oranda 316
oregano 133
orenji 126
orenji iro 274
orenji jūsu 149
orenjiēdo 144
orību 151
orībuyu 134
origami 275
orimage genkin 98
ōrora 286
oroshigane 68
oroshita 121
ōru 241
ōrusupaisu 132
orutanēta 203
osae 237, 276
osage 39
oshibe 297
oshikomi gōtō 94
oshiri fuki 74
oshiroi 40
osoi 305, 320
osu 322
ōsutorarēshia 319
ōsutoraria 319
ōsutoria 316
otafukukaze 44

otama 68
otamajakushi 294
ōtobai 204
ōtobai rēsu 249
otoko no ko 23
ōtoma 200
otona 23
ototoi 307
otsuri 99
otto 22
owari 321
ōya 58
oyasuminasai 322
oyayubi 15
oyogu 238
oyoso 320
ōzara 65
ozonsō 286

P

pā 233
paddo 53, 220
padokku 243
padoru 241
pafu 40
pāgora 84
pai 143
pai kiji 140
pai yaki-zara 69
painappuru 128
painappuru jūsu 149
painto 311
paipu 112
paipu kattā 81
pairotto 190, 211
pajama 33
pākingu mētā 195
pakisutan 318
pakku 224, 311
pāma 39
pan 138, 157
pan kiji 138
pan rui 107
pan shokunin 139
pan-zukuri 138
pan'ya 114, 138
panama 314
panchi baggu 237
panda 291
pankēki 157
panko 139
panku 203, 207, 259
panku shūri setto 207
pansuto 34, 35
panti 35
panti rainā 108
papaia 128
papuanyūginia 319
papurika 132
paraguai 315
paraguraidingu 248
parashūto 248
parashūto kōka 248
parasoru 148
paretto 186, 274
parittoshita 127
parumetto yashi no shin 122
parumezan chīzu 142
paseri 133
pasokon 172
pāsonaru torēnā 250
passhonfurūtsu 128
pasu 226
pasu suru 220, 221
pāsunippu 125
pasuta 158
pasuteru 274
patā 233
patchi 207
patchiwāku 277
pate 142, 156
patokā 94
patto o utsu 233
paudā 132
pedaru 61, 206
pedikyua 41
pedimento 301
pegu 258, 266
pemparu 24
pen 163
penarutī 223
penaruti eria 223
penchi 80
pendanto 36
pengin 292
penisu 21
penki 83
pensaki 163
pēpā napukin 154
peparoni 142
perikan 292
perū 315
pessarī 21
pesutorī 140, 149
petto fūdo 107
petto shoppu 115
piano 256
pīkannattsu 129
pikkoro 257
pikkuappu 258
pikkunmikkusu 113
pikunikku 263
pikunikku benchi 266
pikurusu 159
pīman 124
pimboke 271
pin 60, 249
pīnattsu 129, 151
pīnattsubatā 135
pinku 274
pinsetto 47, 167
pinto o awaseru 271
pipetto 167
piratisu 251
piru 21
pisutachio 129
pita pan 139
pitchā 229
pitchā maundo 228
pitchi 225, 256
piza 154, 155
piza-ya 154
pōchi 58
pōkā 273
poketto 32
pōn 272
pondo 310
ponītēru 39
poppukōn 255
poppusu 259
popura 296
popuri 111
pōrando 316
poriesuteru 277
porijji 157
poro 243
pōru 266
porutogaru 316
posutā 255
posutā karā 274
pōtā 100
pōtaburu shī-dī purēyā 268
poteto chippusu 113, 151
poteto masshā 68
pōto 176
pōtoforio 97
pōtorēto 271
pōtowain 145
puchi tomato 124
pudingu raisu 130
puerutoriko 314
purachina 289
puragu 60
puraimā 83
puramu 126
purasu 60, 165
purasu doraibā 80
purattofōmu shūzu 37
purē no sen 233
purēto 283
purēyā 268, 273
purezentā 174
purezentēshon 174
purezento 27
purin 141
purinta 172, 176
purodyūsā 254
puroguramu 176, 254
purojekutā 174
puropera 211, 214
purosessa 176
puroshutto 143
pūru 101, 238, 249, 250

R

raberu 89, 172
rabu 230
radisshu 124
rafu 232
rafutingu 241
ragubī 221
ragubī bōru 221
ragubī senshu 221
ragubī-gi 221
ragubī-jō 221
raibu 178
raimame 122, 131
raimu 126
raimugiko 138
raimugi pan 138
rain jajji 220
raion 291
raishū 307
raisu pudingu 140
raitā 112
raito 207
raito suitchi 201
rajiētā 60, 202
rajio 179, 268
rajio kyoku 179
rajio o tsukeru 269
raketto 230, 231
raketto supōtsu 231
rakettobōru 231
rakkasei yu 135
rakku 221
rakuda 291
rakunōjō 183
rakurosu 249
rakuyōju 86
ramadān 27
ramikin 69
rampaku 137
rampu 62, 217
rampusutēki 119
ramu 176
ramu niku 118
ramushu 145
ran 111, 228
ran'ō 137
ranchon matto 64
randosukēpu 271
ranhō 20
ranjerī 35, 105
ranji 251
rankan 20
ranningu shatsu 251
ranshi 20, 51
ransō 20
raosu 318
raperu 32
rappu 259
rappu-sando 155
rarī 230, 249
ratobia 316
raudo supīkā 268
raundo 237
razuberī 127
razuberī jamu 134
rebā 61, 118, 150
rebā'āchi-shiki fairu 173
rebanon 318
rēdā 214, 281
reddo kādo 223
reddokaranto 127
rege'e 259
reggu paddo 225
reggu puresu 251
reginsu 31
regyurētā 239
rei 308
rei ten go rittoru 311
reijō 180
reiki ryōhō 55
reikyakueki tanku 202
reinkōto 31, 32
reishi 128
reisui tappu 72
reitō 121, 124
reitō shokuhin 107
reitō suru 67
reitōko 67
reitōreizōko 67
reizōko 67
reji 106, 150
reji-gakari 106
rēki 88
rekigan 288
rekishi 162
rekishi-teki kenzōbutsu 261
rekkā idō 195
rekōdo-ten 115
remon 126
remon garei 120
remon kādo 134
remon tī 149
remonēdo 144
remongurasu 133
rēn 234, 238
ren'ai monogatari 255
ren'ai suru 26
renchi 81, 203
renga 187
renmei 223
rennyū 136
renshū-jiai 237
rentakā 213
rentogen 48
rentogen byuā 45
rentogen kensa sōchi 212
rentogen shashin 50
renzoku dorama 178
renzu 51, 270
renzu kēsu 51
renzu kyappu 270
renzumame 131
repōtā 179
rēru 208
rēsā 249
reshību suru 227
rēshingu baiku 205
resoto 317
ressha 208
restoran 101
rēsu 35
rēsu-yō bobin 277
rēsuami 277
resuringu 236
resutoran 152
retāheddo 173
retasu 123
retsu 210, 254
retto 230
ribaundo 226
riberia 317
ribia 317
ribon 27, 39, 111, 141, 235
rīdo shingā 258
rīfu tī 144
rifurekusorojī 54
rifurekutā 204, 207
rīfuretto 96
rifuto 246
rigakuryōhō-ka 49
rigin 240

rihitenshutain 316
rikon 26
riku-game 293
rikuchi 282
rikujō kyōgi 234
rikujō kyōgi-sha 234
rikyūru 145
rīmā 80
rimokon 269
rimpa kei 19
rimu 206
rimujin 199
rinchi 285
rinden 296
rinen 277
ringo 126
ringo jūsu 149
ringo no shin nuki-ki 68
ringo su 135
ringoshu 145
ringu 237
ringu tai 89
rinjin 24
rinku 36
rippōtai 164
rippu burashi 40
rippu gurosu 40
rippu rainā 40
rirakusēshon 55
rirē kyōsō 235
ririku suru 211
rīru 244
risaikuru bokkusu 61
risu 290
risutobando 230
ritān 231
ritoania 316
rittaizukei 164
rittoru 311
roba 185
rōbai suru 25
robī 100, 255
robu 231
rōbu 169
robusutā 121, 295
rodeo 243
rōdo baiku 206
rōdo rēsā 206
rōganberī 127
rogo 31
roguon suru 177
rōingu mashīn 250
roji 298
rojō kafe 148
rokata 194
rokettosarada 123
rokkā 239
rokkaku-bō renchi 80
rokkakukei 164
rokkankin 16
rokkī sanmyaku 312
rokkotsu 17
rokku 207
rokku konsāto 258
rokku kuraimingu 248
rokoko 301
roku 308
roku banme 309
rokuga 178, 269
rokugatsu 306
rokujū 308
rokujū banme 309
rokuon sutajio 179
rokuro 275
romen densha 196, 208
romen hyōshiki 194
rompāsu 30
rōn 96
roppyaku 308
rōpu 248, 266
rōrā 83, 187
rōrā ukezara 83
rōrāburēdo 263
rōrāsukēto 249
rōrāsukēto-gutsu 249
rōrie 133
rōru 311
rōru sukurīn 63
rōrupan 139, 143
rosen bangō 196
roshi 167
roshia rempō 318
roshutsu 271
roshutsu hosei daiyaru 270
roshutsu-busoku 271
roshutsu-ōbā 271
roshutsukei 270
rōsoku 63
rōsuto 158
rōsuto suru 67
rōtā burēdo 211
roten 154
rōto 166
roze (wain) 145
rōzumarī 133
ruā 244
rubī 288
rūfu rakku 198
rūku 272
rukusemburuku 316
rūmania 316
rūmu sābisu 101
runesansu 301
rūpin 297
rusuban denwa 99
rūtā 78
rutabaga 125
rutsubo 166
ruwanda 317
ryōchō 119
ryōdo 315
ryōgaejo 97
ryōhōshi 55
ryoken 213
ryōkin 197, 209
ryōkin-jo 194
ryokō dairiten 114, 190
ryokō kogitte 97
ryokō panfuretto 212
ryokōkaban 37
ryokucha 149
ryokutō 131
ryōseirui 294
ryōshi 189
ryōshin 23
ryōshūsho 152
ryūchijō 94
ryūju 247
ryukkusakku 31, 37, 267
ryūsei 280
ryūzan 52

S

saba 120
sābā 176
sabaku 285
sābisu purobaida 177
sābisu-ryō 152
saboten 87
sābu 231
sābu rain 230
sābu suru 231
sadoru 206
sāfā 241
safaia 288
safari pāku 262
sāfin 241
sāfubōdo 241
safuran 132
sagan 288
sagefuri 82
sagyō-sha 212
sagyōba 78
sagyōdai 78
sahara sabaku 313
sai 291
saibai suru 91
saibankan 180
saibansho shokuin 180
saido dekki 240
saido ōdā 153
saidorain 220, 226, 230
saien 182
saifu 37
saigo 320
saihō-bako 276
saihosō 187
saijōdan 141
saikoro 272
saikuringu 263
saimin ryōhō 55
sairen 94
sairo 183
saisei 269
saisho 320
saito 266
sakago 52
sakana 107, 120
sakana no kunsei 143
sakanaya 114, 120, 188
sakaya 115
sake 120, 152
sākitto torēningu 251
sakkā 222
sakkā bōru 222
sakkā senshu 222
sakkā shūzu 223
sakkā-gi 31, 222
sakkā-jō 222
sakkin 47
sakotsu 17
saku 74, 85
sakubun 163
sakugu 215
sakumotsu 183, 184
sakunyū-ki 53
sakurambo 126
sakurasō 297
sakusofon 257
sambashi 217
sambeddo 41
sambyaku 308
same 294
sāmosutatto 61
samui 286
san 23, 308
san banme 309
sandā 78
sandaru 31, 37
sandoitchi 155
sandoitchi uriba 143
sandopēpā 83
sangai 104
sangai seki 254
sangatsu 306
sangoshō 285
sangurasu 51, 265
sanhanki 52
sanjū 308
sanjū banme 309
sanjuppun 304
sanka 49
sanka byōtō 48
sanka-i 52
sankakkei 164
sankaku-kōn 187
sankakufu 46
sankakujōgi 165
sankakukin 16
sankō shiryō 302
sankyaku 166, 270, 281
sanmarino 316
sanmyaku 282
sanrūfu 202
sanruishu 228
sanshō'uo 294
sanshoku-tsuki 101
sansū 165
sansukurīn 108
santōkin 16
santome purinshipe 317
sao 245
sapōtā 227
sapurimento 55
sara 65
sara'arai-ki 66
sarada 149
sarada doresshingu 158
sarada yu 135
sarami 142
sāroinsutēki 119
saru 291
sarudinia 316
sarutana rēzun 129
sasaebō 89, 91
sashidashinin jūsho 98
sashimi 121
sasori 295
sasu 90
sasupenshon 203, 205
satchūzai 89, 183
satōkibi 184
satōzuke kudamono 129
satsuire 37
satsuma mikan 126
satsumaimo 125
saujiarabia 318
sauna 250
saundo enjinia 179
saundotorakku 255
sawā kurīmu 137
sawādō bureddo 139
saya 122
sayoku 228
sayōnara 322
se no hikui 321
se no takai 321
sebire 294
sebone 17
sēbu suru 223
sedai 23
sedan 199
sēfu 228
sei kansenshō 20
seibi kōjō 199
seibugeki 255
seibutsu 162
seichō dankai 23
seifuku 94, 189
seigen sokudo 195
seihatsu suru 39
seihyōshitsu 67
seijigaku 169
seikatai seki 301
seikei dōgu 275
seikei-geka 49
seiki 12, 307
seikō 20
seikotsu ryōhō 54
seikyoku 167
seinō 21
seiri yōhin 108
seiri-yō napukin 108
seiseki 163
seishi 20
seishi suru 91
seishin-ka 49
seishoku 20
seishokuki 20
seishokuki kei 19
seisō 21, 34
seisōken 286
seitai 19
seiten 286
seito 162
seiuchi 290
seiun 280
seiyōwasabi 125
seiyu 55
seiza 281
sēji 133
sekai chizu 312
seki 44
sekidō 283
sekidō ginia 317

sekidome 108
sekiei 289
sekika 126
sekitan 288
sekitei 84
sekiyu tankā 215
sekizai 275
sekizai-yō doriru bitto 80
sekkai-shitsu dojō 85
sekkaigan 288
sekken 73
sekken-zara 73
sekyuriti bitto 80
sembankakō suru 79
sembi 240
semento 186
semidetatchi 58
semihādo chīzu 136
semisofuto chīzu 136
semorina 130
semotare 64, 210
sempatsu 39
sempūki 60
sen 19, 72, 165, 309
sen kyūhyaku ichi nen 307
sen kyūhyaku jū nen 307
sen kyūhyaku nen 307
sen'i 127
sen'in 189
senaka 13
senaka arai burashi 73
senaka no kubomi 13
senbikampan 214
senchimētoru 310
senchō 214
senegaru 317
sengaiki 215
senjō eki 51
senkan 215
senkyaku 216
senkyaku-kō 216
senkyō 214
senmon'i 49
senmongakkō 169
sennenkan 307
sennuki 68, 150
senrei 26
senro 209
sensei 54, 162
sensha 199
senshin 230
senshitsu 214
senshu 214, 240, 307
senshuken 230
sensō 215
sensuikan 215
sentā 228
sentā sākuru 222, 224, 226
sentābōdo 241
sentai 214, 240
sentakki 76
sentaku 76
sentaku kansōki 76
sentaku sābisu 101
sentaku-basami 76
sentakukago 76
sentakumono 76
sentakumono ire 76
sentan 36, 122
sentārain 226
sentei noko 89
sentei suru 91
sentei-basami 89
sentō 300
sentobinsento oyobi gurenadīn shotō 314
sentōki 211
sentokurisutofā nēvisu 314
sentorushia 314
senzai 77
seoyogi 239
seramikku konro 66
sēringu 240
serori 122
seroriakku 124
serotēpu 173
sēru 241
serubia 316
serufu tanningu kurīmu 41
sesshi 50
sētā 33
setchi pin 60
setsugan renzu 167
setsuzoku suru 177
setto 178, 230, 254
setto suru 38
shaberu 265
shābetto 141
shachō 175
shadamben 61
shahen 164
shakkotsu 17
shako 58
shakuyanin 58
shamen 284
shampan 145
shampū 38
shampū dai 38
shāpu 256
shārē 166
sharin 198
sharin-tsuki tanka 48
shasei kan 21
shashī 203
shashin 270, 271
shashin hantei 234
shashin satsuei 271
shashin-yō gakubuchi 271
shashinka 191
shasō 209
shatai 202
shatoru 231
shatoru basu 197
shattā 270
shattā sokudo tsumami 270
shawā 72
shawā doa 72
shawā jeru 73
shawā kāten 72
shawā o abiru 72
shawā tō 266
shawāheddo 72
shefu 152, 190
shefu no bōshi 190
shēkā 150
sherī 145
shī-dī purēyā 268
shi 308
shiai 237
shiatsu 54
shiatsu ryōhō 55
shiba de ōu 90
shibafu 85, 90, 262
shibakari suru 90
shibakariki 88, 90
shiberia 313
shibori bukuro 69
shichaku shitsu 104
shichi 308
shichigatsu 306
shichijū 308
shichimenchō 119, 185, 293
shichiria 316
shichōsha 299
shichū 158
shida 86
shierareone 317
shifuto rebā 207
shigai 298
shigaisen 286
shigatsu 306
shigoto 170
shiharai 96
shiharau 153
shihei 97
shijōkaihatsu bu 175
shijū 308
shika 291
shika kenshin 50
shika niku 118
shika rentogen 50
shika yunitto 50
shikai-sha 178
shikakkei 164
shikame-zura 25
shikan 50
shiken 163
shikenkan 166
shikenkan-tate 166
shiki dai 256
shiki'ishi 85
shikibetsu bando 53
shikibō 256
shikiri kādo 173
shikisha 256
shikke no ōi 286
shikkui 83
shikkui o nuru 82
shikō 50
shikyū 20, 52
shikyū keibu kakuchō 52
shikyūkei 20
shima 282
shima hōzuki 128
shimai 22
shimamenō 289
shimatta 321
shimauma 291
shimbaru 257
shimbun 112, 178
shimbun hambaiten 112
shimetta 321
shimo 287
shimon 94
shimpai suru 25
shimpan 222, 226, 227, 229, 230
shin 122, 127, 173
shin kyabetsu 123
shin'yōju 86
shinagōgu 300
shinai 236
shinamon 133
shinchō-kei 45
shindai koshitsu 209
shindo 91
shingapōru 318
shingetsu 280
shingō 194, 209
shingu 74
shingu taoru rui 105
shinguru 151
shinguru beddo 71
shinguru kurīmu 137
shinguru rūmu 100
shingurusu 230
shinjaga 124
shinju no kubikazari 36
shinkai-zuri 245
shinkansen 209
shinkei 19, 50
shinkei kei 19
shinkei-ka 49
shinkotenshugi 301
shinkū kappu 53
shinkuronaizudo suimingu 239
shinnyū kinshi 195, 323
shinri ryōhō 55
shinrin 285
shinrui 23
shinryō-shitsu 45
shinryōjo 48
shinsatsu 45
shinseiji 53
shinsen 121, 127
shinshi fuku 105
shinshitsu 70
shintaishō 235
shintaishōgaisha-yō chūsha supēsu 195
shinu 26
shinzō 18, 119
shinzōbyō-ka 49
shinzōhossa 44
shio 64, 129, 152
shio-furi 121
shio-iri 137
shioaji 155
shiomizu-zuke 143
shiozuke 143
shīrā 83
shirakaba 296
shiretsu kyōsei burijji 50
shiri 13
shiria 318
shiriaru 156
shiriaru shokuhin 107, 130
shirindā heddo 202
shirīzu bangumi 178
shiro 145, 272, 274, 300, 321
shiro komugiko 138
shiro pan 138, 139
shiroari 295
shiromi niku 118
shiroppu 109
shiroppu-zuke 159
shīrudo 88
shiryō dai 167
shiryoku 51
shiryoku kensa 51
shisha 175
shishinkei 51
shisho 168, 190
shishū 277
shīsō 263
shisshin suru 44
shisutemu 176
shisutemu techō 173
shita 19
shita e 320
shitagi 32
shitagoshirae shita tori 119
shītake 124
shitanuri 83
shitateya 115, 191
shitchi 285
shitenchō 96
shīto 204, 241
shīto beruto 198, 211
shīto pirā 206
shītsu 71, 74
shitsugaikotsu 17
shitsumon 163
shitsumon suru 163
shiwa 15
shiwa tori 41
shiyō kigen 109
shiyō-chū 321
shizen ryōhō 55
shizuka na 321
shoberu 88
shōbōsha 95
shōbōshi 95, 189
shōbōsho 95
shōbōtai 95
shōchō 18
shōdoku eki 47, 51
shōdoku waipu 47
shōga 125, 133
shōgai hietsu 243
shōgai kyōsō 243
shōgaibutsu 243
shōgakuhin 169
shōgatsu 27
shōgeki o ukeru 25
shōgo 305
shohōsen 45
shoka 168
shōkai 49
shōkaki 95
shōkaki kei 19

shōkasen 95
shōken torihiki-jo 97
shokkaku 295
shokki 64
shokki rui 65
shokkidana 62
shokku 47
shōko 181
shoku 280
shokubutsu 296
shokudō 19
shokudō-sha 209
shokugyō 188, 190
shokuhin uriba 105
shokuji 64, 75, 158
shokuminchi 315
shokumu 92
shokupan no katamari 139
shokuryōhin 106
shokuryōhin-ten 114
shokuyō abura 134
shokuzenshu 153
shōkyūshi 50
shomei 96, 98
shōmei 178
shōmei kigu 105
shōmeidan 240
shōmen genkan 58
shōni byōtō 48
shōni-ka 49
shonichi 254
shōnin 180
shoppingu sentā 104
shorudā paddo 35, 224
shorudābaggu 37
shosai 63
shōsetsu 256
shōsha 273
shōten 298
shōten chōsetsu nobu 167
shōtō 300
shōtorihiki 175
shōwakusei 280
shōyu 135
shōzō 260
shū 306, 315
shū-gawa 140
shubi suru 225
shūchū chiryō-shitsu 48
shuhan 240
shūhasū 179
shūho 243
shūjitsu 306
shujutsu 48
shujutsu-shitsu 48
shūka 98
shūkaku suru 91
shukketsu 46
shukkin irai-sho 96
shukkō suru 217
shukudai 163
shukuhaku kyaku 100
shukuhaku-sha meibo 100
shukushō suru 172
shūmatsu 306
shuppatsu bin 213
shuppatsu robī 213
shūrikō 188, 203
shusai 153
shūshi gō 169
shūshoku suru 26
shūsō baggu 88
shussan 53
shussan mae 52
shussan suru 26
shussei shōmeisho 26
shussei-ji taijū 53
shusseki suru 174
shussui-kō 61
shutchō 175
shuto 315
shūto suru 223, 227
shutō uchi 237
shutsunyū dōro 216
shutsunyū-ro 194
shutsunyūkoku kanri 212
sobakasu 15
sobo 22
sōbōkin 16
sobyō 275
sōda pan 139
sōdasui 144
sode 34, 254
sodeguchi 32
sofa 62
sofa beddo 63
sofu 22
sofubo 23
sofuto 176
sofuto chīzu 136
sofuto dorinku 144, 154
sōgankyō 281
sōgen 285
sōji 77
sōji dōgu 77
sōji sābisu 101
sōjifu 188
sōjiki 77, 188
sōjū shitsu 210
soketto 80
soketto renchi 80
sokki-sha 181
sōko 216
sōkō shasen 194
sokudokei 201, 204
sokutei 165
sokuten 235
sōkyū suru 223
somaria 317
sonata 256
sonota no mise 114
soramame 122, 313
sori suberi 247
soromon shotō 319
sōsakei 201, 204
sōsēji 118, 155, 157
sōshiki 26
sōshin suru 177
sōshingu 36
soshō anken 180
sosogu 67
sōsu 135, 143, 155
soto 320
sotogawa 320
sotsugyō suru 26
sotsugyō-rombun 169
sotsugyō-shiki 169
sotsugyō-shōsho 169
sotsugyōsei 169
su 135, 142
suberidai 263
suburi 233
suchīru'ūru 81
suchuwādesu 190
sūdan 317
suettopantsu 33
sufure 158
sūgaku 162, 164
sūgaku yōhin 165
sugikoshimatsuri 27
suichi ryōhō 55
suichoku-anteiban 210
suichokusen 165
suichūyoku-sen 215
suidōsui 144
suiei 238
suiei senshu 238
suiei yōhin 238
suiei-bō 238
suigin 289
suihei-biyoku 210
suiheiki 187
suijō hikōki 211
suijō supōtsu 241
suijōsukī 241
suijōsukī ita 241
suijōsukīyā 241
suika 127
suikazura 297
suikeiki 80
suikomi hōsu 77
suikyū 239
suimin 74
suimin'yaku 109
suimubōdo 238
suingu suru 232
suionkei 201
suisai enogu 274
suisei 280
suiseki 288
suisen 111
suishitsu 61
suishō ryōhō 55
suishōtai 51
suisu 316
suitchi 60
suitō 44, 206, 267
suīto chokorēto 113
suitō-gakari 96
suiyōbi 306
suiyōsei 109
suizō 18
suji 126
sūji 308
sukāfu 36
sukaidaibingu 248
sukasshu 231
sukāto 30, 34
suketchi 275
suketchi bukku 275
sukēto 224
sukēto de suberu 224
sukēto-gutsu 247
sukētobōdo 249, 263
sukētobōdo-nori 249
sukī 246
sukī ita 246
sukī-gutsu 246
sukī-jō 246
sukimu miruku 136
sukinkea 108
sukīwea 246
sukīyā 246
sukoabōdo 225
sukoppu 89, 187
sukoshi 320
sukotchi 151
sukūpu 149
sukuraburu 272
sukuramburu eggu 157
sukuramu 221
sukurēpā 82
sukurōrubā 177
sukūru basu 196
sukuryū doraibā 151
sukūtā 205
sukuwatto 251
sukyan 48, 52
sukyanā 176
sukyūba daibingu 239
sumasshu 231
sumi 266
sumimasen 322
sumō 237
sumomo 129
sumpō 165
suna 264
suna no shiro 265
sunaba 263
sunakku bā 148
sunappu 30
sunatsuchi 85
sune 12
sunea doramu 257
sunīkā 31, 37, 251
sunōbōdo 247
sunōkeru 239
sunōmōbiru 247
sunōsūtsu 30
sunūkā 249
supaiku 233
supāku puragu 203
sūpāmāketto 106
supana 80
supea ribu 155
supea taiya 203
supēdo 273
supein 316
supēsu shatoru 281
supīdo kukku 130
supīdo otose 323
supīdo sukēto 247
supīkā 176, 258
supīkā sutando 268
supin 230
supoito 109, 167
supōku 207
suponji 73, 74, 83
suponji fingā 141
suponji kēki 140
supōtsu 218
supōtsu fīrudo 168
supōtsu fisshingu 245
supōtsu jaketto 33
supōtsu jimu 250
supōtsu kā 199
supōtsu yōhin 105
supōtsu-yō burajā 35
supōtsuman 191
supottoraito 259
suppai 127
sūpu 153, 158
supūn 65
supurē 109
supurē kan 311
supureddo 135
supuringu 71
supuringu onion 125
supurinkurā 89
supuritto pī 131
supuroketto 207
supūru 245, 271
sūpusupūn 65
sūpuzara 65
suraidingu suru 229
suraido 167
suraisā 139
suraisu 139, 230
suraisu shokupan 138
surakkusu 34
surasutā 281
surī doa 200
surī-pointo rain 226
suribachi 68
surikizu 46
surikogi 68
surinamu 315
suriorosu 67
surippa 31
surippon 37
surippu 35
surīpusūtsu 30
surirā 255
suriranka 318
surō-in 223, 226
surobakia 316
surobenia 316
surottoru 204
sushi 121
sūshiki 165
suso 34
susugu 76
sutaffudo orību 143
sutāfurūtsu 128
sutampu 225
sutampu dai 173
sutando 88, 166, 205, 207, 268
sutansu 232
sutātingu burokku 234
sutāto dai 238
sutāto rain 234
sutemu 112
sutenresu 79
sutenshiru 83

suteppā 250
sutereo 269
sutēshonwagon 199
sutikku 133, 224, 249
sutiru 144
sūto 273
sutokkingu 35
sutokku 246
sutoppā 166
sutoppuwotchi 234
sutoraiku 228
sutorappu 35, 37
sutorappuresu 34
sutorēnā 68
sutoresu 55
sutoretchi 251
sutorēto 39
sutorēto ni suru 39
sutorō 144, 154
sutorōku 231, 233
sūtsu 32
suwajirando 317
suwēden 316
suzu 289
suzuki 120
suzume 292

T

ta no kōgei 275
ta no supōtsu 248
tabako 112, 184
tabako hitohako 112
tabemono 116, 149
taberu 64
tābochājā 203
tabun 322
tachioyogi suru 239
tadashī 321
tagayasu 183
tāgetto shageki 249
tai 120, 318
tai'iku 162
tai'in 48
taiban 52
taiburēku 230
taibutsu renzu 167
taifū 286
taiheiyō 312
taihi 88
taihi-zumi 85
taiho 94
taiji 52
taijō 223
taijū-kei 45
taikakusen 164
taikiken 282, 286
taikyokuken 237
taimā 166
taimingu 203
taimu 133
taimu auto 220
tainetsusei 69
taionkei 45
tairiku 282, 315
tairu o haru 82
tairyūken 286
taiseiyō 312
taiseki 165
taisekigan 288
taishoku suru 26
taisō kyōgi 235
taisō senshu 235
taitsu 251
Taiwan 319
taiya 198, 205, 206
taiya kūkiatsu 203
taiya o kōkan suru 203
taiya rebā 207
taiyō 280, 282
taiyōkei 280
tajikisutan 318
takai 321
takarakuji 112
takasa 165
takatobikomi 239
take 86
takenoko 122
taki 285
takkingu suru 241
takkuru 245
takkuru bokkusu 244
takkuru suru 220, 221, 223
takkyū 231
tako 121, 295
takomētā 201
takuhai 99, 154
takusan 320
takushī no untenshu 190
takushī noriba 213
tamago 137
tamanegi 124
tambarin 257
tamburā 65
tameiki o tsuku 25
tāminaru 212
tamo 244
tampa 179
tampan 33
tampon 108
tampopo 123, 297
tan 118
tana 66, 67, 106
tandemu jitensha 206
tane 88, 122, 127, 128, 130, 131
tane o maku 183
tane o ueru 90
tane-iri pan 139
tanemaki torei 89
tanenashi 127
tanensō 86
tangutsu 37
taniku shokubutsu 87
tanima 284
tanjerin 126
tanjō 52
tanjō pātī 27
tanjōbi 27
tanjōbi kēki 141
tanjōbi kēki no rōsoku 141
tanka 94
tanku 239
tankyori sōsha 234
tanryū 130
tanshin 50, 304
tansu 70
tansui-zuri 245
tanuki 290
tanzania 317
taoru 73
taorukake 72
tappu 150
tara 120
taragon 133
taroimo 124
tarukamu paudā 73
taruki 186
tārumakku 187
taruto-gata 69
tasu 165
tasumania 319
tatchi rain 221
tatchiauto suru 229
tatchidaun 220
tategami 242, 291
tatemono 299
tatemono to kōzō 300
tateru 186
tatsu-no-otoshigo 294
taunhausu 58
tawara 184
tazuna 242
te 13, 15, 273
tebaniku 119
tebiki noko 81
tebukuro 36
tēburu 64, 148, 210
tēburu settingu 65, 152
tēburukurosu 64
techō 175
tedibea 75
tefuron kakō 69
tegami 98
tei-shigeki sei 41
teian sho 174
teiden 60
teien 261
teiki kankōbutsu 168
teiki-ryokakki 210, 212
teimen 164
teiō sekkai 52
teionsakkin 137
teionsakkin shiteinai 137
teire suru 91
teisha botan 197
teisha kinshi 195
teishi 269
teishibō niku 118
teishibō-nyū 136
teitetsu 242
tejō 94
tekīra 145
tekondō 236
tekubi 13, 15
tekunikku 79
tēma pāku 262
tembin 166
tembōtō 215
tempu shorui 177
tempuku suru 241
ten 273
ten'in 104, 188
tenimotsu 211, 213
tenisu 230
tenisu kōto 230
tenisu senshu 231
tenisu-gutsu 231
tenji-hin 261
tenjō 62
tenkan 44
tenmongaku 281
tennai inshoku 154
tennen sen'i 31
tennōsei 280
tenohira 15
tenrankai 261
tentaibōenkyō 281
tenteki 53
tento 267
tento o haru 266
tentōmushi 295
teoshi kāto 233
tēpu kattā 173
tērādo 35
terasu 58
terasu gāden 84
terasu kafe 148
terebi gēmu 269
terebi o kesu 269
terebi o miru 269
terebi o tsukeru 269
terebi sutajio 178
terepin-yu 83
teroppu 179
tēru raito 207
tēru rampu 204
tesuri 59, 196
tesūryō 97
tetsu 289
tetsubō 235
tetsubun 109
tetsudō-mō 209
tetsugaku 169
tī 233
tī baggu 144
tī guraundo 232
tīkappu 65
tīn'ējā 23
tīpotto 65
tīshatsu 30, 33
tīshotto o uchidasu 233
tisshu 108
tisshu no hako 70
tīsupūn 65
tō 300
to issho ni 320
tō kurippu 207
tō sutorappu 207
to'on kigō 256
tobi-geri 237
tobi-ita 238
tobikomi 239
tobikomi senshu 238
tobikomi sutāto 239
tobikomu 238
tobira 209
tobu 211
tōbu gaishō 46
tōchaku bin 213
tōdai 217
todana 66
todana rokku 75
tofī 113
tōgarashi 132, 143
toge 46
tōgei 275
togi-bō 118
tōgo 317
togurubotan 31
tōhi 39
tōi 320
toiawase 168
toire 61, 266
toire burashi 72
toiretto pēpā 72
toishi 81
tōjiki 105
tōjōken 213
tokage 293
tokei 62, 304
tokei-tsuki rajio 70
toko ni tsuku 71
tōkotsu 17
tokoya 39, 188
tokubai 322
tokubaihin 106
tokuten 220, 273
tōkyū suru 225, 229
tomare 323
tomato 125, 157
tomato jūsu 144, 149
tombo 295
tomegane 37
tōmei hachimitsu 134
tomodachi ni naru 26
tōmorokoshi 122, 130, 184
tōmorokoshi pan 139
ton 310
tōnamento 233
tongu 167
tonikku wōtā 144
tōnyōbyō 44
topāzu 288
topiarī 87
toppingu 155
toppu 246
toppu chūbu 207
tora 291
toraffuru 113
toragu 88
torai 221
toraianguru 257
toraifuru 141
torakku 194, 234
torakku no untenshu 190
torakkusūtsu 31, 32
torakutā 182
torampetto 257
torampu 273
torampu hito-kumi 273
toranku 198
toranku rūmu 196
toreddo 207
toreddomiru 250
torei 152, 154

日本語索引

torekkingu 243
torēn 35
torēnā 33
torēningu suru 251
torērā 266
torerisu 84
tori 119
tōri 298
torigoya 185
torihikisaki 175
torimā 88
torinidādo tobago 314
toriniku 119
toronbōn 257
tororī basu 196
toruko 318
torukoishi 289
torukumenisutan 318
torumarin 288
toryō baketsu 83
toryō-yō shinnā 83
toryufu 125
toshi 299, 306, 307
tōshi 97
tosho kādo 168
tosho mokuroku 168
toshokan 168, 299
tosō suru 83
tōsutā 66
tōsuto 157
tōsuto-sando 149
totte 37, 88, 106
tōyaku 109
tōzayokin kōza 96
tsū doa 200
tsuarā 205
tsubame 292
tsubasa 210, 293
tsubomi 111, 297
tsubu masutādo 135
tsubushita 132, 159
tsuchifumazu 15
tsūden rēru 209
tsūgaku kaban 162
tsugiki suru 91
tsuihi suru 90
tsuin rūmu 100
tsukaisute 109
tsukaisute kamera 270
tsukaisute kamisori 73
tsukeru 130
tsuki 237, 280, 306
tsukichakurikusen 281
tsūkinsha 208
tsūkō kinshi 323
tsukue 162, 172
tsukurō 277
tsuma 22
tsumaranai 321
tsume 15, 291, 293
tsume yasuri 41
tsumekiri 41
tsumekiri-basami 41
tsumemono 50, 159
tsumetai 321
tsumitoru 91
tsumu 91
tsumujikaze 287
tsunagi 83
tsunagu 91
tsuno 291
tsurara 287
tsuri 244
tsuri kyokashō 245
tsuri no shurui 245
tsuri'ito 244
tsuribari 244
tsuribito 244
tsurigane suisen 297
tsūringu jitensha 206
tsurisage-shiki forudā 173
tsuriwa 235
tsurizao 244
tsūro 106, 168, 210, 212, 254
tsuru 245, 292
tsūrubā 177
tsuruhashi 187
tsurusei shokubutsu 87
tsutsugiri 121
tsutsumi 311
tsūwa-chū 99
tsuyadashi 83
tsuyadashizai 77
tsuyakeshi 83
tsuyoi 321
tsuzuru 162

U

ubaguruma 75
uchigawa 320
uchiwasaboten 128
uchū 280
uchū sutēshon 281
uchū tanken 281
uchūfuku 281
uchūhikōshi 281
uchūkūkan 280
uddo 233
ude 13, 95
udedokei 36
udetatefuse 251
ue e 320
ue-kaeru 91
ueki 87, 110
uekibachi 89
ueru 183
uesuto 12
uesutobando 35
ugai dai 50
uganda 317
ugokasu 251
uikyō 122, 133
uikyō no tane 133
uindo-shīrudo 205
uindoburēkā 33
uindosāfā 241
uindosāfin 241
uirusu 44
uisukī 145
ukairo 195, 323
uke 237
ukegane 276
ukeru 227
uketsuke-gakari 190
uki 244
ukidama 61
ukiwa 265
ukon 132
ukuraina 316
uma 185, 242
umareru 26
umate 243
umaya 185, 243
umeru 82
umi 264, 282
umi no ie 264
umibe 264
umizuri 245
unagi 294
undō 251
unmo 289
unten seki 196
unten shitsu 208
unten suru 195
untendai 95
untenshu 196
uraji 32
urauchi-gami 83
ureshī 25
uriba annai 104
urin 285
uroko 121, 293, 294
uroko o totta 121
uruguai 315
urusai 321
usagi 290
usagi niku 118
usetsu kinshi 195
usugiri 119
usui 321
uta 259
utsu 79, 224, 225, 229
utsukushī 321
uwagi 32
uwanuri 83
uwazara 310
uyoku 229
uzubekisutan 318
uzura 119
uzura mame 131
uzura tamago 137

W

waffuru 157
wagomu 173
wagon 172
waido gamen terebi 269
wain 145, 151
wain risuto 152
wain su 135
waingurasu 65
waipā 198
waishatsu 32
waiyā kappu 35
waiyā kattā 81
waiyā sutorippā 81
wakai 321
waki no shita 13
wakimichi 299
wakkusu 41
wakusei 280, 282
wambokkusu kā 199
wampīsu 31, 34
waniguchi kurippu 167
wanshotto 151
warau 25
waribiki ryōkin 322
waru 165
warui 321
wasabi 124
washi 292
wasshā 80
wata o totta 121
waza 237
webusaito 177
wēdā 244
wedingu kēki 141
wedingudoresu 35
weitā 148, 152
weito beruto 239
weito torēningu 251
weitoresu 191
wejji 233
wetto tisshu 108
wettosūtsu 239
wiketto 225
wiketto-kīpā 225
windō 177
windorasu 214
wintā supōtsu 247
wokka 145
wōtā gāden 84
wōtā hazādo 232

Y

ya 249
yachin 58
yachō kansatsu 263
yādo 310
yagai katsudō 262
yagi 185
yagi chīzu 142
yagi-nyū 136
yaita 159
yakedo 46
yakisoba 158
yakkyoku 108
yaku 67, 138
yakumi 135
yakusō 55
yakusō-zai 108
yakuzaishi 108, 189
yakyū 228
yakyū o suru 229
yakyūbō 36
yama 284
yamaimo 125
yanagi 296
yane 58, 203
yane-gawara 58, 187
yaneura-beya 58
yaoya 114, 188
yarinage 234
yasai 107, 122, 124
yasai-shitsu 67
yasei mai 130
yashi 296
yashi no ki 86
yasu ryō 245
yasui 321
yasuri 81
yawarakai 129, 321
yazutsu 249
yoake 305
yōbi 306
yobidashi botan 48
yobidashijō 180
yobirin 59
yobō-sesshu 45
yodarekake 30
yōfukudansu 70
yoga 54
yōgan 283
yōgisha 94, 181
yogoremono 76
yōgu 233
yōguruto 137
yōgyojō 183
yōhō 109
yoi 321
yoidome 109
yōji 30
yōjō shīto 83
yōkeijō 183
yōki 311
yōki-iri inryōsui 144
yokogura 242
yokushitsu 72
yokushitsu-yō kyabinetto 72
yokusō 72
yōkyū 249
yome 22
yomu 162
yon 308
yon banme 309
yōnashi 126
yonhyaku 308
yonjū 308
yonjū banme 309
yonjuppun 304
yonrin kudōsha 199
yontōkin 16
yōnyū 137
yori yoi 321
yoroido 58
yōroppa 316
yoru 305
yorudan 318
yōryō 109, 311
yōseki 311
yosenami 241
yōshi gaido 172
yōsui 52
yōsui senshi 52
yotei 175
yōtonjō 183
yōtsui 17
yotto 215, 240
yowai 321
yoyaku 45
yoyaku suru 168
yōzai 83
yubi no kansetsu 15

yūbin-bangō 98
yūbin-bukuro 98
yūbin haitatsunin 98
yūbin kaban 190
yūbin kawase 98
yūbin posuto 99
yūbin-uke 58, 99
yūbinhaitatsu 190
yūbinkyoku 98
yūbinkyoku-in 98
yubinuki 276
yubiwa 36
yuderu 67
yudeta 159
yudetamago 137, 157
yūen 199
yūenchi 262
yūgure 305
yūhodō 265
yuigonjō o kaku 26
yūjin 24
yuka 58, 62, 71
yuka undō 235
yūkari 296
yuki 287
yūki 91, 122
yūki gomi 61
yūki-sei 118
yukkurishita 321
yumi 249
yuminoko 81
yuri 110
yūryō channeru 269
yusei kan 21
yūshoku 64
yūsō-ryō 98
yusugu 38
yutampo 70
yutiriti rūmu 76
yūzai 181
yuzure 323

Z

zabuton 64, 152
zaijō 180
zaijōnimpi 180
zaimoku 187
zairyō 79
zakuro 128
zambia 317
zamen 64
zarugai 121
zaseki 209, 210, 254
zaseki haichi 254
zasshi 107, 112, 168
zassō 86
zassō kari-basami 88
zataku 152
zayaku 109
zei 96
zeikan 212, 216
zekken 226
zemu kurippu 173
zenkyō 242
zennyū 136
zenrin 196, 210
zenritsusen 21
zenryū 130
zenryū pan 139
zenryū-fun 138
zensai 153
zensoku 44
zentōdō 19
zentōkin 16
zenwan 12
zerībīnzu 113
zetsuen tēpu 81
zō 291
zōchiku bubun 58
zōen suru 91
zōsen-jo 217
zubon 32
zuga 274
zugaikotsu 17
zukkīni 125
zūmu renzu 270
zunō 19
zutsū 44

ドイツ語索引 doitsugo sakuin • deutsches Register

A
à la carte 152
Aal *m* 294
Abdeckband *n* 83
Abdecktuch *n* 83
Abend *m* 305
Abenddämmerung *f* 305
Abendessen *n* 64
Abendkleid *n* 34
Abenteuerfilm *m* 255
Abfahrtslauf *m* 247
Abfalleimer *m* 61
Abfallentsorgung *f* 61
Abfallsortiereinheit *f* 61
Abfertigungsschalter *m* 213
Abflug *m* 213
Abflughalle *f* 213
Abfluss *m* 61, 72
Abflussrohr *n* 61
Abführmittel *n* 109
abheben 99
Abhebungsformular *m* 96
Abkühlgitter *n* 69
Ablage für Ausgänge *f* 172
Ablage für Eingänge *f* 172
Ablasshahn *m* 61
Ableger *m* 91
Abmessungen *f* 165
Absatz *m* 37
Abschlag *m* 232
abschleppen 195
Abschleppwagen *m* 203
Abschnitt *m* 96
Abschürfung *f* 46
Abschuss *m* 281
Abschussrampe *f* 281
Abseilen *n* 248
Abseits *n* 223
abseits der Piste 247
Absender *m* 98
Absperrhahn *m* 61
Abspielen *n* 269
Abteil *n* 209
Abteilungen *f* 49
Abtropfbrett *n* 67
Abzeichen *n* 189
abziehen 82
Abzug *m* 271
Accessoires *n* 36
Achat *m* 289
Achillessehne *f* 16
Achse *f* 205
Achselhöhle *f* 13
acht 308
Achteck *n* 164
achter 309
Achterbahn *f* 262
Achterdeck *n* 214
achthundert 308
achtzehn 308
achtzehnter 309
achtzig 308
achtzigster 309
Ackerbaubetrieb *m* 183
Ackerland *n* 182
Acrylfarbe *f* 274
Adamsapfel *m* 19
addieren 165
Adler *m* 292
Adresse *f* 98
Adzukibohnen *f* 131
Aerobic *n* 251
Affe *m* 291
Afghanistan 318
Afrika 317
After-Sun-Lotion *f* 108
Ägypten 317
Ahorn *m* 296
Ahornsirup *m* 134
Aikido *n* 236
Airbag *m* 201
akademische Grad *m* 169
Akazie *f* 110
Aktenordner *m* 173
Aktenschrank *m* 172
Aktentasche *f* 37
Aktien *f* 97
Aktienpreis *m* 97
Aktionen *f* 227, 229, 233
Aktivitäten *f* 162, 245, 263
Aktivitäten im Freien *f* 262
Akupressur *f* 55
Akupunktur *f* 55
Alarmanlage *f* 58
Alaska 314
Albanien 316
Algerien 317
alkoholfreies Getränk *n* 144, 145, 154
Allee *f* 299
Allergie *f* 44
Alligator *m* 293
alpine Kombination *f* 247
als Fänger spielen 229
alt 321
Alternativtherapien f 54
Aluminium n 289
Amazonien 312
ambulanter Patient *m* 48
Ameise *f* 295
Amethyst *m* 288
Amniozentese *f* 52
Ampère *n* 60
Amphibien *f* 294
an Bord gehen 217
an, bei 320
Ananas *f* 128
Ananassaft *m* 149
Anästhesist *m* 48
Anbau *m* 58
anbeißen 245
anbraten 67
anbringen 82
Anden 312
Andenken *n* 260
andere Geschäfte *n* 114
andere Kunstfertigkeiten *f* 275
andere Schiffe *n* 215
andere Sportarten *f* 248
Andorra 316
Anfang *m* 321
Angebot *n* 106, 174
Angeklagter *m* 180, 181
Angelgeräte *n* 245
Angelhaken *m* 244
Angelrute *f* 244
Angelschein *m* 245
Angelsport *m* 244
angemacht 159
angereichertes Mehl *n* 139
Angler *m* 244
Angola 317
angreifen 220, 223
Angriff *m* 220, 237
Angriffszone *f* 224
Anhang *m* 177
Anhänger *m* 36
Anker *m* 214, 240
Ankerwinde *f* 214
Anklage *f* 94, 180
Ankunft *f* 213
anlegen 217
Anorak *m* 31, 33
Anprobe *f* 104
Anreden *f* 23
Anrufbeantworter *m* 99
Anspielkreis *m* 224
anstreichen 83
Antifalten- 41
Antigua und Barbuda 314
antihaftbeschichtet 69
Antiquitätenladen *m* 114
Antiseptikum *n* 47
Antwort *f* 163
antworten 163
Anwaltsbüro *n* 180
Anwendung *f* 176
Anzeige *f* 94
Anzeigetafel *f* 104, 225
Aperitif *m* 153
Apfel *m* 126
Apfelsaft *m* 149
Apfelstecher *m* 68
Apfelwein *m* 145
Apfelweinessig *m* 135
Apotheke *f* 108
Apotheker *m* 108
Apothekerin *f* 189
applaudieren 255
Aprikose *f* 126
April *m* 306
Aquamarin *m* 288
Aquarellfarbe *f* 274
Äquator *m* 283
Äquatorial-Guinea 317
Arabisches Meer *n* 313
Arbeit *f* 172
Arbeitgeberin *f* 24
Arbeitnehmer *m* 24
Arbeitsessen *n* 175
Arbeitsfläche *f* 66
Arbeitszimmer *n* 63
Architekt *m* 190
architektonischer Garten *m* 84
Architektur *f* 300
Architrav *m* 301
Argentinien 315
Arithmetik *f* 165
Arm *m* 13
Armaturen *f* 201
Armaturenbrett *n* 201
Armband *n* 36
Armbanduhr 36
Ärmel *m* 34
ärmellos 34
Armenien 318
Armlehne *f* 210
Armstütze *f* 200
Aromatherapie *f* 55
aromatisch 130
aromatisiert 131
aromatisiertes Öl *n* 134
Art-déco 301
Arterie *f* 19
Artischocke *f* 124
Arzneiausgabe *f* 108
Arzt *m* 45, 189
Aschenbecher *m* 150
Asche *f* 283
Aserbaidschan 318
Asien 318
Asphalt *m* 187
Ass *n* 230, 273
Assistentin *f* 24
assistierte Entbindung *f* 53
Ast *m* 296
Asteroid *m* 280
Asthma *n* 44
Astigmatismus *m* 51
Astronaut *m* 281
Astronomie *f* 281
Atemloch *n* 290
ätherischen Öle *n* 55
Äthiopien 317
Atlantischer Ozean *m* 312
Atmosphäre *f* 282, 286
Atmung *f* 47
Atmungssystem *n* 19
Atrium *n* 104
Aubergine *f* 125
auf 320
auf der Stelle joggen 251
aufgehen 139
aufgenommen 48
aufgeregt sein 25
Aufhängung *f* 203, 205
Auflaufform *f* 69
Auflaufförmchen *n* 69
auflockern 91
Auflösungszeichen *n* 256
Aufnahme *f* 269
Aufsatz *m* 163
Aufschlag *m* 231
aufschlagen 231
Aufschlaglinie *f* 230
Aufschnitt *m* 118, 143
aufstehen 71
auftauen 67
auftrennen 277
aufwachen 71
aufwärmen 154
Auge *n* 14, 51
Augenbohnen *f* 131
Augenbraue *f* 14, 51
Augenbrauenstift *m* 40
Augenheilkunde *f* 49
Augenoptiker *m* 51
August *m* 306
aus 225, 226, 228, 320
aus Freilandhaltung 118
ausblasen 141
ausbrechen 283
Ausfahrt f 194
Ausfallschritt *m* 251
Ausgang *m* 210
Ausgehen *n* 75
Auskunft *f* 99, 168
ausländische Währung *f* 97
Auslandsflug *m* 212
Auslass *m* 61
auslaufen 217
Ausleger *m* 95
Auslegerkorb *m* 95
Ausleihe *f* 168
ausleihen 168
Auslöser *m* 270
Auspuff *m* 203
Auspuffrohr *n* 204
Auspufftopf *m* 203
ausrollen 67
Ausrüstung f 165, 233, 238
Aussage *f* 180
Ausschnitt *m* 34
Außenbordmotor *m* 215
Außenfeld *n* 229
Außentür *f* 59
Äussere *n* 198
äussere Erscheinung *f* 30
äussere Kern *m* 282
außerhalb 320
ausspülen 38
Ausstellung *f* 261
Ausstellungsstück *n* 261

ausstrecken 251
Auster *f* 121
Australien 319
Australien und Ozeanien 319
Auswechslung *f* 223
auswerfen 245
Auszeit *f* 220
Auto *n* 198, 200
Autobahn *f* 194
Automatiktür *f* 196
Autostereoanlage *f* 201
Autotür *f* 198
Autounfall *m* 203
Autoverleih *m* 213
Autowaschanlage *f* 198
Avocado *f* 128
Ayurveda *n* 55

B
Baby *n* 23, 30
Babybaden *n* 74
Babyflasche *f* 75
Babyhandschuh *m* 30
Babyprodukt *n* 107
Babyschuh *m* 30
Babysprechanlage *f* 75
Babytasche *f* 75
Babytrageschlinge *f* 75
Bach *m* 285
backen 67, 138
Backenzahn *m* 50
Bäcker *m* 139
Bäckerei *f* 114, 138
Backgammon *n* 272
Backofen *m* 66
Backpflaume *f* 129
Backpinsel *m* 69
Backwaren *f* 107
Badeanzug *m* 238, 265
Badehose *f* 238
Badekappe *f* 238
Bademantel *m* 32, 73
Badematte *f* 72
Bademeister *m* 239, 265
baden 72
Badetuch *n* 73
Badewanne *f* 72
Badezimmer *n* 72
Badminton *n* 231
Bagger *m* 187
baggern 227
Baguette *n* 138
Bahamas 314
Bahn *f* 234, 238
Bahnhof *m* 208
Bahnhofshalle *f* 209
Bahnnetz *m* 209
Bahnsteig *m* 208
Baiser *n* 140
Bajonettfassung f 60
Balearen 316
Balken *m* 186
Balkon *m* 59, 254
Ball *m* 75
Ballaststoff *m* 127
Ballen *m* 15, 184
Ballett *n* 255
Balljunge *m* 231
Ballwechsel *m* 230
Bambus *m* 86, 122
Bambusschwert *n* 236
Banane *f* 128
Band *n* 27, 39, 47, 141
Bandage *f* 47
Bangladesch 318
Bank *f* 96, 250, 262
Bankgebühr *f* 96
Banküberweisung *f* 96
Bar *f* 150
Bär *m* 291
Bar-Mizwa *f* 19
Barbados 314
Barhocker *m* 150
Barkeeper *m* 150, 191
barock 301
Barren *m* 235
Basalt *m* 288
Baseball *m* 228
Basilikum *n* 133
Basisstation *f* 99
Basketball *n* 226
Basketballspieler *m* 226
Bassgitarre 258
Bassgitarrist *m* 258
Bassklarinette *f* 257
Bassschlüssel *m* 256
Batterie *f* 78, 167, 202
Batterien *f* 260
Bau *m* 186
Bauarbeiter *m* 186
Bauch *m* 12
Bauchmuskeln *m* 16
Bauchspeicheldrüse *f* 18
bauen 186
Bauer *m* 272
Bauerngarten *m* 84
Bauernhaus *n* 182
Bauernhof *m* 182, 184
Bauholz *n* 187
Baum *m* 86, 240, 296
Baumwolle *f* 184, 277
Baustelle *f* 186
Baustile *m* 301
Beben *n* 283
Becher *m* 65, 311
Becherglas *n* 167
Becken *n* 17, 61, 257
Bedienung inbegriffen 152
Beere *f* 296
Befestigungen *f* 89
Befruchtung *f* 20
Begräbnis *n* 26
Behälter *m* 311
Behandlungslampe *f* 50
Behandlungsschürze *f* 50
Behindertenparkplatz *m* 195
Beil *n* 95
Beilage *f* 153
Beilagenteller *m* 65
Bein *n* 12, 64
Beinstütz *m* 251
Beize *f* 79
Bekannte *m* 24
belegt 321
belegtes Brot *n* 155
Beleuchtung *f* 178
Belgien 316
Belichtung *f* 271
Belichtungsmesser *m* 270
Belize 314
Benin 317
Benzin *n* 199
Benzinpreis *m* 199
Benzintank *m* 203
Beraterin *f* 55
Berg *m* 284
Bericht *m* 174
Berufe *m* 188, 190
Berufung *f* 181
Beruhigungsmittel *n* 109
berühmte Ruine *f* 261
Besatzungsluke *f* 281
Beschleuniger *m* 281
Beschleunigungsspur *f* 194
beschneiden 91
Besen *m* 77
besetzt 99, 321
Besetzung *f* 254
Besichtigungstour *f* 260
besorgt sein 25
Besteck *n* 64
bestellen 153
Bestuhlung *f* 254
bestürzt sein 25
Besuchszeiten *f* 48
Betonblock *m* 187
Betonmischmaschine *f* 186
Betrag *m* 96
Bett *n* 70, 71
Bettcouch *f* 63
Bettdecke *f* 71
Bettlaken *n* 71
Bettzeug *n* 74
beugen 251
Beutel *m* 291, 311
bewässern 183
Beweismittel *n* 181
bewölkt 286
bewusstlos 47
bezahlen 153
Beziehungen *f* 24
Bezirk *m* 315
Bhutan 318
Biathlon *n* 247
Bibliothek *f* 168, 299
Bibliothekar *m* 190
Bibliothekarin *f* 168
Bidet *n* 72
Biene *f* 295
Bier *n* 145, 151
Bifokal- 51
Bikini *m* 264
Bilderrahmen *m* 62
Bildhauer *m* 191
Bildhauerei *f* 275
Bildschirm *m* 97, 172, 176, 269
Bildschirmhintergrund *m* 177
Bildsucher *m* 271
Bildtelefon *n* 99
Bimsstein *m* 73, 288
Binse *f* 86
Bio-Abfall *m* 61
Biologie *f* 162
biologisch 91, 122
biologisch kontrollierte Nahrungsmittel *n* 118
Birke *f* 296
Birma 318
Birne *f* 60, 127
bis 320
Biskuittörtchen *n* 140
Biss *m* 46
bitter 124
Bizeps *m* 16
Bizepsübung *f* 251
Blase *f* 46
Blatt *n* 78, 122, 296
Blätter *n* 110
Blätterteig *m* 140
blau 274
blauer Fleck *m* 46
Blauschimmelkäse *m* 136
Blazer *m* 33
Blechblasinstrument *n* 256
Bleichmittel *n* 77
bleifrei 199
Bleigürtel *m* 239
Bleistift *m* 163, 275
Blendenregler *m* 270
Blinddarm *m* 18
Blinker *m* 198, 204, 244
Blitz *m* 270, 287
Block *m* 237
blocken 227
blond 39
Blues *m* 259
blühende Pflanze *f* 297
Blumen *f* 110
Blumenampel *f* 84
Blumenarrangement *n* 111
Blumenbeet *n* 85, 90
Blumengeschäft *n* 110
Blumengirlande *f* 111
Blumenkohl *m* 124
Blumenstrauß *m* 111
Blumentopf *m* 89
Blumenvase *f* 111
Bluse *f* 34
Blutdruck *m* 44
Blutdruckmesser *m* 45
Blüte *f* 297
Blütenblatt *n* 297
Blutung *f* 46
Blutuntersuchung *f* 48
Blutwurst *f* 157
Bob *m* 247
Bockshornklee *m* 132
Boden *m* 85
Bodendecker *f* 87
Bodenturnen *n* 235
Body *m* 30
Bogen *m* 85, 164, 249, 300
Bogenschießen *n* 249
Bohnen *f* 131, 144
bohren 79
Bohrer *m* 50, 78, 80
Bohrer mit Batteriebetrieb *m* 78
Bohrfutter *m* 78
Bohrwinde *f* 78
Boiler *m* 61
Boje *f* 217
Bolivien 315
Bomber *m* 211
Bonbons *m* 113
Bongos *m* 257
Bordkarte *f* 213
Bordstein *f* 298
Börse *f* 97
Börsenmakler *m* 97
Bosnien und Herzegowina 316
Botsuana 317
Boutique *f* 115
Bowling *n* 249
Bowlingkugel *f* 249
Box *f* 268
Boxen *n* 236
Boxershorts 33
Boxgymnastik *f* 251
Boxhandschuh *m* 237
Boxring *m* 237
Brand *m* 95
Brandteig *m* 140
Brandung *f* 241
Brandungsangeln *n* 245
Brandwunde *f* 46
Brasilien 315
Braten *m* 158
braten 67
Bratenblech *n* 69
bratfertiges Huhn *n* 119
Bratpfanne *f* 69
Bratsche *f* 256
Brauenbürstchen *n* 40
braun 274
braune Linse *f* 131
Brause *f* 89
breit 321
Breitbildfernsehen *n* 269
Breite *f* 165
Breitengrad *m* 283
Bremsbacke *f* 207
Bremse *f* 200, 204
bremsen 207
Bremsflüssigkeitsbehälter *m* 202
Bremshebel *m* 207
Bremspedal *n* 205
Brenner *m* 67
Brettspiel *n* 272
Bridge *n* 273
Brie *m* 142
Brief *m* 98
Brieffreund *m* 24
Briefkasten *m* 58, 99
Briefmarke *f* 98

deutsch

Briefmarken *f* 112
Briefmarkensammeln *n* 273
Brieftasche *f* 37
Briefträger *m* 98, 190
Briefumschlag *m* 173
Brille *f* 51
Brillengestell *n* 51
Brioche *f* 139, 157
Brokkoli *m* 123
Brombeere *f* 127
Bronze *f* 235
Brosche *f* 36
Broschüre *f* 96, 175
Brot *n* 138, 157
Brot backen 138
Brötchen *n* 139, 143, 155
Brotmesser *n* 68
Brotschneider *m* 139
browsen 177
Browser *m* 177
Bruch *m* 165
Brücke *f* 300
Bruder *m* 22
Brühe *f* 158
Brunei 319
brünett 39
Brunnenkresse *f* 123
Brust *f* 12, 119
Brustbein *n* 17
Brustflosse *f* 294
Brustkorb *m* 17
Brustmuskel *m* 16
Brustschwimmen *n* 239
Brustübung *f* 251
Brustwarze *f* 12
Brustwirbel *m* 17
Brutkasten *m* 53
Bube *m* 273
Buch *n* 168
Buche *f* 296
Bücherregal *n* 63, 168
Buchhalter *m* 190
Buchhaltung *f* 175
Buchladen *m* 115
buchstabieren 162
Buffet *n* 152
Bug *m* 210, 215, 240
Bügelbrett *n* 76
Bügeleisen *n* 76
bügeln 76
Bugfahrwerk *n* 210
Buggy *m* 232
Bühne *f* 254, 258
Bühnenbild *n* 254
Bukett *n* 35, 111
Bulgarien 316
Bullauge *n* 214
Bull's eye *n* 273
Bund *m* 258
Bungalow *m* 58
Bungeejumping *n* 248
Bunker *m* 232
Bunsenbrenner *m* 166
bunte Mischung *f* 113
Buntstift *m* 163
Burg *f* 300
Bürgersteig *m* 298
Burggraben *m* 300
Burkina Faso 317
Büchse *f* 311
Büro *n* 24, 172, 174
Büroausstattung *f* 172
Bürobedarf *m* 173
Bürogebäude *n* 298
Büroklammer *f* 173
bürsten 38, 50
Burundi 317
Bus *m* 196
Busbahnhof *m* 197
Busfahrer *m* 190
Bushaltestelle *f* 197, 299
Businessclass *f* 211
Büstenhalter *m* 35
Bustier *n* 35
Bustypen *m* 196
Butter *f* 137, 156
Buttermilch *f* 137
Butternusskürbis *m* 125
Bytes *n* 176

C
Café *n* 148, 262
Cafetière *f* 65
Camcorder *m* 260, 269
Camembert *m* 142
Campari *m* 145
Camping *n* 266
Campingplatz *m* 266
Campingplatzverwaltung *f* 266
Campus *m* 168
Capoeira *n* 237
Cappuccino *m* 148
Cashewnuss *f* 129
Cashewnüsse *f* 151
Catcher *m* 229
CD *f* 269
CD-Spieler *m* 268
Cello *n* 256
Champagner *m* 145
Check-up *m* 50
Cheddar *m* 142
Cheerleader *m* 220
Chef *m* 24
Chemie *f* 162
Chickenburger *m* 155
Chicorée *m* 122
Chile 315
Chili *m* 132
China 318
Chinakohl *m* 122
chippen 233
Chips *m* 113
Chiropraktik *f* 54
Chirurg *m* 48
Chirurgie *f* 48
Chor *m* 301
Chorizo *f* 143
Chrysantheme *f* 110
Chutney *n* 134
Cockpit *n* 210
Cocktail *m* 151
Cocktailrührer *m* 150
Cocktailshaker *m* 150
Cola *f* 144
Collage *f* 275
Comicheft *n* 112
Computer *m* 172, 176
Container *m* 216
Containerhafen *m* 216
Containerschiff *n* 215
Costa Rica 314
Couchtisch *m* 62
Countrymusic *f* 259
Cousin *m* 22
Creme *f* 109
Crêpes *f* 155
Crew *f* 241
Croissant *n* 156
Crosstrainer *m* 250
Curling *n* 247
Curry *n* 158
Currypulver *n* 132

D
Dach *n* 58, 203
Dachboden *m* 58
Dachgarten *m* 84
Dachgepäckträger *m* 198
Dachrinne *f* 58
Dachsparren *m* 186
Dachvorsprung *m* 58
Dachziegel *m* 58, 187
Dame *f* 272, 273
Damenbinde *f* 108
Damenkleidung *f* 34
Damenoberbekleidung *f* 105
Damensattel *m* 242
Damenschneiderin *f* 191
Damenwäsche *f* 105
Damespiel *n* 272
Dammschnitt *m* 52
dämpfen 67
Dampflokomotive *f* 208
Dänemark 316
Darlehen *n* 96
Darts *n* 273
Dartscheibe *f* 273
Datei *f* 177
Dattel *f* 129
Datum *n* 306
Daumen *m* 15
Deck *n* 214
Deckanstrich *m* 83
Decke *f* 62, 71, 74
Deckel *m* 61, 66, 69
decken 227
Degen *m* 236
Dekoration *f* 141
Delfin *m* 290
Deltamuskel *m* 16
Demokratische Republik Kongo 317
Deo *n* 73, 108
Dermatologie *f* 49
Designerin *f* 191
Desinfektionsmittel *n* 51
Desinfektionstuch *n* 47
Desktop *m* 177
Dessertwagen *m* 152
Deutschland 316
Dezember *m* 306
Diagonale *f* 164
Diamant *m* 288
Diaphragma *n* 21
dichter Nebel *m* 287
Dichtung *f* 61
Dichtungsring *m* 80
dick 321
Dickdarm *m* 18
dicke Bohne *f* 122
Diele *f* 59
Dienstag *m* 306
Diesel *m* 199
Diesellokomotive *f* 208
digital 269
Digitalkamera *f* 270
Dill *m* 133
Dioptrie *f* 51
Diplom *n* 169
Dirigent *m* 256
Discman *m* 269
Diskette *f* 176
Diskjockey *m* 179
Diskuswerfen *n* 234
diskutieren 163
Dissertation *f* 169
Distel *f* 297
Disziplinen *f* 247
Dividende *f* 97
dividieren 165
Diwali *n* 27
Dock *n* 214, 216
Dokumentarfilm *m* 178
Dominica 314
Dominikanische Republik 314
Domino *n* 273
Donner *m* 286
Donnerstag *m* 306
Doppel *n* 230
Doppelbett *n* 71
Doppeldecker *m* 196, 211
Doppel(haus) 58
doppelt 151
Doppelzimmer *n* 100
Dorf *n* 299
Dörrobst *n* 156
Dose *f* 145
Dosengetränk *n* 154
Dosenöffner *m* 68
Dosierung *f* 109
Dozent *m* 169
Drachen *m* 248
Drachenfliegen *n* 248
Draht *m* 79
Drahtnetz *n* 167
Drahtschneider *m* 80
drechseln 79
Drehscheibe *f* 275
Drehstuhl *m* 172
Drehzahlmesser 201
drei 308
Dreieck *n* 164
Dreifuß *m* 166
dreihundert 308
Dreipunktlinie f 226
dreißig 308
dreißigster 309
dreitürig 200
dreiundzwanzigster 309
dreizehn 308
dreizehnter 309
Dress *m* 222
Dressurreiten *n* 243
dribbeln 223, 227
dritter 309
driven 233
Dromedar *n* 291
drucken 172, 275
Drucker *m* 172, 176
Druckfarbe *f* 275
Druckknopf *m* 30
Druckluftflasche *f* 239
Druckluftgerät *n* 199
Drüse *f* 19
Dschibuti 317
Duffelcoat *m* 31
düngen 91
Dünger *m* 91
dunkel 41, 321
Dunkelkammer *f* 271
dünn 321
Dünndarm *m* 18
Dunstabzug *m* 66
durch 320
Durchfall *m* 44, 109
Durchmesser *m* 164
Durchschwung *m* 233
Dusche *f* 72
Duschen *f* 266
duschen 72
Duschgel *n* 73
Duschkopf *m* 72
Duschtür *f* 72
Duschvorhang *m* 72
Düse *f* 89
Duty-free-Shop *m* 213
DVD *f* 269
DVD-Spieler *m* 268
Dynamo *m* 207

E
Eau de Toilette *n* 41
Ebene *f* 285
EC-Karte *f* 96
Eckball *m* 223
Eckfahne *f* 223
Eckzahn *m* 50
Eclair *n* 140
Economyclass *f* 211
Ecuador 315
Edamer *m* 142
Edelstein *m* 36
Ehefrau *f* 22
Ehemann *m* 22
Ei *n* 20
Eiche *f* 296
Eichelkürbis *m* 125

Eichhörnchen *n* 290
Eidechse *f* 293
Eier *n* 137
Eierbecher *m* 65, 137
Eierschale *f* 137
Eierstock *m* 20
Eigelb *n* 137, 157
Eigenkapital *n* 97
Eileiter *m* 20
Eimer *m* 77, 82, 265
Einbahnstraße *f* 298
Einbruchdiebstahl *m* 94
einchecken 212
einfach 151
einfädeln 277
einfrieren 67
Eingang *m* 59
Eingangssperre *f* 209
eingelegt 159
eingemachtes Obst *n* 134
einholen 245
einjährig 86
Einkauf *m* 104
Einkaufskorb *m* 106
Einkaufstasche *f* 106
Einkaufswagen *m* 106
Einkaufszentrum *n* 104
Einlagen *f* 53
einlochen 233
einloggen 177
einlösen 97
Einmachglas *n* 135
eins 308
Einschienenbahn *f* 208
Einschreiben *n* 98
Einstand *m* 230
einstellen 179
Einstellknopf *m* 167
Einstellung *f* 271
eintausend 309
Eintopf *m* 158
eintopfen 91
Eintrittsgeld *n* 260
einundzwanzig 308
einundzwanzigster 309
Einwegkamera *f* 270
Einwegrasierer *m* 73
einweichen 130
Einwickelpapier *n* 111
Einwurf *m* 223, 226
einzahlen 96
Einzahlungsformular *m* 96
Einzel *n* 230
Einzelbett *n* 71
Einzel(haus) 58
Einzelzimmer *n* 100
Einzugsauftrag *m* 96
Eis *n* 120, 137, 149, 287
Eis und Zitrone 151
Eisbär *m* 291
Eisen *n* 109, 233, 289
Eisenwarenhandlung *f* 114
Eisfach *n* 67
Eisfläche *f* 224
Eishockey *n* 224
Eishockeyspieler *m* 224
Eiskaffee *m* 148
Eisklettern *n* 247
Eiskübel *m* 150
Eiskunstlauf *m* 247
Eislaufen *n* 247
Eisprung *m* 20, 52
Eisschnelllauf *m* 247
Eistee *m* 149
Eiswürfel *m* 151
Eiszange *f* 150
Eiszapfen *m* 287
Eiweiß *n* 137
Ekzem *n* 44
El Salvador 314
Elefant *m* 291
Elektriker *m* 188
elektrische Gitarre *f* 258
elektrischer Schlag *m* 46
Elektrizität *f* 60
Elektroartikel *m* 105, 107
Elektrobohrer *m* 78
Elektrolokomotive *f* 208
Elektronenblitz *m* 270
Elektrorasierer *m* 73
elf 308
Elfenbeinküste 317
Elfmeter *m* 222
elfter 309
Ellbogen *m* 13
Elle *f* 17
Eltern 23
E-Mail *f* 98, 177
E-Mail-Adresse f 177
E-Mail-Konto *n* 177
Embryo *m* 52
emigrieren 26
Empfang *m* 100
empfangen 20
Empfängnis *f* 52
Empfängnisverhütung *f* 21, 52
Empfangsdame *f* 100, 190
Empfangshalle *f* 100
Empfehlungszettel *m* 173
empfindliche Haut *f* 41
Emulsionsfarbe *f* 83
Ende *n* 321
Endivie *f* 123
Endlinie *f* 226
endokrines System *n* 19
Endokrinologie *f* 49
Endzone *f* 220
englisches Frühstück *n* 157
englischer Kuchen *m* 140
englischer Senf *m* 135
Englischhorn *n* 257
Enkel *m* 22
Enkelin *f* 22
Enkelkinder *n* 23
Entbindung *f* 52
Entbindungsstation *f* 48, 49
Ente *f* 119, 185
Entenei *n* 137
Entenküken *n* 185
Entfernung *f* 310
entgrätet 121
Enthaarung *f* 41
enthäutet 121
Entisolierzange *f* 81
entlang 320
entlassen 48
entschuppt 121
Entspannung *f* 55
Entwässerung *f* 91
entwickeln 271
Entzündungshemmer *m* 109
Epilepsie *f* 44
Erbsen *f* 131
Erdbeben *n* 283
Erdbeere *f* 127
Erdbeermilchshake *m* 149
Erde *f* 85, 280, 282
Erdgeschoss *n* 104
Erdkruste *f* 282
Erdkunde *f* 162
Erdnuss *f* 129
Erdnussbutter *f* 135
Erdnüsse *f* 151
Erdnussöl *n* 135
Erdung *f* 60
Erdzonen *f* 283
Ereignisse des Lebens *n* 26
Ergänzung *f* 55
Ergebnis *n* 49
erhalten 177
Eritrea 317
Erkältung *f* 44
Ermittlung *f* 94
Erntedankfest *n* 27
ernten 91, 183
Ersatzrad *n* 203
Ersatzspieler *m* 223
erschrocken sein 25
erste Etage *f* 104
Erste Hilfe *f* 47
Erste-Hilfe-Kasten *m* 47
erster Rang *m* 254
erster 309
ersticken 47
ertrinken 239
eruptiv 288
Erwachsene *m* 23
Esel *m* 185
Espresso *m* 148
Essen *n* 75, 149
essen 64
Essig *m* 135, 142
Esskastanie *f* 129
Essstäbchen *n* 64
Essteller *m* 65
Esszimmer *n* 64
Estland 316
Estragon *m* 133
Eukalyptus *m* 296
Eule *f* 292
Europa 316
Examensarbeit *f* 169
Exosphäre *f* 286
Extraktion *f* 50
Eyeliner *m* 40

F
Fabrik *f* 299
Fach *n* 100
Facharzt *m* 49
Fachbereich *m* 169
Fächerordner *m* 173
Fachhochschule *f* 169
Fadenführung *f* 276
Fagott *n* 257
Fahne *f* 221
fahrbare Liege *f* 48
Fähre *f* 215, 216
Fahrgestell *n* 203
fahren 195
Fahrer *m* 196
Fahrerkabine *f* 95
Fahrersitz *m* 196
Fahrkarte *f* 209
Fahrkartenschalter *m* 209, 216
Fahrplan *m* 197, 209, 261
Fahrpreis *m* 197, 209
Fahrrad *n* 206
Fahrradhelm *m* 206
Fahrradkette *f* 206
Fahrradlampe *f* 207
Fahrradschloss *n* 207
Fahrradweg *m* 206
Fahrschein *m* 197
Fahrstuhl *m* 59, 100, 104
Fährterminal *m* 216
Fairway *n* 232
Falke *m* 292
Falkland-Inseln 315
fallen 237
Fallschirm *m* 248
Fallschirmspringen *n* 248
Faltbett *n* 266
Falte *f* 15
Familie *f* 22
fangen 220, 225, 227, 229, 245
Fan *m* 258
Farbe *f* 83, 273
Farben *f* 274
Farbton *m* 41
Farbtopf *m* 83
Farn *m* 86
Fasan *m* 119, 293
Fassungsvermögen *n* 311
faul 127
Faust *f* 15, 237
Fax *n* 98, 172
Faxgerät *n* 172
Februar *m* 306
Fechten *n* 249
Feder *f* 163, 293
Federball *m* 231
Federhalter *m* 172
Federmäppchen *n* 163
Federwaage *f* 166
fegen 77
Fehler *m* 230
Fehlgeburt *f* 52
Feier *f* 140
Feige *f* 129
Feijoa *f* 128
Feile *f* 81
feiner Nebel *m* 287
Feinkost *f* 107, 142
Feld *n* 182, 234, 272
Feldauslinie *f* 221
Feldfrucht *f* 183
Feldfrüchte *f* 184
Felge *f* 206
Felgenbremse *f* 206
Felsen *m* 284
Fenchel *m* 122, 133
Fenchelsamen *m* 133
Feng Shui *n* 55
Fenster *n* 58, 177, 186, 197, 210
Fensterladen *m* 58
Ferkel *n* 185
Fernbedienung *f* 269
Fernglas *n* 281
fernsehen 269
Fernseher *m* 268
Fernsehserie *f* 178, 179
Fernsehstudio *n* 178
Ferse *f* 13, 15
Fertiggericht *n* 107
Fertigkeiten *f* 79
Fesseln *n* 237
fest 124
Fest *n* 27
fester Honig *m* 134
festlicher Kuchen *m* 141
festmachen 217
Festnahme *f* 94
Festplatte *n* 176
Fett *n* 119
fettarme Sahne *f* 137
fettfrei 137
fettig 39
fettige Haut *f* 41
feucht 286
Feuchtigkeitscreme *f* 41
Feueranzünder *m* 266
feuerfest 69
Feuerlöscher *m* 95
Feuermelder *m* 95
Feuerstein *m* 288
Feuertreppe *f* 95
Feuerwache *f* 95
Feuerwehr *f* 95
Feuerwehrleute 95
Feuerwehrmann *m* 189
Feuerzeug *n* 112
Fidschi 319
Fieber *n* 44
Figur *f* 260
Filet *n* 119, 121
filetiert 121
Filialleiter *m* 96
Film *m* 260, 271
Filmfach *n* 270
Filmspule *f* 271
Filter *m* 270
Filterkaffee *m* 148
Filterpapier *n* 167

Finanzberaterin *f* 97
Fingerabdruck *m* 94
Fingerhut *m* 276, 297
Fingernagel *m* 15
Finnland 316
Finsternis *f* 280
Firma *f* 175
Fisch *m* 107, 120, 294
Fischer *m* 189
Fischerboot *n* 217
Fischereihafen *m* 217
Fischfangarten *f* 245
Fischgeschäft *n* 114, 120
Fischhändlerin *f* 188
Fischkorb *m* 245
Fischzucht *f* 183
Fish and Chips *n* 155
Fitness *f* 250
Fitnesscenter *n* 250
Fitnessgerät *n* 250
Fitnessraum *m* 101
Fläche *f* 165, 310
flacher Bereich *m* 239
Flachholzbohrer *m* 80
Flachrennen *n* 243
Flachs *m* 184
Flachzange *f* 80
Fladenbrot *n* 139
Flagge *f* 232
Flamingo *m* 292
Flasche *f* 61, 135, 311
Flaschenöffner *m* 68, 150
Flaschenwasser *n* 144
Fledermaus *f* 290
Fleisch *n* 119
Fleisch und Geflügel *n* 106
Fleischerhaken *m* 118
Fleischklopfer *m* 68
Fleischklöße *m* 158
Fleischsorten *f* 119
Flicken *m* 207
Fliege *f* 36, 244, 295
fliegen 211
Fliegenfischen *n* 245
Fließhecklimousine *f* 199
Flipchart *n* 174
Florentiner *m* 141
Florett *n* 249
Floristin *f* 188
Flosse *f* 290
Flöte *f* 139
Flugbegleiterin *f* 190, 210
Flügel *m* 60, 119, 293
Fluggastbrücke *f* 212
Flughafen *m* 212
Fluginformationsanzeige *f* 213
Flugnummer *f* 213
Flugticket *n* 213
Flugverbindung *f* 212
Flugzeug *n* 210
Flugzeugträger *m* 215
Fluss *m* 284
flüssiger Honig *m* 134
Flüssigkeit *f* 77
Flüssigkeitsmaß *n* 311
Flüssigwaschmittel *n* 77
Flussmündung *f* 285
Flusspferd *n* 291
Fock *f* 240
Fohlen *n* 185
Föhn *m* 38
föhnen 38
Fötus *m* 52
Folk *m* 259
Follikel *m* 20
Football *m* 220
Footballspieler *m* 220
Footballspielfeld *n* 220
Forelle *f* 120
formell 34
Formen *f* 164
Formschnitt *m* 87
Forschung *f* 169
Fortpflanzung *f* 20
Fortpflanzungsorgane *n* 20
Fortpflanzungssystem *n* 19
Foto *n* 271
Fotoalbum *n* 271
Fotoapparattypen *m* 270
Fotofinish *n* 234
Fotogeschäft *n* 115
Fotograf *m* 191
Fotografie *f* 270
fotografieren 271
Fotopapier *n* 271
Fotorahmen *m* 271
Foul *n* 222, 226
Foullinie *f* 229
Foyer *n* 255
Fracht *f* 216
Frachtraum *m* 215
Frachtschiff *n* 215
Frage *f* 163
fragen 163
Fraktur *f* 46
Frankreich 316
französischer Senf *m* 135
französische Bohnen *f* 131
Französisch-Guyana 315
Frau *f* 12, 23
Fräulein *n* 23
Freesie *f* 110
frei 321
freigesprochen 181
Freistoß *m* 222
Freitag *m* 306
Freiwurflinie *f* 226
Freizeit *f* 254, 258, 264
Freizeitkleidung *f* 33, 34
Fremdenführerin *f* 260
Frequenz *f* 179
Freund *m* 24
Freundin *f* 24
Fries *m* 301
frisch 121, 127, 130
frisches Fleisch *n* 142
Frischkäse *m* 136
Friseur *m* 38, 188
Frisierartikel *m* 38
Frisiersalon *m* 115
Frisiertisch *m* 71
Frisierumhang *m* 38
Frisuren *f* 39
frittiert 159
Frosch *m* 294
Frost *n* 287
Frostschutzmittel *n* 199, 203
Früchtebrot *n* 139
Früchtejogurt *m* 157
Fruchtfleisch *n* 124, 127, 129
Fruchtgummi *m* 113
Fruchtmark *n* 127
Fruchtwasser *n* 52
früh 305
Frühgeborenes *n* 52
Frühkohl *m* 123
Frühling *m* 307
Frühlingszwiebel *f* 125
Frühstück *n* 64, 156
Frühstücksbuffet *n* 156
Frühstücksspeck *m* 157
Frühstückstablett *n* 101
Frühstückstisch *m* 156
Fuchs *m* 290
Fuchsschwanz *m* 80
Fugenkitt *m* 83
Fühler *m* 295
Führerstand *m* 208
Führung *f* 260
füllen (Wäsche in die Waschmaschine) 76
Füller *m* 163
Füllung *f* 140, 155
Fumble *m* 220
fünf 308
Fünfeck *n* 164
fünfhundert 308
fünfter 309
fünfundfünfzigtausend-fünfhundert 309
fünfzehn 308
fünfzehnter 309
fünfzig 308
fünfzigster 309
fünfzigtausend 309
Funkantenne *f* 214
Furche *f* 183
Fürstentum *n* 315
Fuß *m* 12, 15, 310
Fußabtreter *m* 59
Fußball *m* 222
Fußballdress *m* 31
Fußballfeld *n* 222
Fußballschuh *m* 223
Fußballspieler *m* 222
Fußboden *m* 62, 71
Fußende *n* 71
Fußgängerüberweg *m* 195
Fußgängerzone *f* 299
Fußrücken *m* 15
Fußschlaufe *f* 241
Fußsohle *f* 15
Fußweg *m* 262
Futon *m* 71
Futter *n* 32
Futteral *n* 51
füttern 183

G

Gabel *f* 65, 153, 207
Gabelstapler *m* 186, 216
Gabun 317
gähnen 25
Galapagos-Inseln 315
Galaxie *f* 280
Gallone *f* 311
Galopp *m* 243
Gambia 317
Gang *m* 106, 168, 210, 254
Gänge *m* 153, 206
Gans *f* 119, 293
Gänseei *n* 137
ganz 129, 132
Garage *f* 58
Gardine *f* 63
Garn *n* 276
Garnele *f* 121
Garten *n* 84
Gartenanlagen *f* 262
Gartenarbeit *f* 90
Gartencenter *n* 115
Gartengerät *n* 88
Gartenhandschuh *m* 89
Gartenkorb *m* 88
Gartenkürbis *m* 124
Gartenornament *n* 84
Gartenpflanzen *f* 86
Garten-Sauerampfer *m* 123
Gartenschlauch *m* 89
Gartenspritze *f* 89
Gartenstöcke *f* 89
Gartentyp *m* 84
Gärtner *m* 188
Gasbrenner *m* 61, 267
Gashebel *m* 204
Gaspedal *n* 200
Gasse *f* 298
Gast *m* 64, 100, 152
Gästebuch *n* 100
Gatenummer *f* 213
Gaumen *m* 19
Gaze *f* 47
Gebäck *n* 140, 149
gebacken 159
Gebärmutter *f* 20, 52
Gebärmutterhals *m* 20, 52
Gebäude *n* 299
Gebäudereiniger *m* 188
geben 273
Gebirgskette *f* 282
Gebirgspflanze *f* 87
gebogen 165
geboren werden 26
gebratenes Hähnchen *n* 155
Gebrauchsanweisung *f* 109
Gebrauchtwarenhändler *m* 115
Geburt *f* 52, 53
Geburtsgewicht *n* 53
Geburtshelfer *m* 52
Geburtstagsfeier *f* 27
Geburtstagskerzen *f* 141
Geburtstagskuchen *m* 141
Geburtsurkunde *f* 26
Geburtszange *f* 53
gedämpft 159
Gedeck *n* 65
Gedränge *n* 221
Gefahr *f* 195
Gefängnis *n* 181
Gefängniswärter *m* 181
Gefängniszelle *f* 181
gefärbt 39
Geflügel *n* 119
Gefrierfach *n* 67
Gefrier-Kühlschrank *m* 67
gefrorener Jogurt *m* 137
Gefühl *n* 25
gefüllt 159
gefülltes Fladenbrot *n* 155
gefüllte Olive *f* 143
Gegend *f* 315
gegenüber 320
Gegner *m* 236
gegrillt 159
Gehalt *n* 175
gehen lassen 139
Gehirn *n* 19
Gehirnerschütterung *f* 46
Gehrungslade *f* 81
Geige *f* 256
Geißblatt *n* 297
gekochtes Ei *n* 137, 157
gekrümmt 165
Gel *n* 109
geladen 60
Geländemotorrad *n* 205
Geländer *n* 59
Geländewagen *m* 199
gelangweilt sein 25
gelb 274
gelbe Karte *f* 223
Gelbwurz *f* 132
Geld *n* 97
Geldautomat *m* 97
Geldwirtschaft *f* 97
Geleebonbon *m* 113
Gelenk *n* 17
gemahlen 132
gemahlener Kaffee *m* 144
Gemälde *n* 62, 261, 274
gemischter Salat *m* 158
Gemüse *n* 107, 122, 124
Gemüsefach *n* 67
Gemüsegarten *m* 85, 182
Gemüsehändler *m* 188
Gemüseladen *m* 114
Generation *f* 23
Generator *m* 60
geöffnet 260
Geometrie *f* 165
Georgien 318
Gepäck *n* 100, 198, 213
Gepäckablage *f* 209
Gepäckabteilung *f* 104
Gepäckanhänger *m* 212

Gepäckausgabe *f* 213
Gepäckband *n* 212
Gepäckfach *n* 196, 210
Gepäckröntgenmaschine *f* 212
Gepäckträger *m* 204, 207
Gepäckwaage *f* 212
gepökelt 118, 143
gerade 165
geradeaus 260
geraspelt 132
geräuchert 118, 121, 143, 159
Gerbera f 110
Gerichtsdiener *m* 180
Gerichtssaal *m* 180
Gerichtsstenograf *m* 181
Gerichtstermin *m* 180
Gerichtsverfahren *n* 180
geriebener Käse *m* 136
geröstet 129
Gerste *f* 130, 184
Gerüst *n* 186
gesalzen 121, 129, 137
Gesäßbacke *f* 13
Gesäßmuskel *m* 16
gesäubert 121
Geschäft *n* 175
Geschäftsabkommen *n* 175
Geschäftsbogen *m* 173
Geschäftsfrau *f* 175
Geschäftsführer *m* 175
Geschäftsmann *m* 175
Geschäftspartnerin *f* 24
Geschäftsreise *f* 175
geschält 129
geschälte Garnelen *f* 120
Geschenk *n* 27
Geschenkartikelladen *m* 114
Geschichte *f* 162
Geschirr *n* 64
Geschirr und Besteck *n* 65
Geschlechtskrankheit *f* 20
Geschlechtsteile 12
Geschlechtsverkehr *m* 20
geschlossen 260. 321
Geschwindigkeits-begrenzung *f* 195
Geschworene *m* 180
Geschworenenbank *f* 180
Gesicht *n* 14
Gesichtsbehandlung *f* 41
Gesichtscreme *f* 73
Gesichtsmaske *f* 41
Gesichtspuder *m* 40
Gesichtsreiniger *m* 41
Gesichtsschutzmaske *f* 225
Gesichtswasser *n* 41
Gesims *n* 300
gestalten 91
Gestänge *n* 267
Gestein *n* 288
Gestell *n* 166, 174
gestern 306
Gesundheit *f* 44
Gesundheitsfürsorge *f* 168
geteilt durch 165
getoastetes Sandwich *m* 149
Getränk *n* 107, 144, 156
Getreide *n* 130
Getreideflocken *f* 107, 130, 156
Getriebe *n* 202, 204
getrocknet 129, 143, 159
getrocknete Erbsen *f* 131
Gewächshaus *n* 85
Geweih *n* 291
Gewicht *n* 166, 244
Gewichten 250
Gewichthantel *f* 251
gewinnen 273
Gewinner *m* 273
Gewitter *n* 287
Gewölbe *n* 15, 300
Gewürze *n* 132
Gewürzessig *m* 135
Gewürznelke *f* 133
Geysir *m* 285
Ghana 317
Giebel *m* 300
Giebeldreieck *n* 301
gießen 67, 90
Gießen *n* 89
Gießkanne *f* 89
Gin *m* 145
Gin Tonic *m* 151
Giraffe *f* 291
Girokonto *n* 96
Gitarrist *m* 258
Gitterstäbe *m* 74
Gladiole *f* 110
Glanz- 83
Glas *n* 51, 134, 152, 311
Glas- 69
Gläser *n* 150
Glasflasche *f* 166
glasieren 139
Glaskeramikkochfeld *n* 66
Glasstäbchen *n* 167
Glaswaren *f* 64
glatt 39
glätten 39
Glattrochen *m* 294
gleich 165
Gleichstand *m* 230
Gleichstrom *m* 60
Gleichung *f* 165
Gleis *n* 208
Gleisnummer *f* 208
Gleitschirmfliegen *n* 248
Gletscher *m* 284
Glied n 36
Glimmer *m* 289
Glimmerschiefer *m* 288
glücklich 25
Glühfaden *m* 60
Gneis *m* 288
Gold *n* 235, 289
Goldfisch *m* 294
Golf *n* 232
Goldbrasse *f* 120
Golfball *m* 233
Golfplatz *m* 232
Golfschläger *m* 233
Golfspieler *m* 232
Golftasche *f* 233
Golfturnier *n* 233
Gong *m* 257
Gorilla *m* 291
gotisch 301
Gottesanbeterin *f* 295
GPS-System *n* 201
graben 90
graduieren 26
Graduierte *f* 169
Graduierungsfeier *f* 169
Gramm *n* 310
Granat *m* 288
Granatapfel *m* 128
Granit *m* 288
Grapefruit *f* 126
Graphit *m* 289
Gras *n* 86, 262
Grasfangsack *m* 88
Grasland *n* 285
Gräte *f* 121
grau 39, 274
Graubrot *n* 139, 149
grauer Star *m* 51
Gravieren *n* 275
Greifzange *f* 167
Grenada 314
Griechenland 316
Grieß *m* 130
Griff *m* 36, 37, 88, 230, 237
Grill *m* 267
Grille *f* 295
grillen 67
Grillpfanne *f* 69
Grippe *f* 44
grober Senf *m* 135
Grönland 314
groß 321
Großbritannien 316
großer Zeh *m* 15
Großeltern 23
Großmutter *f* 22
Großraumlimousine *f* 199
Großvater *m* 22
Grübchen *n* 15
grün 129, 274
Grün *n* 232
Grundfläche *f* 164
Grundhobel *m* 78
Grundierfarbe *f* 83
Grundierung *f* 40, 83
Grundlinie *f* 230
Grundriss *m* 261
grüne Bohne *f* 122
grüne Erbse *f* 122
grüne Olive *f* 143
grüner Salat *m* 158
grüner Tee *m* 149
grüne Erbsen *f* 131
Grünkohl *m* 123
Gruppentherapie *f* 55
Guatemala 314
Guave *f* 128
Guinea 317
Guinea-Bissau 317
Gummiband *n* 173
Gummihose *f* 30
Gummiknüppel *m* 94
Gummistiefel *m* 31, 89
Gurke *f* 125
Gürtel m 32, 36, 236
Gürtelschnalle f 36
gut 321
gut geschnitten 35
Güterzug *m* 208
Guyana 315
Gymnastikband *n* 235
Gymnastikhose *f* 251
Gynäkologe *m* 52
Gynäkologie *f* 49

H

Haar *n* 14, 38
Haarband *n* 39
Haarbürste *f* 38
Haarfärbemittel *n* 40
Haarfarben *f* 39
Haargel *n* 38
Haarklammer *f* 38
Haarknoten *m* 39
Haarreif *m* 38
Haarspliss *m* 39
Haarspray *n* 38
Haarspülung *f* 38
Hackbrett *n* 68
Hacke *f* 88
Hackfleisch *n* 119
Hackmesser *n* 68
Hafen *m* 214, 216, 217
Hafenmeister *m* 217
Hafer *m* 130
Haferbrei *m* 157
Haftbefehl *m* 180
Haftentlassung auf Bewährung *f* 181
Hagel *m* 286
Hahn *m* 61, 185
Hähnchen *n* 119
Hähnchenstückchen *n* 155
Hahnenfuß *m* 297
Haifisch *m* 294
Haiti 314
Häkelhaken *m* 277
Häkeln *n* 277
Haken *m* 187, 276
halbdunkles Bier *n* 145
halber Liter *m* 311
halbfester Käse *m* 136
Halbfettmilch *f* 136
Halbinsel *f* 282
Halbpension *f* 101
Halbzeit *f* 223
Halfter *n* 243
Halloween *n* 27
Hals *m* 12, 258
Halskette *f* 36
Halskrawatte *f* 46
Halspastille *f* 109
Halstuch *n* 36
Halswirbel *m* 17
Haltegriff *m* 196
Halteknopf *m* 197
halten 223
Halten verboten 195
Haltung *f* 232
Hämatit *m* 289
Hamburger *m* 154
Hamburger mit Pommes frites *m* 154
Hammer *m* 80
hämmern 79
Hamster *m* 290
Hand *f* 13, 15
Handbohrer *m* 81
Handbremse *f* 203
Handfeger *m* 77
Handfläche *f* 15
Handgabel *f* 89
Handgelenk *n* 13, 15
Handgepäck *n* 211, 213
Handicap *n* 233
Handknöchel *m* 15
Handrad *n* 276
Handsäge *f* 89
Handschellen *f* 94
Handschuh *m* 224, 228, 233, 236, 246
Handschuhe *f* 36
Handtasche *f* 37
Handtuch *n* 73
Handtücher *n* 73
Handtuchhalter *m* 72
Handy *n* 99
Hang *m* 284
Hängematte *f* 266
Hängeordner *m* 173
Hantel *f* 251
Hantelstange *f* 250
Hardware *f* 176
Harfe *f* 256
Harke *f* 88
harken 90
Harnblase *f* 20
Harnleiter *m* 21
Harnröhre *f* 20
Harnsystem *n* 19
hart 129, 321
Hartfaserplatte *f* 79
Hartholz *n* 79
Hartkäse *m* 136
Haselnuss *f* 129
Haselnussöl *n* 134
Hauptfahrwerk *n* 210
Hauptgericht *n* 153
Hauptstadt *f* 315
Haus *n* 58
Hausanschlüsse *m* 60
Hausapotheke *f* 72
Hausaufgaben *f* 163
Haushaltsraum *m* 76
Haushaltswaage *f* 69
Haushaltswaren *f* 107

deutsch

Hausschuhe *m* 31
Haustür *f* 58
Haustürlampe *f* 58
Haut *f* 14, 119
Hautausschlag *m* 44
Hautpflege *f* 108
Hawaii 314
Heavymetal *n* 259
Hebamme *f* 53
Hebel *m* 61, 150
Heck *n* 198, 210, 240
Hecke *f* 85, 90, 182
Heckenschere *f* 89
Hefe *f* 138
Hefebrötchen *n* 139
Heft *n* 163
heften 277
Hefter *m* 173
hegen 91
Heidekraut *n* 297
Heidelbeere *f* 127
Heilbuttfilet *n* 120
Heilkräuter *n* 55
Heimwerkstatt *f* 78
heiraten 26
heiß 286, 321
heiße Schokolade *f* 144
heißes Getränk *n* 144
Heißluftballon *m* 211
Heißwasserhahn *m* 72
Heizdecke *f* 71
Heizelement *n* 61
Heizkörper *m* 60
Heizlüfter *m* 60
Heizofen *m* 60
Heizungsregler *m* 201
hell 41, 321
Helm *m* 204, 220, 228
Hemd *n* 32, 251
Henkel *m* 106
Herbizid *n* 183
Herbst *m* 31, 307
Herde *f* 183
Hering *m* 266
Herr *m* 23
Herrenbekleidung *f* 105
Herrenfriseur *m* 39
Herrenhalbschuh *m* 37
Herrenkleidung *f* 32
herunterladen 177
Herz n 18, 119, 122, 273
Herz- und Gefäßsystem *n* 19
Herzinfarkt *m* 44
Herzmuschel *f* 121
Heu *n* 184
Heuschnupfen *m* 44
Heuschrecke *f* 295
heute 306
hier essen 154
Hi-Fi-Anlage *f* 268
Hilfskoch *m* 152
Himalaya *m* 313
Himbeere *f* 127
Himbeerkonfitüre *f* 134
hinauf 320
Hindernis *n* 243
hinter 320
Hinterrad *n* 197
hinunter 320
Hirsch *m* 291
Hirse *f* 130
historisches Gebäude *n* 261
HNO-Abteilung *f* 49
Hobel *m* 81
hobeln 79
hoch 321
hochbinden 91
Hochformat *n* 271
Hochgeschwindigkeitszug *m* 208
Hochglanz- 271
Hochschule *f* 168
Hochseefischerei *f* 245
Hochsprung *m* 235
Hochsteckfrisur *f* 39
Höchstlademarke *f* 214
Hochzeit *f* 26, 35
Hochzeitsfeier *f* 26
Hochzeitskleid *n* 35
Hochzeitsreise *f* 26
Hochzeitstorte *f* 141
hochziehen 251
Höcker *m* 291
Hockey *n* 224
Hockeyball *m* 224
Hockeyschläger *m* 224
Hoden *m* 21
Hodensack *m* 21
Hof *m* 58, 84, 182
Höhe *f* 165, 211
Höhenleitwerk *n* 210
Höhle *f* 284
Hole-in-One *n* 233
Holz *n* 79, 233, 275
Holzarbeit *f* 275
Holzblasinstrumente *n* 257
Holzbohrer *m* 80
Holzkohle *f* 266
Holzleim *m* 78
Holzlöffel *m* 68
Holzspäne *m* 78
homogenisiert 137
Homöopathie *f* 55
Honduras 314
Hörer *m* 99
Hormon *n* 20
Horn *n* 257, 291
Hornhaut *f* 51
Horrorfilm *m* 255
Hörsaal *m* 169
Hose *f* 32, 34
Hot Dog *n* 155
Hotel *n* 100, 264
Hoteldiener *m* 100
Hubschrauber *m* 211
Huf *m* 242, 291
Hufeisen *n* 242
Hüfte *f* 12
Hügel *m* 284
Huhn *n* 185
Hühnerbein *n* 119
Hühnerei *n* 137
Hühnerfarm *f* 183
Hühnerstall *m* 185
Hülse *f* 130
Hülsenfrüchte *f* 130
Hummer *m* 121, 295
Hund *m* 290
hundert 308
hundertster 309
hunderttausend 308
hundertzehn 308
Hundeschlittenfahren *n* 247
hungrig 64
Hupe *f* 201, 204
Hürdenlauf *m* 235
Hurrikan *m* 287
Husten *m* 44
Hustenmedikament *n* 108
Hut m 36
Hüttenkäse *m* 136
Hydrant *m* 95
Hypnotherapie *f* 55
hypoallergen 41
Hypotenuse *f* 164
Hypothek *f* 96

I

Igel *m* 290
Imbissstand *m* 154
Imbissstube *f* 154
immergrün 86
Immobilienmakler *m* 115
Immobilienmaklerin *f* 189
impotent 20
in 320
indigoblau 274
Indien 318
Indischer Ozean *m* 312
Indonesien 319
Industriegebiet *n* 299
Infektion *f* 44
Information *f* 261
Infusomat *m* 53
Ingwer *m* 125, 133
Inhalationsapparat *m* 44
Inhalierstift *f* 109
Inlandsflug *m* 212
Inlinerfahren *n* 263
Innenausstattung *f* 200
Innenfeld *n* 228
Innenrist *m* 15
Innensechskantschlüssel *m* 80
Innenstadt *f* 299
innerer Kern *m* 282
Innereien 118
innerhalb 320
Inning *n* 228
ins Bett gehen 71
Insektenschutzmittel *n* 108
Insektenspray *m* 267
Insel *f* 282
Inspektor *m* 94
Installation *f* 61
installieren 177
Instrumente *n* 258
Insulin *n* 109
Intensivstation *f* 48
Intercity *m* 209
Internet *n* 177
Interviewer *m* 179
Ionosphäre *f* 286
Irak 318
Iran 318
Iris *f* 51, 110
Irland 316
Isolierband *n* 81
Isolierung *f* 61
Isomatte *f* 267
Israel 318
Italien 316

J

Jacht *f* 215
Jachthafen *m* 217
Jacke *f* 32, 34
Jade *m* 288
Jagdflugzeug *n* 211
Jagdrennen *n* 243
Jahr *n* 306
Jahrestag *m* 26
Jahreszeiten *f* 306
Jahrhundert *n* 307
jährlich 307
Jahrmarkt *m* 262
Jahrtausend *n* 307
Jahrzehnt *n* 307
Jakobsmuschel *f* 121
Jalousie *f* 63
Jamaika 314
Jamswurzel *f* 125
Januar *m* 306
Japan 318
jäten 91
Jazz *m* 259
Jeans *f* 31
Jemen 318
jenseits 320
Jetskifahren *n* 241
Jett *m* 288
jetzt
Jogging *n* 251, 263
Jogurt *m* 137
Joker *m* 273
Jordanien 318
Journalist *m* 190
Judo *n* 236
Jugendliche *f* 23
Jugendstil *m* 301
Jugoslawien 316
Juli *m* 306
Junge *m* 23, 290
Juni *m* 306
Jupiter *m* 280
Juwelier 188
Juwelierarbeit *f* 275
Juweliergeschäft *n* 114

K

Kabel *n* 79, 207
Kabelfernsehen *n* 269
Kabeljau *m* 120
Kabinda 317
Kabine *f* 210, 214
Kabinenlift *m* 246
Kabrio *n* 199
kacheln 82
Käfer *m* 295
Kaffee *m* 144, 148, 153, 156, 184
Kaffeelöffel *m* 153
Kaffeemaschine *f* 148, 150
Kaffeemilchshake *m* 149
Kaffeetasse *f* 65
kahl 39
Kai *m* 216
Kaiserschnitt *m* 52
Kakadu *m* 293
Kakaopulver *n* 148
Kaki *f* 128
Kaktus *m* 87
Kaktusfeige *f* 128
Kalb *n* 185
Kalbfleisch *n* 118
Kalender *m* 306
Kalk *m* 85
Kalkstein *m* 288
kalt 286, 321
kaltgepresstes Öl *n* 135
Kaltwasserhahn *m* 72
Kalzit *m* 289
Kalzium *n* 109
Kambodscha 318
Kamera *f* 178, 260
Kamera für APS-Film f 270
Kamerakran *m* 178
Kameramann *m* 178
Kameratasche *f* 271
Kamerun 317
Kamillentee *m* 149
Kamin *m* 63
Kamingitter *n* 63
Kaminsims *m* 63
Kamm *m* 38
kämmen 38
Kammer *f* 283
Kampf *m* 237
Kampfsport *m* 236
Kampfsportarten *f* 237
Kanada 314
Kanal *m* 178, 269, 299
Kanalschacht *m* 299
Kanarienvogel *m* 292
Kandare *f* 242
kandierte Früchte *f* 129
Känguru *n* 291
Kaninchen *n* 118, 290
Kännchen *n* 65
Kante *f* 246
Kanter *m* 243
Kanu *n* 214
Kanusport *m* 241
Kapern *f* 143
Kapitalanlage *f* 97
Kapitän *m* 214
Kapsel *f* 109
Kapstachelbeere *f* 128

deutsch

Kapuze *f* 31
Kapuzenmuskel *m* 16
Karamell *m* 113
Karamellpudding *m* 142
Karate *n* 236
Kardamom *m* 132
Kardanwelle *f* 202
Kardiologie *f* 49
Karibisches Meer *n* 312
Karies *f* 50
Karneval *m* 27
Karo *n* 273
Karosserie *f* 202
Karotte *f* 124
Karte *f* 27
Karten *f* 273
Kartenreiter *m* 173
Kartenschlitz *m* 97
Kartenspiel *n* 273
Kartentelefon *n* 99
Kartoffel *f* 124
Kartoffelchip *m* 151
Kartoffelstampfer *m* 68
Kasachstan 318
Käse *m* 136, 156
Kasino *n* 261
Kaspisches Meer *n* 313
Kasse *f* 106, 150, 255
Kasserolle *f* 69
Kassette *f* 269
Kassettenrekorder *m* 269
Kassierer *m* 96, 106
Katalog *m* 168
Katamaran *m* 215
Katar 318
Kathedrale *f* 300
Katheter *m* 53
Kätzchen *n* 290
Katze *f* 290
Katzenauge *n* 204
Kaufhaus *n* 105
Kaugummi *m* 113
Kaulquappe *f* 294
Kaution *f* 181
Kajak *n* 241
Kebab *m* 155
Kegel *m* 164, 249
Kehldeckel *m* 19
Kehle *f* 19
Kehlkopf *m* 19
Kehrblech *n* 77
Keilriemen *m* 203
keine Einfahrt 195
Keks *m* 113, 141
Kelch *m* 297
Kelle *f* 187
Kellergeschoss *n* 58
Kellner *m* 148, 152
Kellnerin *f* 191
Kendo *n* 236
Kenia 317
Kennmarke *f* 94
kentern 241
Kern *m* 122, 127, 128, 129, 130
Kerngehäuse *n* 127
kernlos 127
Kerze *f* 63
Kescher *m* 244
keschern 245
Kessel *m* 61
Kesselpauke *f* 257
Ketschup *m* 135
Kette *f* 36
Kettenzahnrad *n* 207
Keule *f* 119, 228
Keyboard *n* 258
Kichererbsen *f* 131
Kickboxen *n* 236
kicken 221, 223
Kiefer *f* 296
Kieferknochen *m* 17
Kiel *m* 214
Kieme *f* 294
Kies *m* 88
Kilogramm *n* 310
Kilometer *m* 310
Kilometerzähler *m* 201
Kimono *m* 35
Kind *n* 23, 31
Kinder *f* 23
Kinderabteilung *f* 104
Kinderbett *n* 74
Kinderheilkunde *f* 49
Kinderkleidung *f* 30
Kinderportion *f* 153
Kindersicherung *f* 75
Kindersitz *m* 198, 207
Kinderstation *f* 48
Kinderstuhl *m* 75
Kinderwagen *m* 75
Kinderzimmer *n* 74
Kinn *n* 14
Kino *n* 255, 299
Kinosaal *m* 255
Kipper *m* 187
Kirche *f* 298, 300
Kirgisistan 318
Kirsche *f* 126
Kirschtomate *f* 124
Kissenbezug *m* 71
Kiwi *f* 128
Klammer *f* 166
Klammern *f* 173
Klampe *f* 240
Klappe *f* 179
Klapptisch *m* 210
Klarinette *f* 257
Klasse *f* 163
Klassenzimmer *n* 162
klassische Musik *f* 255, 259
klassizistisch 301
Klatschmohn *m* 297
Klaue *f* 291
Klavier *n* 256
Klebepistole *f* 78
Klebstoff *m* 275
Klee *m* 297
Kleid *n* 31, 34
Kleiderbügel *m* 70
Kleiderschrank *m* 70
Kleidung *f* 205
Kleie *f* 130
klein 321
Kleinbus *m* 197
kleiner Finger *m* 15
kleine Trommel *f* 257
kleiner Zeh *m* 15
Kleinkind *n* 30
Kleinwagen *m* 199
Kleisterbürste *f* 82
Klementine *f* 126
Klemmbrett *n* 173
Klempner *m* 188
Klettergerüst *n* 263
Klettern *n* 248
Kletterpflanze *f* 87
Klient *m* 180
Klimaanlage *f* 200
Klinge *f* 89
Klingel *f* 197
Klinik *f* 48
Klippe *f* 285
Klitoris *f* 20
Klöppel *m* 277
Klubhaus *n* 232
Klubsandwich *n* 155
Knabbereien *f* 151
Knäckebrot *n* 139, 156
knackig 127
Knebelknopf *m* 31
kneten 138
Knie *n* 12
Kniebeuge *f* 251
knielang 34
Kniescheibe *f* 17
Knieschützer *m* 205, 227
Kniesehnenstrang *m* 16
Knoblauch *m* 125, 132
Knoblauchpresse *f* 68
Knöchel *m* 13, 15
knöchellang 34
Knochen *m* 17, 119
Knochenasche *f* 88
Knock-out *m* 237
Knopf *m* 32
Knopfloch *n* 32
Knorpel *m* 17
Knospe *f* 111, 297
Koalabär *m* 291
Koch *m* 190
köcheln lassen 67
kochen 67
Köcher *m* 249
Kochfeld *n* 67
Kochmütze *f* 190
Kochtopf *m* 69
Köder *m* 244
ködern 245
Kofferkuli *m* 100, 208, 213
Kofferraum *m* 198
Kohl *m* 123
Kohle *f* 288
Kohlestift *m* 275
Kohlrabi *m* 123
Kohlrübe *f* 125
Koikarpfen *m* 294
Kokon *m* 295
Kokosnuss *f* 129
Kolben *m* 166
Kolibri *m* 292
Kollege *m* 24
Kolonie 315
Kolumbien 315
Kombinationszange *f* 80
Kombiwagen *m* 199
Kombüse *f* 214
Komet *m* 280
Kommandobrücke *f* 214
Kommandoturm *m* 215
Kommode *f* 70
Kommunikation *f* 98
Komödie *f* 255
Komoren 317
Kompass *m* 240, 312
Komposterde *f* 88
Komposthaufen *m* 85
Kondensmilch *f* 136
Konditor *m* 113
Konditorcreme *f* 140
Konditorei *f* 114
Kondom *n* 21
Konfirmation *f* 26
Konfitüre *f* 134, 156
Konglomerat *n* 288
Kongo 317
König *m* 272, 273
Königsberg 316
Konserven *f* 107
Konsultation *f* 45
Kontaktlinsen *f* 51
Kontaktlinsenbehälter *m* 51
Kontinent *m* 282, 315
Kontonummer *f* 96
Kontoüberziehung *f* 96
Kontrabass *m* 256
Kontrafagott *n* 257
Kontrollturm *m* 212
Konzert *n* 255, 258
Kopf *m* 12, 19, 112, 230
köpfen 91, 222
Kopfende *n* 70
Kopfhaut *f* 39
Kopfhörer *m* 268
Kopfkissen *n* 70
Kopfschmerzen *m* 44
Kopfschutz *m* 74, 236
Kopfstütze *f* 200
Kopfverletzung *f* 46
kopieren 172
Kopilot *m* 211
Koppel *f* 242
Korallenriff *n* 285
Korb *m* 207, 226
Korbbrett *n* 226
Körbchen *n* 74
Korbring *m* 226
Koriander *m* 133
Korinthe *f* 129
Korken *m* 134
Korkenzieher *m* 150
Körner *n* 131
Körnerbrot *n* 139
Körper *m* 12, 164
Körperlotion *f* 73
Körperpuder *m* 73
Körpersysteme *n* 19
Korrekturstift *m* 40
Korsett *n* 35
Korsika 316
Kotelett *n* 119
Krabbe *f* 121
Kraftstoffanzeige *f* 201
Kraftstofftank *m* 204
Krafttraining *n* 251
Kragen *m* 32
Krähe *f* 292
Krake *m* 121, 295
Kralle *f* 293
Krampf *m* 44, 239
Kran *m* 187, 216
Kranich *m* 292
Krankenhaus *n* 48
Krankenschwester *f* 45, 48, 52, 189
Krankenwagen *m* 94
Krankheit *f* 44
Kranz *m* 111
Krater *m* 283
kratzen 77
Kraulen *n* 239
Kraut *n* 86
Kräuter *n* 133, 134
Kräuter und Gewürze *n* 132
Kräutergarten *m* 84
Kräuterheilkunde *f* 55
Kräuterheilmittel *n* 108
Kräutermischung *f* 132
Kräutertee *m* 149
Krawatte *f* 32
Krawattennadel *f* 36
Krebs *m* 121, 295
Kreditkarte *f* 96
Kreide *f* 162, 288
Kreis *m* 165
Kreissäge *f* 78
Kreisverkehr *m* 195
Kreuz *n* 256, 273
Kreuzblume *f* 300
kreuzen 241
Kreuzkümmel *m* 132
Kreuzschlitzschraubenzieher *m* 80
Kreuzung *f* 298
Kricket *n* 225
Kricketball *m* 225
Kricketspieler *m* 225
Krickettor *n* 225
Kriechpflanze *f* 87
Kriegsschiff *n* 215
Kriminalbeamte *m* 94
Kristalltherapie *f* 55
Kroatien 316
Krokodil *n* 293
Krokodilklemme *f* 167
Krone *f* 50
Kröte *f* 294
Krug *m* 65,151
Kruste *f* 139
Kuba 314

deutsch

Küche *f* 66, 152
Kuchen *m* 141
Kuchen backen *n* 69
Kuchenblech *n* 69
Kuchenform *f* 69
Küchenchef *m* 152
Küchengeräte *n* 66, 68, 105
Küchenmaschine *f* 66
Küchenmesser *n* 68
Küchenregal *n* 66
Küchenschrank *m* 66
Kugel *f* 149, 164
Kugelstoßen *n* 234
Kuh *f* 185
Kühler *m* 202
Kühlmittelbehälter *m* 202
Kühlschrank *m* 67
Kuhmilch *f* 136
Küken *n* 185
Kulisse *f* 254
Kultivator *m* 182
Kümmel *m* 131
Kumquat *f* 126
Kunde *m* 96, 104, 106, 175
Kundendienst *m* 104
Kundendienstabteilung f 175
Kundin *f* 38
Kung-Fu *n* 236
Kunst *f* 162
Kunstgalerie *f* 261
Kunstgeschichte *f* 169
Kunsthandlung *f* 115
Kunsthandwerk *n* 274, 276
Kunsthochschule *f* 169
Künstlerin *f* 274
Kupfer *n* 289
Kuppel *f* 300
Kupplung *f* 200, 204
Kürbiskern *m* 131
Kurierdienst *m* 99
kurz 32, 321
kurz gebraten 159
Kurzhaarschnitt *m* 39
Kurzsichtigkeit *f* 51
Kurzwaren *f* 105
Kurzwelle *f* 179
Kuscheltier *n* 75
Kuskus *m* 130
Küste *f* 285
Küstenwache *f* 217
Kuwait 318

L
Labor *n* 166
Laborwaage *f* 166
lächeln 25
lachen 25
Lachs *m* 120
Lack *m* 79, 83
Lacrosse *n* 249
Lacrosseschläger *m* 249
Laden *m* 298
Lagerfeuer *n* 266
Laib *m* 139
Laken *n* 74
Lakritze *f* 113
Laktose *f* 137
Lamm *n* 118, 185
Lammfell *n* 74
Lampe *f* 62
Lampen *f* 105
Land *n* 282, 315
landen 211
Landkarte *f* 195
Landschaft *f* 284
Landungsbrücke *f* 214
Landungssteg *m* 217
Landwirt *m* 182, 189
landwirtschaftliche Betriebe *m* 183
lang 32
Länge *f* 165, 310
Längengrad *m* 283
Langkorn- 130
Langlauf *m* 247
langsam 321
Längsschnitt *m* 282
Langwelle *f* 179
Laos 318
Laptop *m* 175, 176
Lärche *f* 296
Lastwagen *m* 194
Lastwagenfahrer *m* 190
Laterne *f* 217
Latte *f* 235
Lätzchen *n* 30
Latzhose *f* 30
Laubbaum *m* 86
Laubrechen *m* 88
Laubsäge *f* 81
Lauch *m* 125
Lauf *m* 228
Laufband *n* 106, 250
Läufer *m* 272
Laufstall *m* 75
Lautsprecher *m* 176, 209, 258
Lautstärke *f* 179, 269
Lava *f* 283
Lawine *f* 247
Leadsänger *m* 258
Lebensmittel *n* 106
Lebensmittelabteilung *f* 105
Lebensmittelgeschäft *n* 114
Leber *f* 18, 118
Lederanzug *m* 205
Lederschuh *m* 32, 37
leer 321
Leerlauf *m* 203
Leerung *f* 98
legen 38
Leggings *f* 31
Leguan *m* 293
Lehm *m* 85
Lehne *f* 64
Lehrer *m* 54
Lehrerin *f* 162, 191
leicht 321
Leichtathlet *m* 234
Leichtathletik *f* 234
Leichtflugzeug *n* 211
Leinen *n* 277
Leinwand f 255, 274
Leiste *f* 12
leitender Angestellter *m* 174
Leiter *f* 95, 186
Leitkegel *m* 187
Leitplanke *f* 195
Leitung *f* 60
Leitungswasser *n* 144
Lende *f* 121
Lendenbereich *m* 13
Lendensteak *n* 119
Lendenwirbel *m* 17
Lenkrad *n* 201
Lenkstange *f* 207
lernen 163
Lernen *n* 162
Leselampe *f* 210
lesen 162
Leserausweis *m* 168
Lesesaal *m* 168
Lesotho 317
Lettland 316
letzte Woche 307
Leuchtrakete *f* 240
Leuchtstreifen *m* 205
Leuchtturm *m* 217
Leukoplast *n* 47
Levkoje *f* 110
Lexikon *n* 163
Libanon 318
Libelle *f* 295
Liberia 317
Libyen 317
Licht *n* 94
Lichtmaschine *f* 203
Lichtschalter *m* 201
Lid *n* 51
Lidschatten *m* 40
Liebesfilm *m* 255
Liechtenstein 316
Lied *n* 259
Lieferung ins Haus *f* 154
Liegestuhl *m* 265
Liegestütz *m* 251
Liga *f* 223
Likör *m* 145
Lilie *f* 110
Limonade *f* 144
Limone *f* 126
Limousine *f* 199
Linde *f* 296
Lineal *n* 163, 165
Linien *f* 165
Liniennummer *f* 196
Linienrichter *m* 220, 223, 230
Liniensystem *n* 256
linkes Feld *n* 228
links 260
Linkssteuerung *f* 201
Linse *f* 51, 270
Lipgloss *m* 40
Lippe *f* 14
Lippenkonturenstift *m* 40
Lippenpinsel *m* 40
Lippenstift *m* 40
Litauen 316
Liter *m* 311
Literatur *f* 162, 169
Literaturliste *f* 168
Litschi *f* 128
live 178
Lob *m* 230
Loch *n* 232
Locher *m* 173
Lockenstab *m* 38
Lockenwickler *m* 38
lockig 39
Löffel *m* 65
Löffelbiskuit *n* 141
Loganbeere *f* 127
Loge *f* 254
Logo *n* 31
Lohnliste *f* 175
Lokomotive *f* 208
Lorbeer *m* 133
Löschfahrzeug *n* 95
loslassen 245
löslich 109
Lösungsmittel *n* 83
löten 79
Lotion *f* 109
Lötkolben *m* 81
Lottoscheine *m* 112
Lötzinn *n* 79, 80
Löwe *m* 291
Löwenzahn *m* 123, 297
Luffaschwamm *m* 73
Luftdüse *f* 210
Luftfilter *m* 202, 204
Luftkissenboot *n* 215
Luftmanschette *f* 45
Luftmatratze *f* 267
Luftpostbrief *m* 98
Luftpumpe *f* 207
Luftröhre *f* 18
Lunchpaket *n* 154
Lunge *f* 18
Lungenautomat *m* 239
Lupinen *f* 297
Lutscher *m* 113
Luxemburg 316
Luzerne *f* 184
lymphatisches System *n* 19

M
Macadamianuss *f* 129
Madagaskar 317
Mädchen *n* 23
Magen *m* 18
Magenschmerzen *m* 44
mageres Fleisch *n* 118
Magermilch *f* 136
Magister *m* 169
Magma *n* 283
Magnesium *n* 109
Magnet *m* 167
Mähdrescher *m* 182
mähen 90
Mähne *f* 242, 291
Mahlzeit *f* 64
Mai *m* 306
Mais *m* 122, 130, 184
Maisbrot *n* 139
Maiskeimöl *n* 135
Majonäse *f* 135
Majoran *m* 133
Make-up *n* 40
Makramee *n* 277
Makrele *f* 120
Mal *n* 229
mal 165
Malachit *m* 288
Malawi 317
Malaysia 318
Malediven 318
Malerei *f* 274
Malerin *f* 191
Mali 317
Malspieler *m* 228
Malta 316
Malzessig *m* 135
Malzgetränk *n* 144
Manager *m* 174
Manchego *m* 142
Mandarine *f* 126
Mandel *f* 129
Mandeln *f* 151
Mandelöl *n* 134
Mango *f* 128
Mangold *m* 123
Mangostane *f* 128
Maniküre *f* 41
Mann *m* 12, 23
männlich 21
Mannschaft *f* 220
Mansarde *f* 58
Mansardenfenster *n* 58
Manschette *f* 32
Manschettenknopf *m* 36
Mantel *m* 32, 282
Maracas *f* 257
Marathon *m* 234
Margarine *f* 137
Margerite *f* 110, 297
Marienkäfer *m* 295
mariniert 143, 159
Marketingabteilung *f* 175
Markise *f* 148
Markt *m* 115
Marmor *m* 288
Marokko 317
Mars *m* 280
Marshmallow *n* 113
Martini *m* 151
März *m* 306
Marzipan *n* 141
Maschinen *f* 187
Maschinenbau *m* 169
Maschinengewehr *n* 189
Maschinenraum *m* 214
Masern *f* 44
Maske *f* 189, 236, 249
Maß *n* 150, 151

deutsch

Massage *f* 54
Maße *n* 165
Mast *m* 240
Mastdarm *m* 21
Match *n* 230
Material *n* 187
Materialien *n* 79
Mathematik *f* 162, 164
Matratze *f* 70, 74
matt 83, 271
Matte *f* 54, 235
Mauer *f* 58, 186, 222
Mauerturm *m* 300
Mauerwerkbohrer *m* 80
Maurer *m* 188
Mauretanien 317
Mauritius 317
Maus *f* 176, 290
Mautstelle *f* 194
Mazedonien 316
MDF-Platte *f* 79
Mechanik *f* 202
Mechaniker *m* 188, 203
Medaillen *f* 235
Medien *f* 178
Medikament *n* 109
Meditation *f* 54
Medizin *f* 169
Meer *n* 264, 282
Meeresfrüchte *f* 121
Meerrettich *m* 125
Mehl *n* 138
Mehl mit Backpulver n 139
Mehl ohne Backpulver *n* 139
mehrjährig 86
Mehrkornbrot *n* 139
Meile *f* 310
Meißel *m* 81, 275
Meisterschaft *f* 230
melken 183
Melodie *f* 259
Melone *f* 127
Mensa *f* 168
Menschen *m* 12, 16, 39
Menstruation *f* 20
Menüleiste *m* 177
Merkur *m* 280
Merlan *m* 120
Mesosphäre *f* 286
Messbecher *m* 69, 150, 311
messen 310
Messer *n* 65, 66
Messerschärfer *m* 68, 118
Messleiste *f* 45
Messlöffel *m* 109
Metall *n* 79
Metallbohrer *m* 80
Metalle *n* 289
Metallsäge *f* 81
metamorph 288
Meteor *m* 280
Meter *m* 310
Metermaß *n* 80
Metzger *m* 118, 188
Metzgerei *f* 114
Mexiko 314
Mieder *n* 35
Miesmuschel *f* 121, 295
Miete *f* 58
mieten 58
Mieter *m* 58
Migräne *f* 44
Mikrofon *n* 179, 258
Mikrofongalgen *m* 179
Mikroskop *n* 167
Mikrowelle *f* 66
Milch *f* 136, 156
Milchkaffee *m* 148
Milchprodukte *n* 107, 136
Milchproduktionsbetrieb *m* 183
Milchpulver *n* 137
Milchpumpe *f* 53
Milchreis *m* 130, 140
Milchschokolade *f* 113
Milchshake *m* 137
Milchtüte *f* 136
Milliarde 309
Milligramm *n* 310
Milliliter *m* 311
Millimeter *m* 310
Million *f* 309
Milz *f* 18
Mineral *n* 289
Mineralwasser *n* 144
Minibar *f* 101
Minidiskrekorder *m* 268
Minirock *m* 34
minus 165
Minuspol *m* 167
Minute *f* 304
Minutenzeiger *m* 304
Minze *f* 133
mischen 273
Mischpult *n* 179
Mistgabel *f* 88
mit 320
mit Automatik 200
Mittag *m* 305
Mittagessen *n* 64, 158
Mittelfeld *n* 228
Mittelfinger *m* 15
Mittelfußknochen *m* 17
Mittelhandknochen *m* 17
mittelharter Käse *m* 136
Mittelkreis *m* 222, 224, 226
Mittellinie *f* 226
Mittelmeer *n* 313
Mittelpunkt *m* 164
Mittelstreifen *m* 194
Mittelstürmer *m* 222
Mittelwelle *f* 179
Mitternacht *f* 305
mittlere Spur *f* 194
Mittwoch *m* 306
Mixer *m* 66
Mixerschüssel *f* 66
Möbel *n* 105
Möbelgeschäft *n* 115
Mobile *n* 74
Mode *f* 277
Modedesigner *m* 277
Modell *n* 169, 190
Modellbau *m* 275
Modellierholz *n* 275
Modem *n* 176
Moderator *m* 178
Moldawien 316
Monaco 316
Monat *m* 306
monatlich 307
Monatshygiene *f* 108
Mond *m* 280
Mondbohnen *f* 131
Mondfähre *f* 281
Mondsichel *f* 280
Mondstein *m* 288
Mongolei 318
Monitor *m* 176
Monopoly *n* 272
Monsun *m* 287
Montag *m* 306
Montenegro 316
Monument *n* 261
Mopp *m* 77
Morgen *m* 305
morgen 306
Morgendämmerung *f* 305
Morgenrock *m* 31
Mörser *m* 68, 167
Mörtel *m* 187
Mosambik 317
Moschee *f* 300
Moskitonetz *n* 267
Motocross *n* 249
Motor *m* 88, 202, 204
Motorbootsport *m* 241
Motorhaube *f* 198
Motorrad *n* 204
Motorradrennen *n* 249
Motorradständer *m* 205
Motte *f* 295
Mountainbike *n* 206
Mousse *f* 141
Möwe *f* 292
Mozzarella *m* 142
MP3-Spieler *m* 268
Muffin *m* 140
mulchen 91
Mülleimer *m* 67, 266
Müllschlucker *m* 61
multiplizieren 165
Multivitaminmittel *n* 109
Mumps *m* 44
Mund *m* 14
Mundschutz *m* 237
Mundwasser *n* 72
Mungbohnen *f* 131
Münze *f* 97
Münzfernsprecher *m* 99
Münzrückgabe *f* 99
Muschel *f* 265
Museum *n* 261
Musical *n* 255
Musik *f* 162
Musiker *m* 191
Musikhochschule *f* 169
Musikinstrumente *n* 256
Musikstile *f* 259
Muskatblüte *f* 132
Muskatnuss *f* 132
Muskel *m* 16
Mutter *f* 22, 80
Muttermal *n* 14
Muttermundöffnung *f* 52
Mütze *f* 36
Myanmar 318

N

Naanbrot *n* 139
Nabe *f* 206
Nabel *m* 12
Nabelschnur *f* 52
nach 320
Nachbar *m* 24
Nachmittag *m* 305
Nachrichten *f* 100, 178
Nachrichtensprecher *m* 191
Nachrichtensprecherin *f* 179
nachschneiden 39
Nachspeisen *f* 140
nächste Woche 307
Nacht *f* 305
Nachthemd *n* 31, 35
Nachttisch *m* 70, 153
Nachttischlampe *f* 70
Nachtwäsche *f* 31
Nacken *m* 13
Nacktschnecke *f* 295
Nadel *f* 109, 276
Nadelbaum *m* 86
Nadelkissen *n* 276
Nagel *m* 80
Nagelfeile *f* 41
Nagelhaut *f* 15
Nagelknipser *m* 41
Nagelkopf *m* 81
Nagellack *m* 41
Nagellackentferner *m* 41
Nagelschere *f* 41
nahe 320
nähen 277
Näherin *f* 277
Nähfuß *m* 276
Nähkorb *m* 276
Nähmaschine *f* 276
Nahrungsmittel *n* 118, 130
Nahrungsmittel in Flaschen und Gläsern *n* 134
Naht *f* 34, 52
Namensbändchen *n* 53
Namibia 317
Nascherei *f* 113
Nase *f* 14
Nasenbluten *n* 44
Nasenklemme *f* 238
Nasenloch *n* 14
Nasenriemen *m* 242
Nashorn *n* 291
nass 321
Nationalpark *m* 261
Naturfaser *f* 31
Naturheilkunde *f* 55
Naturreis *m* 130
Naturwissenschaft *f* 162, 166
navigieren 240
Nebelfleck *m* 280
neben 320
Nebengebäude *n* 182
Nebenhöhle *f* 19
Nebenwirkungen *f* 109
Neffe *m* 23
Negativ *n* 271
Negligé *n* 35
Nektarine *f* 126
Nelke *f* 110
Nenner *m* 165
Nennwert *m* 97
Nepal 318
Neptun *m* 280
Nerv *m* 19, 50
Nervensystem *n* 19
nervös 25
Nessel *f* 297
Netz *n* 217, 226, 227, 231
Netzhaut *f* 51
Netzwerk *n* 176
neu 321
Neubelag *m* 187
neue Kartoffel *f* 124
Neugeborene *n* 53
Neujahr *n* 27
Neumond *m* 280
neun 308
neunhundert 308
neunter 309
neunzehn 308
neunzehnhundert 307
neunzehnhunderteins 307
neunzehnhundertzehn 307
neunzehnter 309
neunzig 308
neunzigster 309
Neurologie *f* 49
Neuseeland 319
neutral 60
neutrale Zone *f* 224
Nicaragua 314
nicht falten 98
Nichte *f* 23
Nichtraucherbereich *m* 152
Nickel *m* 289
Niederlande 316
niedrig 321
Niere *f* 18, 119
Niesen *n* 44
Niger 317
Nigeria 317
Nockenriemen *m* 203
Nord- und Mittelamerika 314
Norden *m* 312
Nordkorea 318
nördliche Halbkugel *f* 283
nördlicher Polarkeis *m* 283
Nordpol *m* 283
Nordpolarmeer *n* 312

deutsch

Nordsee *f* 312
normal 39
Norwegen 316
Notation *f* 256
Notaufnahme *f* 48
Notausgang *m* 210
Notbremse *f* 209
Note *f* 163, 256
Noten *f* 255, 256
Notfall *m* 46
Nothebel *m* 209
Notizblock *m* 173
Notizbuch *n* 172
Notizen *f* 175, 191
Notizen machen 163
Notrufsäule *f* 195
November *m* 306
Nudelholz *n* 69
Nudeln *f* 158
Nugat *m* 113
null 230, 308
Nummernschild *n* 198
Nüsse *f* 151
Nüsse und Dörrobst *f*, *n* 129
Nylon *n* 277

O
oben 98
Oberarmknochen *m* 17
oberer Kuchenteil *m* 141
Oberschenkel *m* 12
Oberschenkelknochen *m* 17
Oberschenkelmuskeln *m* 16
Objektivlinse *f* 167
Objektträger *m* 167
Oboe *f* 257
Obsidian *m* 288
Obst *n* 107, 126, 128
Obstanbau *m* 183
Obstkorb *m* 126
Obstkuchenform *f* 69
Obstsaft *m* 156
Obstsalat *m* 157
Obsttortelette *n* 140
offen 321
offenes Gedränge n 221
ohne 320
ohne Bedienung 152
ohne Kohlensäure 144
Ohr *n* 14
Öhr *n* 244
Ohrring *m* 36
Okra *f* 122
Oktober *m* 306
Okular *n* 167, 269
Öl *n* 142, 199
Öle *n* 134
Ölfarben *f* 274
Oliven *f* 151
Olivenöl *n* 134
Ölmessstab *m* 202
Ölsumpf *m* 204
Öltanker *m* 215
Oman 318
Omelett *n* 158
Onkel *m* 22
Onkologie *f* 49
online 177
Onyx *m* 289
Opal *m* 288
Oper *f* 255
Operation *f* 48
Operationssaal *m* 48
Optiker m 189
orange 274
Orange *f* 126
Orangenlimonade *f* 144
Orangenmarmelade *f* 134, 156
Orangensaft *m* 148
Orchester *n* 254, 256
Orchestergraben *m* 254
Orchidee *f* 111
Ordner *m* 172, 177
Oregano *m* 133
Origami *n* 275
Orthopädie *f* 49
Öse *f* 37, 276
Osten *m* 312
Osteopathie *f* 54
Osterglocke *f* 111
Ostern *n* 27
Österreich 316
Ostsee *f* 313
Ost-Timor 319
Otter *m* 290
Ouvertüre *f* 256
Oval *n* 164
Overall *m* 82
Overheadprojektor *m* 163
Ozean *m* 282
Ozeandampfer *m* 215
Ozonschicht *f* 286

P
Paar *n* 24
Päckchen *n* 311
Päckchen Zigaretten *n* 112
Packung *f* 311
Paddel *n* 241
Pagenkopf *m* 39
Pak Choi *m* 123
Paket *n* 99
Pakistan 318
Palette *f* 186, 274
Palme *f* 86, 296
Palmherzen *n* 122
Palmtop *m* 175
Panama 314
Panda *m* 291
Paniermehl *n* 139
Panzer *m* 293
Papagei *m* 293
Papaya *f* 128
Papierbehälter *m* 172
Papierführung *f* 172
Papierklammer *f* 173
Papierkorb *m* 172, 177
Papierserviette *f* 154
Papiertaschentuch *n* 108
Papiertaschentuch-schachtel *f* 70
Pappe *f* 275
Pappel *f* 296
Pappmaschee *n* 275
Paprika *f* 124
Papua-Neuguinea 319
Par *n* 233
Paraguay 315
parallel 165
Parallelogramm *n* 164
Paranuss *f* 129
Parfum *n* 41
Parfümerie *f* 105
Park *m* 261, 262
parken 195
Parkett *n* 254
Parkplatz *m* 298
Parkuhr *f* 195
Parmesan *m* 142
Partner *m* 23
Partnerin *f* 23
Parfümerie *f* 105
Pass *m* 213, 226
Passagier *m* 216
Passagierhafen *m* 216
Passah *n* 27
Passionsfrucht *f* 128
Passkontrolle *f* 212, 213
Pastellstifte *m* 274
Pastete *f* 142, 156, 158
Pasteten *f* 143
Pastetenform *f* 69
pasteurisiert 137
Pastinake *f* 125
Patchwork *n* 277
Pathologie *f* 49
Patientenkarte *f* 48
Patientenstuhl *m* 50
Patientenzimmer *n* 48
Patientin *f* 45
Patiogarten *m* 85
Pause *f* 254, 269
Pausenzeichen *n* 256
Pay-Kanal *m* 269
Pazifischer Ozean *m* 312
Pecannuss *f* 129
Pedal *n* 206
Pediküre *f* 41
Peeling *n* 41
Pelikan *m* 292
Pendler *m* 208
Penguin *m* 292
Penis *m* 21
Peperoni *f* 124, 142, 143
per Luftpost 98
Pergola *f* 84
Periduralanästhesie *f* 52
Periodikum *n* 168
Perlenkette *f* 36
Personal *n* 175
Personalabteilung *f* 175
Personenwaage *f* 45
persönliche Bestleistung *f* 234
Peru 315
Perücke *f* 39
Pessar *n* 21
Pestizid *n* 89, 183
Petersilie *f* 133
Petrischale *f* 166
Pfannengericht *n* 158
Pfannenwender *m* 68
Pfannkuchen *m* 157
Pfau *m* 293
Pfeffer *m* 64, 152
Pfefferkorn *n* 132
Pfefferminz *n* 113
Pfefferminztee *m* 149
Pfeife *f* 112
Pfeil *m* 249
Pferch *m* 185
Pferd *n* 185, 235, 242
Pferderennen *n* 243
Pferdeschwanz *m* 39
Pferdestall *m* 243
Pfingstrose *f* 111
Pfirsich *m* 126, 128
pflanzen 183
Pflanzen *f* 296
Pflanzenarten *f* 86
Pflanzenöl *n* 135
Pflanzenschildchen *n* 89
Pflanzschaufel *f* 89
Pflaster *n* 47
Pflaume *f* 126
Pflegetuch *n* 75
pflücken 91
pflügen 183
pfropfen 91
Pfund *n* 310
Phantombild *n* 181
Philippinen 319
Philosophie *f* 169
Physik *f* 162, 169
Physiotherapie *f* 49
Picknick *n* 263
Picknickbank *f* 266
Picknickkorb *m* 263
Pier *m* 217
Pik *n* 273
pikante Wurst *f* 142
Pikkoloflöte *f* 257
Pilates-Übungen *f* 251
Pille *f* 21
Pilot *m* 190, 211
Pilz *m* 125
Piment *m* 132
Pinienkern *f* 129
PIN-Kode *m* 96
Pinne *f* 240
Pinnwand *f* 173
Pinsel *m* 274
Pint *n* 311
Pintobohnen *f* 131
Pinzette *f* 40, 47, 167
Pipette *f* 167
Pistazie *f* 129
Pistole *f* 94
Pitabrot *n* 139
Pitcher *m* 229
Pizza *f* 154
Pizzabelag *m* 155
Pizzeria *f* 154
Plädoyer *n* 180
Plakat *n* 255
Plakatfarbe *f* 274
Planet *m* 280, 282
Planken *f* 85
Planschbecken *n* 263
plastische Chirurgie *f* 49
Plateau *n* 284
Plateauschuh *m* 37
Platin *n* 289
Platte *f* 283
Platten *f* 85
Plattengeschäft *n* 115
Plattenspieler *m* 268
Platz *m* 266, 299
Platzanweiser *m* 255
Platzverweis *m* 223
Plazenta *f* 52
plus 165
Pluspol *m* 167
Pluto *m* 280
pochieren 67
pochiert 159
Podium *n* 256
Poker *n* 273
Pol *m* 60, 282
Polarlicht *n* 286
Polarkreis *m* 283
Polen 316
polieren 77
Politologie *f* 169
Politur *f* 77
Polizei *f* 94
Polizeiauto *n* 94
Polizeiwache *f* 94
Polizeizelle *f* 94
Polizist *m* 94, 189
Poller *m* 214, 298
Polo *n* 243
Polster *n* 224
Polyester *n* 277
Pommes frites 154
Poolbillard *n* 249
Popmusik *f* 259
Popcorn *n* 255
Pore *f* 15
Port *m* 176
Portfolio *n* 97
Portmonee *n* 37
Portion *f* 64
Portionierer *m* 68
Portokosten *f* 98
Portugal 316
Portwein *m* 145
Porzellan *n* 105
Posaune *f* 257
Pose *f* 244
Post *f* 98
Postanweisung *f* 98
Postbeamte *m* 98
Posteingang *m* 177
postgraduiert 169
Postkarte *f* 112
Postleitzahl *f* 98

deutsch

Postsack *m* 98
Poststempel *m* 98
Posttasche *f* 190
Potpourri *n* 111
Praline *f* 113
Pränataldiagnostik *f* 52
Präsentation *f* 174
Präzisionsmesser *n* 81
Preis *m* 152
Preiselbeere *f* 127
Preisliste *f* 154
Premiere *f* 254
Presse *f* 178
Pressluftbohrer *m* 187
Privatbadezimmer *n* 100
private Fitnesstrainerin *f* 250
Privatjet *m* 211
Privatzimmer *n* 48
Probleme *n* 271
Produzent *m* 254
Profilsäge *f* 81
Programm *n* 176, 254, 269
Programmgestaltung *f* 178
Projektor *m* 174
Promenade *f* 265
Promotion *f* 169
Propeller *m* 211
Prosciutto *f* 143
Prospekt *m* 254
Prostata *f* 21
Protokoll *n* 174
Protokollführer *m* 180
Provinz *f* 315
Provision *f* 97
Prozentsatz *m* 165
Prozessor *m* 176
Prüfung *f* 163
Psychiatrie *f* 49
Psychotherapie *f* 55
Publikum *n* 254
Puck *m* 224
Puder *m* 109
Puderdose *f* 40
Puderpinsel *m* 40
Puderquaste *f* 40
Puerto Rico 314
Pullover *m* 33
Puls *m* 47
Pult *n* 162
Pumps *m* 37
Punkmusik *f* 259
pünktlich
Pupille *f* 51
Puppe *f* 75
Puppenhaus *n* 75
püriert 159
Pute *f* 119
Putter *m* 233
Putz *m* 83
putzen 77
Puzzle *n* 273
Pyramide *f* 164

Q

Quadrat *n* 164
Quadratfuß *m* 310
Quadratmeter *m* 310
Qualle *f* 295
Quart *n* 311
Quarz *m* 289
Quecksilber *n* 289
Querflöte *f* 257
Querformat *n* 271
Querlatte *f* 222
Querruder *n* 210
Quiche *f* 142
Quitte f 128
Quittung f 152

R

Rachen *m* 19
Racquetball *n* 231
Rad *n* 198, 207
Rad fahren 207
Radar *n* 214, 281
Radfahren *n* 263
Radicchio *m* 123
Radiergummi *m* 163
Radieschen *n* 124
Radio *n* 179, 268
Radiologie *f* 49
Radiowecker *m* 70
Radius *m* 164
Radkappe *f* 202
Radmuttern *f* 203
Radschlüssel *m* 203
Rafting *n* 241
Rahmen *m* 206, 230
Rahmkäse *m* 136
Rakete *f* 211
Rallyefahren *n* 249
RAM *n* 176
Ramadan *m* 26
Rap *m* 259
Raps *m* 184
Rapsöl *n* 135
Rasen *m* 85, 90
Rasenmäher *m* 88, 90
Rasenrandschere *f* 88
Rasensprenger *m* 89
Rasieren *n* 73
Rasierklinge *f* 73
Rasierschaum *m* 73
Rasierwasser *n* 73
Rassel *f* 74
Rathaus *n* 299
Ratte *f* 290
Rauch *m* 95
rauchen 112
Raucherbereich *m* 152
Räucherfisch *m* 143
Räucherheringe *m* 157
Rauchmelder *m* 95
Raumanzug *m* 281
Raumfähre *f* 281
Raumforschung *f* 281
Raumstation *f* 281
Raupe *f* 295
Raureif *m* 287
Reagenzglas *n* 166
Rebound *m* 227
Rechnung *f* 152
Recht *n* 180
rechtes Feld *n* 229
rechte Spur *f* 194
Rechteck *n* 164
rechts 260
rechts abbiegen verboten 195
Rechtsabteilung *f* 175
Rechtsanwalt *m* 180, 190
Rechtsberatung *f* 180
Rechtssteuerung *f* 201
Rechtswissenschaft *f* 169
Reck *n* 235
Recyclingbehälter *m* 61
Redakteurin *f* 191
Reflexzonenmassage *f* 54
Reformhaus *n* 115
Regal *n* 268
Regen *m* 287
Regenbogen *m* 287
Regenbogenforelle *f* 120
Regenhaut *f* 245, 267
Regenmantel *m* 31, 32
Regenschirm *m* 36
Regenwald *m* 285
Reggae *m* 259
Region *f* 315
Regisseur *m* 254
regnerisch 286
Reibahle *f* 80
Reibe *f* 68
reiben 67
reif 129
Reifen *m* 198, 205, 206
Reifendruck *m* 203
Reifenpanne *f* 203, 207
Reifenprofil *n* 207
Reifenschlüssel *m* 207
Reihe *f* 210, 254
Reihen(haus) 58
Reiki *n* 55
Reinigung *f* 115
Reinigungsartikel *m* 77
Reinigungsmittel *n* 51, 77
Reinigungstuch *n* 108
Reis *m* 130, 158, 184
Reisebüro *n* 114
Reisebürokauffrau *f* 190
Reisebus *m* 196
Reiseführer *m* 260
Reisekrankheitstabletten *f* 109
Reisescheck *m* 97
Reisessig *m* 135
Reisetasche *f* 37
Reiseziel *n* 213
Reiskugel *f* 154
Reismelde *f* 130
Reisschale *f* 64
Reißverschluss *m* 277
Reißzwecke *m* 173
Reiten *n* 263
Reiter *m* 242
Reitgerte *f* 242
Reithelm *m* 242
Reithose *f* 242
Reitsport *m* 242
Reitstiefel *m* 242
Reitweg *m* 263
Rekord *m* 234
Relieftapete *f* 83
Renaissance- 301
Rennbahn *f* 234, 243
Rennboot *n* 214
Rennbügel *m* 207
Rennen *n* 234
rennen 228
Rennfahrer *m* 249
Rennmaschine *f* 205
Rennpferd *n* 243
Rennrad *n* 206
Rennrodeln *n* 247
Rennsport *m* 249
renovieren 82
Reparaturkasten *m* 207
Reporterin *f* 179
Reproduktion *f* 20
Reptilien *n* 293
Restaurant *n* 101, 152
Rettungsboot *n* 214, 240
Rettungsring *m* 240
Rettungssanitäter *m* 94
Rettungsschwimmer *m* 265
Rettungsturm *m* 265
Return *m* 231
Revers *n* 32
Rezept *n* 45
R-Gespräch *n* 99
Rhabarber *m* 127
Rhombus *m* 164
rhythmische Gymnastik *f* 235
Rhythmus *m* 259
Richter *m* 180
Richtungsangaben *f* 260
Riemen *m* 207
Riesenslalom *m* 247
Rinde *f* 136, 142, 296
Rindfleisch *n* 118
Ring *f* 36
Ringbefestigungen *f* 89
Ringe *m* 235
Ringen *n* 236
Ringfinger *m* 15
Ringordner *m* 173
Rinnstein *m* 299
Rippe *f* 17
Rippchen *n* 155
Rippenstück *n* 119
Robbe *f* 290
Robe *f* 169
Rochen *m* 120, 294
Rochenflügel *m* 120
Rock *m* 30, 34
Rockbund *m* 35
Rockkonzert *n* 258
Rocky Moutains 312
Rodeo *n* 243
Roggenbrot *n* 138
Roggenmehl *n* 138
roh 124, 129
Rohr *n* 202
Rohrabschneider *m* 81
Rohrzange *f* 81
Rokoko- 301
Rolle *f* 244, 245, 311
Rolle Toilettenpapier *f* 72
Rollenheft *n* 254
Rollenmakulatur *f* 83
Roller *m* 83, 205
Rollo n 63
Rollschuh *m* 249
Rollschuhfahren *n* 249
Rollstuhl *m* 48
Rollstuhlzugang *m* 197
Rolltreppe *f* 104
Röntgenaufnahme *f* 48, 50
Röntgenbild *n* 50
Röntgenschirm *m* 45
rosa 274
Röschen *n* 122
Rose *f* 110
rosé 145
Rosenkohl *m* 122
Rosenschere *f* 89
Rosine *f* 129
Rosmarin *m* 133
Rost *m* 67
rostfreier Stahl *m* 79
rot 39, 145, 274
rotbraun 39
rote Augen *f* 271
Rote Bete *f* 125
rotes Fleisch *n* 118
rote Karte *f* 223
Rotes Meer *n* 313
rote Meerbarbe *f* 120
rote Bohnen *f* 131
rote Linsen *f* 131
Rotorblatt *n* 211
Rotzunge *f* 120
Rouge *n* 40
Rough *n* 232
Route *f* 260
Ruanda 317
Rübe *f* 124
Rubin *m* 288
Rücken *m* 13
Rückenbürste *f* 73
Rückenflosse *f* 294
rückenfrei 35
Rückenlehne *f* 210
Rückenmuskel *m* 16
Rückenschwimmen *n* 239
Rückgabedatum *n* 168
Rückhand *f* 231
Rücklauf *m* 269
Rücklicht *n* 204, 207
Rucksack *m* 31, 37, 267
Rücksitz *m* 200
Rückspiegel *m* 198
Rückstrahler *m* 207
rückwärts fahren 195
Rucola *m* 123
Ruder *n* 241
Ruderboot *n* 214

Ruderer *m* 241
Rudermaschine *f* 250
rudern 241
Rufknopf *m* 48
Rugby *n* 221
Rugbyball *m* 221
Rugbyspieler *m* 221
Rugbyspielfeld *n* 221
Rugbytrikot *n* 221
Rührei *n* 157
rühren 67
Rührschüssel f 69
Rum *m* 145
Rum mit Cola *m* 151
Rumänien 316
Rumpf *m* 210, 214, 240
Rumpfheben *n* 251
Rumpsteak *n* 119
Runde *f* 237
runder Ausschnitt *m* 33
Rundfunkstation *f* 179
Rundkorn- 130
Rüssel *m* 291
Russische Föderation 318
Rute *f* 245
Rutsche *f* 263
rutschen 229

S

säen 90, 183
Safaripark *m* 262
Safran *m* 132
Saft *m* 109, 127
Säfte und Milchshakes *f* 149
saftig 127
sägen 79
Sahara *f* 313
Sahne *f* 137, 140, 157
Sahnetorte *f* 141
Saint Kitts und Nevis 314
Saint Lucia 314
Saint Vincent und die Grenadinen 314
Saison- 129
Saite *f* 230, 258
Saiteninstrument *n* 256
Sake *m* 152
Salamander *m* 294
Salami *f* 142
Salat *m* 123, 149
Salatsoße *f* 158
Salbe *f* 47, 109
Salbei *m* 133
Salomonen 319
Salto *m* 235
Salz *n* 64, 152
salzig 155
Sambia 317
Samen *m* 88, 122, 130
Samenausführungsgang *m* 21
Samenbläschen *n* 21
Samenleiter *m* 21
Sämling *m* 91
Samstag *m* 306
San Marino 316
Sand *m* 85, 264
Sandale *f* 37
Sandalen *f* 31
Sandburg *f* 265
Sandkasten *m* 263
Sandsack *m* 237
Sandstein *m* 288
Sandwich *n* 155
Sandwichtheke *f* 143
Sängerin *f* 191
Sao Tomé und Príncipe 317
Saphir *m* 288
Sardine *f* 120
Sardinien 316
Sashimi *n* 121
Satellit *m* 281
Satellitenschüssel *f* 269
Satsuma *f* 126
satt 64
Sattel *m* 206, 242
Sattelgurt *m* 242
Sattelstütze *f* 206
Saturn *m* 280
Satz *m* 230
saubere Wäsche *f* 76
Saubohnen *f* 131
Saudi-Arabien 318
sauer 127
Sauerteigbrot *n* 139
Sauger *m* 75, 81
Säugetiere *n* 290
Saugglocke *f* 53
Säuglingspflege *f* 74
Saugschlauch *m* 77
Säule *f* 300
Saum *m* 34
Sauna *f* 250
saure Sahne *f* 137
Saxofon *n* 257
Scan *m* 48
Scanner *m* 106, 176
Schabe *f* 295
Schablone *f* 83
Schach *n* 272
Schachbrett *n* 272
Schachtel Pralinen *f* 113
Schädel *m* 17
Schaf *n* 185
Schaffarm *f* 183
Schaffner *m* 209
Schafsmilch *f* 137
Schal *m* 31
Schale *f* 126, 127, 128, 129
schälen 67
Schäler *m* 68
Schalldämpfer *m* 204
Schalotte *f* 125
schalten 207
Schalter *m* 60, 96, 98, 100
Schalthebel *m* 201, 207
Schamlippen *f* 20
scharf 124
Schaschlik *n* 158
Schattenpflanze *f* 87
Schaufel *f* 187, 265
Schaukel *f* 263
Schaum *m* 148
Schaumbad *n* 73
Schaumlöffel *m* 68
Schauspieler *m* 179, 191, 254
Schauspielerin *f* 254
Scheck *m* 96
Scheckheft *n* 96
Scheibe *f* 121, 139
Scheibenbrot *n* 138
Scheibenputzmittelbehälter *m* 202
Scheibenschießen *n* 249
Scheibenwaschmittel *n* 199
Scheibenwischer *m* 198
Scheide *f* 20
Scheidenmuschel *f* 121
Scheidung *f* 26
Schein *m* 97
Scheinwerfer *m* 198, 205, 259
Schellfisch *m* 120
Schenkel *m* 119
Schere *f* 38, 47, 188, 276
Scheune *f* 182
Schiebedach *n* 202
Schiedsrichter *m* 222, 225, 226, 229, 230
Schiedsrichterball *m* 226
Schiefer *m* 288
Schienbein *n* 12, 17
Schienbeinschutz *m* 225
Schiene *f* 47, 208
schießen 223, 227
Schiff *n* 214
Schiffsschraube *f* 214
Schild *n* 172
Schilddrüse *f* 18
Schildkröte *f* 293
Schinken *m* 119, 143, 156
Schirm *m* 233
Schirmständer *m* 59
Schlafabteil *n* 209
Schlafanzug *m* 30, 33
Schläfe *f* 14
Schlafen *n* 74
schlafen gehen 71
Schlaflosigkeit *f* 71
Schlafmittel *n* 109
Schlafsack *m* 267
Schlafzimmer *n* 70
Schlag *m* 233, 237
Schlaganfall *m* 44
Schläge *m* 231
schlagen 67, 224, 225, 229
Schläger *m* 224
Schlägerspiele *n* 231
Schlagfehler *m* 228
Schlagholz *n* 225
Schlaginstrumente *n* 257
Schlagmal *n* 228
Schlagmann *m* 225, 228
Schlagzeug *n* 258
Schlagzeuger *m* 258
Schlange *f* 293
Schlauch *m* 95, 207
Schlauchboot *n* 215
Schlauchwagen *m* 89
schlecht 321
Schlegel *m* 275
Schleier *m* 35
Schleierkraut *n* 110
Schleifmaschine *f* 78
Schleppdampfer *m* 215
Schleppe *f* 35
schleudern 76
Schleudertrauma *n* 46
Schlick *m* 85
Schließfächer *n* 239
Schlinge *f* 46
Schlittenfahren *n* 247
Schlittschuh *m* 224, 247
Schlittschuh laufen 224
Schloss *n* 59
Schlot *m* 283
Schlucht *f* 284
Schlüssel *m* 59, 207
Schlüsselbein *n* 17
Schlüsselblume *f* 297
schmal 321
Schmerzmittel *n* 109
Schmerztabletten *f* 47
Schmetterball *m* 231
Schmetterling *m* 239, 295
schmirgeln 82
Schmirgelpapier *n* 81, 83
Schmortopf *m* 69
Schmuck *m* 36
Schmuckkasten *m* 36
Schmucksteine *m* 288
schmutzige Wäsche *f* 76
Schnabel *m* 293
Schnabelbecher *f* 75
Schnaps *m* 151
schnarchen 71
Schnauze *f* 293
Schnecke *f* 295
Schnee *m* 287
Schneeanzug *m* 30
Schneebesen *m* 68
Schneemobil *n* 247
Schneeregen *m* 286
schneiden 38, 67, 79, 277
Schneider *m* 80, 88, 191
Schneiderei *f* 115
Schneiderkreide *f* 276
Schneiderpuppe *f* 276
Schneidezahn *m* 50
schnell 321
schnell zubereitet 130
Schnellimbiss *m* 154
Schnellstraße *f* 195
Schnitt *m* 46
Schnittlauch *m* 133
Schnittmuster *n* 276
Schnitz *m* 126
schnitzen 79
Schnorchel *m* 239
Schnur *f* 244
schnurloses Telefon *n* 99
Schnurrhaare *n* 290
Schnürschuh *m* 37
Schnürsenkel *m* 37
Schock *m* 47
schockiert sein 25
Schokolade *f* 156
Schokoladenaufstrich *m* 135
Schokoladenkuchen *m* 140
Schokoladenmilchshake *m* 149
Schönheit *f* 40
Schönheitsbehandlungen *f* 41
Schönheitspflege *f* 105
Schöpflöffel *m* 68
Schornstein *m* 58, 214
Schot *f* 241
Schote *f* 122
Schraube *f* 80
Schraubenschlüssel *m* 80
Schraubendreher *m* 80
Schraubendrehereinsätze *m* 80
Schraubstock *m* 78
schreiben 162
Schreibtisch *m* 172
Schreibtischschränkchen *n* 172
Schreibwaren *f* 105
schreien 25
Schreiner *m* 188
Schriftart *f* 177
Schritt *m* 243
schrubben 77
Schubkarre *f* 88
Schublade *f* 66, 70, 172
schüchtern 25
Schuh *m* 233
Schuhabteilung *f* 104
Schuhe *f* 34, 37
Schuhgeschäft *n* 114
Schulbuch *n* 163
Schulbus *m* 196
schuldig 181
Schule *f* 162, 299
Schüler *m* 162
Schuljunge *m* 162
Schulleiter *m* 163
Schulmädchen *n* 162
Schultasche *f* 162
Schulter *f* 13
Schulterblatt *n* 17
Schulterpolster *n* 35
Schulterriemen *m* 37
Schuluniform *f* 162
Schuppe *f* 121, 294
Schuppen *f* 39, 293
Schuppen *m* 84
Schürze *f* 30, 69
Schüssel *f* 65
Schutz *m* 88
Schutzanstrich *m* 83
Schutzblech *n* 205
Schutzbrille *f* 81, 167
Schutzhelm *m* 95, 186, 224

deutsch

Schutzkappe *f* 270
Schutzmaske *f* 228
Schutzpolster *n* 220
schwach 321
Schwager *m* 23
Schwägerin *f* 23
Schwalbe *f* 292
Schwamm *m* 73, 74, 83
Schwan *m* 293
schwanger 52
Schwangerschaft *f* 52
Schwangerschaftstest *m* 52
Schwanz *m* 121, 242, 290, 294
Schwarte *f* 119
schwarz 39, 272, 274
Schwarzbier *n* 145
schwarzer Gürtel *m* 237
schwarze Johannisbeere *f* 127
schwarzer Kaffee *m* 148
Schwarzes Loch *n* 280
Schwarzes Meer *n* 313
schwarze Olive *f* 143
schwarzer Tee *m* 149
Schwebebalken *m* 235
Schweden 316
Schwefel *m* 289
Schweif *m* 280
Schwein *n* 185
Schweinefarm *f* 183
Schweinefleisch *n* 118
Schweinestall *m* 185
Schweißband *n* 230
Schweiz *f* 316
schwer 321
Schwerkraft *f* 280
Schwert *n* 241
Schwertfisch *m* 120, 294
Schwester *f* 22
Schwiegermutter *f* 23
Schwiegersohn *m* 22
Schwiegertochter *f* 22
Schwiegervater *m* 23
Schwimmbad *n* 101
Schwimmbecken *n* 238, 250
Schwimmbrett *n* 238
Schwimmbrille *f* 238
schwimmen 238
Schwimmer *m* 61, 238
Schwimmflosse *f* 239
Schwimmflügel *m* 238
Schwimmreifen *m* 265
Schwimmsport *m* 238
Schwimmstile *m* 239
Schwimmweste *f* 240
schwingen 232
Science-Fiction-Film *m* 255
Scotch mit Wasser *m* 151
Scrabble *n* 272
Scrollbalken *m* 177
sechs 308
Sechseck *n* 164
sechshundert 308
sechster 309
sechzehn 308
sechzehnter 309
sechzig 308
sechzigster 309
sedimentär 288
See *m* 285
Seebarsch *m* 120
Seefischerei *f* 245
Seelöwe *m* 290
Seemann *m* 189
Seepferdchen *n* 294
Seestern *m* 295
Seeteufel *m* 120
Seezunge *f* 120
Segel *n* 241
Segelboot *n* 215
Segelfliegen *n* 248
Segelflugzeug *n* 211, 248
Segeljacht *f* 240
Segelsport *m* 240
Sehenswürdigkeiten *f* 261
Sehkraft *f* 51
Sehne *f* 17
Sehnerv *m* 51
Sehtest *m* 51
Seide *f* 277
Seife *f* 73
Seifenoper *f* 178
Seifenschale *f* 73
Seil *n* 248
Seilspringen *n* 251
sein Testament machen 26
Seite *f* 164
Seitendeck *n* 240
Seitenleitwerk *n* 210
Seitenlinie *f* 220, 221, 226, 230
Seitenpferd *n* 235
Seitenruder *n* 210
Seitenspiegel *m* 198
Seitenstraße *f* 299
Seitenstreifen *m* 194
Seitfußstoß *m* 237
Sekunde *f* 304
Sekundenzeiger *m* 304
Selbstbräunungscreme *f* 41
selbstsicher 25
Selbstverteidigung *f* 237
Sellerie *m* 124
senden 177, 178
Sendung *f* 179
Senegal 317
Senf *m* 155
Senfkohl *m* 123
Senfkorn *n* 131
Senkblei *n* 82
senkrecht 165
Sepie *f* 121
September *m* 306
Serbien 316
Server *m* 176
Serviceprovider *m* 177
servieren 64
Servierlöffel *m* 68
Serviette *f* 65, 152
Serviettenring *m* 65
Sesamkorn *n* 131
Sesamöl *n* 134
Sessel *m* 63
Sessellift *m* 246
Set *n* 64, 179
Setzkasten *m* 89
Setzkescher *m* 244
seufzen 25
Shampoo *n* 38
Sherry *m* 145
Shiatsu *n* 54
Shiitake-Pilz *m* 124
Shorts 30, 33
Sibirien 313
sich anfreunden 26
sich aufwärmen 251
sich übergeben 44
sich verlieben 26
Sicherheit *f* 75, 240
Sicherheitsbohrer *m* 80
Sicherheitsgurt *m* 198, 211
Sicherheitsnadel *f* 47
Sicherheitssperre *f* 246
Sicherheitsventil *n* 61
Sicherheitsvorkehrungen *f* 212
sichern 177
Sicherung *f* 60
Sicherungskasten *m* 60, 203
Sieb *n* 68, 89
sieben 91, 138, 308
siebenhundert 308
siebter 309
siebzehn 308
siebzehnter 309
siebzig 308
siebzigster 309
Siegerpodium *n* 235
Sierra Leone 317
Signal *n* 209
Shinkansen-Hochgeschwindigkeitszug *m* 209
Silber *n* 235, 289
Silo *n* 183
Simbabwe 317
Singapur 319
Sirene *f* 94
Sitz *m* 204, 209, 210, 242
Sitzfläche *f* 64
Sitzkissen (japanisches) *n* 64
Sitzung *f* 174
Sitzungsraum *m* 174
Sizilien 316
Skalpell *n* 167
Skateboard *n* 249
Skateboardfahren *n* 249, 263
Skelett *n* 17
Ski *m* 246
Skianzug *m* 246
Skibrille *f* 247
Skihang *m* 246
Skiläuferin *f* 246
Skipiste *f* 246
Skisport *m* 246
Skisprung *m* 247
Skistiefel *m* 246
Skistock *m* 246
Skizze *f* 275
Skizzenblock *m* 275
Skorpion *m* 295
Slalom *m* 247
Slice *m* 230
Slip *m* 33, 35
Slipeinlage *f* 108
Slipper *m* 37
Slowakei 316
Slowenien 316
Smaragd *m* 288
SMS *f* 99
Snackbar *f* 148
Snooker *n* 249
Snowboarding *n* 247
Socken *f* 33
Sodabrot *n* 139
Sodawasser *n* 144
Sofa *n* 62
Sofakissen *n* 62
Sofortbildkamera *f* 270
Software *f* 176
Sohle *f* 37
Sohn *m* 22
Sojabohnen *f* 131
Sojasoße *f* 135
Sojasprosse *f* 122
Soldat *m* 189
Somalia 317
Sommer *m* 31, 307
Sommersprosse *f* 15
Sonate *f* 256
Sonde *f* 50
Sonne *f* 280
Sonnenaufgang *m* 305
sonnenbaden 264
Sonnenbank *f* 41
Sonnenblocker *m* 108, 265
Sonnenblume *f* 184, 297
Sonnenblumenkern *m* 131
Sonnenblumenöl *n* 134
Sonnenbrand *m* 46
Sonnenbräune *f* 41
Sonnenbrille *f* 51, 265
Sonnenhut *m* 30, 265
Sonnenmilch *f* 265
Sonnenschein *m* 286
Sonnenschirm *m* 148, 264
Sonnenschutzcreme *f* 108
Sonnensystem *n* 280
Sonnenuhr *f* 262
Sonnenuntergang *m* 305
sonnig 286
Sonntag *m* 306
Sorbet *n* 141
Soße *f* 134, 143, 155
Soufflé *n* 158
Souffléform *f* 69
Soundtrack *m* 255
Soziussitz *m* 204
Spachtel *m* 82
Spachtelmasse *f* 83
spachteln 82
Spalier *n* 84
Spanholz *n* 79
Spanien 316
Spannung *f* 60
Spareinlagen *f* 96
Sparkonto *n* 97
Sparring *n* 237
spät 305
Spatel *m* 167
Spaten *m* 88
später 304
Spatz *m* 292
Specht *m* 292
Speck *m* 118
Speckscheibe *f* 119
Speerfischen *n* 245
Speerwerfen *n* 234
Speiche *f* 17, 207
Speicher *m* 176
Speicherkarte *f* 271
Speisekarte *f* 148, 153, 154
Speiseröhre *f* 19
Speisewagen *m* 209
Spermium *n* 20
Sperrholz *n* 79
Spezialitäten *f* 152
Spiegel *m* 40, 63, 71, 167
Spiegelei *n* 157
Spiel *n* 230, 273
Spielbahn *f* 225, 233
Spiele *n* 272
spielen 75, 229, 273
Spieler *m* 273
Spielerbank *f* 229
Spielergebnis *n* 273
Spielernummer *f* 226
Spielfeld *n* 220, 221, 226, 228
Spielfeldgrenze *f* 225
Spielfigur *f* 272
Spielfilm *m* 269
Spielhaus *n* 75
Spielkonsole *f* 269
Spielplatz *m* 263
Spielshow *f* 178
Spielstand *m* 220
Spielwaren *f* 105
Spielzeug *n* 75
Spielzeugkorb *m* 75
Spieß *m* 68
Spikes *m* 233
Spin *m* 230
Spinat *m* 123
Spinne *f* 295
Spinnerkasten *m* 244
Spion *m* 59
Spirale *f* 21
Spitze *f* 35, 37, 122, 165, 246
Spitzenklöppelei *f* 277
Spitzhacke *f* 187
Splitter *m* 46
Sport *m* 162, 220, 236
Sportangeln *n* 245

deutsch

Sportartikel *m* 105
Sportjackett *n* 33
Sportler *m* 191
Sportplatz *m* 168
Sportschuh *m* 37
Sportschuhe *f* 31
Sportwagen *m* 75, 199
Sprachen *f* 162
Sprachmitteilung *f* 99
Spray *m* 109
Sprechanlage *f* 59
Sprecher *m* 174
Sprechzimmer *n* 45
Springbrunnen *m* 85
springen 227
Springer *m* 238, 272
Springreiten *n* 243
Sprinter *m* 234
Spritzbeutel *m* 69
Spritze *f* 48, 109, 167
Spritzschutz *m* 66
Sprühbehälter *m* 311
Sprühdose *f* 311
sprühen 91
Sprung *m* 235, 237, 239, 243
Sprungball *m* 226
Sprungbrett *n* 235, 238
Sprungfeder *f* 71
Spuckbecken *n* 50
Spülbecken *n* 66
Spule *f* 276
Spüle *f* 61
spülen 76, 77
Spuler *m* 276
Spülkasten *m* 61
Spülmaschine *f* 66
Squash *n* 231
Sri Lanka 318
Staat *m* 315
Staatsanwaltschaft *f* 180
Stab *m* 225, 235
Stabhochsprung *m* 234
Stachel *m* 295
Stachelbeere *f* 127
Stadien *n* 23
Stadion *n* 223
Stadt *f* 298, 299
Stadtplan *m* 261
Stadtreihenhaus *n* 58
Stadtrundfahrtbus *m* 260
Stängel *m* 111, 297
Staffelei *f* 274
Staffellauf *m* 235
Stahlwolle *f* 81
Stall *m* 185
Stallbursche *m* 243
Stamm *m* 296
Ständer *m* 88, 268
Stange *f* 90, 207
Stangen *f* 133
Stangenbohne *f* 122
Stangensellerie *m* 122
Stangenweißbrot *n* 139
stark 321
Start- und Landebahn *f* 212
Startblock *m* 234, 238
starten 211
Startlinie *f* 234
Startsprung *m* 239
Stativ *n* 166, 270, 281
Staub wischen 77
Staubgefäß *n* 297
Staubsauger *m* 77, 188
Staubtuch *n* 77
Staudamm *m* 300
Staudenrabatte *f* 85
stechen 90
Stechmücke *f* 295
Stechpalme *f* 296
Steckdose *f* 60
Stecker *m* 60
Stecknadel *f* 276
Steckschlüssel *m* 80
Steg *m* 258
Steigbügel *m* 242
Stein *m* 272, 275
Steingarten *m* 84
Steinobst *n* 126
Steiß- 52
Steißbein *n* 17
Stempel *m* 173
Stempelkissen *n* 173
Steppdecke *f* 71
Stepper *m* 250
sterben 26
stereo 269
steril 20, 47
Stern *m* 280
Sternanis *m* 133
Sternbild *n* 281
Sternfrucht *f* 128
Sternhyazinthen *f* 297
Stethoskop *n* 45
Steuer *f* 96
Steuerhebel *m* 269
Steuerrakete *f* 281
Steuerung *f* 204
Stich *m* 46, 277
Stichplatte *f* 276
Stichsäge *f* 78
Stichwahltaste *f* 276
Stickerei *f* 277
Stickrahmen *m* 277
Stiefel *m* 220
Stiefmutter *f* 23
Stiefsohn *m* 23
Stieftochter *f* 23
Stiefvater *m* 23
Stiel *m* 112, 187, 297
Stier *m* 185
Stillbüstenhalter *m* 53
stillen 53
Stillen *n* 53
Stimmbänder *n* 19
Stipendium *n* 169
Stirn *f* 14
Stirnmuskel *m* 16
Stirnriemen *m* 242
Stirnrunzeln *n* 25
Stock *m* 58, 91
Stoff *m* 276, 277
Stoffwindel *f* 30
stolz sein 25
Stop *m* 269
stopfen 277
Stoppball *m* 230
Stoppuhr *f* 234
Stöpsel *m* 72, 166
Storch *m* 292
Stoß *m* 237, 239
Stößel *m* 68
Stoßstange *f* 198
Stoßzahn *m* 291
Strafmaß *n* 181
Straftraum *m* 223
Strafregister *n* 181
Straftäter *m* 181
Strähnchen *f* 39
Strampelanzug *m* 30
Strand *m* 264
Strandhäuschen *n* 264
Strandsandale *f* 37
Strandtasche *f* 264
Strandtuch *n* 265
Strang *m* 277
Straße *f* 298
Straßen *f* 194
Straßenanzug *m* 32
Straßenarbeiten *f* 187
Straßenbahn *f* 196, 208
Straßenbaustelle *f* 195
Straßencafé *n* 148
Straßenecke *f* 298
Straßenlaterne *f* 298
Straßenmarkierungen *f* 194
Straßenrad *n* 206
Straßenschild *n* 298
Stratosphäre *f* 286
Strauß *m* 111, 292
Strebepfeiler *m* 301
Strecken *n* 251
Streichbürste *f* 83
Streichhölzer *n* 112
Stress *m* 55
Strichkode *m* 106
Stricken *n* 277
Strickjacke *f* 32
Stricknadel *f* 277
Strohhalm *m* 144, 154
Strom *m* 60
Stromanschluss *m* 266
Stromausfall *m* 60
Strom führende Schiene *f* 209
Stromkabel *n* 176
Stromnetz *n* 60
Stromschnellen *f* 284
Stromzähler *m* 60
Strumpfband *n* 35
Strümpfe *m* 35
Strumpfhalter *m* 35
Strumpfhose *f* 35
Strunk *m* 122
Stuckrahmen *m* 63
Stück *n* 140, 311
Student *m* 169
Studentenheim *n* 168
Studioeinrichtung *f* 178
Stufenbarren *m* 235
Stuhl *m* 64
Stunde *f* 163
Stundenzeiger *m* 304
Sturm *m* 286
Sturz *m* 186
Stütze *f* 187
stutzen 90
Stützräder *m* 207
subtrahieren 165
suchen 177
Südafrika 317
Sudan 317
Süden *m* 312
Südfrüchte *f* 128
Südkorea 318
südliche Halbkugel *f* 283
Südpolarmeer *n* 313
Sukkulente *f* 87
Sultanine *f* 129
Sumo *n* 237
Sumpf *m* 285
Supermarkt *m* 106
Suppe *f* 153, 158
Suppenlöffel *m* 65
Suppenteller *m* 65
Surfbrett *n* 241
Surfer *m* 241
Suriname 315
Sushi *n* 121
süß 124, 127, 155
süße Sahne *f* 137
süßer Aufstrich *m* 134
Süßkartoffel *f* 125
Süßwaren *f* 107, 113
Süßwarengeschäft *n* 113
Süßwasserangeln *n* 245
Swasiland 317
Sweatshirt *n* 33
Symbol *n* 177
Symphonie *f* 256
Synagoge *f* 300
Synchronschwimmen *n* 239
synthetisch 31
Syrien 318
System *n* 176

T

Tabak *m* 112, 184
Tablett *n* 152, 154
Tablette *f* 109
Tachometer *m* 201, 204
Tadschikistan 318
Taekwondo *n* 236
Tafel *f* 162
Tafel Schokolade *f* 113
Tag *m* 306
Tagesdecke *f* 70
Tagesordnung *f* 174
taggen 229
Tai Chi *n* 236
Taifun *m* 286
Taille *f* 12
Taiwan 319
Takelung *f* 215, 240
Takt *m* 256
Taktstock *m* 256
Tal *n* 284
Tamburin *n* 257
Tampon *m* 108
Tandem *n* 206
Tangelo *f* 126
Tankstelle *f* 199
Tankstellenplatz *m* 199
Tansania 317
Tante *f* 22
Tanzakademie *f* 169
Tänzerin *f* 191
Tanzmusik *f* 259
Tapedeck *n* 268
Tapete *f* 82
Tapetenkleister *m* 82
Tapezierbürste *f* 82
Tapezieren *n* 82
tapezieren 82
Tapezierer *m* 82
Tapeziermesser *n* 82
Tapezierschere *f* 82
Tapeziertisch *m* 82
Tapisserie *f* 277
Tarowurzel *f* 124
Tasche *f* 32, 37
Taschenlampe *f* 267
Taschenrechner *m* 165
Taschentuch *n* 36
Tasmanien 319
Tasse *f* 64
Tastatur *f* 172, 176
Taste *f* 176
Tastenfeld *n* 97, 99
Tätigkeiten *f* 77, 183
Tätowierung *f* 41
Taube *f* 292
tauchen 238
Tauchen *n* 239
Taucheranzug *m* 239
Tauchermaske *f* 239
Taufe *f* 26
Tausendfüßler *m* 295
Taxifahrer *m* 190
Taxistand *m* 213
Team *n* 229
Techniken *f* 237
Teddy *m* 75
Tee *m* 144, 149, 184
Tee mit Milch *m* 149
Tee mit Zitrone *m* 149
Tee *n* 233
Teebeutel *m* 144
Teeblätter *n* 144
Teekanne *f* 65
Teelöffel *m* 65
Teetasse *f* 65
Teich *m* 85
Teig *m* 138, 140
Teigschaber *m* 68
Teilchen *n* 140
Teiler *m* 173
teilnehmen 174
Teint *m* 41

deutsch

Telefon *n* 99, 172
Telefonhörer *m* 99
Telefonzelle *f* 99
Telegramm *n* 98
Teleprompter *m* 179
Teleskop *n* 281
Teller *m* 65
Tempel *m* 300
Temperatur *f* 286
Temperaturanzeige *f* 201
Tennis *n* 230
Tennisball *m* 230
Tennisplatz *m* 230
Tennisschläger *m* 230
Tennisschuh *m* 231
Tennisspieler *m* 231
Teppich *m* 63, 71
Tequila *m* 145
Termin *m* 45, 175
Terminal *m* 212
Terminkalender *m* 173, 175
Terminplaner *m* 175
Termite *f* 295
Terpentin *n* 83
Terrassencafé *n* 148
Territorium *n* 315
Tesafilm *m* 173
Tesafilmhalter *m* 173
Text *m* 259
Thailand 318
Theater *n* 254, 299
Theaterkostüm *n* 255
Theaterstück *n* 254
Theke *f* 142, 150
Therapeut *m* 55
Therapeutin *f* 55
Thermometer *n* 45, 167
Thermosflasche *f* 267
Thermosphäre *f* 286
Thermostat *m* 61
Thermounterwäsche *f* 35
Thermowäsche *f* 267
Thriller *m* 255
Thymian *m* 133
Tiefe *f* 165
tiefer Bereich *m* 239
tiefgefroren 121, 124
Tiefkühlkost *f* 107
Tiegel *m* 166
Tierärztin *f* 189
Tier *n* 292, 294
Tierfutter *n* 107
Tierhandlung *f* 115
Tiger *m* 291
Tintenfisch *m* 121, 295
Tisch *m* 64, 148, 167
Tisch (niedriger japanischer) *m* 152
Tischdecke *f* 64
Tischtennis *n* 231
Tischtennisschläger *m* 231
Titel *m* 168
Toast *m* 157
Toaster *m* 66
Tochter *f* 22
Toffee *n* 113
Togo 317
Toilette *f* 72
Toiletten *f* 104, 266
Toilettenartikel *m* 41, 107
Toilettenbürste *f* 72
Toilettenpapier *n* 72
Toilettensitz *m* 61, 72
Tomate *f* 125, 157
Tomatenketschup *m* 154
Tomatensaft *m* 144, 149
Ton *m* 275
Tonabnehmer *m* 258
Tonhöhe *f* 256
Tonicwater *n* 144
Tonleiter *f* 256
Tonmeister *m* 179
Tonne *f* 310
Tonstudio *n* 179
Topas *m* 288
Töpfchen *n* 74
Töpferei *f* 275
Topfhandschuh *m* 69
Topfpflanze *f* 87, 110
Topinambur *m* 125
Tor *n* 85, 182, 221, 223, 224, 247
Torlinie *f* 220, 223, 224
Tornado *m* 287
Tornetz *n* 222
Torpfosten *m* 220, 222
Torraum *m* 221, 223
Törtchenform *f* 69
Torwart *m* 222, 224, 225
Touchdown *m* 220
Tourenfahrrad *n* 206
Tourer *m* 205
Tourist *m* 260
Touristenattraktion *f* 260
Touristenbus *m* 197
Touristeninformation *f* 261
Trab *m* 243
Trabrennen *n* 243
Tragbahre *f* 94
Tragebettchen *n* 75
Träger *m* 35, 186
trägerlos 34
Tragfläche *f* 210
Tragflügelboot *n* 215
trainieren 251
Trainingsanzug *m* 31, 32
Trainingshose *f* 33
Trainingsrad *n* 250
Trainingsschuh *m* 251
Traktor *m* 182
Tranchiergabel *f* 68
Träne *f* 51
Transfer *m* 223
Transformator *m* 60
Transmission *f* 202
Trapez *n* 164
Traubenkernöl *n* 134
Traubensaft *m* 144
traurig 25
Treppe *f* 59
Treppenabsatz *m* 59
Treppengeländer *n* 59
Treppengitter *n* 75
treten 207
Trethebel *m* 61
Triangel *m* 257
Trichter *m* 166
Triebwerk *n* 210
Trifle *n* 141
Trimester *n* 52
Trinidad und Tobago 314
Trittleiter *f* 82
Trizeps *m* 16
trocken 39, 130, 145, 286, 321
trockene Haut *f* 41
Trockenblume *f* 111
Trockendock *n* 217
trocknen 76
Trockner *m* 76
Trog *m* 183
Trolley *m* 233
Trolleybus *m* 196
Trommel *f* 258
Trompete *f* 257
Tropen *f* 283
Tropfer *m* 109, 167
Tropfinfusion *f* 53
Troposphäre *f* 286
Trüffel *m* 113, 125
Truthahn *m* 185, 293
Tschad 317
Tschechien 316
T-Shirt *n* 30, 33
Tuba *f* 257
Tube *f* 311
Tülle *f* 80
Tulpe *f* 111
Tunesien 317
Tunfisch *m* 120
Tür *f* 196, 209
Turbolader *m* 203
Türgriff *m* 200
Türkei *f* 316
Türkette *f* 59
Türkis *m* 289
Türklingel *f* 59
Türklopfer *m* 59
Turkmenistan 318
Türknauf *m* 59
Turm *m* 272, 300
Turmalin *m* 288
Turmspitze *f* 300
Turmsprung m 239
Turnen *n* 235
Turnerin *f* 235
Turnierplatz *m* 243
Türriegel *m* 59
Türverriegelung *f* 200
Tüte *f* 311
Tutu *n* 191
Typen *m* 205

U

U-Bahn *m* 209
U-Bahnplan *m* 209
Übelkeit *f* 44
über 320
über Par 233
überbelichtet 271
Überdach *n* 266
Überfall *m* 94
Überführung *f* 194
Übergepäck *n* 212
überholen 195
Überholspur *f* 194
Überlauf *m* 61
übermorgen 307
Übernachtung mit Frühstück *f* 101
überrascht sein 25
Überschallflugzeug *n* 211
Überschlag *m* 235
Überschwemmung *f* 287
Überweisung *f* 49
U-Boot *n* 215
Übungen *f* 251
Übungsschwung *m* 233
Ufer *n* 284
Uganda 317
Uhr *f* 62
Ukraine *f* 316
Ulme *f* 296
Ultraleichtflugzeug *n* 211
Ultraschall *m* 52
Ultraschallaufnahme *f* 52
Ultraviolettstrahlen *m* 286
um 320
Umfang *m* 164
Umhängetasche *f* 37
Umlaufbahn *f* 280
Umleitung *f* 195
umpflanzen 91
Umschlag *m* 98
umsteigen 209
Umwelt *f* 280
Umzug *m* 27
Unentschieden *n* 223
Unfall *m* 46
Ungarn 316
ungesalzen 137
ungültiger Schlag *m* 228
Uniform *f* 94, 189
Universität *f* 299
Universum *n* 280
Unkraut *n* 86
Unkrautvernichter *m* 91
unpasteurisiert 137
unscharf 271
unschuldig 181
unter 320
unter Par 233
Unterarm *m* 12
unterbelichtet 271
unterbrochen 99
unterer Kuchenteil *m* 141
Unterführung *f* 194
Untergrund *m* 91
Unterhaltungselektronik *f* 268
Unterhemd *n* 33, 35
Unterkiefer *m* 14
Unterrock *m* 35
Unterschrift *f* 96, 98
Untersetzer *m* 150
Untersuchung *f* 45, 49
Unterwäsche *f* 32, 35
Unze *f* 310
Uranus *m* 280
Urlaub *m* 212
Urlaubsprospekt *m* 212
Urologie *f* 49
Urteil *n* 181
Uruguay 315
Usbekistan 318

V

Vanille *f* 132
Vanillepudding *m* 140
Vanuatu 319
Vase *f* 63
Vater *m* 22
Vatikanstadt *f* 316
V-Ausschnitt *m* 33
vegetarischer Hamburger *m* 155
Vene *f* 19
Venezuela 315
Ventil *n* 207
Ventilator *m* 60, 202
Venus *f* 280
Venusmuschel *f* 121
Verankerung *f* 217
Veranstaltungen *f* 243
verarbeitete Getreidearten *f* 130
verärgert sein 25
verbinden 177
Verbinden *n* 47
verbleit 199
Verbrechen *n* 94
Verdächtige *m* 94, 181
Verdauungssystem *n* 19
Verdeck *n* 75
Verdünnungsmittel *n* 83
Vereinigte Arabische Emirate 318
Vereinigte Staaten von Amerika 314
Verfallsdatum *n* 109
Verfügung *f* 180
Vergiftung *f* 46
Vergnügungspark *m* 262
vergrößern *f* 172
Vergrößerung *f* 271
Verkäufer *m* 104
Verkäuferin *f* 188
Verkaufsabteilung *f* 175
Verkehr *m* 194
Verkehrsampel *f* 194
Verkehrsflugzeug *n* 210, 212
Verkehrsinsel *f* 194
Verkehrspolizist *m* 195
Verkehrsschilder *n* 195
Verkehrsstau *m* 195
verkleinern *f* 172
Verkühlung *f* 44
verlängern 168

deutsch

verlängerte Limousine *f* 199
Verlängerung *f* 223
Verlängerungskabel *f* 78
verlegen 25
Verletzung *f* 46
verlieren 273
Verlierer *m* 273
Verlobte *m* 24
Verlobte *f* 24
vermehren 91
Vermieter *m* 58
Vermittlung *f* 99
Verordnung *f* 109
verputzen 82
verrühren 67, 138
Verschluss *m* 36
Versicherung *f* 203
Versiegelungsmittel *n* 83
Versorgungsfahrzeug *n* 212
Verspätung *f* 209
Verstärker *m* 268
Verstauchung *f* 46
verstellbare Schraubenschlüssel *m* 80
Versuch *m* 166, 221
Verteidiger *m* 223
Verteidigung *f* 181, 220
Verteidigungszone *f* 224
Verteiler *m* 203
Verwandte *m* 23
verwirrt sein 25
verzinkt 79
Vibrafon *n* 257
Videokassette *f* 269
Videorekorder *m* 269
Videospiel *n* 269
Vieh *n* 183, 185
vier 308
vierhundert 308
vierter 309
viertürig 200
vierzehn 308
vierzehn Tage 307
vierzehnter 309
vierzig 308
vierzig Minuten 304
vierzigster 309
Vietnam 318
Violinschlüssel *m* 256
Virus *m* 44
Visier *n* 205
Visum *n* 213
Vitamintabletten *f* 108
Vögel *m* 292
Vögelbeobachtung *f* 263
Vogelscheuche *f* 184
Volant *m* 71
voll 266, 321
Voll tanken, bitte 199
Volley *m* 231
Volleyball *n* 227
Vollkorn- 131
Vollkornbrot *n* 139
Vollkornmehl *n* 138
Vollmilch *f* 136
Vollmond *m* 280
Vollpension *f* 101
Volumen *n* 165, 311
vom Abschlag spielen 233
von Bord gehen 217
von, aus 320
von … weg 320
vor 320
vorbestellen 168
Vordach *n* 58
vorderer Backenzahn *m* 50
Vorderrad *n* 196
Vorderzwiesel *m* 242
Vorfeld *n* 212
vorgestern 307
Vorhand *f* 231
Vorhang *m* 63, 254
Vorhaut *f* 21
vorher aufgezeichnet 178
Vorkriegsmodell *n* 199
Vorladung *f* 180
Vorlauf *m* 269
Vorort *m* 299
Vorschlaghammer *m* 187
Vorspeise *f* 153
Vorteil *m* 230
Vulkan *m* 283

W

Waage *f* 53, 98, 118, 310
Waagschale *f* 310
Wabenhonig *m* 134
Wachtel *f* 119
Wachtelei *n* 137
Wächter *m* 189
Wade *f* 13
Wadenbein *n* 17
Wadenmuskel *m* 16
Waffeln *f* 157
Wagen *m* 208
Wagenheber *m* 203
Wagentyp *m* 199
wählen 99
Wal *m* 290
Wald *m* 285
Walnuss *f* 129
Walnussöl *n* 134
Walross *n* 290
Walze *f* 187
wandern 263
Wanderritt *m* 243
Wanderschuh *m* 37
Wanderschuhe *f* 267
Wandlampe *f* 62
Wange *f* 14
Wanne *f* 83
Warenlager *n* 216
Warenregal *n* 106
warm 286
Wärmflasche *f* 70
Warnlicht *n* 201
Wartehäuschen *n* 197
Wartezimmer *n* 45
Wasabi (jap. Meerrettich) *m* 124
Waschbär *m* 290
Waschbecken *n* 38, 72
waschen 38
Waschmaschine *f* 76
Waschpulver *n* 77
Waschsalon *m* 115
Wäsche *f* 76, 105
Wäschedienst *m* 101
Wäscheklammer *f* 76
Wäschekorb *m* 76
Wäscheleine *f* 76
Wäscheschleuder *f* 76
Waschtrockner *m* 76
Wasser *n* 144, 238
Wasser treten 239
Wasserball *m* 239, 265
Wasserbehandlung *f* 55
Wasserfall *m* 285
Wasserflasche *f* 206, 267
Wasserflugzeug *n* 211
Wassergarten *m* 84
Wasserglas *n* 65
Wasserhahn *m* 66
Wasserhindernis *n* 232
Wasserkastanie *f* 124
Wasserkocher *m* 66
Wassermelone *f* 127
Wasserpflanze *f* 86
Wasserraum *m* 61
Wasserschildkröte *f* 293
Wasserski *n* 241
Wasserskifahrer *m* 241
Wassersport *m* 241
Wasserstrahl *m* 95
Wasserwaage *f* 80, 187
Watstiefel *m* 244
Wattebällchen *n* 41
wattieren 277
WC *n* 61
weben 277
Website *f* 177
Webstuhl *m* 277
Wechselkurs *m* 97
Wechselstrom *m* 60
Wechselstube *f* 97
Wecker *m* 70
Wedge *n* 233
Weg *m* 58, 85
Wegwerf- 109
Wegwerfwindel *f* 30
Wehe *f* 52
weiblich 20
weich 129, 321
Weichholz *n* 79
Weichkäse *m* 136
Weichspüler *m* 76
Weide *f* 182, 296
Weihnachten *n* 27
Wein *m* 145, 151
Weinberg *m* 183
Weinbrand *m* 145
weinen 25
Weinessig *m* 135
Weinglas *n* 65
Weinhandlung *f* 115
Weinkarte *f* 152
Weinstock *m* 183
weiß 39, 145, 272, 274
Weißbrot *n* 138, 139
weißes Fleisch *n* 118
weiße Haut *f* 126
weiße Johannisbeere *f* 127
weißer Reis *m* 130
weiße Schokolade *f* 113
weiße Bohnen *f* 131
Weißrussland 316
weit 320
Weitsichtigkeit *f* 51
Weitsprung *m* 235
Weizen *m* 130, 184
Weizenmehl *n* 138
Weizenschrot *m* 130
Welle *f* 241, 264
Wellenlänge *f* 179
Wellenreiten *n* 241
Welpe *m* 290
Weltkarte *f* 312
Weltraum *m* 280
Wende *f* 238
Wendekreis des Krebses *m* 283
Wendekreis des Steinbocks *m* 283
Werbung *f* 269
werdende Mutter *f* 52
werfen 221, 225, 227, 229
Werfer *m* 225
Werferplatte *f* 228
Werft *f* 217
Werkbank *f* 78
Werkstatt *f* 199, 203
Werktag *m* 306
Werkzeuge *n* 187
Werkzeuggestell *n* 78
Werkzeuggürtel *m* 186
Werkzeugkasten *m* 80
Werkzeugleiste *f* 177
Wertpapiere *n* 97
Wespe *f* 295
Weste *f* 33
Westen *m* 312
Western *m* 255
Westsahara 317
Wette *f* 273
Wetter *n* 286
Wetzstein *m* 81
Whisky *m* 145
Wickelmatte *f* 74
Wickelraum *m* 104
Widerhaken *m* 244
Wiederbelebung *f* 47
wiegen 310
Wiese *f* 285
Wild *n* 118
Wildbret *n* 119
Wildreis *m* 130
Wildwasser *n* 240
Wimper *f* 14, 51
Wimperntusche *f* 40
Wind *m* 241, 286
Windel *f* 75
windig 286
Windjacke *f* 33
Windpocken *f* 44
Windschutz *m* 265
Windschutzscheibe *f* 198, 205
Windsurfer *m* 241
Windsurfing *n* 241
Winkel *m* 164
Winkelmesser *m* 165
Winter *m* 31, 307
Wintersport *m* 247
Wippe *f* 263
Wirbel *m* 259
Wirbellosen *f* 295
Wirbelsäule *f* 17
Wirtschaftsprüfer *m* 97
Wirtschaftswissenschaft *f* 169
wischen 77
Wissenschaftler *m* 190
Woche *f* 306
Wochenende *n* 306
wöchentlich 307
Wodka *m* 145
Wodka mit Orangensaft *m* 151
Wohnbezirk m 299
Wohnblock *m* 59, 298
Wohnmobil *n* 266
Wohnung *f* 59
Wohnwagen *m* 266
Wohnzimmer *n* 62
Wok *m* 69
Wolf *m* 290
Wolke *f* 287
Wolkenkratzer *m* 299, 300
Wolle *f* 277
Wörterbuch *n* 163
Wunde *f* 46
Wundsalbe *f* 74
Wurf *m* 237
Würfel *m* 164, 272
Wurflinie *f* 225
Wurm *m* 295
Wurst *f* 155
Würstchen *n* 118, 157
Wurzel *f* 124, 296
Wurzeln *f* 39
Wüste *f* 285

Y

Yard *n* 310
Yoga *n* 54

Z

Zahlen *f* 308
zählen 165
Zähler *m* 165, 270
Zahlung *f* 96
Zahn *m* 50
Zahnarzt *m* 50
Zahnärztin *f* 189
Zahnbelag *m* 50
Zahnbürste *f* 72
Zahnfleisch *n* 50
Zahnfüllung *f* 50
Zahnpasta *f* 72

deutsch

Zahnpflege *f* 72, 108
Zahnprothese *f* 50
Zahnrad *m* 206
Zahnschmelz *m* 50
Zahnschmerzen *m* 50
Zahnseide *f* 50, 72
Zahnspange *f* 50
Zahnwurzel *f* 50
Zange *f* 167
Zäpfchen *n* 109
Zapfhahn *m* 150
Zapfsäule *f* 199
Zartbitterschokolade *f* 113
Zaumzeug *n* 242
Zaun *m* 85, 182
Zebra *n* 291
Zeder *f* 296
Zeh *m* 15
Zehe *f* 125
Zehennagel *m* 15
zehn 308
zehntausend 309
zehnter 309
Zeichendreieck *n* 165
Zeichentrickfilm *m* 178, 255
Zeichnen *n* 275
zeichnen 162
Zeigefinger *m* 15
Zeit *f* 234
Zeiteinstellscheibe *f* 270
Zeiten *f* 261
Zeitmesser *m* 166
Zeitschrift *f* 112, 168
Zeitschriften *f* 107
Zeitung *f* 112
Zeitungshändler *m* 112
Zelt *n* 267
Zeltboden *m* 267
zelten 266
Zeltplatz *m* 266
Zeltplätze frei 266
Zeltspannleine *f* 266
Zeltstange *f* 266
Zement *m* 186
Zentimeter *m* 310
Zentimetermaß *n* 276
Zentralafrikanische Republik 317
Zentrale *f* 175
Zentraleinheit *f* 176
zerbrechlich 98
zerstoßen 132
Zeuge *m* 180
Zicklein *n* 185
Ziege *f* 185
Ziegelstein *m* 187
Ziegenkäse *m* 142
Ziegenmilch *f* 136
ziehen 91
Ziellinie *f* 234
Zielscheibe *f* 249
Zier- 87
Zierstrauch *m* 87
Zigaretten *f* 112
Zigarre *f* 112
Zimmer *n* 58, 100
Zimmernummer *f* 100
Zimmerreinigung *f* 101
Zimmerschlüssel *m* 100
Zimmerservice *m* 101
Zimt *m* 133
Zink *n* 289
Zinn *n* 289
Zinssatz *m* 96
Zirkel *m* 165
Zirkeltraining *n* 251
Zitrone *f* 126
Zitronenaufstrich *m* 134
Zitronengras *n* 133
Zitrusfrüchte *f* 126
Zoll *m* 212, 310
Zollamt *n* 216
Zone *f* 315
Zoo *m* 262
Zoologie *f* 169
Zoom *n* 270
Zopf *m* 39
Zöpfe *f* 39
zu 320
zu, nach 320
Zubereitung *f* 159
Zucchini *f* 125
züchten 91
Zuckerguss *m* 141
Zuckerkrankheit *f* 44
Zuckerrohr *n* 184
Zufahrtsstraße *f* 194, 216
Zug *m* 208, 239, 273
Zugabe *f* 255
Zügel *m* 242
Zugfenster *n* 209
Zugtypen *m* 208
Zulassungsstelle *f* 168
Zuleitung *f* 61
zum Mitnehmen 154
Zündkerze *f* 203
Zündung *f* 200
Zunge *f* 19, 37, 118
zur Schule kommen 26
Zuschauer *m* 233
Zustellung *f* 98
zwanzig 308
zwanzig Minuten 304
zwanzigster 309
zwanzigtausend 309
zwei 308
zwei Uhr 304
Zweibettzimmer *n* 100
Zweig m 296
Zweigstelle *f* 175
zweihundert 308
zweijährig 86
Zweispännerrennen *n* 243
zweitausend 307
zweitausendeins 307
zweitausendzwei 307
zweite Etage *f* 104
zweiter Rang *m* 254
zweiter 309
zweitürig 200
zweiundzwanzig 308
zweiundzwanzigster 309
Zwerchfell *n* 19
Zwiebel *f* 86, 124
Zwillinge *m* 23
Zwinge *f* 78
Zwirn *m* 89
zwischen 320
Zwischenrippenmuskel *m* 16
zwölf 308
Zwölffingerdarm *m* 18
zwölfter 309
Zylinder *m* 164
Zylinderkopf *m* 202
Zypern 316

deutsch

謝辞 shaji • Dank

DORLING KINDERSLEY dankt Tracey Miles und Christine Lacey für die Design-Assistenz, Georgina Garner für ihre redaktionelle und administrative Unterstützung, Sonia Gavira, Polly Boyd und Cathy Meeus für die redaktionelle Hilfe und Claire Bowers für die Erstellung des Bildnachweises.

Der Verlag dankt den folgenden Personen und Institutionen für die freundliche Genehmigung zum Abdruck ihrer Bilder:
Abkürzungen: t=oben, b=unten, r=rechts, l=links, c=Mitte

Abode: 62; **Action Plus:** 224bc; **alamy.com:** 154t; A.T. Willett 287bcl; Michael Foyle 184bl; Stock Connection 287bcr; **Allsport/Getty Images:** 238cl; **Alvey and Towers:** 209 acr, 215bcl, 215bcr, 241cr; **Peter Anderson:** 188cbr, 271br. **Anthony Blake Photo Library:** Charlie Stebbings 114cl; John Sims 114tcl; **Andyalte:** 98tl; **apple mac computers:** 268tcr; **Arcaid:** John Edward Linden 301bl; Martine Hamilton Knight, Architects: Chapman Taylor Partners, 213cl; Richard Bryant 301br; **Argos:** 41tcl, 66cbl, 66cl, 66br, 66bcl, 69cl, 70bcl, 71t, 77tl, 269tc, 270tl; **Axiom:** Eitan Simanor 105bcr; Ian Cumming 104; Vicki Couchman 148cr; **Beken Of Cowes Ltd:** 215cbc; **Bosch:** 76tcr, 76tc, 76tcl; **Camera Press:** 27c, 38tr, 256t, 257cr; Barry J. Holmes 148tr; Jane Hanger 159cr; Mary Germanou 259bc; **Corbis:** 78b; Anna Clopet 247tr; Bettmann 181tl, 181tr; Bo Zauders 156t; Bob Rowan 152bl; Bob Winsett 247cbl; Brian Bailey 247br; Carl and Ann Purcell 162l; Chris Rainer 247ctl; ChromoSohm Inc. 179tr; Craig Aurness 215bl; David H.Wells 249cbr; Dennis Marsico 274bl; Dimitri Lundt 236bc; Duomo 211tl; Gail Mooney 277ctcr; George Lepp 248c; Gunter Marx 248cr; Jack Fields 210b; Jack Hollingsworth 231bl; Jacqui Hurst 277cbr; James L. Amos 247bl, 191ctr, 220bcr; Jan Butchofsky 277cbc; Johnathan Blair 243cr; Jon Feingersh 153tr; Jose F. Poblete 191br; Jose Luis Pelaez.Inc 153tc, 175tl; Karl Weatherly 220bl, 247tcr; Kelly Mooney Photography 259tl; Kevin Fleming 249bc; Kevin R. Morris 105tr, 243tl, 243tc; Kim Sayer 249tcr; Lynn Goldsmith 258t; Macduff Everton 231bcl; Mark Gibson 249bl; Mark L. Stephenson 249tcl; Michael Pole 115tr; Michael S. Yamashita 247ctcl; Mike King 247cbl; Neil Rabinowitz 214br; Owen Franken 112t; Pablo Corral 115bc; Paul A. Sounders 169br, 249ctcl; Paul J. Sutton 224c, 224br; Peter Turnley 105tcr; Phil Schermeister 227b, 248tr; R. W Jones 309; R.W. Jones 175tr; Richard Hutchings 168b; Rick Doyle 241ctr; Robert Holmes 97br, 277ctc; Roger Ressmeyer 169tr; Russ Schleipman 229; Steve Raymer 168cr; The Purcell Team 211ctr; Tim Wright 178; Vince Streano 194t; Wally McNamee 220br, 220bcl, 224bl; Yann Arhus-Bertrand 249tl; **Demetrio Carrasco / Dorling Kindersley (c) Herge / Les Editions Casterman:** 112ccl; **Dixons:** 270cl, 270cr, 270bl, 270bcl, 270bcr, 270ccr; **Education Photos:** John Walmsley 26tl; **Empics Ltd:** Adam Day 236br; Andy Heading 243c; Steve White 249cbc; **Getty Images:** 48bcl, 100t, 114bcr, 154bl, 287tr; 94tr; **Dennis Gilbert:** 106tc; **Hulsta:** 70t; **Ideal Standard Ltd:** 72r; **The Image Bank/Getty Images:** 58; **Impact Photos:** Eliza Armstrong 115cr; John Arthur 190tl; Philip Achache 246t; **The Interior Archive:** Henry Wilson, Alfie's Market 114bl; Luke White, Architect: David Mikhail, 59tl; Simon Upton, Architect: Phillippe Starck, St Martins Lane Hotel 100bcr, 100br; **Jason Hawkes Aerial Photography:** 216t; **Dan Johnson:** 26cbl, 35r; **Kos Pictures Source:** 215cbl, 240tc, 240tr; David Williams 216b; **Lebrecht Collection:** Kate Mount 169bc; **MP Visual.com:** Mark Swallow 202t; **NASA:** 280cr, 280ccl, 281tl; **P&O Princess Cruises:** 214bl; **P A Photos:** 181br; **The Photographers' Library:** 186bl, 186bc, 186t; **Plain and Simple Kitchens:** 66t; **Powerstock Photolibrary:** 169tl, 256t, 287tc; **Rail Images:** 208c, 208 cbl, 209br; **Red Consultancy:** Odeon cinemas 257br; **Redferns:** 259br; Nigel Crane 259c; **Rex Features:** 106br, 259tc, 259tr, 259bl, 280b; Charles Ommaney 114tcr; J.F.F Whitehead 243cl; Patrick Barth 101tl; Patrick Frilet 189cbl; Scott Wiseman 287bl; **Royalty Free Images:** Getty Images/Eyewire 154bl; **Science & Society Picture Library:** Science Museum 202b; **Skyscan:** 168t, 182c, 298; Quick UK Ltd 212; **Sony:** 268bc; **Robert Streeter:** 154br; **Neil Sutherland:** 82tr, 83tl, 90t, 118, 188ctr, 196tl, 196tr, 299cl, 299bl; **The Travel Library:** Stuart Black 264t; **Travelex:** 97cl; **Vauxhall:** Technik 198t, 199tl, 199tr, 199cl, 199cr, 199ctcl, 199ctcr, 199tcl, 199tcr, 200; **View Pictures:** Dennis Gilbert, Architects: ACDP Consulting, 106t; Dennis Gilbert, Chris Wilkinson Architects, 209tr; Peter Cook, Architects: Nicholas Crimshaw and partners, 208t; **Betty Walton:** 185br; **Colin Walton:** 2, 4, 7, 9, 10, 28, 42, 56, 92, 95c, 99tl, 99tcl, 102, 116, 120t, 138t, 146, 150t, 160, 170, 191ctcl, 192, 218, 252, 260br, 260l, 261tr, 261c, 261cr, 271cbl, 271cbr, 271ctl, 278, 287br, 302, 401.

COVER VORN: © Gavin Hellier, Getty Images
COVER HINTEN: © Dorling Kindersley

DK PICTURE LIBRARY:
Akhil Bahkshi; Patrick Baldwin; Geoff Brightling; British Museum; John Bulmer; Andrew Butler; Joe Cornish; Brian Cosgrove; Andy Crawford and Kit Hougton; Philip Dowell; Alistair Duncan; Gables; Bob Gathany; Norman Hollands; Kew Gardens; Peter James Kindersley; Vladimir Kozlik; Sam Lloyd; London Northern Bus Company Ltd; Tracy Morgan; David Murray and Jules Selmes; Musée Vivant du Cheval, France; Museum of Broadcast Communications; Museum of Natural History; NASA; National History Museum; Norfolk Rural Life Museum; Stephen Oliver; RNLI; Royal Ballet School; Guy Ryecart; Science Museum; Neil Setchfield; Ross Simms and the Winchcombe Folk Police Museum; Singapore Symphony Orchestra; Smart Museum of Art; Tony Souter; Erik Svensson and Jeppe Wikstrom; Sam Tree of Keygrove Marketing Ltd; Barrie Watts; Alan Williams; Jerry Young.

Weitere Fotografien von Colin Walton.

Colin Walton dankt:
A&A News, Uckfield; Abbey Music, Tunbridge Wells; Arena Mens Clothing, Tunbridge Wells; Burrells of Tunbridge Wells; Gary at Di Marco's; Jeremy's Home Store, Tunbridge Wells; Noakes of Tunbridge Wells; Ottakar's, Tunbridge Wells; Selby's of Uckfield; Sevenoaks Sound and Vision; Westfield, Royal Victoria Place, Tunbridge Wells.